古国寻踪

冀域方国 ⊙ 王国 ⊙ 诸侯国

张立柱 著

文物出版社

1. 泥河湾遗址群（旧石器时代）

2.易县北福地出土刻陶面具（新石器时代）

3.山戎蛙面人身像（春秋）

4.涉县娲皇宫（北齐）

5. 邯郸赵武灵丛台（战国）

6. 燕下都西城南垣西段城墙遗存（战国）

7. 中山虎噬鹿屏风座（战国）

8. 错金博山炉（西汉）

9.北响堂山石窟佛龛(东魏、北齐)

10.赵州安济桥（隋）

11. 汉白玉散乐图（唐）

12. 沧州铁狮子（后周）

13. 邢窑白釉双鱼瓶（唐）　　　14. 定窑黑白釉瓷轿（北宋）

15. 磁州窑龙纹大盆（金）

16.隆兴寺摩尼殿倒坐悬塑观音（宋）

17.宣化辽墓壁画备茶图

18.涿州智度寺、云居寺塔(辽)

19. 曲阳北岳庙德宁之殿（元）

21. 金山岭明长城雪景

20.金山岭明长城

22. 毗卢寺壁画玉皇大帝（明）

23. 涿州永济桥（清）

24.普陀宗乘之庙(清)

25.西柏坡旧貌

自序

河北是一方地灵人杰的沃土。

河北的历史文化光辉灿烂、绚丽多彩。历史文化遗产门类齐全、遍及域内东西南北，从旧石器时代开始没有时代缺环。

了解河北历史文化遗产的基本状况、概览代表性的不可移动与可移动文物，弄明白它们的基本脉络，以便加深对这片土地的认识、加深固有的情感，是广大文物爱好者、青年朋友的一种愿望。

在从事文物工作的十几年、在与各界朋友频繁交往的过程中，我萌生了写一本河北历史地理通俗读物的念头，几经酝酿用两年时间完成了这个任务。选取商至两汉河北域内方国、王国、诸侯国比较集中的历史阶段，按照"问史"、"访城"、"走河"三个板块展开，表述语言力求活泼，再加进一些场景照片，将她呈现在青年朋友和文物爱好者面前。

问史篇，从相关史料记载中概览河北文化史，概览冀域古国的生成、变迁过程；访城篇，访问古都、古城，了解部分古国的烽火岁月、探寻相关历史人物；走河篇，与读者一起走近河北的几条主要河流，体察两岸的古国风情、文化遗产风采。

愿她能让你对河北历史文化增添几分兴趣，为你阅读河北史书提供些许线索。

"冀"字，望文生义，是处于中国北方、田园广阔、民族共生的地方。这样解释难免牵强，只是在说明河北的可爱之处。使用"古国寻踪"这个题目，意在找寻并展示这个地域的古老历史、古老文化，权且做这样的定位。

  谨将这杯产自太行山东麓、颇具地方风味但不太知名的"茶"，送予朋友们品尝、评说。

作者

2010年春日

问史篇

- 一、概览河北 / 002
- 二、方国初始 / 044
- 三、西周分封 / 051
- 四、秦汉王国 / 056
- 五、冀域方国、王国与诸侯国 / 064

访城篇

- 一、邯郸·赵武灵王胡服骑射 / 072
  1. 问咨肥义 / 073
  2. 礼待公叔 / 076
  3. 晓谕群臣 / 079
  4. 武灵胡服 / 081
  5. 变革缺失 / 085
- 二、肥乡·两朝赵相平原君 / 088
  1. 翩翩浊世佳公子 / 088
  2. 举贤能成就毛遂 / 090
  3. 友信陵窃符救赵 / 095
  4. 利令智昏招后患 / 097
  5. 留遗愿长眠肥乡 / 099
- 三、邢台·古都古国 / 100
  1. 商代邢台 / 101
  2. 西周邢国 / 110
  3. 后赵都襄 / 118

四、古灵寿·战国中山国 / 127
    1.历史沿革与疆域 / 128
    2.都城和立国时间 / 131
    3.中山的行政管理 / 133
    4.中山的工艺技术 / 135
    5.中山的灭国之痛 / 139

五、真定·常山郡国考 / 144
    1.常山元氏城 / 144
    2.东垣与正定 / 146
    3.史天泽与真定 / 150
    4.石家庄与正定 / 155

六、卢奴·刘胜与汉中山 / 158
    1.中山王世系 / 158
    2."乐酒好内"析 / 163
    3.刘胜的兄弟们 / 173
    4.充当友好使者 / 180

七、武阳城·昭王时期的燕国 / 184
    1.危难受命 / 185
    2.问计郭隗 / 191
    3.拜帅乐毅 / 194
    4.苏秦效命 / 198
    5.秦开拓边 / 206

八、广川·古国沧桑 / 208
    1.广川史略 / 208
    2.董子故里 / 212
    3.条侯亚夫 / 217

九、乐成·寻迹河间国 / 221

1.河间国与河间府 / 221
　　2."实事求是"说刘德 / 226
　　3.河间名相张衡 / 231
　　4.农学家刘仲思 / 234

十、代王城·冀西北代国 / 236
　　1.赵简子的代地梦 / 237
　　2.赵武灵王倚重代地 / 242
　　3.李牧镇守代地 / 245
　　4.汉初代地风云 / 248
　　5.寻觅代王城史迹 / 250

十一、卢龙·冀东孤竹国 / 253
　　1.伯夷与叔齐 / 253
　　2.孤竹与山戎 / 259

十二、滦平·冀北山戎 / 263
　　1.山戎故事 / 263
　　2.西北游牧民族 / 266
　　3.冀北戎族一脉 / 271
　　4.戎人西来因由 / 276

走河篇

一、探古寻幽漳卫河 / 282
　　1.概览漳卫 / 282
　　2.寻访遗存 / 283
　　3.盘点古国 / 296

二、滹沱中南流域记 / 304
　　1.流域述略 / 304
　　2.遗存点滴 / 306

3. 古国一瞥 / 314

三、京杭运河在河北 / 321
    1. 京杭运河史话 / 322
    2. 冀域运河遗存 / 324
    3. 运河流域古国 / 334

四、大清河流域寻古 / 343
    1. 远眺大清河 / 343
    2. 近探遗存点 / 344
    3. 流域数古国 / 352

五、巡天遥看话永定 / 360
    1. 千里舞巨龙 / 360
    2. 桑干缀珠玉 / 361
    3. 永定载遗存 / 376

六、青山着意秀滦河 / 380
    1. 滦河源流 / 381
    2. 文脉掠影 / 383
    3. 古国风情 / 394

七、黄河下游古河道 / 405
    1. 几则与黄河关联的历史信息 / 405
    2. 汉志河在河北平原流经路线 / 409
    3. 禹贡河在河北平原流经路线 / 410
    4. 山经河故道流经区域 / 412
    5. 山经大河与徐水釜山 / 416

参考典籍目录 / 421
参考图书目录 / 422
鸣谢 / 425

问史篇

中华民族史,是中华民族大家庭成员诞生、成长、碰撞、融合的历史。浩瀚的历史文库中有他们的活动足迹,中国古代史记载了他们的发展历程。河北地方史记录了这片土地上发生过的重大事件、历史瞬间、风流人物,古老的年轮里铭刻着曾经的辉煌与阵痛。

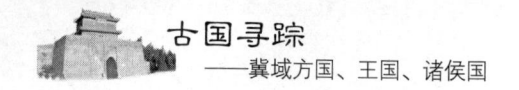

一、概览河北

中华世纪坛青铜甬道铭文记述："距今200~100万年，我国云南、四川、陕西、山西、河北已发现这一时期直立人化石或文化遗存，最北一处石器地点是河北阳原小长梁。"小长梁在泥河湾盆地，那里是远古人类的聚居地。在我国已发现的25处百万年前考古遗址中，仅泥河湾就占了20处。截至目前的考古发现证实：东方人类的发祥地之一，很有可能就在河北阳原泥河湾。（图1-1-1，彩图1）

图1-1-1　泥河湾出土雕刻器、刮削器、拼合石器

问史篇

河北省简称冀,以4000多年前夏禹初定"九州"之中的"冀"而得名。冀州地处黄河之北、辽河之南,当时冀州所辖区域以今河北为腹心,还包括今辽宁、山东、山西、内蒙古的部分地区。"冀",有冀望、希冀之意,说明河北自古以来就是充满希望的地方。

"河北"一词,最早见于战国史籍《周礼》中的"河北之地",见于《战国策》中的"赵有河北,齐有河东"。那时候河北是区域概念,地在黄河之北,黄河水出河南由河北平原东流入海。

河北域内族群活动史迹,可以上溯三皇五帝时代。(图1-1-2)、(图1-1-3,彩图4)史传伏羲与女娲曾活动于今新乐,开八卦天象、创结网捕鱼、起种植谷物、立男婚女嫁,新乐市今存伏羲台,有追溯渊源的明、清两代皇帝题书碑刻。炎帝与蚩尤先战于阪泉,黄帝、炎帝又同蚩尤战于涿鹿之阿,促进民

图1-1-2 新乐伏羲台

古国寻踪
——冀域方国、王国、诸侯国

图1-1-3 涉县娲皇宫

族大融合，遂之倡导众部落合符釜山，共创龙的图腾，开中华民族五千年文明之始。

尧曾立国于唐（今河北省唐县、顺平县一带），相传隆尧为帝尧始封之地，尧曾长期活动于此，县城西6公里处尧山今存元代唐帝庙碑。舜是冀州人，曾到北岳（今河北曲阳县境）巡狩。大禹治水从冀州开始，他曾东达竭石（今河北昌黎）勘察地势。禹改围堰筑堤堵水为顺势疏导，打开黄土高原与青藏高原交汇处的积石山、凿通晋陕大峡谷的龙门山，使河水顺利流抵华山北麓，再东流河南孟津、浚县宿胥口，平安进入华北平原。此后，北过降水（漳河）达于河北平原的大陆泽，分九条河经青县、黄骅流向天津，在今天津市南部北大港一带涌入渤海。大禹历十余年艰辛，三过家门而不入，在河北留下了传扬几千年的佳话。夏禹主持确立的禹贡河道，开创了延续夏、商、周三代的功德,包括河北人民在内的黄河下游民众,得以安家乐业、千余年免受水患之苦。

商代是我国奴隶制社会的兴盛时期,商人的活动范围颇为广阔。其先祖曾游牧于河北北部和东北部草原,此后商族季、王亥、上甲微部落活动于易水流域。商王建都西亳(今河南省偃师),在山东、河南境内多次迁都,祖乙曾迁都于邢(今河北省邢台市)。盘庚迁殷(今河南省安阳市)后趋于稳定。河北中南部为王畿之地,邯郸、邢台都有商王的"离宫别馆"。

近些年来,在邢台东先贤和葛家庄、藁城台西(图1-1-4)、定州火车站货场、冀东和冀北一带,先后发现规模相当大的商代遗址,出土大批商代珍贵文物,印证河北当是商族重要的起源和活动地。这里与辽西的山水草场曾经养育过她,使一个弱小的游牧部族逐渐成长壮大,从北方出发成为灭夏新立的统治者。河北北部的其国、燕亳、孤竹等,都是商属方国,与商王朝有着政治、经济的密切联系。

图1-1-4 藁城商代台西遗址出土铁刃铜钺

西周初年,文王善谋为周王朝建立打下基础,开始酝酿吸取商朝教训、分封诸侯屏卫周室的制度。武王即位后迁都于镐(今陕西省长安县),封昭公奭长子于蓟城(今北京市域内),开姬姓燕国之始。成、康年间,又封周公四子为邢侯,存国400余年。最近几年邢台市发现邢侯大墓,出土的青铜器与周原、镐京出土青铜器极为相像。其中的《邢侯

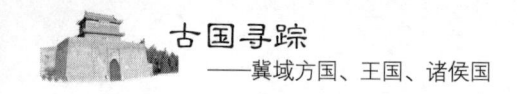

簋》、《麦尊》铭文,均记录了周初天子册封邢侯之事,后者更详细记述邢侯前去宗周朝见、参与周王室大典、天子给予邢侯的礼遇及赏赐情况。

春秋时期,燕国、晋国(赵国)、鲜虞中山及齐国、卫国,占据河北北、中、东、南大部地区。山戎族群主要活动于燕山以北,时有南进。战国中山的前期国家鲜虞中山,连同它的盟国鼓、肥联合开疆拓土,在冀中南地区给已经称霸的晋国造成很大威胁。赵氏一族虽尚未立国,但历经简子、襄子几代艰苦努力,名为晋卿实际已成左右晋王室的决定因素。

战国时期,燕、赵、战国中山雄起河北。中山国定都古灵寿,方圆五百里。以一个"千乘之国",竟能够与四个"万乘之国"平起平坐,发起"五国相王",相互承认共同称王。它还兴师伐燕,夺十几座城池,直逼燕国都城。得胜归来,将所获燕军兵器化为青铜水,铸造大鼎、刻铭记史、告慰

图1-1-5 战国中山铁足大鼎

先祖、知会后人。就这样轰轰烈烈地在大国夹缝中生存了220年。（图1-1-5）

赵国与韩、魏三家分晋前，就已经占有邯郸和代地。公元前475年，赵、魏、韩三家分晋独立建国，开中国历史分期的战国时代。赵武灵王胡服骑射，强军强国，骑兵部队改变历代战法。他依靠代地训练的骑师长途奔袭、依靠大本营部队的南路攻击，也是看破中山国"战士怠于军阵、农夫惰于田"的时局，终于将中山地据为己有。赵国实现了南北相通，从邯郸到西北边塞代地，太行山东麓大道再没有阻隔。

赵国文化，渊源底蕴深厚，民风纯朴善良。这里自古以来就是中原重地，发生许多重要历史事件，有过许多著名人物在此活动。邯郸有些文人雅士又善于总结概括，产生了数以千计的成语典故。成语典故言简意赅，讲述了诸多"治国齐家平天下"的道理。比如："将相合"，是说团结和谐为国家强盛之本，将与将、将与相胸怀宽大，齐心为国才是风度。"邯郸学步"，教育人们切莫仿效别人忘记故有的本色，以致连走路都不知道先迈哪条腿。"学步"本意不是学走步，而是学一种很好看的舞蹈步子。"毛遂自荐"与"锥处囊中"，说明自荐是发现人才的一种方式，发现人才还要敢于把他放在重要岗位使用，关键环节表现是考核贤能人才的主要标准。

燕国在经过一番痛苦的、付出代价的思考后，选择了燕昭王。昭王于艰难竭蹶之中，筑黄金台召纳贤士，吊死问疾笼络民心，敬郭隗、礼邹衍、拜乐毅、任秦开，又有苏秦周旋于齐，终于洗雪国耻几灭强齐。秦开却胡千里后，燕在东疆外扩地新置郡五个。燕昭王随之修北长城，西起造阳（今河北省怀来），东到襄平（今辽宁省辽阳）。燕昭王时期，燕国达于鼎

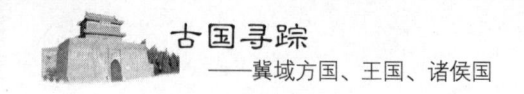

盛，挺立于"战国七雄"中。

从公元前296年赵国并吞中山国开始，战国时期今河北主要地域为燕、赵两国所有，将河北称作燕赵大地源于此时。

秦朝，秦始皇统一中国，建立封建帝国，自命"始皇帝"，欲求千秋万代世世传位不已。留在秦始皇记忆中，河北有他一段痛楚的回忆。按照当时各国交好的传统做法，其父子楚长期在赵都邯郸做人质，后娶赵姬为妻。秦昭王四十八年（公元前259年），秦始皇出生在邯郸，初名赵政，在邯郸度过童年。秦昭王五十年，秦国大举进攻邯郸，子楚只身逃离投奔围城秦军，赵政母子藏于普通人家幸免于难。六年后子楚被立为太子，赵国将八岁的赵政送还秦国，改名嬴政。秦始皇13岁继位，22岁加冕开始亲理朝政。在位期间前后五次出巡，有两次到了河北。公元前213年，他驾临昌黎碣石，命人刻石于碣石山，宣称其世"男乐其畴，女修其业，事各有序。惠被诸产，久并来田，莫不安所"。公元前210年，他在琅琊命徐福率千名童男童女，自巨鹿郡千童城（今盐山千童镇）出发，东渡求仙寻长生不老药。他出巡返回咸阳途中，病死于河北广宗的沙丘平台宫。他生在河北，死在河北，说是河北的外甥也好、河北的儿子也好，总归是有关系的。爱与恨、恩与仇，集身于一位帝王，难于说清。

秦汉之交，河北地区是反秦斗争的主要战场，巨鹿之战是秦末农民战争期间规模最大的一次战役。河北各路反秦武装与项羽领导的起义军主力，战胜章邯、王离领导的秦军主力，开始推翻秦王朝的全面反攻。灭秦后，河北地区形成诸侯分裂割据的局面。项羽在河北分封了代王、常山王、燕王、辽东王（封地部分在今河北）、南皮侯，一个多月后他们就相互攻杀起来。转随刘邦的韩信，受命与张耳共同经略河北，为平定赵地立下了汗马功劳。井陉之战，韩信出奇计以少胜多，3万人对阵赵王歇、陈余军事集团的30万人，取得辉煌胜利，为刘邦建立了可靠的河北根据地。此后，韩信又采用原赵国谋臣李左车的建议，遣使前往燕国，晓以大局利害，说服燕王臧荼审时度势，断绝与项羽的联系，归附刘邦。韩信平定河北，加快了刘邦重新统一全国的进程。

西汉时期，实行郡、国并行制，河北是诸侯王分封最为集中的地区，也出现过后妃。汉高祖刘邦分封包括韩信在内的七个异姓诸侯王，后又一个个剪除，改封同姓子弟为诸侯王。汉文帝刘恒的皇后窦氏，家在河北清河，是景帝刘启的生母。景帝时期和武帝初期，她作为皇太后、太皇太后曾对当时的朝政产生重大影响。河北满城中山靖王墓出土的长信宫灯，原为窦太后长信宫之物，后赠与刘胜妇人窦绾。景帝时发生"吴楚七国之乱"，赵王刘遂举兵参与，后来赵国被"一分为六"。汉武帝时备受宠幸的李夫人出自中山。汉宣帝的生母出自涿郡蠡吾（今博野），后在"巫蛊之祸"中与卫子夫、戾太子等同时遇害。汉元帝皇后王政君来自魏郡元城（今大名），王皇后及外戚在元帝至平帝各朝，左右朝政达数十年。汉平帝刘衎是中山孝王刘兴之子，其母中山卫后出自中山都卢奴（今定州市）。

东汉光武帝刘秀，起兵在河北，"匡复汉室"的根据地和主战场在河北。河北中南部至今留下许多依刘秀征战故事为地名的村镇。刘秀于更始三年（公元25年）在鄗南千秋亭（今柏乡北）称帝，改元建武。他的第一个皇后郭圣通，是藁城人。汉桓帝和灵帝，都出自沧州河间。桓帝刘志的祖父是河间孝王刘恭，父亲是蠡吾（今河北省博野县）侯刘翼。汉灵帝刘宏是河间孝王刘恭的曾孙，其生母董皇后也是河间人。汉灵帝即位后，董皇后还曾回河间购买田产、聚敛钱财。

东汉末年，巨鹿人张角、张梁、张宝兄弟发动"黄巾起义"，提出"苍天已死，黄天当立"号众，一时间风起云涌席卷全国。在河北战场上，张角率领冀州黄巾军主力多次打败东汉卢植和董卓的军队。广阳（郡治在今北京市）黄巾军杀死幽州刺史和太守。黄巾起义从根本上动摇了东汉政权统治基础，使东汉王朝在河北的地方政权陷于土崩瓦解。后来张角的猝然病死，使农民起义军失去了一位杰出的领袖，成为起义军由主动而被动的转折点。冀州黄巾军在广宗被东汉王朝及地主武装联军击溃，张梁与3万义军壮烈牺牲，5万人不肯投降赴河就义。曲阳大战中，张宝与10万义军全部英勇战死。黄巾起义军的壮举，体现了河北人民大无畏的英雄气概，其顽强无比的战斗精神惊天地、泣鬼神，气壮山河。

整个汉王朝，西汉自高祖建国传14帝231年，东汉传12帝195年，前后427年，是我国历史上时间最长的封建王朝。东、西两汉的前期和中期，河北地区享受了两个百余年的稳定期，社会经济得到全面发展。手工业采矿、冶炼、制陶、酿造等技术工艺表现突出。

《汉书·地理志》记载，西汉时期全国各产铁地共设铁官49个，河北占七分之一。近些年，河北各地出土一大批汉代铁器，包括农业生产工具、兵器、生活用具等。满城汉墓出土的铁刀、铁剑，应用表面渗碳和局部淬火技术铸造，达到了高硬度与高韧度兼得的效果；铁铲、铁镢等，采用可煅化热处理生产工艺，适应生产工具性能需求，达到相当高的水平。刘胜

问史篇

的佩剑现存河北省博物馆，虽然剑柄饰物已腐蚀，但剑刃依然能吹发丝断、叠切十层白纸。承德市兴隆县汉代大型铜矿遗址发现四处冶炼场，设在山上的一处至少有五座熔炉。赵都邯郸和中山都卢奴（今河北省定州），都是当时著名的铜器产地。铜错金博山熏香炉（彩图8）、镏金长信宫灯、铸有中山内府字样的铜盆，件件制作精细。石家庄、邯郸出土汉代"五铢"、"半两"钱铁范，大号范一次可铸16枚，小范每次可铸14枚。

河北各地出土大批汉代陶器，数量众多且工艺精良，有的达到令人惊叹的地步。衡水阜城县出土的陶楼，通高216厘米，外观考究、结构严谨，楼分上下五层，顶层设哨房有站岗值更的家丁。既体现汉代楼阁式建筑的特点，又反映当时豪强地主横行乡里社会不安定的现实，在全国已发现的陶楼中属上乘之作。河北省博物馆《古代河北》里的汉代陶楼，观众每每到此总是赞叹不已。（图1-1-6）

汉代河北的酿酒业也很发达。中山靖王墓中曾出土33个盛酒的大陶缸，陶缸外面写着所装酒的名称。按酒缸容量计算，总数可达上万斤。据记载墓主人生前"乐酒"，死后还要放这么多酒在身边，足见其乐酒之程度、与酒感情之深

图1-1-6 阜城出土东汉陶楼

·011·

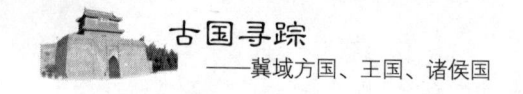

厚。1968年这些酒缸出土时还有黏稠的东西存缸底，可惜那时候缺乏商品意识并未在意。如果能化验其各缸酒的成分，将黏稠物予以还原稀释，生产"中山靖王宫廷系列酒"，说不定能产生出更大的文化效益和经济效益来。

汉代四百多年中，河北地区还出现过不少杰出的思想家、政治家、军事家、文学家。窦婴是河北清河人，汉景帝时官至大将军、武帝初任丞相，与太尉周亚夫（授条侯封地在今河北省景县）共同平定七国之乱。毛亨出生在今河北省河间，是著名诗学家，毛诗学的开创者，曾为《诗经》作注，世称大毛公。邯郸人毛苌诗承大毛公，也是毛诗学的开创者，为毛亨作传，世称小毛公。汉初，齐、鲁、韩、毛四家传授《诗经》，唯有《毛诗》流传至今。西汉末年长期专擅朝政、更立新朝代汉的王莽，是魏郡元城（今河北省大名县）人。东汉末著名的儒学大师卢植，是涿郡涿州人，曾与蔡邕、杨彪等在东观校中书《五经》记传，补续《汉记》。为《战国策》、《淮南子》、《吕氏春秋》等书作注的高诱，是涿郡人士。

魏、蜀、吴三国鼎立局势未形成之前，东汉政权已名存实亡。河北地区割据纷争，不少重量级人物都曾在河北活动过。幽州地处北边，汉灵帝中平六年（189年），幽州刺史刘虞面对连年混战造成的民生凋敝、衰败破落景象，大胆兴利除弊，减轻人民负担，缓和社会矛盾，采取稳定民心、发展生产的措施，使社会经济得到了恢复与发展。当时，青、徐二州百姓躲避战乱逃难者百余万涌进幽州，刘虞都给予妥善安置，《后汉书·刘虞传》记"流民皆忘其迁徙"。

今河北迁安人公孙瓒，以破黄巾军功被封蓟侯。奉命讨伐乌桓时，受刘虞管辖。后二人因出兵救驾问题意见相左公开决裂，公孙瓒领兵破刘虞军并将刘俘获，在献帝面前诬陷刘虞与袁绍等欲称帝号，导致刘虞被杀。汉献帝建安四年（199年），公孙瓒为袁绍所灭。

袁绍原为灵帝时的佐军校尉，因不满董卓专权愤而赴冀州，任勃海太守。献帝初平元年（190年）起兵勃海，联合冀州牧、兖州刺史、后将军袁术及曹操等共讨董卓，被推为盟主。袁绍先占领冀州又占据幽州，成为北方最强大的封建军阀。

曹操前从袁绍讨董卓，后破青州黄巾军，收其精锐号为青州兵，积蓄了比较强的军事力量。建安元年（196年），曹操率兵迎献帝都于许昌，开始"挟天子而令诸侯"，讨伐各地封建军阀。官渡之战，曹操一举歼灭袁绍主力，冀州城邑多归降曹操。至建安九年（204年），袁绍人马被全部消灭，大致平定冀、幽地区。建安十二年（207年）夏，曹操北征乌桓，彻底消灭袁绍的残余势力。还军途中东临碣石，慷慨赋诗，写就了最负盛名的《观沧海》、《龟虽寿》。建安十八年，曹操受封魏国公，以丞相领冀州牧，辖冀州十郡，治邺。建安二十一年（216年）曹操晋封魏王，建安二十五年病逝。其子曹丕嗣魏王，授丞相印，领冀州牧。同年十月曹丕称帝，国号魏，自邺迁都洛阳。

建蜀称王的刘备是涿州人，传说刘、关、张桃园三结义，常山赵子龙百战百胜，常留一股英雄气回荡河北大地。今涿州市有桃园结义亭、张飞庙、张飞井，正定县有赵云祠。

魏晋十六国时期，今河北地域王朝更迭频繁、割据政权林立。从公元205年到581年前后的370多年间，河北域内先后有曹魏、汉赵、后赵、冉魏、前燕、前秦、后燕、北魏、东魏、北齐、北周等11个王朝在此活动。北朝中建都于河北地区的有：后赵、冉魏、前燕、后燕、东魏、北齐。虽然它们的立国时间最长不过二三十年，却对中国历史发展进程产生了深远影响。

影响之一，南朝宋、齐、梁、陈与北朝各国隔江而立的广远空间，成为消磨双方力量的缓冲地带，使得彼此谁也难于进行实质性的跨越。

影响之二，自东汉末年以来河北地区成为诸多矛盾集聚的地方，成为各种力量相互冲突又彼此融合的地区，成为全国混乱的关键地带。所谓五胡乱中华，主要乱在河北。羯、氐、羌、鲜卑、匈奴等五个少数民族都曾在河北集聚，又作为扩大力量的主战场。东西抗争在这里形成分界，又在对峙抗争中孕育着新的统一因素。

影响之三，河北地区既是乱的起始，又是治的开端。东汉末、西晋末、北魏末的乱皆自河北起，魏晋、周隋的统一都以定幽冀为先。河北乱则天下乱，河北治则天下治，幽冀诸州是影响魏晋南北朝历史发展的重要地区。

邺城是曹魏长期经营的地方。（图1-1-7）早在曹操占领冀州后，他就清楚看到邺的战略地位，因而历14年心血营建邺城。曹操生前虽未称帝，但已经集东汉种种大权于一身，为曹丕称帝铺平了道路。曹丕自建安九年（204年）随父攻下邺城，到220年迁都洛阳，在邺城宫殿中居住16年，而且称帝这年有近半年在邺城谋划禅代汉室的程序，从组织和舆论上作了充分准备。曹魏政权在河北注重地方官吏的使用，遵循"欲使皆先历散骑，然后出据州郡"的组织路线，先考察后历练再重

图1-1-7 邺城铜雀台遗址

用,涌现了许多著名的贤良官吏。一身正气的杨沛、抑强扶弱的贾逵、断案公允的陈矫、清廉勤政的孟桓、政绩卓著的郑浑等,影响了统治地区的政风和社会风气,使得社会矛盾缓和、政治稳定、经济增长。自东汉建安十三年(208年)以后,直至西晋"八王之乱"以前,河北历80多年相对稳定,冀州地区成为曹魏时期经济最发达的地区。

十六国时期,第一个定都河北的是后赵。西晋怀帝永嘉六年(312年),起兵反晋、势力壮大的羯族人石勒,从汉人谋士张宾计建都襄国(今河北省邢台市西郊),由流动作战转为建立根据地。此后接连攻克冀州诸县,所据地区北到易水、南至黄河、西达上党、东接兖州。建兴二年(314年),后赵又一举歼灭割据幽州的王浚,拓地青、齐、豫、并等州,恰逢另外两股割据势力一支不战自灭、一支变为衰弱,石勒控制了河北的大部分地区。318年,石勒兵出山西攻城略

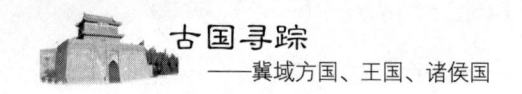

地，一把火焚烧了前赵刘渊的宫室，将缴获的浑仪、乐器运回襄国。此前，他还镇压了河北境内南和县的反叛、河间县的起义以及冀幽二州农民起义，稳定了局势、扩大了地盘，成为黄河下游最强的势力。

319年，石勒称大将军、大单于，领冀州牧、赵王，以24郡地、29万户为赵国，史称"后赵"。石勒即赵王位后，制定礼仪典制，修改颁发律令，设置律学、经学、史学官吏，采取改善胡、汉民族关系的措施，加封长期跟随他的汉人谋士张宾为大执法，总专朝政。他还非常注意网罗人才，使张宾领选官吏，初定五品，后更定九品；又令公卿及州郡官吏每年举荐秀才、至孝、廉清、贤良、直言、武勇之士各一人。他在加强政权建设的同时，不断对外拓展疆土，使后赵走向全面强盛。太和三年（330年）二月，石勒称大赵天王，行皇帝事；九月，即皇帝位改元建平。333年石勒病死。后赵建武元年（335年），石虎自襄国迁都邺城。

冉魏，短命王朝，石闵在邺城只做了两年零八个月的皇帝。后赵太宁元年（349年），石虎病亡，10岁的小儿子即位，由皇太后临朝听政，引发后赵大乱。彭城王石遵自李城起兵，以石闵为先锋顺利进入邺城，在太武前殿宣告即皇帝位。石遵猜忌石闵兵权太重欲诛杀，石闵占得先机杀石遵于邺宫。紧接着石闵又平定邺城变乱、软禁与变乱有关的新皇石鉴。邺城的胡羯士民人心惶惶，出走者挤得城门水泄不通。石闵感到胡人与己不同心便大肆屠杀。《晋书》卷107《石季龙载记》记有石闵下达的斩杀令："斩一胡首送凤阳门者，文官进位三等，武职悉拜牙门"。被软禁的石鉴乘石闵出城之际，召滏口屯兵袭击邺城，石闵闻变急率骑驰还，废杀石鉴、诛杀石虎子孙38人，将邺城后赵石氏基本杀绝。

后赵永宁元年（350年），石闵在邺称皇帝，改元永兴，国号大魏，又称"冉魏"。冉是石闵的本姓，因做石勒养孙改姓石，后随石虎南征北战，功名显赫。冉魏政权建立后，本来就严峻的形势越发难于收拾。东晋政权不支持，后赵石氏势力坚决反对，内部矛盾也一步步激化起来，石闵只能靠征战、厮杀壮声威鼓士气。石闵所部在强攻襄国时大败，死伤十余万众，他本人潜藏襄国行宫得以幸免，收十余骑逃回邺城。不久，石闵又卷土重来，焚烧襄国宫室，迁其百姓于邺。攻克襄国后，因军中缺粮，只好游食常山、中山诸郡，想等到麦收之后再回邺城。已占据幽蓟的慕容氏听到这一消息，遣将在安喜（今河北省定州东南）进攻冉军，又追击至魏昌县廉台（在今无极东北），大破冉军并俘获冉闵，押至蓟又送龙城（今辽宁省朝阳）处死，紧接着燕军就攻破邺城，灭亡冉魏。

前燕慕容氏是鲜卑族的一支，最初在辽东活动，曹魏时居辽西，因随司马氏征战有功拜率义王并建国。前燕元年（337年），慕容皝称燕王，都大棘城（今辽宁义县西北），称藩于后赵，史称"前燕"。

前燕初年，慕容皝多次攻掠后赵辽西，一度深入今徐水、高阳一带。前燕十四年（351年），继燕王位两年的慕容儁分兵三路伐赵，先后拔蓟（今北京西南）、取章武（今河北省大城）、下河间（今河北省献县东南），又攻略范阳（今河北省涿州）、夺得勃海（今河北省南皮北），燕、代地尽入前燕之手。前燕十五年，慕容儁相继攻克冉魏所属的中山、常山、赵郡、邺城等地。公元352年，燕王慕容儁称帝，建元元玺，国号大燕，将都城从龙城迁蓟。至元玺三年时，后赵、冉魏在河北地区的残余势力被基本扫清。慕容儁这个时候作了一个果敢的迁都决定，于光寿元年（357年）底自蓟迁至邺城。从此，河北地区又进入了一个相对安定的时期。

前燕建熙十年（369年），东晋乘前燕衰弱之机北伐，到达距邺都百余里处。前燕急派慕容垂统军迎敌，慕容垂大败晋军名声大振。腐败的前燕统治集团忌妒垂有大功，处处掣肘。建议封赏的作战有功将领名单上报后，他们故意拖延，慕容垂为此与之发生争吵。后慕容垂得到要被谋杀的消息，愤而投奔了前秦。

前燕建熙十一年即前秦建元六年（370年），潞川（即潞水今浊漳水）之战中燕师死伤五万多人，元气大伤。前秦军乘胜长驱至邺，攻取邺都和冀州，继而夺取龙城（今辽宁省朝阳），幽、冀诸州牧守及鲜卑六夷渠帅尽降前秦，前燕历13年被氐族王朝灭亡。

前秦，苻坚建立的割据王朝。他以关中兼并河北并未迁都河北地，意欲经营河北控制中原、进而指向江南开拓东晋的疆域。占领河北地区后，苻坚一方面将鲜卑六夷渠帅及部民迁往关中，把他们安置在长安周围监控起来，另一方面采取以汉制汉的办法，任用熟悉河北情况的王猛治邺，后又让其留镇冀州。王猛十分注意将河北士人吸收到前秦统治集团中来，亲自选拔任命了一大批河北地方官吏，同时还将大量河北士人举荐给苻坚。到建元八年（372年），前秦在河北的统治初步建立起来。

前秦统治河北期间，王猛所定的政治、组织路线一直得到贯彻。纲纪高悬，选拔当地士望，贵苛察，建学宫，重用贤士，吏治善明，冀州社会比较安定。此时幽州边地民族矛盾比较突出，为防幽州镇将权势过重，苻坚析幽州另置平州，治所分别在蓟和龙城。他又调整镇将，防止镇将专兵时间太长，使之股肱坐大威胁朝廷。

建元十九年（383年），淝水之战中苻坚大败，前秦损折了十几年积蓄起来的老本。其在幽冀二州的统治，不久就土崩瓦解。

后燕是慕容垂取代前秦建立的割据政权。384年，慕容垂在河南荥阳称燕王，北回魏郡后改前秦建元二十年为燕元元年，建立起慕容政权。初欲定邺为都，因前秦守将固守久攻未取，引水灌邺又使全城破败不堪，遂改变主意于385年定都中山（今河北省定州市）。386年，慕容垂复兴"燕国"在中山称帝，改元建兴，史称"后燕"。

后燕建国后面临诸多难题：前秦残余势力仍然存在，时时寻找机会再起；南迁融入当地民族的丁零各部，依然"水土不服"，屡有叛后燕、袭官府、扰民众事件发生；外部西魏和北魏步步紧逼，时时威胁后燕生存。从建国称帝那天起，慕容垂就没有停止过征伐厮杀，内外战火硝烟从未熄灭。建兴九年（394年），慕容垂征发四州兵力分出滏口（今河北省涉县境）、壶关，亲自率军出沙亭（今河北省临漳县西南）伐西燕，相继攻取晋阳（今山西省太原）和长子（今山西省长子县），俘获西燕王慕容永，灭亡西燕。接着，慕容垂又攻下东晋青、兖二州。形势向有利于后燕的方向发展。

慕容垂是难得的军事人才，但距离政治家、战略军事家还相差甚远。他被一时的、局部的胜利冲昏头脑，并不熟知自己的民心军力，也不完全了解对方的真正实力，莽然作出了一个错误的决定，这就是穷兵黩武大举进攻北魏。建兴十年

（395年）出兵十万,被北魏俘虏数万人;建兴十一年二月,出征伐魏的博陵（今河北省安平）、武邑、长乐（今河北省冀州市）三郡兵反水,海阳（今河北省滦县）令起兵响应;三月,慕容垂亲自率军越过广昌岭（今河北省易县与河北省满城之间）直指魏都平城（今山西省大同）,拓跋珪避其兵锋主动撤出,后燕只得到一座空城。慕容垂疲于征战身染重病,还师路上病死在上谷沮阳（今河北省怀来沙城镇东南）,时年71岁。

396年4月,慕容宝在中山继父位,改元永康。后燕国力衰微,军队疲惫,已经无力对外作战。慕容宝本想收拾残局,整饬官吏贪污腐化、将帅私荫封占民户之风,不想触动了部分官吏和将帅的利益,引起他们的反感,大敌当前生出贰心。当北魏拓跋珪40万军伐燕时,蓟城、晋阳、并州先后丢失,常山被攻下,常山以东各郡县守宰或走或降,相继归北魏。后燕永康二年（397年）,北魏占领信都后与后燕军对峙滹沱河,后燕夜袭魏军遭大败,魏军遂进围中山。半年后,北魏拓跋珪攻陷中山城继而占据邺城,尽得后燕玺绶、图书、府库珍宝。河北地域除冀东卢龙、令支（今河北省迁安市西部）、肥如（今河北省迁安市东北）一隅外,绝大部分归属北魏,后燕已无力收复河北失地。

北魏政权的建立,始自后燕建兴元年（386年）。拓跋珪纠合代国拓跋旧部即代王位,改国号为魏,年号登国,史称"北魏"。拼杀十年占有今河北、山西两省地域,拓跋珪于天兴元年（398年）称皇帝,迁都平城。

攻占幽、冀诸州并尽快稳定局面,为北魏日后统一北方创造了有利条件。东出、西进、南下、北征的地利优势得天独厚,人才充足、技艺发达、租税易征的人财优势资源独有,胡汉融和、相互学习、各取其长的族群优势基础独具，这是其他地区难于比拟的。拓跋珪十分注重冀、定、相、幽四州，在中山、邺、信都等重镇都派宗室大将率精兵驻守。为了加强代地与河北、中原的联系，他还在班师北还时发卒万人，修整了一条500余里的道路。这条路从北魏望都故城北的尧山西入太行，朔滱水（今河北省唐河），过倒马关、走马驿，经涞源、灵丘、莎泉到代都。此后这条道路不断维修，成为并州代地进入河北的主要通道。

拓跋氏还在河北地区广建行宫，多次巡行幽冀诸州。从拓跋珪天兴元年到孝文帝太和十八年前后96年间，北魏六位皇帝巡行河北20多次。主要目的是安抚少数民族、缓和关系，祭拜华夏先祖、意为华夏正统，观风问俗查吏、征辟选举人才。拓跋氏还在河北地区广封同姓王食邑地、广置州郡。从拓跋珪到孝文帝，所封同姓55人中幽冀诸州就占17人；孝文帝置州郡后，北魏全境38州中河北地区有9个州，北魏末年还曾分冀州为南冀州和东冀州。所有这些都是为了控制河北地区，为了统一北方的大目标。

孝文帝拓跋宏是北魏历史上有作为的一代皇帝。为缓和阶级矛盾、巩固统治地位，他以政治家的气魄和胆略进行了一系列改革。第一，对官吏实行俸禄制，制定严惩官吏贪污的法律。律令颁布后，先后处死犯赃官员40多人，北魏吏治呈现新局面。第二，实行均田制。在官府控制无主荒地上"计口授田"，男、女统授，奴婢与平民同等。第三，实行三长制。五家为邻立邻长，五邻为里设里长，五里为党出党长，由三长行使清查户籍职责，以便查实纳税户、增加官府税收。第四，实施一整套汉化措施：改鲜卑姓为汉姓，鼓励与汉族同婚，拓跋皇室首改姓元；禁士民胡服，一律改穿汉装；禁止说胡语，改说汉话。律令公布后，30岁以下人立即改，朝廷官员若再讲胡语就要"降爵黜官"。第五，将都城从平城迁至洛阳。为减少阻力，他假借大举南伐、率百官及20万人马南进，在群臣叩马求停时借机定都。孝文帝的改革决心大、措施硬，为此不惜处死受唆使叛乱的太子，还严厉镇压了平城自立的反叛。

在北魏改革和迁都问题上，邺城是孝文帝谋划、决断、实施这一宏图的基地，又是迁都洛阳的中转站。其实，早在拓跋珪攻克邺城时，就遍览宫城、巡登台榭，曾有都邺的意向。孝文帝最初也打算迁邺，但是最终选定了当时中原地区的政治、经济、文化中心洛阳。转折点出在太和十七年小停邺城，在这里会见了秘密造访的王肃，听取了关于伐北齐与变革华风的战略分析。邺西宫建成，孝文帝即迁居宫中，进一步思考迁都的相关问题。第二年，孝文帝又在邺宫接受群臣朝拜继而到洛阳巡查。接着再次从平城过信都到邺城，然后经牧野到洛阳。两年中最长的一次在邺住了五个多月，就是利用这段时间与王肃谋议了关乎北魏发展的战略构想。王肃是一位足智多谋、远见卓识的人。他于太和十七年（493年）离北齐奔北魏，没有到平城去见孝文帝却选在邺城拜会，说明王肃的聪明，更体现孝文帝的用心。平城鲜卑贵族保守势力强大，不便于谋划尚未成熟的迁都和汉化大计；邺城地处中原，汉人聚集，没有鲜卑贵族的干扰，是理想的谋议之地。迁都开始实施后，北魏六宫、百官全都经过邺城迁往洛阳。孝文帝随行至邺在此下诏，禁止任何人在前朝王公官僚的墓区进行垦殖。

孝文帝拓跋宏五岁登基，由祖母冯太后临朝称制。冯太后是长乐郡信都（今河北省冀州市）人，汉族，嫁到北魏以来历经坎坷，见识很广，竭力辅助皇孙。在她的主持下，先后实行了官吏俸禄制、三长制、均田制三项改革，为以后的改革奠定基础并进行首次实战演练。孝文帝时期的后两项改革，其难度更大，所以能够一举成就，与冯太后的功劳不无关系。孝文帝时期是北魏历史上最安定兴盛的阶段。

孝文帝去世后，朝政逐渐衰败。封邑河北的宗室诸王，疯狂征聚财货以满足挥霍淫奢之用，州郡官吏更是贪残无度，苛重的徭役和租调负担迫使河北地区大批农民破产。与此同时，北魏统治集团内部矛盾重重，河北冀、定诸州郡地方官吏的反叛接连发生。杜洛周、葛荣领导的河北流民起义，沉重打击了北魏政权，基本消灭了北魏主力部队，宣布北魏在河北统治已经崩溃。河北不保，使北魏王朝失去了后方依托，其后分裂为东魏和西魏。

东魏与北齐，是北魏末期河北地区前后擅变的两个割据王朝。东魏的实权人物高欢，原籍勃海蓨县（今河北省景县），祖辈累居北方成为鲜卑化的汉人，曾参加杜洛周、葛荣的流民军，后又叛奔契丹胡祖豪酋尔朱荣，成为他的亲信。北魏普泰元年（531年），高欢同意与河北豪族联合起兵，进入信都共商讨尔朱氏事。当年在信都誓师起兵，打出讨伐尔朱氏、匡扶魏室的旗号，又在信都城西筑坛，立北魏章武帝同宗元朗为帝，建年号"中兴"。普泰二年，高欢攻克邺城并在邺郊一战消灭尔朱氏军队主力。此后即废元朗与北魏节闵帝，再立傀儡孝武帝。到永熙二年（533年），高欢全部消灭尔朱氏势力、占据今河北与山西、控制北魏政权后，便借孝武之手除掉当初邀他的河北豪族领军人高乾。接着就逼迫孝武西逃，立孝静帝元善见，建年号为天平，迁都邺城建立魏国，史称"东

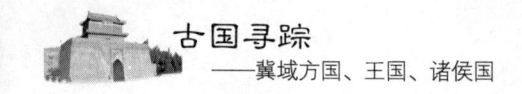

魏"。东魏期间一直受高欢控制，历任皇帝只是名义而已。

北齐是擅代东魏的高氏割据政权。东魏武定五年（547年）高欢未等称帝早亡，大权尽归高澄，遂后又落入高洋之手。武定八年（550年），孝静帝进高洋为相国，以冀州和定州10郡、20万户为其封地，正式宣布自己退位，将东魏政权禅让高洋。高洋曾为齐王，定国号为"齐"，依旧都邺城，史称"北齐"。（图1-1-8）

图1-1-8 磁县北齐高氏墓群

北齐建立初期，高洋励精图治，诏令郡国修学序，广延贤俊，修立移置于邺都的洛阳"石经"，又命地方官劝课农桑，征求天下文籍，更定《齐律》。他还挑选能以一当百的"百保鲜卑"先后击败柔然、契丹的骚扰，在北地修筑了北齐长城，颇有一番兴盛的气象。

天保七年（556年）以后，高洋"以功业自矜，遂流连耽湎，肆行淫暴"，大规模兴修三台宫殿、滥杀大臣，导致统治集团内部胡汉两派争斗，遂逐渐走向衰败。高洋死后太子即位

问史篇

治国无方，北齐内部矛盾激化。高氏兄弟相互残杀，加之地方吏治混乱、战争徭役负担沉重，失去幽冀豪强支持，终被宇文氏北周所灭。

580年，北周宣武帝死后太子年幼，外戚杨坚自居大丞相总知兵马事。相州总管不满杨坚专擅，起兵于邺，青州、郧州、益州三总管予以响应。杨坚派兵攻破邺城，焚烧历300余年发展起来的宏大京都为废墟，随后分兵相继平定关东诸叛。当年，杨坚任北周相国、晋爵隋王，总揽朝政。

北朝十六国时期，割据王朝政权变换更迭，有七个在河北的襄国、邺城、中山建都，留下了他们的活动足迹，留下了那个时代的文明成果。

今景县高氏墓群长十余里，埋葬着北魏至北齐高氏皇族、望族百余人；封氏墓群占地2000余亩，北朝北方名门望族之一的封氏家族，许多人葬埋在这里。封氏墓群近些年出土不少北魏、北齐时期的珍贵文物，著名的青釉仰覆莲花大尊，是北朝时期青瓷代表作，现存河北省博物馆，为国家一级文物。（图1-1-9）磁县北朝墓群，共有北朝各代皇族、豪门望族墓134座，已出土珍贵壁画《天象图》、《车马出行图》等。

峰峰矿区的响堂山石窟

图1-1-9 青釉仰覆莲花大尊

古国寻踪
——冀域方国、王国、诸侯国

（彩图9），开凿起于东魏、完成于北齐，处在邺城与陪都晋阳往来的通道上。以响堂山石刻为代表的北魏造像风格，承北魏的简洁、刚劲，启唐代造像的写神、丰满，创一代画风和雕塑之风。

今涉县凤凰山的娲皇宫是北齐高洋时期重建。位于定兴县的义慈惠石柱，建于北齐天统五年（569）年，矗立杜洛周、葛荣义军牺牲将士合葬墓前，自下而上用六块石灰石垒砌而成，柱

图1-1-10 定兴义慈惠石柱

顶建仿木结构石屋，展现出北齐时期建筑结构形式，是中国建筑史中的重要实物例证。（图1-1-10）

北朝及同时期南朝，都有河北科学家作出的贡献。范阳（今河北省涿州）人郦道元是北魏地理学家、散文家，他参阅437种书籍加自己实地考察，写就地理巨著《水经注》，记述了1252条河流的发源地点、流经地区、支渠分布、古河道变迁等情况，以饱满的热情、细腻的文笔，形象生动的描绘了大江南北的壮丽山川。

古代数学家、天文学家祖冲之，祖籍范阳遒县（今河北省涞水），父子均在南朝宋、齐为官。祖冲之用竹棍作运算工

具,将圆周率推算为界于3.1415926与3.1415927之间,远远超过了前人的成就,在全世界第一次将圆周率推算到小数点之后七位数字。祖冲之还注释了《九章算经》,编写了他的数学研究论文集《缀术》。在天文历法方面,祖冲之根据自己研究的成果制定了《大明历》,首次在我国使用"岁差"——太阳从上一年冬至日运行到下一年冬至日,在天空上的位置移动距离。祖冲之提出了"心闰法",每391年安排144个闰月,大大提高了《大明历》的精确性。

北朝时期还修筑了长城,或修缮增补、或重新筑砌。北魏在423至446年间所修长城,东起河北赤诚、西至内蒙五原,全长1000多公里;北齐在552至565年间多次修筑,规模很大,东西长达1500多公里。

隋、唐、五代时期,隋朝短暂前后只有37年,唐朝289年兴盛近140年,五代是又一次南北分裂造成连年混战。河北大地留有它们的活动印痕,留下了那个时代颇具特色的历史文化遗产。

隋朝两代皇帝有两件大事记入史册。北周隋王杨坚于北周大定元年(581年)废北周静帝,以和平方式登上皇位,号为文帝,改元开皇,建立隋朝。在巩固稳定河北地区、统一北方的基础上,隋文帝又于公元589年兵发江南,一举攻破江防,灭掉东晋南朝最后一个割据政权陈国,从而结束了长达169年南北对峙、混战不息的局面,继秦汉之后又一次实现了祖国统一。隋炀帝杨广,利用天然河道和旧有渠道,开凿了一条以洛阳为中心、沟通南北的大运河。运河全长2500公里,沟通海河、黄河、长江、淮河、钱塘江五大水系。大运河北段永济渠,全长约1000公里,从渠首沁口到内黄进河北境,经今

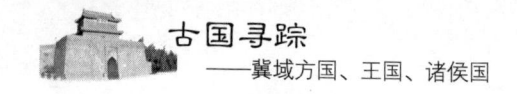

魏县、大名、馆陶、临西、清河、吴桥、东光、沧州市、青县、文安、永清、固安，最后到达今北京市西南。开通永济渠，对河北地区经济与文化的发展发挥了重要作用。

隋代科学技术发展水平，在河北集中体现在桥梁建筑上。开皇中期（591~599年），著名工匠大师李春主持设计的安济桥（彩图10），横跨赵州洨河。安济桥最突出的特点是"敞肩"结构，在主拱肋与桥面之间设计了并列左右的四个小孔，建成后挖去填肩石料，在全世界首创"敞肩拱"的桥形。这种单拱桥梁跨度大且弧度平，"敞肩"既可使排水面积增大、减少水流阻力，又能节约石料、减轻桥身重量、增加桥的稳定性。桥拱券采取纵向并列砌筑法，使每一道券都可以独立站稳自成一体，既便于施工，又便于修补。大石桥的单孔跨度，在国内首屈一指的记录保持了1300多年；单孔敞肩技术，在全世界的领先地位也保持了近1300年。1961年，安济桥被定为首批全国重点文物保护单位。1991年，经美国土木工程师学会在世界各地筛选与考证，确认安济桥是世界第一座空腹式石拱桥，命名为国际土木工程历史古迹。

隋朝末期，劳役和兵役十分沉重，河北地区受害尤深。窦建德领导了河北的农民起义，后来发展成为全国起义军的三大主力之一。窦建德，清河漳南（今河北省故城）人，年轻时豪侠仗义，起义后深得拥戴，队伍壮大到十余万人。617年，窦建德在乐寿（今河北省献县）称长乐王。618年，在河间全歼前来讨伐的隋军三万，乘胜攻下河北大部郡县，控制了河北的局势。唐高祖武德元年（618年），窦建德称夏王，建都乐寿，改元五凤。619年，攻破山东聊城，杀隋大将宇文化及。当年迁都洺州（今河北省永年广府镇），署置百官、建立大夏政权各项制度，他本人依旧保持着农民本色。在大夏政权所及范围劝课农桑，疏通清漳水入柳沟与永济渠合流，让农民用来灌溉田地。他还注意境内社会治安秩序，一时间实现了商旅夜宿无忧无患。620年，窦建德帅众驰援河南义军，在虎牢（今河南省荥阳西北）决战中受伤被俘。洺州义军群龙无首，领导权被原隋朝大臣裴矩和齐善行控制，加上唐朝谋臣的分化瓦解，最终自上而下解除武装，自行解体。河北州县尽归唐有。同年七月，窦建德在长安为唐王朝所杀害。这位农民起义军领袖在反隋斗争中建立的大夏政权，深受河北人民的拥护，其故事传颂至今，广府镇依然存有大夏时挖掘的几条地道。

唐朝是中国古代史中占有显著地位的一代王朝。太祖李渊隋末为太原留守，在农民起义洪流中起兵南下，渡黄河、进关中、占长安，618年称帝建唐朝。唐太宗时期的"贞观之治"、玄宗时期的"开元之治"创造辉煌，使得大唐帝国国势强盛、经济发展、文化繁荣，社会呈现一派兴旺景象。

河北地区的社会经济，在隋末农民起义中遭受重创，唐初一系列措施开始医治幽冀诸州的满目疮痍。均田制的实行，在一定程度上调动起农民种田积极性，地方州县兴建的大批农田水利工程，又对农业生产发展起到了推动作用。据相关史料记载，在天宝八年全国仓贮粮食数目统计中，河北道正仓藏粮位列全国第三，义仓和长平

图1-1-11 邢窑白瓷白釉象

仓藏粮都居全国第一。河北地区盛产蚕丝且质量上乘，定州是北方丝织品中心。邢窑所产精美白瓷与南方越窑青瓷齐名，一些白瓷器具成为皇室御用品。（图1-1-11）

天宝年间的安史之乱，是唐王朝自极盛期走向衰退期的转折点，也是河北社会经济发展由兴盛步入衰弱的转折点。河北地区是安史之乱的起点，又是终点。天宝十四年，安禄山以讨伐杨国忠为名从范阳起兵；唐代宗广德元年（763年），已称大燕皇帝的史朝义穷途末路，在今河北唐山丰润区东自缢而死。安史之乱历时八年，混战残杀争夺河北，前后经历七次反复，致使河北遭受极为严重的破坏。

唐朝贞观元年分全国为10道，河北道是其中之一。作为省级行政区划的正式名称，"河北"开始使用。

五代时期，河北地区成为梁、唐、晋、汉、周五个中原王朝争夺的战略要地。后梁朱温建都汴州，被称汴梁，自907年到923年存16年。后唐庄宗李存勖，923年在魏州称帝，改元同光，国号大唐，升魏州为兴唐府建东京。到936年末帝李从珂登洛阳玄武楼自焚，后唐存国13年。后晋是石氏叔侄经营的傀儡政权。后唐清泰三年，河东节度使石敬瑭叛唐，甘愿认小他8岁的契丹耶律德光为父，登上了儿皇帝宝座。此后割让给契丹的幽云十六州中，有十二州在河北，造成河北地区南北分裂将近200年。942年，石敬瑭死其侄石重贵继位。石重贵拒不对契丹称臣被灭，前后存10年。后汉为后晋节度使刘知远所建，从947年到950年仅存四年。他在中原人民抗辽斗争中暗积力量，又于混乱中称帝汴州。后汉间改广晋府（唐时魏州）为大名府。后周是五代时期最后一个王朝，立国时间自951至959不足十年。两位河北邢台人作为前后君主，给后人留下了深刻的印象。太祖郭威,邢州尧山人,自幼贫穷,靠军功起家。他一生勤俭,后汉时做邺都留守就严令诸将,不得侵掠百姓。即位后又下令各州县,停止向皇室进献美食及特产。临终前几次恳切嘱托后事从简、务要薄葬,以砖代石、瓦棺纸衣,不修陵园、不设人守陵。作为封建帝王,能够如此简朴一生,有始有终,确为历史少见。世宗柴荣,邢州龙岗(今河北省邢台县)人,继位后常以"十年开拓天下、十年养百姓、十年致太平"自励,对内继续推行革新政策,对外击败匈奴、西取后蜀四州、夺南唐十四州、北下攻略三关和三州,为统一大业作出了重大贡献。

隋唐五代时期,河北地区有治有乱,顺境逆境中人才辈出。政治领域有辅佐朝政、鞠躬尽瘁的贤臣名相,史学领域涌现著名的著述家,铸铁和金银工艺技术领先一步,文学领域出现一批著名诗人,书法、雕刻艺术有各领一代风骚的代表人物。

巨鹿郡人魏征(出生地说法有三:今河北省巨鹿、晋州、馆陶),唐太宗贞观时期的著名宰相,又是博学多才的史学家,为中国古代史籍作出了贡献。他与房玄龄共同担任总监诸史的任务,负责编修梁、陈、魏、齐、周、隋等史。魏征亲自撰写了《隋书》的绪论和《梁》、《陈》、《齐》诸书的总论。《隋书》中的《十志》,提供史料丰富且有创新。其《经典志》是《汉书·艺文志》之后的又一部古代文献总录,把汉至隋600年来的学术源流、书籍存亡作了一个总结,所采用的经、史、子、集分类法沿用到清代。

祖籍沙河的宋璟,玄宗开元时期的尚书右丞相,是魏征之后唐代"四大名相"之一,史书有"前房、杜,后姚、

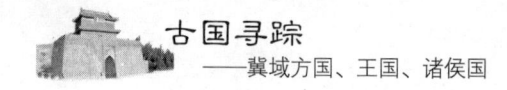

宋"之说。宋璟病逝后归葬今沙河市东户村祖茔，大书法家颜真卿亲为宋璟墓碑撰文并书丹。想不到一件不需多少时日即可完成的事，竟因屡遭曲折，历二十八载方最后成就。宋璟碑，

图1-1-12 沙河宋璟碑

数少见的四面刻石碑,加之书丹时间为颜真卿书体成熟期,故而十分珍贵。现为全国重点文物保护单位。(图1-1-12)

博陵安平(今河北省安平县)人李德林、李百药父子合力完成《北齐书》,为研究东魏、北齐阶段的历史提供了比较全面的史料。李德林在北齐、北周、隋三朝均任要职,北齐时就参加了修撰国史,隋初又奉诏续撰,所写38卷文稿由官府收藏。李百药以其知识文采品德,深受唐太宗器重,也是历任要职。他在父辈旧稿的基础上,历经八年日夜辛劳完成《齐书》。从北魏分裂为东魏西魏写起,到北周灭掉北齐为止,记载44年的历史。父子两代完成一本史书,足见撰修国史之难度。后人为将这部书与南朝萧子显的同名志书相区隔,分别改名为《北齐书》和《南齐书》。

沧州铁狮子(彩图12),是隋唐五代时期铸铁技术现存实物的代表作,也是今沧州市的标志物,铸造年代为后周广顺三年(953年)。它使用的不是普通成分铸铁,也不是一般的铸造方法。仰首怒吼的雄狮背负莲花座,身高5.4米,长5.3米,宽3米,重约40吨,使用分节叠筑法浇注而成。仅四肢和左右肋的铸造范块就有13种规格,小腿到腹部分15节叠铸,用范344块,整体总计用外范达409块。历经千余年风霜,还有自然灾害侵袭,加之人为灾难,虽出现裂痕仍可窥其雄姿。最近,经过多方专家几年努力,终于确定了维修方案。除铸铁技术实物外,定州市静志寺塔基还出土了隋代鎏金铜函,高19.5厘米,边长22.8厘米。函身刻有菩萨、天王像和龙、凤、花鸟纹图案,其线条流畅,富于变化,为国家一级文物,显示了这个时代河北高超的铸造技术和鎏金技艺。(图1-1-13、14)

古国寻踪
——冀域方国、王国、诸侯国

图1-1-13　定州静志寺地宫出土鎏金铜函

图1-1-14　定州静志寺地宫出土鎏金天王像

隋唐五代时期，今涿州人卢思道的长篇歌行《从军行》，开一代先声，对唐代边塞诗和七言歌行有很大影响。"初唐四杰"之一的卢照邻，是卢思道的晚辈同乡，诗歌创作以七言歌行体见长。《长安古意》是他的代表作，也属初唐诗坛上的长篇巨作。著名边塞诗人高适，原籍河北，一生多次游历河北北部边塞，写出许多反映人民疾苦的诗篇。边塞诗名篇《燕歌行》，就是因为有在河北边塞游的见闻，才情动灵感生，将满腔爱与恨凝聚于笔端，创作出气势磅礴、悲壮淋漓的杰作。终生在贫困中度过的唐代诗人贾岛，以五律见长，注重词句锤炼，"推敲"典故、"十年磨一剑"名句，皆出自他的诗作。贾岛是范阳（今河北省涿州市）人。博陵（今河北省定州）人崔护，以《题都城南庄》诗，引出一段后世所传《人面桃花》的故事。

书法和雕刻艺术珍品，河北地区隋碑当推隋恒州真定龙藏寺碑，全文30行，每行50字，书体有承前启后的特点。现存正定隆兴寺（彩图16），为镇寺之宝。唐碑之中，《大唐北岳府君之碑》等一批名碑集中保存在河北曲阳北岳庙，正定、

图1-1-15 曲阳王处直墓出土生肖石雕

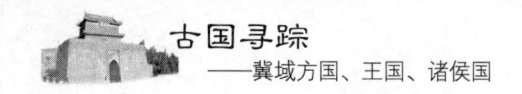

隆尧、易县、保定莲池等文保单位均有收藏。雕刻亦不乏精品：安济桥望柱栏板石雕形象逼真、神志动人；隆尧唐陵石雕威武矫健、富有唐代风格；曲阳王处直墓浮雕，十二生肖与人物造像结合颇具新意、造型优美。更让人感兴趣的是，王处直墓中雕刻个个为彩雕，历千余年依然色彩鲜艳。还有作品中画有乐队、指挥、跳舞引领，12名乐手所持乐器有的不为今见。（图1-1-15，彩图11）

辽宋金元时期，是大动荡、大变化、大融合的时期。北方草原民族雄起，辽朝与北宋对峙、缔盟，维系了双方120余年的友好交往；金朝先灭辽继而南侵掳"徽钦二帝"灭北宋，宋王廷南迁杭州；成吉思汗和他的子孙率蒙古铁骑驰骋南北，向西越中亚细亚和俄罗斯平原直至多瑙河流域，女真人的金国政权垮塌，汉人的南宋小朝廷被扫平，忽必烈成就统一大业。河北初为辽宋对峙的地区，后来成为金灭辽灭宋的重要战场。

辽与宋同在河北地区建都。长城以北是辽朝始自契丹的活动地域，石敬瑭割让幽云十六州之后，辽以燕京（今北京市境内）作陪都，称南京。北宋以大名府为陪都，称北京。南北不足千里，两都遥遥相对，看得出河北举足轻重、动关大局的历史地位。辽宋结好期间，辽朝修筑建造了中京城专作迎送使节的驿馆。今承德平泉处中京近郊，承德东北诸县皆在畿辅之地。两朝使节往来线路都要经过辽南京及宋河北路。宋廷也特设国信所为交聘机构，接送所过之地主要在河北境。在宋辽结好的120余年间，双方大约往来聘使1600余人。（图1-1-16）

正是这样的和平友好主流，促使河北社会经济不断得到恢复发展。平原地区农业生产水平提高，耕种全过程需要的农

问史篇

具类型齐全，制作轻巧耐用，诸州县均有农师传授农业生产技术，均注意兴修水利开河灌田，使米、麦、稻产量增加。河北的桑蚕业和纺织业，数量大且水平高。家家养子学耕织，处处可见养蚕人，桑麻之富衣被天下，丝锦绸缎格外走俏。制陶业成就显著，定窑白瓷名列当时五大官窑之列。磁州窑产品以独特风格广泛影响北方其他地区，所产瓷器不仅内销还远销海外。如今，不管你走到五大洲哪家大博物馆，

图1-1-16　辽代绿釉马灯壶

图1-1-17　定窑白釉圆托五兽足熏炉

图1-1-18　磁州窑牡丹花口瓶

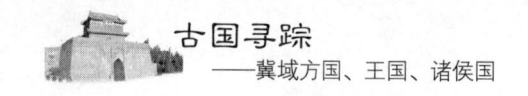

都能够看到河北邢窑、定窑、磁州窑的精品陈列专柜。（图1-1-17）、（图1-1-18）（彩图13、14、15）

宋与金先是对峙局面，后是宋都汴京被金军攻下，宋高宗一路南逃临安建都，河北地区悉为金朝占有。临安议和，秦桧代表赵构答应向金称臣；岳飞抗金兵，使金兀术遭到空前挫败。腐败无能的南宋朝廷又签绍兴和议，将东起淮河、西至大散关以北土地永归金朝统治。金朝为了便于控制北方，将其国都迁到燕京，称作中都。

南宋时候，南方经济发展逐渐超过北方，北方人民为摆脱金人统治大量南迁。从长城外南迁河北地区的女真族，在与汉民族长期交往中学会了汉语，学习了汉族的先进生产技术，穿上了汉服，甚至连饮食、音乐、姓名都全部汉化，促进了民族融合。这个时候，河北的水田、园艺、渔业等都有相当的发展。围绕滹沱河、卢沟河、漳河等大河的水利建设，地方小型水利工程都取得了一定成效。河北的采盐业、矿冶业、造船业、雕印业也有不错的成果。金朝致力于制定各项政策发展经济，特别重视农业，资料显示金时河北农业发展，达到足以养活一千多万人口的水平。

金与元，虽同属游牧民族兄弟却有世代仇恨。金朝统治漠北蒙古族人时，采取极其野蛮的办法，引发了蒙古族人对他们的刻骨仇恨。金人经常挑拨煽动蒙古部落之间相互残杀，同时每三年实施一次"灭丁"，即杀戮蒙古族年轻丁壮，还俘获一批卖于河北、山东有财力物力之家为奴。蒙古人强大之后，当然不会把这笔世仇忘掉。自1211年起，蒙古开始对金采取主动军事进攻，并不断取得胜利。

成吉思汗亲率大军，在野狐岭（今河北省张家口市西北)以少胜多,大败金兵,此后又连取数州,兵分三路南下。金宣宗逃走南迁汴州,蒙古攻陷金中都,河北诸路州县官吏纷纷逃奔河南。河北地区尽归蒙古所有。

元与南宋还有一段曲折故事。成吉思汗临终前留下遗言:假道于宋以灭金。他深知金占据不少险要之地,正面强攻损失过大,假道南宋地、出其不意奇袭才是万全之策。事情发展果如成吉思汗所料,当蒙古大军兵临时,金人还以为敌从天降。一番大战尽歼金军精锐,历九帝120年的金朝灭亡。当初,窝阔台约南宋出兵夹攻金朝时,双方曾商定:灭金后以黄河为界,江山各半。没想到蒙古灭金后食言,忽必烈掉转枪口,灭掉南宋。

至元八年(1271年),忽必烈称帝,定国号为元。第二年,忽必烈定都于四年前就建造的中都新城,改中都为大都(今北京)。河北继金朝之后,再次成为京畿重地。至元武宗时,又在今张北营建了中都。

辽宋金元时期前后四百五十年,河北地区在民族融合中出现了几位知名的政治人物,涌现了数十位著名的社会科学领域领军人。宋太祖赵匡胤出自涿州,后周时握兵权,陈桥兵变黄袍加身即帝位。他在位期间,兴修水利、鼓励垦荒、整治运河、整顿税制,力图增加赋税收入,增强国力,对结束五代以来的混乱割据起了重大作用。他重文轻武,偏于防内,对宋朝形成"积贫积弱"局面有所影响。正定隆兴寺系赵匡胤任内重修。继吕蒙正为相的吕端是今廊坊安次人,宋太宗评价"端小事糊涂,大事不糊涂"。他持重识大体,以清简为务,紧要关头深谋远虑。太宗去世后,他及时察觉废太子阴谋,坚持奉真宗即位。真宗垂帘见群臣,吕端要求卷帘确见真宗才率群臣下拜，受到真宗敬重。范阳涿州人张世杰，南宋抗元将领。元军迫近临安时，他与文天祥力主背城决战；临安失守后，率军由海路到福建，联合少数民族坚决抗元；兵败又率军在广东沿海坚持抵抗。金代著名医学家河间人刘完素，致力中医"辨证论治"理论研究，成为"寒凉派"代表人物。邢州人刘秉中是元初大臣，忽必烈为亲王时就参与决策，曾上书建议定百官爵禄、减轻赋税差役、劝课农桑、兴建学校等，是元上都的总设计师和施工总监理。忽必烈即位，他建议设中书省、宣抚司，后受命扩建燕京为中都。至元八年，奏请建国号为大元，定朝仪官制，以中京为大都。在建立元朝统治的过程中，刘秉中起了重要作用。元代天文学家、水利学家郭守敬，顺德邢台人。他是刘秉中的学生，曾从师学习天文、地理等。元时任都水监，兼提调通惠河漕运事，修治过许多河渠。郭守敬对天文学有专攻，创造和改进了简仪、仰仪、高表、侯极仪、景符、窥几等多种观测仪器，又在全国各地设立27个测景所（观测站），进行规模巨大的大地测量工作，重新观测了二十八宿及其他恒星的位置，达到了较高的精确度。安国人关汉卿，是元代戏曲奠基人。他用戏曲反映劳动人民的疾苦及遭遇，歌颂他们的聪明与智慧，一生写杂剧60余出，另有散曲10余套、小令50余首。《窦娥冤》、《救风尘》、《望江亭》等塑造的人物形象流传至今而不朽。河北省梆子剧院排演的《大都名伶》，就是根据关汉卿与著名艺人珠帘秀交往的真实故事，以戏剧形式进行艺术加工再现的。

明代，河北属北直隶为京畿重地。北直隶领8府、2个直属州。顺天府府治大兴县、保定府府治清苑县、永平府府治卢龙县、河间府府治河间县、真定府府治真定县、顺德府府治邢台县、广平府府治永年县、大名府府治元城县，保安州州治初在涿鹿后移怀来、隆庆直隶州全在今北京市域。明初对各地采取的均平赋役、移民屯田、兴修水利、奖励农桑政策惠及河北，使河北走上全面恢复和发展的道路。洪武、永乐年间的大移民，给河北经济发展注入了新活力。

手工业、制盐业、棉纺织、煤炭开采在北方处于领先地位。北直隶遵化铁冶厂是全国最大的官营铁厂，工匠2500余人，年产生、熟铁及钢铁共75万余斤。北方制盐业最大的长芦盐场，不仅生产规模和年产量都达到一定水平，还引进滩晒制盐新技术，使质量和数量年年都有提高。棉花在平原地区普遍种植，为棉纺织提供了价格便宜的原材料。比之丝织，棉纺更易于织作且质地牢固，为广大人民群众喜爱。当时北直隶肃宁县是著名的棉花和土布产区，徐光启的《农政全书》作过专门介绍。煤炭开采，除北京西山煤矿外，永年、邯郸、武安、涞源、蔚县、宣化等都有了新的煤矿。

明代在北直隶所辖地域内，实施了疏浚水运航道、修建明长城两项大工程。明成祖时期重新疏浚会通河，自济宁引汶水、泗水至临清，通漳、卫二河，使主要用于南粮北调的大运河南北全线通畅。运河之外还疏浚了众多内河，使之与运河连接。滏阳河、滹沱河介于卫运河与大清河之间，自西南斜贯东北，沟通广平、顺德、真定、河间四府的商业联系，极便舟楫之利。西南的煤炭和瓷器经此水道运出销售，长芦的盐大量南运至各州府地方。大清河系支流繁多，南支诸河汇入白洋淀，又出淀达于天津直沽入海；北支诸河与永定河汇流。它们与运河贯通，使得沿途各县商贾云集、交易兴隆，诚如崇祯年间《固安县志》所记，铺店如星、行市如蚁，确为一方之利

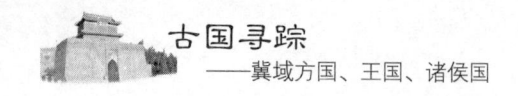

源。滦河水道，沟通塞上高原与渤海湾的联系，由滦河口入海南达山东西抵天津，与南运河相接，使得南北物相交换、货畅其流。

万里长城自秦始修，保存至今的基本是明长城。明长城西起嘉峪关，东至山海关又东北延伸到鸭绿江边凤凰城。河北段长城，从山海关到怀安西洋口，修筑于高山峻岭之间，随山势曲折蜿蜒，十分雄伟险要，是万里长城的精华部分。这段长城的修建，从明初至明末200余年没有间断。山海关（图1-1-19）依山傍水，被誉为"天下第一关"，名实相符。大将军徐达首镇山海关，监修关墙关楼，守卫通往辽东的要道。今山海关长城博物馆的专题陈列，以历史遗存、实用器械和工具、守卫武器、历史照片等，讲述长城第一要塞的600余年沧桑，通过现代化的艺术手段，把徐达等历史人物请出来与观众对话。保卫大明东北疆土安宁的是山海关，吴三桂引清兵踏上大

图1-1-19 天下第一关

明土地也在山海关。山海关历尽风霜,曾经千孔百疮、残破不堪。从2003年到2008年连续抢救维修,原状未改变、文化内涵更丰富的山海关已经矗立在我们面前。

清代,地方行政机构基本沿袭明制。顺治二年(1645年)北直隶改称直隶。康熙六年(1667年)直隶巡抚由真定迁治保定,保定成为直隶省省会。光绪二十八年(1902年)以后,直隶总督常驻天津。

康熙皇帝在北巡途中发现承德气候宜人、风景优美,既是皇族门户地,又可俯视关内外、外控蒙古各部,遂决定肇建行宫。从1703年起,历康、雍、乾三朝,耗约90年建成避暑山庄及外八庙。避暑山庄正门牌匾"丽正门"三字,用汉、满、蒙、藏、维五种文字镌刻,体现民族团结;外八庙雄伟庙宇建筑群,展示民族风格,建好一座庙胜养十万兵。清皇室为皇帝挑选万年吉地,选中遵化的长瑞山下建东陵,先后有顺治、康熙、乾隆、咸丰、同治五位葬入东陵;选中易县城西三十华里的永宁山下建西陵,雍正、嘉庆、道光、光绪葬在这里,如果连陵区附近安放的溥仪骨灰计算在内,西陵也是五位清帝。清王朝入关以后的十位帝王,全部长眠在直隶大地上。1994年和2000年,避暑山庄及周围寺庙、清东陵与清西陵,被联合国教科文组织分别列入《世界遗产名录》。

直隶地广人贤,清朝时期有过不少知名人物。礼部尚书、协办大学士纪晓岚,纂定《四库全书总目提要》、《四库全书简明目录》,晚年著笔记小说《阅微草堂笔记》,他是河北献县人。大文学家曹雪芹,祖为汉人后入旗籍。自曾祖起,三代任江宁织造。其父牵连官场内斗被免职,举家迁居北京,家道从此败落。他以亲身经历加艺术构思,历十年艰辛写就现实主义作品《石头记》。曹雪芹祖籍河北丰润。清末洋务派首领张之洞，是河北沧州南皮人，有张南皮之称。河北还有几位出生于晚清、闯荡在民国、蜚声于新中国的戏剧艺术大师：艺名响九霄的河北梆子大师田际云，与京剧表演艺术家张英杰（艺名盖叫天）同为河北高阳籍。京剧"四大名旦"中的荀慧生家在河北东光县，而尚小云则是河北南宫市人。

1928年6月，南京国民政府改直隶为河北省。

河北有东方远古人类的发祥地，有中华民族五千年文明不间断、不缺环的文化遗存，也有夏商周以来各朝代留下的历史文化遗产。地灵人杰、春光无限的河北，就是这样一片神奇的土地。

二、方国初始

国家的起源在于私有制的产生。国家政权是野蛮与文明的分野标志。有阶级的文明社会必然是建立了国家政权统治的社会。在国家产生之前、中华文明形成之前，我们的国家曾经有过上百万年的原始社会。

原始社会被古人称作大同之世，没有阶级、没有压迫，人与人之间平等。因为生产力低下，为生存计只好共同劳动、平等分享劳动成果。为安全计只好聚居群处，造成部落内知母不知父，无亲戚、兄弟、夫妻之别，无上下长幼之道，无进退揖让之礼。那时候一夫一妻制家庭尚未出现，因而世系计算从母方。《礼记·礼运》做这样的描述："大道之行也，天下为公，选贤与能，讲信修睦，故人不独亲其亲，不独子其子，使老有所终，壮有所用，幼有所长。鳏、寡、孤、独、废疾者，皆有所养。男有分，女有归。货恶其弃于地也不必藏于己，力恶其不出于身也不必为己。是故谋闭而不兴，盗窃乱贼而不作，故外户而不闭，是谓大同。"那是理想的原始共产主义社会。

原始社会末期，夏、商、周三代，是我国早期国家形成和发展的时代。社会财富有了较大幅度增长，但已经不再为全体氏族社会成员平等享受。私有制代替了原始公有制，从国家雏形性质的邦国型国家过渡到比较成熟的商、周王朝型国家。《礼记·礼运》对夏禹、商汤、周文武时代阶级社会的描述是："今大道既隐，天下为家，各亲其亲，各子其子，货力为己，大人世及以为礼，城郭沟池以为固，礼义以为纪，以正君臣，以笃父子，以睦兄弟，以和夫妇，以设制度，以立田里，以贤勇知，以功为己。故谋用是作而兵由此起……。"

有国就有城，有城就需持兵器守卫。繁体国字是口内加或字，表示持戈守卫有城墙的地方。原始社会早中期的氏族公社阶段，没有国也没有家。后期的氏族部落联盟带有准国家的性质，但联盟大酋长主要责任是维护联盟成员不受侵害；联盟酋长的产生要由成员协商产生，没有至高无上的权力；酋长的利益尚未与家庭连在一起，部落内实施军事共产主义性质的管理。原始社会末期的氏族部落联盟，有了家也有了国，帝王家天下，家即国国即家，父子或兄弟可以世代沿袭为王。

正是家庭、私有制冲决原始共产共享平等的樊篱，才使原始氏族社会走向崩溃。恩格斯在《家庭、私有制和国家的起源》中的话一针见血:"最卑下的利益——庸俗的贪欲、粗暴的情欲、对公共财产的自私自利的掠夺——揭开了新的、文明的阶级社会;最卑鄙的手段——偷窃、暴力、欺诈、背信——毁坏了古老的没有阶级的氏族社会,把它引向崩溃。"强烈的私有财产观念,使个人贪欲膨胀,尤其上层权贵利用权力霸占大量财富,使社会产生贫富两极分化直到形成阶级尖锐对立。人类社会从愚昧迈向文明,付出的代价是产生一个阶级对另一个阶级赤裸裸的剥削,而且还要公开建立一套国家机器来保障统治秩序。

文明社会有着它各个历史阶段的不同含意。从生产力低下、共同劳动方能生存、仅够果腹没有剩余的原始社会,到生产力相对发达、一部分人可以剥削另部分人、劳动成果剩余增多的阶级社会,是历史时代的进步。古代国家就是在这样的基础上生成并发展的。先有统治区域内中央级集权国家,逐渐产生为了捍卫这个中央集权、平衡各方利益的分封制度,继而出现各种形式的诸侯国。

夏禹传子建立我国第一个奴隶制国家,约在公元前2200年左右。夏代国家元首沿袭氏族首领的称号叫"后",古籍中多写作"夏后"或"夏后氏",后来才称为王。夏王朝破坏了原来实行的禅让制,传贤为传子所替代,是"天下为家"的开始。夏代之前,原始氏族社会组织的最高形态是部落联盟,参加联盟的部落都是独立的、平等的,没有相互之间的臣属关系。夏建国称王之后,部落成为国家的区域组织,对不服从的部落要以武力进行讨伐,直到消灭或臣服为止。

出于巩固政权、加强统治的需要,夏代开始设官分职,挑选一批人听命于王、担负管理国家的责任并享受一定的特权。夏王朝设元老咨询部门，置三老五更、四辅、四岳等官职，由当时最有学识、最有经验、声望高又备受尊敬的人士担任。三老五更的条件是必须祖辈三代受尊，四辅臣选择前后左右都能为天子提建议、确能尽辅佐之责的人，四岳则是各部落的长老。国家遇有大事，夏王恭恭敬敬地向他们请教或请来共议。政务部门以司空总揽，其中后稷掌农业、司徒主教化、士管刑狱、共公专百工营建、虞人司山泽畜牧。史官职司记辑国家重大事项，设太史令负责典籍档案，设遒人主掌宣示政令，并且搜集民意。设立负责服侍夏王的部门，其中车正主管夏王用车，庖正掌管夏王饮食，牧正掌管夏王室畜牧养殖，御龙为夏王养蛇。专设征收贡赋部门，啬人职司贡赋征收。

为支撑庞大的国家运转费用支出，夏代规定了贡赋制度并专设机构与官吏。部落联盟的军事首长已经转化为最早的专制君主，王室、王廷各种机构逐步健全起来。生产力在发展，社会在进步，文明新成果不断涌现，原始社会的石器时代，从夏代"采金于山川"铸造铜器开始，初步进入了铜器时代。

夏人的活动中心区域，西起今河南西部和山西南部，沿黄河东至今河南、河北、山东交界地区，南接湖北、北入河北，与其他氏族部落形成犬牙交错的局面。河北北部是夏的北疆，那里也活动着自黄、炎、蚩尤以来不少小的部落，因为他们是自然形成并非夏王朝划定，所以与夏王朝关系十分松散，除了臣服朝贡之外均各自为政。当时还没有出现国家，自然也无从谈及封国。其中有的部落世代聚居地在河北，有的从别的地方迁徙至河北地区，他们成为夏以后所在地的土著部落。

古国寻踪
——冀域方国、王国、诸侯国

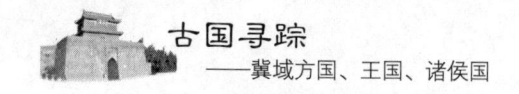

夏朝生存的五个世纪里，它的地方管理体制是按照部落所居的活动范围地理区域进行管理的。臣服于夏王的地域、方国或部落，具有相对的独立性。首领称侯或称伯，仍由本部落人担任，并非由夏王任命。也有一些部落或方国，被征服后时顺时叛，臣服时作夏朝官员，叛离时则独往独来。对边地的这些小部落，夏王也不太在意。

商代是一个更发展的奴隶制王朝，商王在臣民面前自称"余一人"，以示独尊无二的特殊身份。商王还把王权与神权结合起来，自称是上帝在人间的代表，所以商晚期王也叫帝，并进一步明确父死子继。以母系计世系的氏族社会进入父系氏族社会。

极盛时期的商代疆域，西起今关中西部，东达今山东滨海，南抵淮河，北至今河北、山西北部，包括整个华北平原和黄土高原的一部分。

商代统治的办法是直接管与间接管结合，划分内服和外服。内服从官职体系讲，指商王左右的中央政府官员、王的侍从警卫人员、管理贵族居住地的人员，即商王直接统治区内的职官；从管辖范围讲，属商王为首的中央政权直接管辖的地方。它东起今山东西部泗水流域、西到今河南伊河与洛河流域，这一片广大的平原地区被称作"邦畿"或"王畿"。王畿之外的商朝疆域卜辞称之为四土，即"东土"、"西土"、"南土"、"北土"。按商人的观念，王畿是居于东、南、西、北四土最中心的国土。商代后期这个地区以王都殷为中心，包括今河南北部、河北南部、山西东部的广阔平原地带。外服，官职体系上指商王所属的各方国、部落首领；管辖区域是内服以外直达边境地区的广大地区；方法是任命外服官

· 048 ·

员管理与承认方邦君王统治并用。内服、外服的统治据点都修筑了城墙，商王和贵族们居住在城内。城外四周还有一些小邑，农业奴隶聚居在里面。

商朝的国家形式，采取以商王为首的贵族政体。在国家机构中实行亲贵合一的组织原则，非贵族家庭不得参加国家管理，以造成一人之国变贵族之国的效应。由于商朝贵族同时又是奴隶制大家族的族长，故而商朝的国家政权就像一个家族的扩大。它以王族为主体，联结许多旁系、支系家族构成统治网。商王既是王族的族长，也是同姓贵族的大族长。商王建立并统率全国武装力量，拥有绝对的军事征伐大权。商王的命令就是法律。

商朝中央大体上分为四个部门：一是中央政务机关设"尹"，近于后世的"相"，辅佐商王管理政务；设司徒主力役之征，司空是工官，司寇是刑官；设小措臣管理农业生产，小众人臣管理农事力役；设食官负责粟米征收，货官掌管布缕之征；设宾官掌宾客之事，实即外交官；设师保，权力很大，商初师保伊尹既是汤的老师，又是太甲的太保。二是巫卜祭祀部门设卜、巫、史、作策等，他们掌管贞卜、祭祀和纪事。这些人被认为是神权的体现者，对于政事具有实际的决定权。三是军事机关设有"马"、"亚"，经常受命征讨或射猎；设有"射"，管理弓箭手部队；设有"戍"管理或督率戍边或征讨；设"卫"职责是保卫商王和王宫。四是王室内廷设宰，是王室事务总管，有时也兼管政事；设臣为商王的仆役，小臣则为商王的近侍。其他方面的官职设置，服为商王管理车马；犬或首正为商王管理猎区；牧正为商王管理放牧；啬或廪人为商王管理粮食；覃为商王管理酒。中央机构的设

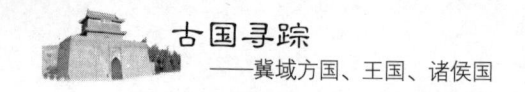

置,体现王位至尊无上、王权至高无上,体现这些机构均为服务于王、都是为着巩固统治强化王权。

商朝承认方国,认可他们的君王,但王室直接封国为数较少,多为分封外服官员,作为商王的代表统治地方。在商王直接管辖之外的周围地区,广阔的外服国土上,散布着商王任命的侯、甸、男、卫、邦伯等职官。其中一部分是商王委派统治地方的贵族的称号,另一部分是臣服于商朝的大小不等的方国君王或部落首领的称号。当时划分统治范围的办法很简单,植树标明疆界即可。方国或邦国作为政治中心的地方都筑有城垣,便于防卫,其疆界植有树木,以明分际。那时候,商朝疆域内的土地未被完全开发,荒山野林普遍存在,外服方邦的城邑和小邑仍显得十分稀疏。在诸方国或邦国占地之间和地界之外,还有一些少数民族部落,有一定数量的方国和邦国。对于这些外服的方邦之国,先秦文献与金文中曾使用"万方"、"万邦",可见不是一个两个。这些规模大小不等的方、邦,连同少数民族部落,都是外服的组成部分。他们不少已经臣服于商王廷,其首领或方主、邦主得到商王认可,将它们纳入自己的保护范围。他们也同其他方国一样,对商王履行贡纳谷物、龟甲、牛马的义务,服"王事"率兵随商王出征。商王经常委派一些贵族率领武装去边地巡查,给自己分封的外服官员带去督察压力,给归附的方、邦和部落首领带去赏赐及慰问物品。对那些存有异心或叛离的,则要实施武装剿灭。外服中原来由方、邦、少数民族控制和管理的部落与地区,后来逐渐发展成为方国或邦国。从我们熟悉的邢、井方,二十世纪九十年代发现的定州方国墓群等史料中,都能证实河北地区中南部曾有商代的方国或邦国存在。河北北部也有不少归属于商的方国或邦国部落，箕国、燕亳和孤竹，与商王朝有着政治、经济的密切联系。武王伐纣曾遭伯夷、叔齐反对，其子不事周北奔朝鲜，周初分封不久纣子武庚叛周北逃，说明商代的河北方国是商贵族避难图兴、生死存亡的寄托地。侯与甸是设在边远地区的王国屏藩，甲骨文中有商王武丁之子奠被封为侯而称侯奠的记载，还记载武丁时的一些名将被封为侯如侯虎，这些都是分封外服官员的见证。其他名称如男、卫、邦伯等，也是商王派到边境或各统治网点的地方官员。

商代几次迁都。商族部落的畜牧业很早就比较发达，它起家于冀州东北部和北部的游牧地区，有着重畜牧的传统。在中原建国后，出于更换牧场的需要，早期经常迁徙。《史记·殷本纪》记载，从契到汤的十四世王曾八次迁徙。自汤至盘庚又迁徙了五次。祖乙迁邢，曾以邢台为都130余年。盘庚迁都到殷之后，今河北中南部的邯郸、邢台、石家庄南部，成为殷商的京畿重地。

商代所封内服官吏和外服官员，有了七十岁左右"告归"，即告老还乡回原居住地的做法。古文献的相关记载表明，不仅分封外服去任职的同姓异姓官吏，可以年届七十回原地，而且方、邦官员和部落首领也可以届满"告老"到内服京畿地居住。

三、西周分封

西周时期首创分封制度。武王灭商，继承了商朝政治、

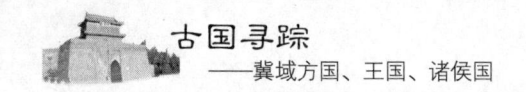

经济、文化的旧有基础，其中就有管理方国的经验教训。周祖姬姓是一个古老的部落，被商王分封为一方之主。实力不够强大时，对商王保持时叛时服的关系。周文王主政50年，使原来偏居西北一隅的商属"小方国"逐步强大起来。文王做了许多灭商的准备工作，乘商纣王令其出师征伐之机扩充地盘，又修建新都率族民东迁，还把叛商的40多个方国联合起来，以周为代表共同表示臣服，对商进行表面应酬。文王病逝后，武王姬昌承父未竟之业，在孟津大会诸侯，宣布商纣王的罪状，进行伐商演习。出师后一举攻陷商都朝歌，以黄钺斩纣头，悬太白旗之上。周武王深知，分封是一把双刃剑，用得好能巩固政权，管不好会有人暗中坐大，导致灾祸临头，周不就是这样做的吗？所以，在灭商之初就表示，一刻也不能忘记商的可怕教训，要时时提防殷商族的反扑。返回镐京之后立即与姜子牙、周公旦、召公奭商定了建立新都的方案，把殷商贵族安置在新都附近监视起来，同时发展完善了原有的分封制度，基本形成一套施政思路。武王过早离世，其子成王年幼，作为皇叔的周公七年时间全力辅佐，按照武王的遗愿，实施一系列巩固周王朝政权的办法。从周武王、周公、成王，直到康王、宣王期间，一直在不间断的实行着"迁殷顽民"、"分封诸侯"两大相互关联的政治措施。

  建新都安置"商顽民"，使他们逐渐臣服于周王朝统治。依照武王灭商后登高远望看好的地方，周公发动商朝原有属国的力量，在今洛阳修筑城垣、营造宫室，定名成周又叫东都，同时又在成周西面30里处修筑了一座王城管辖成周。原来的镐京定名宗周又叫西都。成周、宗周连成一片，合称王畿。周公熟悉商朝统治的成功经验和失败教训，所以对俘获的商贵族采取基本不杀、也不留在商都的办法，将他们悉数西迁王畿之地严加控制，派两万军队看管、监视起来。从此之后，这些人再没有反抗，安心种田谋生度日，周王朝也得到稳定。

"封建亲戚，以藩屏周"，即是分封诸侯，卫护周室。其目的主要为长期巩固自己的政权，吸取牧野一战致殷商王死国亡的教训，以血缘关系为主体构筑众多屏障，也有稳定政局、震抚各部族，抵御外侮、巩固国防的考虑。分封的对象，大约有四种：

远古部落首领的后代。将神农之后封在焦（今河南省三门峡市西北），把黄帝之后封在祝（今山东省宁阳县西北），尧帝之后封在蓟（今北京市附近），舜帝之后封在陈（今河南省淮阳），禹帝之后封在杞（今河南省杞县）。

当朝帝王上三代血亲。封文王兄弟辈的虢仲于西虢（今陕西省宝鸡），封虢叔于东虢（今河南省荥阳氾水），封武王之弟叔度于蔡（今河南省上蔡），封叔振铎于曹（今山东省定陶），封叔处于霍（今山西省霍县西南），封叔鲜于管（今河南省郑州）。

帝王兄弟、子侄、同姓贵族及功臣。把原来商都之地改封给武王之子康叔，建立卫国；在成王初年旧商势力叛乱过的地区，把今山东北部地区封给军师姜太公建立齐国，国都营丘（今山东省淄博市临淄区）；把今山东南部地区封给周公长子伯禽建立鲁国，国都曲阜（今山东省曲阜）。在北方，封同姓贵族召公奭的长子建立燕国，国都蓟（今北京市附近）。将今山西南部，封给成王弟叔虞，建都于唐（今山西省太原市西南），后称晋国。在南方，除了吴国之外，今江苏丹徒地区封了一个宜侯。康王时，又封周公的儿子到今邢台为邢侯；宣王时还封了韩侯、申伯，封兄弟桓公建立郑国。平王东迁时，把关中封给救周的功臣建立秦国。

前朝王子贵族。为控制商遗民，周初曾把纣王子武庚安置在商的旧都，也等于给了他一块封地。后来武庚联合徐、奄等方国叛乱，兵败被除。成王时，将商丘地区封给降服的商王室贵族微子建立宋国，国都定于商丘（今河南省商丘）。

根据相关史料的统计，周初共分封71国。姬姓40国中，有武王兄弟辈15国、成王兄弟辈14国。这样一来，就在周王畿四面构筑了层层诸侯群，共同捍卫王室安全。

分封要履行一套程序。简单说叫：建国、册命、立家。周王分封一个诸侯、建一个诸侯国，都叫"建国"。"册命"，就是为受封者颁发文告，说明封地疆界、辖区居民和土地数量，说明所赐下属官吏、仆役、奴隶，说明所用礼器、兵器、车马、旗服等等，以表示受封者的统治权力和权力等级。《周礼》描述说，凡建立一个封国，都要用土圭（测量仪器名称）实地丈量，按封国爵位等级划定诸侯国的区域，并在边界挖沟推土植树，做出疆界的标志。封疆以内的地区属于诸侯统治，他上代周天子监督地方，下代地方以转达中央。"立家"，即是诸侯被"册命"之后，按同一方式在国内分封自己的卿、大夫。

分封要明确封国的责任和义务。受封者要对周王承担保卫王室、向王室贡纳、朝贺等义务。周王对他们握有赏罚予夺的大权。封国国君的继位和废黜，甚至连卿大夫的任免，周王也要过问，有时候还可以直接任免。有些国君同时兼任王室卿职，用以加强王室与侯国之间的政治联系。

分封诸侯划分不同爵位，定不同服属。爵位划分公、侯、伯、子、男五等，表示地位高低、分封地域的大小。王都东、西、南、北四方，每五百里为一服，依次确定甸、侯、绥、要、荒服。服属划定的主要依据，是诸侯与周王室的亲疏关系。周王以服的不同，规定缴纳贡赋的数量和品种。

为加强对分封诸侯的控制，"周公制礼作乐"。史书上所说礼乐，是指周公为巩固周王室统治、加强对所封诸侯的控制，从政治到文化制定的一套典章制度。首先确立一个观念：周王是上帝的儿子，是天下共主，叫做天子，天子位由嫡长子世代相传。后朝各代皇帝的天子之称，始于西周。然后明确宗法制度：周天子为大宗，与天子同姓叔伯或兄弟辈诸侯叫小宗，小宗与大宗通过血缘关系确立"宗法"。异姓诸侯也通过宗法来控制。规定同姓之间不得通婚，王室成员与异姓诸侯通婚，就有了甥舅关系，就有了辈辈亲的宗法关系。叔伯、兄弟关系也好，甥舅关系也好，都能通过宗法关系把诸侯控制在周天子之下。其次是明确等级制度。周王是天子、共主，诸侯是臣属，当然就有君臣、上下之分，诸侯中还有亲疏之别。诸侯之间还有爵位大小、高低之分。在诸侯国内部同样如此。这种等级差别，一经明确就要求所有当事人确认不疑，全社会各阶层确认不疑，形成一套完整的严格的君臣、上下、父子、兄弟、亲疏、尊卑、贵贱等礼仪制度。再次是制礼仪作乐舞。周朝的祭祀礼仪比之商时稍减但仍旧十分隆重，均有乐有舞。出征打仗、会盟、饮宴、婚娶、丧葬等等，仪式、乐舞各不相同。所用礼乐与本人等级名分不符的，就要受到谴责和处罚。礼仪制度和等级制度合称叫"礼"，后来被称作"周礼"，给予各王朝统治阶级很大影响。

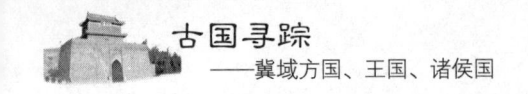

为维护周王和分封诸侯的统治,维持社会秩序,西周时期还制定了很严厉的刑罚。针对性质不同、轻重有别的犯罪,定出了"五刑":墨刑(额上刺青)、劓刑(割掉鼻子)、剕刑(砍掉脚)、宫刑(男割生殖器女幽禁)、大辟(死刑)。用严酷的刑罚措施,震慑、处治犯罪违禁行为。

分封制度在它所处的历史时代发挥过作用。通过分封,确立周王、诸侯、卿、大夫这样一个宝塔式的等级结构。使得上下左右既有纵的系统,又有横的联结,盘根错节,犬牙交错,结成了统治阶级内部的网状关系。诸侯王成为西周的地方行政首长,中央、地方两级负责制的实施,确保了西周王朝在所辖地域的有效统治。随着政治统辖范围的有效治理,初步形成统一的局面,同时加强了和四周方国部落的联系,客观上促进了社会经济的发展。西周前期所以能够相对稳定,成为我国奴隶制历史阶段的鼎盛时期,与分封诸侯制度的实施是分不开的。

西周实行自上而下的分封制度,造成了比夏、商更为统一的国家,权力更加集中。随着时间的推移,封国势力的发展,形成一些强大的地区性中心,王权又遭到削弱。到春秋初期,终于演成了诸侯割据、列国纷争的局面。

四、秦汉王国

秦灭六国,统一天下,创立皇帝制度。自上古产生初期国家以来,夏时称"后"、殷商称"予一人"。到西周称"天子"、战国各国均称"王"。嬴政认为"王"已不足显其尊贵，自觉德兼三皇、功过五帝，遂号曰"皇帝"。皇帝与众不同，其命称"制"、其令称"诏"、其印称"玺"，皇帝自称曰"朕"。臣民对皇帝称"陛下"，史官记事称皇帝曰"上"，皇帝用车马百物曰"乘舆"，皇帝临驾曰"幸"，所在曰"行在所"，所居曰"禁中"。凡文书遇"皇帝"、"始皇帝"、"制曰可"等字样，均需顶格书写。臣民在语言文字中涉及皇帝名字时要避讳。所有这些规定，都是为昭显皇帝至高无上的尊严与权力。秦始皇将最高权力一人独揽，设置"三公九卿"作为自己的行政办事机构，还建立了朝议制度和朝会制度，重大问题听取群臣意见。

以秦始皇的构想，这个大一统的封建帝国，容不得任何人侵犯一人独尊的权力，容不得任何势力侵占或分裂帝国的疆土。要做到这一点，必须破除西周以来的分封制，记取分封导致割据的历史教训。廷尉李斯提出实施郡县制的主张，以郡县作为行政区划的基础，确保中央集权和国家统一。秦始皇赞成李斯的意见，于是秦帝国初置36郡，后又有所调整，覆盖中原和边疆。虽然历史学家对秦郡数量的说法不尽相同，比如清代全祖望考订秦郡为41个、王国维著《秦郡考》说有秦一代郡数当为48个、谭其骧主编《中国历史地图集》考定订46个，但郡县制的实施无人提出异议。郡和县是隶属皇帝和中央的地方政权，是与民众打交道，担负征收赋税、徭役、兵役的直接单位，关乎王国的兴衰存亡。秦朝基层组织的原则，被后世封建王朝所吸取运用是必然的。

秦帝国东西南北区域内，没有分封的大小诸侯，只有中央任命对皇帝负责的官吏。自中央三公至地方郡县官吏，不再由固定的世袭贵族所垄断，而是有了一套完整的任免官吏制度。按照规定，秦朝官吏必须具备五个条件：具有胜任官吏的能力，具有忠于君主的思想，具备任职的规定年龄，是通晓法律的人，不是"废官"或受过刑罚的人。任免官吏要走完四步程序：经过现职官吏保举，由相当的行政机构及其负责官吏批准，委任官吏须有正式命令，办理官吏任免时间集中在每年12月至来年3月（职内死亡缺位递补除外）。国家还规定了一套考核官吏制度：每年年终考核郡、县行政长官，按要求自县开始，将本管区内户口、垦田、赋税收入、刑狱、灾变及徭役征派等情况，编为上计簿籍准时呈报到郡，再由郡编报郡册一并呈报中央主管部门。朝廷据此对地方官吏订出考核档次、作出赏罚，评定为"最"者升尚，"平"者或免或调，"殿"者为劣受处罚，有违朝廷法令的则治罪。其他部门如都官、郡、县，对所属各官署也有定期考核制度。此外，还有上级对下级的随时检查制度。秦简《语书》中的"案行"，即是指执法的随时检查巡视。

秦国开始执行俸禄制度，最迟不晚于商鞅变法时。俸禄制与世卿世禄制截然不同，它不能世袭，任职时发给，免职就要停发。官吏俸禄以"粟"为标准按月发给。

对官吏的严格管理，保证了中央和郡县行政机构的正常运转。秦王朝是一个只有对皇帝尽责的官吏，没有诸侯纷争的封建王朝。

楚汉相争之际，由于项羽本人存在浓厚的贵族意识，加之队伍中的不少原六国贵族总想割地称王，便在公元前206年大搞分封。项羽自称西楚霸王，把梁、楚九郡作为自己的直属领地，定都彭城，号令天下。封刘邦为汉王，领巴、蜀、

问史篇

汉中三郡，都南郑。封秦降将章邯为关中雍王，领咸阳以西地；秦降将司马欣为关中塞王，领咸阳以东至黄河；秦降将董翳为关中翟王，领上郡之地。封以上三王意在牵制刘邦。封申阳为河南王，辖河南郡；封魏王豹为西魏王；封司马卬为殷王，领魏国旧地河东、河内二郡；封张耳为常山王，领故赵地代郡；封当阳君英布为九江王，辖江淮江南四郡；封鄱君吴芮为恒山王，辖衡山郡；立义帝柱国共敖为临江王；立旧燕将臧荼为燕王，领故燕西部；立原燕王韩广为辽东王，领故燕地东部；封田都为齐王、田市为胶东王、田安为济北王，三人分故齐地。以上十六个诸侯王多是六国旧贵族或项羽部将，大规模分封实际上是承认他们已有的占领区。秦始皇开创的郡县制一统帝国，被项羽废除殆尽。历史又短暂返回诸侯纷争的动乱岁月。

  刘邦在楚汉相争中艰苦奋战四年，积聚了足够的军事力量，终使项羽兵败自刎乌江，建立汉朝。他所采取的治国理念基本承继秦制，吸取秦灭国教训，实施"与民休息"政策恢复经济，同时进一步完善皇帝制度，建立大一统的封建帝国。汉初分封诸侯本是权宜之计，后来却因割据力量远远超过中央，被迫向地方势力妥协，分封了七个异姓王和149个功臣为列侯。总体看，汉朝实行的既有秦开始的郡县制，也有西周以来的分封制，两轨并行逐渐靠近，不断改造不断完善，写就了两汉充满坎坷的400余年王朝史。

  刘邦早就看到所封异姓诸侯王的弊端。他们各自拥有重兵占据一方，行政独立自统郡县，七个诸侯王地域占全国领土的三分之二，直属中央的15个郡地只占三分之一，对朝廷构成严重威胁。刘邦思量许久决定采取断然措施解决。从公元前

古国寻踪
——冀域方国、王国、诸侯国

202年到前195年,用七年时间先发制人,前后剪除了威胁较大的楚王、韩王、赵王、梁王、燕王、淮南王六大异姓王。长沙王实力最弱,且辖地最小,封国地处偏远,又在汉与南越的中间地带,可以起到缓冲作用,故而未动。到汉文帝时,才以汉规无子嗣除国。

刘邦的这一行动是无可非议的,但随后的分封同姓王却令人心存疑虑。他过高估计了同姓宗室的凝聚力和向心力,企图将刘氏为中心的统治体系深入到全国各地,幻想依此加强对某些有强大旧势力的地方控制。废楚王韩信后,封同父少弟刘交为楚王,辖故楚国东部的淮东、淮西地区中的彭城、东海、薛郡等三郡36县,都彭城(今江苏省徐州市);封从弟刘贾为荆王,领故楚国淮东地区的东阳、鄣郡、吴郡共53县;封亲子刘肥为齐王,辖临淄、济北、博阳、城阳、胶东、胶西、琅琊等七郡73县,都临淄。废赵王张敖为宣平侯之后,封子刘如意为赵王,领赵故地中的邯郸、常山、巨鹿、清河、河间郡,兼领代国的云中、雁门、代郡,都邯郸。封子刘布为淮南王,都陈(今河南省淮阳县),领陈郡、汝南、颍川三郡。平定梁王彭越后,以故地东、砀二郡封子刘恢为梁王,都睢阳(今河南省商丘)。废英布的淮南国后,改封刘长为淮南王,徙都寿春(今安徽省寿县),仍领九江、衡山、庐江、豫章四郡。废燕王卢绾,立皇子刘建为燕王,都蓟(今河北境),领广阳、上谷、渔阳、右北平、辽西、辽东六郡。封其兄刘仲的儿子刘濞为吴王,都于广陵(今江苏省扬州)。这些同姓诸侯王,以《汉书·诸侯王表》所说"大者夸州兼县,连城数十",有的规模与原被剪除六王相差无几。刘邦大启同姓九国诸侯,意欲使他们上下相继而左右牵制,却从未想到骨肉至亲权力之争也在所难免，有时候也会拼个你死我活。以致高祖死后不久，本想作为拱卫汉室的同姓封国，便一天天成长为汉中央政权的威胁力量。

汉文帝和汉景帝时，安民治国广听贤臣建议，造就了"文景之治"。贾谊上书《治安策》，文帝即采纳其提出的办法，分齐为六，分淮南为三，使实力雄厚的诸侯王实力大减。晁错屡提削藩之策，依诸侯王违法犯罪轻重削减领地划归中央，景帝予以同意并实行。削楚王刘戊一郡、削胶西王六县、削常山王一郡。当以"诈称病不朝"等罪，削地久有反心的吴王刘濞时，终于爆发了"七国之乱"。七个诸侯王联合挑战汉王朝权威。景帝终于看清同姓王未必能屏卫刘氏王朝，放手任诸侯王自由发展是十分危险的。平定"七国之乱"后，便乘机剥夺了诸侯王国的行政权，让封国只做食邑地不再治民，不许造兵器、管军队、不准颁布政令。纵然是看到分封危害，文帝与景帝时还是分封了为数不少的诸侯和列侯。《汉书·景十三王传》中对景帝13皇子分封诸侯情况作了详细介绍。

汉武帝雄才大略，接受董仲舒"强干弱枝"、"一统天下"的理论，进一步对余下的诸侯采取"削"、"夺"政策。他赞赏主父偃提出的"推恩策"，颁布"推恩令"，允许诸侯王把属国土地的一部分给子弟，并为列侯，但必须上呈朝廷批准，由皇帝来确定侯国名号。以这样的"推恩"方式，和平的、心甘情愿的实现着削国目的。据记载，汉武帝一天最多时下诏封32个诸侯子弟，先后封了178个。武帝不准列侯参与政治活动，还寻找种种借口剥夺诸侯爵位，改立郡县。诸侯王直属领地一步步变小，而汉王朝直属土地逐步扩大。"推恩令"比强力削夺、主父偃比晁错，似乎要高明一些。

古国寻踪
——冀域方国、王国、诸侯国

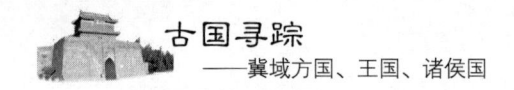

　　西汉的分封制度到武帝时臻于完善。国家实行郡县与分封相结合的制度。地方行政区划分两级：一级为郡和诸侯国；二级为县，在少数民族地区设道，列侯及相当列侯的食邑，都是与县同级的区划。皇子封诸侯王，改郡为国，其地与郡相当，大的领十几县，小的仅领数县。诸侯王子弟、皇亲国戚、公主皇后、军功封赏、皇恩荫及等，都可参照列侯封地。军功列侯大都属食邑地，以所封地户数年总收入计算俸禄发给本人，并不要求本人就国。其中皇太后、皇后、公主的食邑地称邑，列侯的食县名侯国。列侯可以继承，犯罪除国但可挑选贤子另行分封，以彰显皇恩浩荡。列侯划分等级：一等为县地，以县名称侯；二等为乡侯，大约一乡之地；三等为亭侯，大约仅有一镇一村地。据《汉书·地理志》统计，至汉平帝元始二年（公元2年），全国共有83郡、25国。《汉书·百官公卿表》统计，西汉时期共有县、邑1314个，道32个，侯国241个，二级行政区划为1587个。

　　汉武帝期间彻底战胜侯国势力后，侯国制变得名存实亡，仅成食俸待遇而已，原来并不突出的中央与郡县政权矛盾浮上水面。为了进一步控制地方政权，朝廷设立刺史制度，在全国置14个监察区每区设一刺史，合为中央监察机构。刺史是巡官，没有固定的住所，根据武帝亲订"六条"对所属郡国实行监察，主要对象为归中央管理的"二千石"官员与"强宗豪右"。据《汉书·百官公卿表》颜师古注，"六条"大体内容为：一、强宗豪右，占有田地宅院超过规定标准，且"以强凌弱，以众暴寡"的；二、郡守、国相不遵奉诏令行事，"背公向私，旁诏守利，侵渔百姓，聚敛为奸"的；三、郡国守相不恤疑狱，随意杀人，"怒则任刑，喜则淫赏，烦乱刻暴，剥截黎元",为百姓所痛恨的;四、郡国守相选举不公,"苟阿所爱,蔽贤宠顽"的;五、郡守国相子弟仗势欺人,私相嘱托以图逃避监察的;六、郡守国相与下属勾结,巴结豪强,贪污收受贿赂的。这六条巡察要点,体现了汉武帝惩治不法官员的决心,展现武帝建设大汉一统天下的气魄。朝廷不腐败,郡守国相做到清正廉明,才敢于大胆管理下级官吏;强宗豪右不能横行乡里,老百姓才会拥护政权管理者。整个西汉,地方行政区划始终实行郡县兼封国制,但诸侯王不理政,州的设置是监察区,不在行政区划之列。西汉前期和中期的繁荣昌盛局面,与正确处置诸侯和列侯问题、处理中央与地方关系问题有直接关系。

汉武帝和汉宣帝时,处理西域问题也比较稳妥。武帝收复了一度被匈奴攻占的"河南地",修缮了蒙恬所修城塞。派张骞两次出使西域,开辟了著名的"丝绸之路"。后来又彻底击败匈奴在西域的军事实力,控制了天山南北。汉宣帝设置西域都护府(治今新疆轮台县东),既是汉朝的军事驻防区,也是一个特殊的行政区。其辖境包括:从玉门关、阳关以西的天山南北,到今巴尔喀什湖、费尔干纳盆地和帕米尔高原以内的广大地区。西域初有36国,后增至50国。汉朝一般不干预这些城国的内部事务,但掌握着它们的军事权和外交权,必要时朝廷可以直接立废它们的君主。

东汉时期,承袭西汉的郡县与分封的双轨行政体制,但略有改革。分封制采取"封列侯,奉朝请"措施,不让封国掌握实权,只食租赋,封域较小。封国划三级:一等为王,相当于郡;二等为公,小于郡大于县;三等为列侯、关内侯,相当于县。东汉清除了王莽乱改的地名,恢复西汉郡县原称,随后撤并县和侯国,大减郡国。刘秀时,全国有27个诸侯王国,

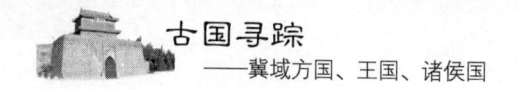

71个郡，其后略有增置。《后汉书·郡国五》记载："至于孝顺，凡郡国百五，县、邑、道、侯国千一百八十"。

五、冀域方国、王国与诸侯国

分封制度本是西周时期的基本政治制度，经过春秋战国时期的社会大变革，秦朝的郡县制代替了分封制，已是大势所趋。汉初，刘邦错误地总结秦亡的教训，在铲除异姓王之后，又大封同姓王，导致吴楚七国之乱。景帝削藩、武帝推恩，不准诸侯王参政，剥夺列侯领地，都是符合历史潮流的举动。但是，两汉时期双轨并行给此后魏晋带来一定影响。曹魏分封了同姓王，以军功分封了列侯。晋武帝看到魏国禁锢诸王、帝室孤立的情形，以及司马懿父子结合士族夺取曹氏政权的事实，让他再一次错误地总结历史教训。晋武帝把汉武帝以来的虚封王侯，又实在做起来，而且授予兵权，成为中国历史上分封最乱最多的王朝。司马炎篡权当年（265年），就封皇族27人为国王。起初国王们留居京师，咸宁三年（277年）又遣各王就国。这些人中有大国王5个，次国王6个，小国王16个，均授兵权。对士族大姓则分封公、侯、伯、子、男等五级爵位，此外还分封乡侯、亭侯、关内侯、关中侯、关外侯等名号。所有高等士族一般都能得到五等爵位中的一个封号，并得到实封土地。立国者多达五百余。他可能从未想到，正是这些拥兵自重的王侯，成了西晋王朝的掘墓人。

西周至魏晋期间，分封制度产生的诸多诸侯国、列侯国中，有一些在河北区域内留下了史迹和印痕。还有商之前在河北地区长期活动的黄帝后裔部落、原始族群，商代存在于河北地区的方国、邦国，魏晋十六国时期活动在河北的割据政权、民族政权，都曾经留下历史的记忆。他们有的在河北建都称王，有的虽未在河北建都但根据地在河北，有的从河北走出去、有的出去又回来，有的从未出走直到融入大国，这是一本读起来很乱又颇具吸引力的大书。在中国历史上，河北或为各朝活动重地，或为京畿之所，唯一没有哪代全国性中央政权建都在河北。虽然直隶省会曾在河北保定，管辖区内有北京，但已不属今天寻找河北域内古国要讨论的议题。这里，我们使用的"冀域方国、王国、诸侯国"概念，其涵盖内容是：

方国，指商代长期活动在河北地区的方国、邦国以及氏族部落等；

王国，指西周时期封地在河北的诸侯王国，春秋、战国时期长期活动在河北的"万乘之国"与"千乘之国"；

诸侯国，指两汉时期封地在河北的诸侯、列侯等。

商朝还处于早期国家形态，是以血缘联系为基础、由原始部落组织衍变而来的中央与地方方国的联合体。商族代夏，夺取中央政权，遂为中央王朝。与中央相对而言的地方氏族部落，称方国或邦国，他们相当于商的地方政权。商族在夏时也相当"方国"，夺取全国政权后变为中央政权。商代划定的"内服"和"外服"大片土地上，存在为数众多的方国。这些方国臣服于商的武力征服，商王自称"余一人"涵盖位在众方国之上意。《逸周书·殷祝》称"汤放桀而复薄，三千诸侯大会"，大概是说商代初期部族林立、方国比肩，大约有三千之多。

河北北部的桑干河与滦河流域，商时分布大小十余个

古国寻踪
——冀域方国、王国、诸侯国

称之为"方"或"邦"的部族国家。箕国在古蓟县，燕亳中心区域在易水流域，土方活动在承德至辽西，孤竹横跨长城内外据有冀东、辽西和内蒙古一部，政治中心孤竹城在今卢龙县境。金岳先生根据甲骨文和传世文献认为，桑干河流域还建立过黄帝子宗姬姓的鼋族、启族、异族、马方等四个方国，建立过黄帝子宗祁姓的五个方国部族，冀是它们新立的共同宗族名。此外，《太平寰宇纪》记，河北道平州卢龙县有"黄洛城、殷诸侯之国"；《路史·国名纪》记，幽州范阳有"范"，燕之西境有"徐卢国"，燕之南有"登北国"。

冀中易水流域诸方国是：唐国、锸方、逆方和省、吽二邦族，它们均见于甲骨文记载。

冀中南地区部族方国也有十余个。商王畿北部包括邢台在内的今河北南部地区，前后记有三个方邦之国：邢，在今邢台一带；井方，史料记载活动时间100余年；邢国，《汉书·故今人表》记有"邢侯"一名。《汉书·帝王世纪》记载"邢侯为纣三公，以忠谏被诛。"冀中地区前后有五个方、邦国，方国即方侯之国。商朝方国的情况，甲骨文屡有记载，内容大致记载方国征伐其他小国，记载方侯受商王节制奉王命行事、方侯和商王室冲突等情况。关于方国的地望和范围，《史记·赵世家正义》引《括地志》称：方城故城在幽州固安县南十七里。据此推断，今固安东南的方城当是商时方城之国故地。北方，商北疆之土，在燕国西、代国南，今涞水县一带。曼国，属小方国之数，在今鹿泉市北，南与井方相邻。又国，比较受商王重视的一个方国，族姓为又，封地在定州。1991年发现定州北庄子商代方国墓群。渤方，商族子姓封国，其地理方位在今山东泰安市以北，临淄县西北，今河北涿州市以南，河北雄县以东，政治中心约在今沧州市区。冀中南地区见于出土文物的方国有六个：苏氏部族，位于邢台西南；受氏和启氏部族，活动在今磁县一带；朵氏部族，活动在今藁城市；赓氏部族，活动在今正定县境；鸭氏部族方国，活动在今新乐市境内；幸氏部族方国，活动在今赵县境内。这些方国部族的名称、徽号，均见于出土文物。

可以看出，商代今河北大地北部方国17个、中部易水流域5个、中南部14个。合起来计算，大小方国总数应当不会少于36个。

西周是中国历史封建社会的开端。中央政权的直接统治地区仅限于王畿以内，即以宗周、成周为中心的一些地区。王畿之外的土地以及土地上的居民，全部分封给诸侯去建立政治据点，以此拱卫京室。从武、成、康、昭、穆至共王时期，是西周盛世，诸侯初封羽翼未丰，它们还能听从天子的号令、准时向天子贡纳。懿王之时，西周开始走向衰败，诸侯王逐渐壮大实力，不再俯首帖耳。到东周阶段，更是着手分庭抗礼，以至东周成为空架子，许多事情要请诸侯帮忙成就。周初有大小八百诸侯之说，壮大起来的几个诸侯大国纷纷兼并小国。据有关统计，仅齐桓公就并国35个、晋献公并国55个、楚庄王并国26个、楚文王并国39个、秦穆公灭国20个，总数达到160多个。到东周、春秋时期兼并仍在进行中，但还有大诸侯数十、小诸侯过百。其中的大国当属：齐、楚、晋、秦、宋、吴、越、鲁、卫、燕、曹、陈、蔡、郑等14国。它们活跃在当时的历史舞台上，构成了春秋时期大国争霸的列国形势。

经西周与东周分封的大小诸侯，整个周代包括春秋在河北活动的有十几个。燕国是周初武王所封，都城在今北京琉

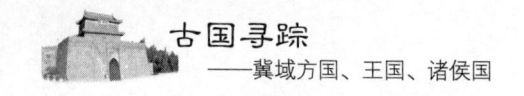

璃河；赵氏军事集团尚未脱离晋国，名为晋卿实则成为左右晋室的决定力量，已经占有邯郸；軧国，地处今石家庄、邢台之间的泜水沿线，都城在今元氏县西张村一带，亡于北戎；邶国，说法之一居故商王畿之地，周公分地为三即含邶地，说法之二则认为在今河南北部、河北南部一带，未定确切地望；邢国，位于今邢台市区一带，是周王室分封的重要同姓诸侯国，自成王分封周公旦四子为邢侯，到为狄人所逼迁都夷仪、又被卫国彻底摧毁，前后存国几百年；韩国，学术界说法之一是在今固安县境内，应为燕国所灭；代国，地处幽州、冀州和并州交接之处，春秋末为晋卿赵襄子所灭；房国，其地望一说在今高邑，一说在今高邑、临城一带；山戎，初称北戎，不是由单一游牧部族构成，支系包括令支、无终、孤竹等属国；鲜虞中山国、肥国、鼓国，同在石家庄市域内；涉国，在今邯郸市涉县地；甲氏国，赤狄部落名，其活动区在河北的县地说法不一致，一说在广府即今永年县境，一说在今鸡泽县境。

西周、春秋时期，今河北境内活动着大小诸侯王国不少于14个。

战国初期，春秋的大小一百多个诸侯国经过不断兼并，见于文献记载者约剩十几个。秦、齐、楚、燕、韩、赵、魏等"万乘之国"外，比较大的王国还有：中山、越、宋、卫等。

北面和西北少数民族国家，先后被燕国、赵国两大诸侯国所灭的有：林胡、楼烦、东胡、义渠。

今河北境内战国时期的两个"万乘之国"、一个"千乘之国"所占地域是：

赵国疆土包括今山西北部、中部和河北省的中部、西南部及内蒙古自治区的一部分。

燕国疆域约当今河北北部和辽宁、吉林的一部分。

中山国疆域,西在太行山东麓、东达薄洛水,西北占有代地,南到古槐水,北过唐河,方圆五百里土地。

西汉时期,河北是诸侯国置废最为频繁集中的地区。在西汉二百余年间,河北地区先后分封过数十个诸侯国。汉高祖即位之初,封七个异姓诸侯王,后又逐个铲除改封同姓子弟。河北大部分属燕、赵两个诸侯国。吕后掌权曾割赵地增置常山国。汉文帝复置燕、赵,割赵国河间郡地置河间国。汉景帝时,复置河间国,增置中山、广川、清河、常山四国,河北地区共有七个诸侯国。汉武帝时七国仍在,其后清河王刘乘死无后除国,燕王刘定国因罪自杀除国。武帝又封其子刘旦为燕王,封刘舜为真定王,复置清河国徙代王刘义为清河王,封刘偃为平干王。汉昭帝初即位,存景帝、武帝所封八国,后燕王刘旦谋反除国,剩七国。汉宣帝时,广川王刘去、清河王刘年、平干王刘元前后因罪国除,新封广阳国,存国四个。汉元帝时,增置清河、中山、信都三国,存国七个。汉成帝、哀帝两朝,复置河间、广平二国,存诸侯国达到九个。汉平帝时,曾置广宗、广川、广德三国,诸侯国数增至十个。自高祖至平帝十朝,先后分封诸侯王国63个,其中河北地区18个,主要诸侯国是:燕国、赵国、中山、河间、广川、清河、常山、真定、信都、广平、平干、广阳、广宗、代国等。

《汉书·王子侯表第三》统计,西汉自武帝始,各朝共封王子侯380个(汉武帝朝最多为178个)。这些人中有河北域内诸侯王子弟135人,他们是:河间献王子25人、河间孝王子7人、河间惠王子1人;赵敬肃王子24人、赵顷王子3人、赵哀王子2人、赵共王子5人;中山靖王子11人、中山康王子3人、中山顷王子1人；广川惠王子6人、广川缪王子9人、广川戴王子1人；广阳顷王子4人、广阳厉王子1人、广阳惠王子1人、广阳缪王子1人、广阳思王子1人；真定列王子1人、真定共王子1人；代共王子9人；清河纲王子7人；燕刺王子2人；平干顷王子9人。

东汉时期，同全国其他地区相比，河北依然是诸侯王和王子侯分封比较集中的地区。汉光武帝时期共分封27个诸侯国，其中在河北地区五国：中山、广阳、真定、河间、赵国。汉明帝时，中山、赵国仍在，新置广平、巨鹿、乐成、常山四国。汉章帝时，又新增清河国。汉和帝时，除前朝所封中山、赵国、乐成、清河外，新置河间、广宗两国。汉安帝分清河国析置广川国。汉质帝又新置勃海国。自光武帝刘秀到汉质帝的121年间，东汉各朝在河北地区封诸侯国39个，还有列侯、公侯、关内侯及封地相当于县或乡的超过100个。

综合起来看：商代，河北地区有大小方国36个；西周时期封地在河北的大小诸侯王国14个；春秋、战国时期有王国3个；西汉时期分封诸侯国18个，东汉时期分封诸侯国39个。从公元前16世纪到公元3世纪初叶，在长达1800余年的岁月里，今河北地区曾活动过110个方国、王国、诸侯国，这不是确切的数字，只能是一个下限。这些方国、王国、诸侯国，把它们曾经的活动足迹永远留在了河北大地上。

东汉之后的魏晋十六国、隋唐五代、宋辽金元时期，还有一些冀域古国或长或短的登上过历史舞台，本书"问史"、"访城"、"走河"相关部分，有的也作了简要介绍，但它们不属于此次选取的历史时段，因而不计入商至两汉河北地区古国数量。

访城篇

城市的记忆里,有它的居民出生、长成、驰骋纵横的画卷,这是曾经的辉煌、城市的荣耀。

访问古城、探寻古国之都,城在讲述,山在静听,水在长忆。那一张张鲜活的面容、那一幕幕动人心弦的故事,从尘封的历史中走到我们面前。

一、邯郸·赵武灵王胡服骑射

图2-1-1 武灵丛台

赵武灵王,名雍,公元前386年敬候迁都邯郸后的第四代赵君。他于公元前325~公元前299年在位执政27年。时值战国中后期,七雄争霸达到白热化程度。赵雍少年登基,壮怀激烈,发愤图强,振兴赵国,为国为民做了不少大事。军事、政治、经济都有建树,外交舞台也十分活跃。(图2-1-1,彩图5)

纵观赵武灵王在位和正值年富力强退位自号"主父"的三十余年,其最为显赫、留得千秋传颂的功绩,当属衣胡服、习骑射,开中原民族学习少数民族文化之先。求变革开放、求强国强军,信念坚定,毅力惊人。大胆的决策,从自身做起,由上而下,逐步推开。采取以说服教育为主的方式,使得这一变革,虽有些小波折,但总体推进顺利。实施胡服骑射，成果很快显现。赵国上下不再犹豫，就连相近的两个中原国家也开始仿效。胡服的式样，就是从那个时候起，为中原认可，进而欣赏，几经改造，流传至今。

赵武灵王是中原各国移风易俗第一人，首开变革开放之先。难怪戊戌变法的倡导者梁其超，细数商周以始四千年，足以称谓中华历史之光者，让赵武灵王拔得头筹。然而，能够戴上扎满历史光环的冠冕，是何等的不容易。遥想当年，赵武灵王胡服骑射，需要的岂止是变革图强的决心、勇气，更需要具备排艰克难的聪明智慧、运作技巧。

1. 问咨肥义

肥义，先王赵肃侯的贵臣，也是追随赵武灵王多年，颇受信赖、颇得赏识的重臣。赵肃侯在世时，就告诉赵雍遇事多问咨肥义。公元前四世纪初年的一个春日，赵武灵王将思虑多时的夙愿讲给肥义，征求他的意见，获得支持。这就是胡服骑射的决策初始。

这一天，武灵王没有多少急事坐居宫室，肥义陪同左右，随时准备应对问询。他对武灵王说：大王您整日思虑天下大事，权衡世间时事变迁状况、定夺军事武备应变措施，是不是也需要追念先祖功业、计议一下抗击胡狄的好处和夺取这些地方的利益呀？肥义首先引出了这场君臣对话的主题。

"王曰：嗣立不忘先德，君之道也；错质务明主之长，臣之论也。是以贤君静而有道民便事之教，动有明古先世之功；为人臣者，穷有弟长辞让之节，通有补民益主之业。此两者，君臣之分也。今吾欲继襄主之业，启胡、翟之乡，而卒世不见也。敌弱者，用力少而功多，可以无尽百姓之劳，而享往古之勋。夫有高世之功者，必负遗俗之累；有独知之虑者，必被庶人之怨，今吾将胡服骑射以教百姓，而世必议寡人矣①。"武灵王说：继位不忘先祖之德，是为君之道；委身从政显扬君主之长，是人臣伦理。所以贤君必须静下来思索教化民众、便利行事的方略，行动起来才能建树名于往古、超越当世的功业；为人臣者，受到尊宠应当保持顺从尊长、谦恭逊让的操守，仕途得意则要从事有益百姓、增加君王威信的事情。这两点，是我君臣的本分。现在我想继承先辈的事业，开发胡、狄之乡，而不少人还没有认识它的重大意义。征服弱者，费力少获功效大，可以不用老百姓付出多少辛苦，就享有先祖强国的勋业。然而，开创高出当世之功的人，必会遭受背离世俗的指责和牵累；有独到见解的人，必定会遭到平庸之辈的怨恨。今天我准备开发胡、狄，应当先学习胡狄之长，穿胡人的短衣长裤，才便于骑马射箭。若以此来教化百姓，料想定有种种非议。

赵武灵王打算攻取胡、狄之地，为赵拓疆，使国民生产生活有一个相对安宁的环境。但他明白，胡狄虽弱，亦有优势。服装的差异、战车与骑兵的对决，显现赵国的劣势。他准备先从改革服饰做起，衣胡服，习骑射。方案虽好，但会阻力重重，显示有些迟疑。

肥义看透武灵王的心思，便答道："臣闻之，疑事无功，疑行无名。今王即定负遗俗之虑，殆毋顾天下之议矣。夫论至德者，不和于俗；成大功者，不谋于众。昔舜舞有苗，而禹袒入裸国，非以养欲而乐志也，欲以论德而要功也。愚者闇

---

① 《战国策·赵策二》，天津古籍出版社《战国策选注》，1984年版。

于成事，智者见于未萌，王其遂行之①。"我听说，做一件事疑虑过多就难于成功；实施一项举措，迟疑不行就会无名而终。今天既然抱定要背负遗俗，您就应当不再顾及某些人的议论。再者说，最高的道德不会附和旧俗；成就大事业不必所有人认可。从前舜与三苗同舞，禹脱衣露体进入原始部落，并不是以此来满足欲望，愉乐心志，而是要以伦理道德来建取功业。愚蠢人对已成之事还看不明白，聪明人在事处萌芽就能察觉。您就按自己的想法大胆办吧。

赵武灵王听了肥义一番话，顿感振奋。他开始袒露自己的心迹，就是最怕天下人耻笑。如今为了国家、为了告慰先王，决心放手一搏。武灵王曰："寡人非疑胡服也，吾恐天下笑之。狂夫之乐，知者哀焉；愚者之笑，贤者戚焉。世有顺我者，则胡服之功未可知也。虽驱世以笑我，胡地、中山，吾必有之②。"我对推行胡服并不动摇，是怕天下人耻笑。狂挎人满意的，正是聪明人痛心的；愚蠢人高兴的，正是贤能人忧虑的。世人会理解支持我，改衣胡服的功业不可估量。就是所有的人都说我可笑，胡和中山之地，也一定会为我所有。

赵武灵王坚定信心，豪情满怀，踌躇满志，一扫狐疑。为富国强兵计，为拔中山、略胡地，谋胡服骑射，在此一举。老臣肥义，关键时刻力助君王绘就千秋宏图。

"王遂胡服"。公元前307年，赵武灵王初穿胡服。

---

①②《战国策·赵策二》，天津古籍出版社《战国策选注》，1984年版。

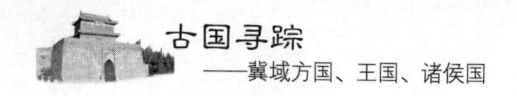

2. 礼待公叔

赵武灵王对胡服骑射的推行难度，有着充分的思想准备。他意识到，仅有肥义等老臣的支持还是不够，必需说服朝廷内一批贵戚重臣，才能顺利贯彻下去。

公子成是武灵王的叔叔，权重显贵，是一位举足轻重、很有影响的人物。对这样的人，不能单靠君王命令，还要讲道理令他心服口服。这样做才能借助其影响力带动更多重量级官员，支持配合变革图强。胡服骑射，胡服是前提，首先要过穿胡服上朝这一关。

武灵王对公子成，采取施礼遇、待诚恳、晓大义、请成全的方式。第一步，他先派人前往送话禀告、投石问路、了解实情。对公子成说：我已穿上胡服，即将上朝会见群臣，想请叔叔也换上胡服。您若不穿，我怕别人会说三道四。"今胡服之意，非以养欲而乐志也；事有所出，功有所止。事成功立，然后德且见也。今寡人恐叔逆从政之经，以辅公叔之议。且寡人闻之，事利国者行无邪，因贵戚者名不累。故寡人愿慕公叔之义，以成胡服之功。使緤谒之叔，请服焉。"[①]穿胡服的意思，不是为了养欲乐志，而是以此为开端，成就功业大事。办好穿胡服的事情，是行骑射的基础，很快就能显现朝廷建树的功德。我担心叔叔脱离从政规则，所以劝您不要附和反对胡服的议论。而且我还听说，凡办有利国家的事，其行为都是正义的；凡得到贵戚拥护的事，名声就不会受损害。考虑到这一点，希望凭借叔叔的声望，促成胡服改革。特派緤求见，请改衣胡服吧。

---

① 《战国策·赵策二》，天津古籍出版社《战国策选注》，1984年版。

公子成叩首拜谢后说：臣已听说大王改穿胡服的事。臣不才，卧病在床，未能及早尽言。大王今垂问命答，请恕我直言表达个人的愚昧和忠诚。我听说，中原之国是聪明才智者汇集之处，万方财货集中之所在。圣贤在这里宏扬教化，仁义在这里顺利实施。这里是诵读诗、书，广行礼、乐的地方，是奇异精巧技能始行、应用的地方。远方之人莫不来观摩取经，蛮夷之邦无不至学法遵行。现在大王竟然放弃这些中原固有的好东西，因袭远方的服装式样，改变古圣教诲，抛开古贤成规，违背民心，违反学者之教，违逆中原之风，臣愿大王好好考虑。

公子成的一番话，显然代表了一批守旧老臣的思想观念：中原华夏大美无比，夷蛮之地何可吸取？对于变革师胡，自然有骨子里的逆意，但仅是情感使然，并未详解事情始末，亦未有恶言相向、离心相对。应该说，忠心诚意犹在，晓以入情入理的大义，还可劝其归返协同。

武灵王于是亲登公子成家，自称未闻叔病看望来迟。开始面对面的亲情说服，讲历代怨恨，数先祖未竟之志。这是应对公子成们的第二步。

赵武灵王当面劝说公子成：服装的样式，要为了使用方便；礼节的作用，要为了便利行事。所以圣人考虑当地的风俗，总是因地制宜，为处事得当而制定礼节，总原则是有利民众并使国家富强。中原各族、东南瓯越、江南吴国，风俗、礼节、服装各不相同，但他们便于做事的原则却是一致的。地域不同，衣服器用有所变化；办事目的不同，礼节也就有所差异。因此圣人处事只要有利民众，措置从不讲求一刀切齐。如果能方便其事，就实施不一样的礼节。儒家学者都以孔子为师，使用礼节却不尽相同；中原地区风俗传统相同，但各国政教法令彼此分歧。更何况偏僻山区，那就应该首先考虑怎样才能便利行事。所以，对礼俗的选择，不能一个标准；远近地区的服装，连圣人都认为不能整齐划一。偏僻的地方，容易少见多怪；固守一隅的人们，喜欢无谓的争执。不懂就不要随便怀疑，跟自己不同别妄加非议，这才是胸怀公心、追求真理的态度。刚才你所说是旧的地方风俗，我所讲是改变旧风俗的措施。

这一段话，重点说地域不同，风俗各异，都是为方便行事。但公子成只论风俗优劣，武灵王则讲驾驭风俗，为我所用。那么，如何驾驭风俗为实现远大目标服务呢？

赵武灵王列举赵国所处地理位置，有许多缺失，制约国家繁荣发展，造成边境防卫无法保障安全。他说：我国东有黄河、漳水，与齐国和中山国共有，但我们却没有防卫用的船只和人员；北部常山、代郡一线，东与燕国、东胡接壤，西与楼烦、秦国、韩国交界，地域辽阔，缺少能够奔驰的骑兵防护。因此，我想搜集舟船，征召水上船夫，用于守护黄河、漳水；改换为适合骑马射箭的服装，发展骑兵部队，用以守备北方连接燕、东胡、楼烦、秦、韩的边境。过去，简主先祖不阻塞晋阳以通上党，襄主兼并西戎攻取代地，是为了抗击匈奴、东胡。先前，中山倚仗齐国支持，侵占我的国土，捆绑我的百姓，掘开河水围困赵地鄗邑，如果不是社稷神灵保佑，鄗邑几乎守不住。先王为此很忿慨，但宿仇未得报。

赵武灵王进而说明易旧俗、穿胡服的终极目的："今骑射之服，近可以备上党之形，远可以报中山之怨。而叔也顺中国之俗，以逆简、襄之意，恶变服之名，而忘国事之耻，非寡人所望于子！"①我要改穿的胡服，是方便骑马射箭的服装。有了胡服骑射，近说可以戒备上党这样的险要之地，远说能够报中山掠地的怨仇。难道叔叔能够顺从中原旧俗，背离简、襄二主的意愿，以讨厌改变服装的名义，忘掉国家曾有的耻辱吗？这可不是我所期望于叔叔的呀！

武灵王文辞犀利，一言中的，所讲目标远大，利害攸关。公子成无言以对，只好道歉认错。

一场争辩，公子成心悦诚服，再次拜谢。"乃赐胡服"，武灵王于是赐胡服给他，公子成穿胡服上朝。

3. 晓谕群臣

推行胡服骑射改革措施，有了老臣肥义的支持，又有了当朝皇叔的认可，赵武灵王显得底气十足，相信成功当在把握之中。对待朝中不满变革的几位大臣，他就没有那么客气了。虽说也在耐心听取意见，坚持以理服人，说服教育，但语气显然强硬了许多，是一种朝廷既定方略、大臣应该努力执行的态势。

朝臣赵文进谏：为臣不隐匿忠心，君主不能阻塞言路。当国执政要顺随习俗，遵行法度莫背行违失。

武灵王接着说：决策不弃异议，尽忠不责失当。一般百姓执迷不悟，有学问者满足所见所闻，这是造成官员不深入思考、缺乏高瞻远瞩、懒于探求治国大计的根源。夏、商、周三代是不同服装而称王，春秋五霸是不同教化而从政。聪明者制定政令，不贤者只会按旧规办事。不敢变更服装者，不足与之

---

① 《战国策·赵策二》，天津古籍出版社《战国策选注》，1984年版。

谈论改革之心。习俗与礼法都随时势而变，才是圣贤之道。有学问的人，要随见闻增广而改变旧观点，随着礼仪的变化与时俱进才对。所以，真正志在修身的人不依赖别人的赞许，治理当世的人不效法古代的常规。你还是打消那些不必要的担心吧！

朝臣赵造又说要冒死进谏：我听说，因应民众施教，不费大力就能成功；根据习俗变革，谋划起来简捷便当。现在大王改变原有民俗不予遵循，穿胡服不顾世人非议，这不是用来教化民众形成礼仪的办法。

武灵王说：古今风俗不同，你让效法哪一家习俗？由五帝到三王，礼法制度不相承袭，你让我遵循哪一朝礼仪？伏羲、神农，只行教化不行诛杀；黄、尧、舜帝，用诛杀不株连妻儿。到夏禹、商汤、周文王，根据时势而制法度，因应事需而定礼节。法度和行政命令，都顺遂时宜；服装和器具，都便利使用。所以治世不必强求一个定式，便利国家不必仿效古人程序。圣人兴旺，不靠沿袭称王；夏、商衰败，不因变礼灭亡。违犯古俗未必值得非议，遵循旧礼未必值得赞许。如果说，服装奇异容易导致心志不正，那么邹、鲁两国就不会有违礼行为；而事实是两国虽无奇服却有奇行。如果说，习俗僻异民众就会轻浮散漫，那么吴、越之地就不会出贤杰之士；而事实是吴越之俗虽僻却有贤俊之民。这种论调显然是错解谬说。

"是以圣人利身之谓服，便事之谓教。进退之谓节，衣服之制，所以齐常民，非所以论贤者也。故圣与俗流，贤与变俱。谚曰：'以书为御者，不尽于马之情；以古制今者，不达于事之变。'故循法之功，不足以高世；法古之学，不足以制今。子其勿反也！"[1] 圣人做服装的办法是量体裁衣，圣人定礼教的标准是方便办事。进退举止的礼节，衣服方面的款式，是用来约束一般百姓齐整的措施，不是用来评定贤者的标准。因此圣者管理百姓与习俗同流，贤能治理政事与改革同变。有句谚语说："靠书本条文驾车的人，不能完全了解马的性情；用古法治理今世的人，不会明白事物变化的内在原因。"所以，遵循古法不可能超越世俗的水平，效仿古学不足以治理今世。你们切勿违反胡服法令啊！

赵文、赵造，还有少数不明事理、顽固守旧的臣子们，只得乖乖地穿起了并不情愿的胡服。

4. 武灵胡服

服装变革，使赵国朝廷和民众呈现一种崭新的精神风貌。"地方二千余里，带甲数十万，车千乘，骑万匹，粟支数年"[2] 的赵国，不再甘于被动应付、还击乏力，而是开始重振国威、稳守国土，着手准备报宿敌之怨，夺取战略要地。

公元前306年，赵武灵王亲自率军北征，攻占位于今内蒙古黑水河南的重地原阳。这里草原辽阔，水草丰盛，良马成群，是一处上好的天然牧场，也是理想的骑兵训练基地。这里的民众善于骑马射箭，人人有一身好功夫。武灵王在此挑选善骑之士，训练骑射之功。他还从其他边邻游牧民族之地，招募骑马能手，集中到原阳训练，着手组建骑兵部队。

由于"三家分晋"的历史原因，赵国的国土，一部分在

---

[1] 《战国策·赵策二》，天津古籍出版社《战国策选注》，1984年版。
[2] 《史记·苏秦列传》

今河北南部和西北部，一部分在今山西北部。中山国居于赵之腹地，将其一分为二，使得赵国只能通过壶关和沿漳水山路，维系两部分领土的联系。唯有取中山，才能使赵国领土连成一片。所以，自从"三家分晋"以来，赵国一直盘算如何除掉这个心腹之患。而中山却依靠善战的优势，精良的骑兵，成功的外交斡旋，使仅有方五百里的千乘小国，岿然屹立。公元前377~公元前376年间，更在易攻难守的房子、扶柳（今河北省冀州市西北）一线，修筑了中山南长城。

赵国北部边境有狄、戎、楼烦、东胡，为生存发展，加之游牧民族习性，这些民族经常越境夺地、抢掠财物，令赵边民不得安宁。身为万乘大国兵多将广，虽胜多败少，但不时被占去些小地盘。狄、胡等少数民族，被中原国家统称为"胡"，那么武灵胡服是学的哪个"胡"呢？

这些被称作"胡"的游牧民族，"居于北蛮，随畜牧而转移。逐水草迁徙，毋城郭常处耕田之业……儿能骑羊，引弓射鸟鼠；少长则射狐兔，用为食。士力能弯弓，尽为甲骑。其俗，宽则随畜，因射猎禽兽为生业，急则人习战攻以侵伐，其天性也。其长兵则弓矢，短兵则刀鋋。利则进，不利则退，不羞遁走。"[①]他们的衣着均不像中原长袍，战车也不似中原战车那么笨拙。他们不仅能在平坦之处运用战车攻防，而且还能单骑驰骋，长途奔袭。在赵武灵王实行胡服骑射前的十八年间，赵屡败于秦、魏，损兵折将，国力大衰，不得不忍辱割地。就连胡、狄部族也乘机越边掠夺，赵几乎无力还击。应该说，身为大国之君，赵武灵王一次又一次忍受令他寝食难安

---

① 《史记·匈奴列传》

的痛苦。这一次，他借鉴北方少数民族的服装文化，吸收这些从小习骑善射的习俗文化，把它们合称为"胡服骑射"。但是，最直接让他感同身受、领悟必须及早变革的是近邻中山。

中山国，紧靠今河北南部的赵疆，占据太行山以东肥美的平原和富足的丘陵。南劝农耕，北牧马羊，商贸昌盛，骑兵彪悍。曾多次让赵国蒙受耻辱，令赵武灵王挥之不去的"引水围鄗"，便是他儿时记忆的心灵之痛。

鄗邑原属中山，战国初年被赵国乘机占有。鄗邑在古槐水北岸，中山沿槐水设防，阻挡赵国北进，两国历史上曾多次在这里展开争夺。武灵王之父赵肃侯时，约在公元前332年，齐魏联合伐赵，赵决黄河水，拦阻齐魏军队。中山军决槐水围困赵军，迫使赵军不敢出城，造成几不能守的尴尬局面。一个堂堂万乘大国，被千乘小国打成这副模样，赵国很没面子。所以，赵武灵王才在劝说公子成时发出叹息"先王丑之，而怨未能报也！"一定要千方百计，寻找时机报先王之怨。

公元前307年，新年刚过，赵国将图谋已久的"掠中山之地"提上日程，正式开始了对中山国的讨伐，首取中山属房子。"中山之人多力者曰吾丘鸩，衣铁甲操铁仗以战，而所击无不碎，所冲无不陷，以车投车，以人投人，几至将所而后死。"[①] 中山国既有骑兵，也有战车，还有水军，战国中山都灵寿出土战船有使用痕迹，确认中山水军已投入过战斗。中山猛将吾丘鸩带兵对阵赵师，冲锋陷阵，以战车对战车，以步兵对步兵，战至最后一名将领。这场战役打响之时，赵武灵王已

---

① 《吕氏春秋·贵卒》

有了胡服骑射的决心，而且把"报中山之怨"作为主要目的之一。房子之战胜负如何？史籍缺乏记载。依据相关资料推测，应该是中山军守住了房子，进而收复了鄗邑。长期从事北狄和中山国研究的段连勤先生认为："赵国对中山国的进攻，可能由于遇到了中山国的坚决抵抗和没有实行胡服骑射这样非常必要的军事改革而失利了。"[1]这应该是一剂"胡服骑射"的催生良药，令赵武灵王进一步清醒，实施胡服骑射改革迫在眉睫。

事实也证实了这一点。当公元前305年，已经普遍推行胡服骑射，并组建起一支强大的骑兵部队时，战况就大相径庭。赵武灵王亲率三军，北上攻中山，首次使用长于奔袭和迂回包抄的骑兵。命骑兵和战车部队，与另一路骑兵，从井陉塞分兵两路攻击中山腹地，在曲阳会师后，夺取中山的三个要塞、要邑。赵武灵王则从正面攻占了鄗邑（今河北省柏乡北）、石邑（今河北省元氏北）、封龙（今河北省元氏西北）、东垣（今河北省正定县南），给了中山沉重

图2-1-2 赵王城垣内侧排水槽道

---

[1] 段连勤：《北狄族与中山国》

一击。中山虽有彪悍轻骑,但数量较少,抵不上赵军的骑射威力。战局以中山惨败结局,中山献出武灵王攻占的四座城邑求和。从此之后,中山国一蹶不振。自公元前303~公元前301年,每次赵国进攻,都是以中山割地求和而告终。

赵国因胡服骑射而强盛,武灵王因胡服骑射而威名远播。其他诸侯再不敢小视赵国的举动,不敢不听来自赵国的声音。

从公元前300年起,赵国出动大军20万,连续五年征伐中山。公元前296年攻破中山都城灵寿,中山君王仓皇逃至齐国避难。

先王之怨得报,南北领土联为一体,终于得以实现。(图2-1-2)

5. 变革缺失

赵武灵王胡服骑射改革是成功的,对强军强国起到了积极作用,毋庸置疑。如果我们站在更高的历史制高点,观察研究这场改革,应当看到还有许多缺失和遗憾。

同为改革或变法,武灵胡服之变与50年前的商鞅之变,虽有异曲同工之处,却有许多不同之点。在变革范围和领域,在变革力度和成效方面,武灵胡服显然难以与商鞅变法相媲美。

公孙鞅在秦孝公的支持下,从公元前359年至公元前350年,十年间两次变法,涉及政治、经济、军事体制,涉及社会、民生问题。司马迁在《史记·商君列传》中,简要记载了变法的主要内容,大体有八项:

一是实施居民户籍制和治安"连坐"法。"令民为什伍，而相牧司连坐。不告奸者腰斩，告奸者与斩敌首同赏，匿奸者与降敌同罚。"规定境内居民男女老少均需户口登记，以五户为"伍"、十家为"什"，相互监督。一家犯法，九家无人告发，则十家连坐，统处腰斩。告发的人，授予等同杀敌一人奖赏。藏匿坏人的，视作投敌罪论处。

二是鼓励个体小农经济发展。一户有两个儿子以上的，孩子成年必须分家单立，否则要加收双倍赋税。"民有二男以上不分异者，倍其赋。""令民父子兄弟同室内息者为禁。"

三是奖励军功，禁绝内斗。"有军功者，各以率受上爵；为私斗者，各以轻重被刑大小。"

四是奖励耕织。"僇力本业，耕织至粟帛多者复其身。事末利及怠而贫者，举以为收孥。"致力于农业生产本业，送交耕织所得粮食布匹多者，免除本人应服的徭役。专事工商末利和懒惰致贫者，全部收捕充入官府为奴。

五是废除世袭卿禄制。"宗室非有军功论，不得为属籍。明尊卑爵秩等级，各以差次名田宅，臣妾衣服以家次。有功者显荣，无功者虽富无所芬华。"规定王室宗亲，凡没有军功者一律不得列入宗室属籍，废除卿禄世袭。实行军功爵位分级制，按等级分别占有不同数目的土地、住宅、奴婢，享用样式不同的车骑、衣服。没有军功，即使富有也不能享受尊荣。

六是推行县制。"集小都乡邑聚为县，置令、丞，凡三十一县。"

七是废井田，开阡陌。废除奴隶制下的井田法，平毁井田间的纵横地界，奖励垦荒，承认土地私有，允许土地买卖，按土地数量多少抽税。"为田开阡陌封疆，而赋税平。"

八是统一度量衡。"平斗桶权衡丈尺。"

司马迁在为商鞅作传时，虽有"刻薄"、"少恩"的评价，但公正记述了商鞅了变法的成果。"行之十年，秦民大说，道不拾遗，山无盗贼，家给人足。民勇于公战，怯于私斗，乡邑大治。"① 商鞅虽然遭旧贵族疯狂报复、诬告，惨遭杀害，但变法成果一直为秦国后代君王所用。就是那些杀害商君的人，也不敢说他变法违背祖制，只能罗列其他罪名。诸项变革沿袭不变，使秦国走上日益强大的道路。

我们无意夸大商鞅变法的成果，也无意掩饰其变法的缺失。仔细观察，商鞅的文化观带有浓重的实用主义色彩。贾谊在《陈政事疏》中分析，商鞅丢掉了礼义传统，废止了仁德政策，放弃了思想文化建设，专力于军事政治的进攻。秦人自此开始，兴起了功利第一的时代精神。《韩非子·和氏》中说，在秦始皇焚书前，商鞅已经有烧毁诗书的劣行。其后秦始皇实施的文化专制主义政策，实际上在商鞅变法时已经开始。事实的确如此。商鞅变法内容，没有涉及文化、教育的条款，完全放弃了国家应该肩负的文化建设责任。文治教化的缺失，仅靠强制性管理，为专制主义提供了土壤和温床。

反观武灵胡服，虽然直接导致赵国得以强军强国，终灭中山这个心腹之患，其胡服也变为民族服装的一部分沿用下来，但其变革只是涉及军事制度、军士装束及民众服饰，带来许多的缺失和遗憾。赵武灵王变服过程中，注意了说服教

---

① 《史记·商君书列传》

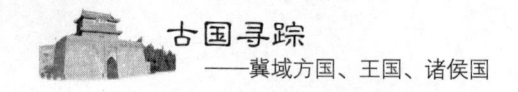

育，论述了本土文化与异族文化相得益彰的道理，以礼遇、大局说服公子成衣胡服，从自身做起，推广至全军全国，并未搞文化专制，这是可取的。但他对经济、政治体制方面的问题没有触动，与秦孝公全力支持推行的变法大异其趣，使得胡服骑射就此止步，未能进一步扩大成果。秦国能够最后统一六国，而赵国等山东六国先后灭亡，绝不是偶然的。不能说与变法力度毫无关系。

不可否认，赵武灵王胡服骑射适应了当时形势的需要，推动了赵国历史的进步。他对古代战术的革新，促使车战进入骑战时代，功绩写入史册。翦伯赞先生称誉：骑射胡服捍北疆，英雄不愧武灵王。郭沫若先生亦有诗句：骑射胡服思英才。出于历史的局限，我们不能以今天的眼光去责求古人，但总感武灵胡服的变革面窄了些、范围小了些、力度弱了些。有时候甚至会突发奇想：如果赵武灵王也趁势搞一场秦孝公时代的改革，战国七雄的争霸结果会是什么样？我们将怎样写武灵胡服呢？

二、肥乡·两朝赵相平原君

1. 翩翩浊世佳公子

平原君赵胜，武灵王赵雍之子、惠文王赵何胞弟，作为相国辅佐过惠文王、孝成王两代赵君。在位期间内政外交均有建树。虽贵为皇弟、皇叔，却能谦卑待人、尊士礼贤，危难时刻不畏艰险、挺身而出，颇受国人好评。他真诚坦荡、讲

图2-2-1　肥乡赵胜墓

义气、重情意、广交朋友，与楚国春申君、魏国信陵君、齐国孟尝君并称"战国四君"。赵胜以公元前298年封地在平原（今山东省平原县南、武城县西北，战国属赵）之故，人称平原君。（图2-2-1）

《史记·赵世家》中，明确记载卒年的臣相唯独赵胜一人，足见太史公对赵胜高看一眼。而战国思想家荀子，则称誉赵胜是解国之大患，除国之大害，成于尊君安国的辅臣。

赵国，自赵简子、赵襄子创立基业，到赵武灵王时达到鼎盛，成为战国七雄中的强国。惠文王四年（公元前295年）发生内乱"沙丘之变"，先是公子章、田不礼及其党徒作乱，诈称主父要召见惠文王，受托辅政的老相国肥义以身护新君被公子章杀害；接着是公子成、李兑率军由邯郸赶来，杀公子章、田不礼；后来是公子成、李兑畏罪软禁主父，赵武灵王被饿死在沙丘宫。这场为王位引发的内乱,加上当时惠文王年少,公子成、李兑专擅国政、徇私舞弊、治理无方,导致人心混乱、社会动荡。军力国力开始削弱,经济发展增长速度明显减退。恰在此时,商鞅变法后迅速壮大的西邻秦国,军力国力均成为战国七雄中最强大的诸侯国。秦对赵国肥美的土地早已垂涎三尺,欲发动战争以侵吞赵地。内忧外患,把赵国推到了十分危险的境地。

沙丘之变时14岁的赵胜,亲历了这场内乱,其后又目睹公子成、李兑专权给赵国带来的灾难。成年之后,赵国的历史机遇把赵胜推到了相国的位置上。他一相赵惠文王,二相赵孝成王,虽总有些沟沟坎坎,罢相又复出,总的看是打开了外交新局面,治国治政安民强军成绩可表,抵御强敌卫国保土其志可嘉。经过数年持续努力,终于又使赵国回归强盛,使秦并吞阴谋难以得逞。司马迁评价赵胜,"平原君,翩翩浊世之佳公子也"。[①]

2.举贤能成就毛遂

平原君尊重人才、举贤任能的品格,千百年来被人交口称赞。"诸子中胜最贤,喜宾客,宾客盖至者数千人。"[②] 平原君十分注重尊士声誉,竟斩杀取笑跛子的美妾人头,亲送跛子登门谢罪。在他的门客里不乏栋梁之才、志士仁人,有的为赵国的安全作出了突出贡献。毛遂是一个代表。

公元前259年,秦军围攻邯郸,赵都危在旦夕,孝成王指派平原君到楚国告急求救。当时,赵、魏、楚、燕、韩欲结合

[①][②]《史记·平原君虞卿列传》

纵联盟对抗强秦，无奈各国均有自己的小算盘，时而能和，时而离散，加上秦国拉拢挑拨，使得合纵难成。平原君使楚，所以要挑选20名文武兼备的随行，就是考虑到可能遇到的各种情况，力说楚王同意合纵，达成盟约，出兵相助。但在门客中选到19人时，再也找不到合适人选。用人之际，无人可选，急煞平原君。《史记》以精彩的语句记述了毛遂自荐、建功固赵的过程。

第一个环节是自荐。"门下有毛遂者，前，自赞于平原君曰：遂闻君将合从于楚，约于食客门下二十人偕，不外索。今少一人，愿君即以遂备员而行矣。"[1]毛遂根据选人条件和选任范围，自荐同行。

第二个环节是答疑。平原君曰："先生处胜之门下几年于此矣？"毛遂曰："三年于此矣。"平原君曰："夫贤士之处世也，譬若锥之处囊中，其末立见。今先生处胜之门下三年于此矣，左右未有所称诵，胜未有所闻，是先生未所有也。先生不能，先生留。"毛遂曰："臣乃今日请处囊中耳。使遂早得处囊中，乃颖脱而出，非特其末见而已"。[2]平原君竟与毛遂偕。十九人相与目笑而未废也。对赵胜提出的问题，毛遂回答得掷地有声：我之所以三年没有突出表现，是因为您未把我放在合适的岗位，今天请求纳入视线、给我机会，你将看到囊中之锥不仅末现而且脱颖而出。平原君同意，其他人不便再说什么但心存疑虑。

第三个环节是实战。"毛遂比至楚，与十九人论议，十九人皆服。平原君与楚合从，言其利害，日出而言之，日中

---

[1][2]《史记·平原君虞卿列传》

不决。十九人谓毛遂曰：先生上。"①到楚国后，毛遂的理论让一行人服气，但仍要看战绩。所以，当战役处于胶着状态时一致前推毛遂。毛遂一副战士气概，"按剑历阶而上"，口出厉语发问"日中不决"因由。虽遭楚王呵斥全无惧色，"按剑而前"面对楚王说：你的威严来自楚国之众，今十步之内你我相会，你没有了恃强的资本，命操我手。在我的主人面前，你还要什么威风？首先在气势上压倒对方。接着历数"汤以七十里之地王天下，文王以百里之壤而臣诸侯"，不是士卒众多，而是"能据其势而奋其威"。今天楚国地广军强有条件称霸，竟被秦国小竖子白起一战攻下鄢郢，再战火烧夷陵，三战而羞辱大王的祖先，这是百世不解的耻辱和怨恨，可大王你却不知道羞辱。要知道，"合从者为楚，非为赵也。"一席激烈而又颇具说服力的话，让楚王服气。连称："唯唯，诚若先生所言，谨奉社稷而以从。"当毛遂追问合纵联盟是否确定时，"楚王曰：定矣。"最后，毛遂当场让楚王歃血认定合纵盟约，次由平原君歃血、毛遂等一行随行见证。

第四个环节是作评。平原君满意归赵，他也许还记着毛遂手托青铜盘让同行人歃血时的话："公等录录，所谓因人成事者也"。平原君对毛遂另眼相看，他慨叹从此不敢再轻易观察评价士人，自以为不会漏掉一个天下难得的人才，却在关键时刻差一点埋没一个匡世奇才。"毛先生一至楚，而使赵重于九鼎大吕。毛先生以三寸之舌，强于百万之师。"②对一介士人、门客，还有比平原君的这段点评更高的吗？

---

① 《史记·平原君虞卿列传》
② 《史记·平原君虞卿列传》

平原君不出一己之私为国荐才，还有一个为人称道的军事将领赵奢。

赵奢生活在赵武灵王、赵惠文王年间。"沙丘之乱"后公子成、李兑专权，迫害武灵王近臣，赵奢看在眼里急在心上。恰遇燕昭王召贤，赵奢即去燕国并得到重用。赵惠文王十二年（公元前287年）李兑失势，受迫害的老臣陆续回国效力，赵奢也重返赵地。初为赵国的田部吏，即负责收取租税的小官。他为人刚正不阿，履职执法如山。因为平原君家不肯交租税，赵奢按法律规定治平原君家用事者九人死罪。平原君闻之大怒，欲杀赵奢。赵奢对平原君说："君于赵为贵公子，今纵君家而不奉公则法削，法削则国弱，国弱则诸侯加兵，诸侯加兵是无赵也，君安得此富贵乎？以君之贵，奉公如法则上下平，上下平则国强，国强则赵固，而君为贵戚，岂轻于天下邪？"[1]赵奢的话入情入理，令对方心悦诚服：你贵为先皇公子，竟然纵使家人违法，既削弱了法律效力也使国力受损，同时给别的国家武力侵赵提供了机遇。以您的尊贵地位和影响，奉公守法能促使上下平顺、国力增强、江山稳固，而如果不这样做，就会被天下人瞧不起。平原君深知税赋于国于家皆息息相关，点点滴滴取之于民，贵戚纳税亦当如是。他佩服赵奢的气度和胆识，佩服赵奢为国效力执法严明的作风，他由怒转喜在想：这不是一位治国治政需要的人才吗？"平原君以为贤，言之于王。王用之治国赋，国赋大平，民富而府库实。"[2]由杀而受感动而荐为管理全国财政税赋的官。赵奢经历了地狱天堂之别，一代贤才就这样步入赵国政坛。赵奢果然

---

[1][2]《史记·廉颇蔺相如列传》

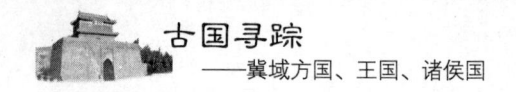

不负平原君的推荐和希望，以业为本，以民为本，制定公平合理的赋税政策，又在这个基础上采取奖惩措施，受到纳税人一致支持。国家收支达于平衡，国民富足，国库盈实。

平原君满意赵奢的管理才能，进而发现赵奢熟知孙子兵法和孙膑兵法，分析战例实事求是，褒贬有真知灼见，具有比较高的军事造诣。联想他治税赋、带队伍有方，颇受上下拥戴，于是建议赵惠文王委奢以重任，统率全国军队。

公元前270年，秦昭襄王派重兵围困阏于（今山西省和顺市）。在是否出兵救援以及如何解阏于之围问题上，赵国朝廷意见不一。廉颇、乐乘都认为"道路险狭，难救。"赵奢却认为"其道路险狭，譬之犹两鼠斗于穴中，将勇者胜。"[①]赵惠文王令赵奢帅军前往。赵奢行前先摸清秦军力部署和敌情态势，了解敌帅用兵策略，采取麻痹敌军的战术，北行30里即驻守不前、修筑堡垒，使兵至武安的一部分秦军误以为赵师胆怯，从而延缓北进。然后赵奢命令全军秘密急速西进，两天一夜抵达距阏于50里处。待秦军武安部得知消息时，赵师已抢占了阏于北山制高点，对秦军造成居高临下俯击之势。赵奢与阏于守军合力出击，秦军四处溃散，死伤过半，遂解阏于之围。自此遭受重挫开始，秦军多年不敢轻举妄动，唯恐重蹈阏于覆辙。班师回朝之后，赵惠文王封赵奢为"马服君"，地位与廉颇、蔺相如同。阏于之战，被历代军事家称道；赵奢以审时度势、用兵如神，被后人列为战国时东方六国八名将之一。三国时曹操赞誉赵奢，为将受财千金，一朝散之，故能济成大功，永世留名。吾读其文，未尝不慕其为人也。

---

① 《史记·廉颇蔺相如列传》

3. 友信陵窃符救赵

平原君与魏国公子信陵君是情投意合、真诚相待的朋友。他也是信陵君的姐丈,一方有难自然会鼎力相助。赵孝成王六年(公元前260年),秦昭襄王积怨10年之后设反间计,使赵王以纸上谈兵、鲁莽轻敌的赵括临阵取代名将廉颇,在长平之战中赵军惨败,被秦坑杀士卒40余万。紧接着秦又乘胜推进,兵围邯郸。平原君多次向魏王及信陵君告急求救,魏安釐王派将军晋鄙率10万人马救赵。这时秦王派使者恐吓威胁魏王,"吾攻赵旦暮且下,而诸侯敢救者,已拔赵,必移兵先击之。"[①]魏安釐王害怕起来,命令晋鄙停止前进,留军驻扎在赵魏交界的壁邺(今河北省临漳县境),按兵不动,静观其变,名为救赵,实持两端以观望。平原君得知魏军止步不前,采取两面派手法应付盟邦,就络绎不绝的遣使者到魏国,责备信陵君抛弃道义、轻看朋友、不顾赵国危难。信陵君深感忧虑又想不出有效办法,只能数请魏王火速发兵救赵,还动用门客辩士力劝魏王,终因魏王畏惧强秦拒不采纳信陵君的主张,10万魏军动弹不得。无奈之下,信陵君决心与朋友、与赵国共存亡,亲率门客凑集的百余车马赴赵参战。

信陵君一干人马行至魏都大梁(今河南省开封)北门,见守城役吏隐士侯嬴,具告此行因由。侯生素服信陵,他曾为之推荐过力量过人的贤士朱亥,今日相见自有话说。侯生评论信陵此行若肉投饿虎,必将有去无回,虽不负道义,但于事无补。他支开旁人对信陵君讲了一则秘密:晋鄙的另一半兵符放在魏王卧室,而最得宠信的侍妾如姬能够偷出来。如姬之痛在

[①]《史记·廉颇蔺相如列传》

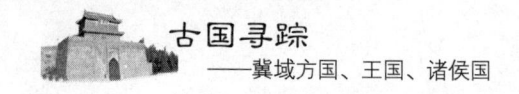

三年未报杀父之仇，若能斩下仇人头献如姬，她定能效死。公子办好此事再请如姬相助，就能拿到虎符夺取晋鄙的兵权，退秦救赵。信陵君照计行事，果然拿到了晋鄙的另一半兵符。为防晋鄙拒不交兵权，侯生让朱亥随往见机行事。

"至邺，矫魏王令代晋鄙。晋鄙合符，疑之，举手视公子曰：今吾拥十万之众，屯于境上，国之重任，今单车来代之，何如哉？欲无听。"[1] 信陵君到达魏军驻处，假称魏王令他取代晋鄙为帅。晋鄙合符无误却提出疑问，据不交出帅印。关键时刻，朱亥出手以袖藏40斤铁锤击杀晋鄙。信陵君随即统帅全军并进行整顿，号令父子俱在军中父归，兄弟俱在兄归，独子无兄弟归养。选得精兵八万，驰援邯郸，杀退秦军，遂解赵都之围。"赵王及平原君自迎公子于界，平原君负韊（盛箭袋）矢为公子先引。赵王再拜曰：自古贤人未有及公子者也。当此之时，平原君不敢自比于人。"[2] 信陵君冒风险窃符救赵，平原君自知错怪朋友，满心羞愧难于启口讲出，只好身背盛满箭的箭袋表示请罪为朋友引路。此时的赵公子，已不敢再跟信陵君比上下了。

20世纪50年代，邯郸市东风豫剧团将郭沫若先生的话剧《虎符》，改编为同名豫剧。形象地塑造了聪慧睿智、知恩必报的如姬，信守道义、顾全大局的魏公子，还有侯生、朱亥等一批鲜活的人物，再现2000多年前信陵君窃符救赵的感人场景，至今常演不衰。

---

[1][2]《史记·魏公子列传》

4. 利令智昏招后患

平原君确实为赵国利益做了不少努力，也获得不少赞誉。国难当头，他为解邯郸之围确实动用了个人的外交资源，促使魏信陵君、楚春申君率师赶到，合力退秦；赵都危在旦夕，他确也散尽家财、组织敢死队、自己上阵督战，让家人悉数动员、送水送饭、救护伤员；号召全城军民与邯郸共存亡，坚守城池，为友军驰援赢得了宝贵的时间。但是，反观秦国兵围赵都咀上讲出的理由、分析此前长平决战所以提早到来的种种原因，不难看出与平原君听信邪说的错误有前后连带关系。司马迁评价赵胜，紧接"翩翩浊世之佳公子"后说他未睹大体，利令智昏，"贪冯亭邪说，使赵陷长平兵四十余万众，邯郸几亡。"[1] 太史公所说就是平原君曾经的一个重大失误。

赵孝成王四年（公元前262年），秦昭王派兵攻下韩国的野王城（今河南省沁阳），切断了上党郡（今山西省长子县）与都城（今河南省新郑）的联系，意在夺取韩国更多的土地。韩桓惠王想割地求和，把上党郡献给秦国，上党郡守冯亭以"吏民皆安为赵，不欲为秦"为由，派使者禀告赵王，打算将上党城邑十七座并归赵国所辖。冯亭的做法虽有近赵亲赵之名，却有难抗强秦吞食、嫁兵祸于赵之实，借以达到迫使赵国与韩国联合抗秦的目的。赵孝成王未能看破冯亭，闻之大喜，遂先后召赵豹、赵胜朝议。在是否接受上党问题上，引发了一场激烈的争论。

平阳君赵豹说："夫秦蚕食韩氏地，中绝，不令相通，

---

[1] 《史记·平原君虞卿列传》

固自以为坐而受上党之地也。韩氏所以不售于秦地者,欲嫁其祸于赵也。秦服其劳而赵受其利,虽强大不能得之于小弱,小弱顾能得之于强大乎?岂可谓非无故之利哉!且夫秦以牛田之水通粮蚕食,上乘倍战者,裂上国之地,其政行,不可与为难,必无受也。"[1]赵豹看得仔细、说得明白,冯亭的做法是嫁祸于赵。试想,秦付出代价而让赵坐收其利,哪有这样的好事?况且,秦国得之不易,他是以牛田之水劳作输送军需蚕食韩国,动用上乘军事装备攻占韩地。秦国现在政令畅通,国力强大,不可与之作对,一定不能接受上党的城邑。孝成王却认为:我百万大军穷年累月未必能攻取一城,如今十七座城邑送到赵国,这么大的一笔财富,却之可惜。

在难于决断的时刻,赵王听取平原君的意见。赵胜对曰:"发百万之师而攻,逾岁未得一城。今坐受城市邑十七,此大利,不可失也。"[2]他没有放眼全局、权衡利弊,或者如太史公所说是"利令智昏",怂恿孝成王拍板定夺,铸成终身大错。赵王随即说好,令平原君前往接收上党,同时令廉颇帅军驻守长平(今山西省高平县西北)。

此后不久,秦军实施报复行动,重兵围困赵军,终于拉开了或许能晚一些的长平决战。如果不是决策错误,赵国可能多一点准备时间。最关键的是,赵国一错再错,撤换廉颇,改用赵括,致使全军覆没,可怜40万赵卒被秦军坑杀。原本有希望与秦一争高下的赵国遭受毁灭性打击,从此一蹶不振。战国七雄争霸的格局开始改写,秦国国力大幅度超越同时代各国。

[1][2]《史记·赵世家》

司马迁在《史记·赵世家》记载：长平之战后，"王悔不听赵豹之计，故有长平之祸焉。"平原君赵胜是否也会因错谏悔恨呢？

5. 留遗愿长眠肥乡

赵胜一生有功有过，总的看功大于过，是应当予以肯定的历史人物。他两居相位，为赵武灵王功烈余荫下的惠文王、孝成王出谋划策，为赵国的强盛操劳奔波。赵国的历史有平原君写就的一页，记下了这位贵公子、相国活动的踪影。公元前251年，平原君病逝。他生前十分敬仰老相国肥义，常以为镜修正自己的言行，留下遗言随肥相远去，死后葬于肥义

图2-2-2 平原君墓碑

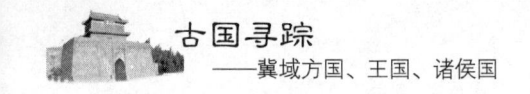

封地之乡。赵胜入土之日，沿途几十里数万百姓在道路两侧跪送。

平原君赵胜墓（图2-2-2），在肥乡县东南四公里的西屯村，位于当年的赵长城北侧，西距邯郸30公里。墓丘高高，明代记载尚有十余丈。其墓阴坡冬季积雪很厚，至暮春方始融化。著名的肥乡八景之一即为"赵陵春雪"。1982年赵平原君墓列为河北省重点文物保护单位。2004年，肥乡县政府在县城中心广场竖立起赵胜汉白玉雕像，重修了平原君墓区陵园。还准备以历史旧貌恢复门殿、南北贤人堂、赵王祠。明朝左督肥乡人张懋忠撰书的墓碑立于墓前，《重修平原君墓碑记》则概述了这位两朝赵相建树的功业。

三、邢台·古都古国

邢台，居河南省中南部，历史悠久，文化灿烂。历史上邢台古城先后为六朝王侯之都600余载。其中，商代"祖乙迁邢"，都邢130余年；西周"封侯于邢"，春秋时又封邢侯，共作邢都400余年；秦末赵王歇都此，项羽更封张耳为赵王都襄国；后赵石勒据襄国城30多年。

2009年4月，全国第三次文物普查小分队在邢台县小庄乡发现一旧石器早期遗址，文化层中各时期遗物丰富，测定年代距今约20万年。同时，还在沙河、临城、内丘、隆尧等市县，发现旧石器及新石器至商代遗址35处。隆尧发现的杨村遗址、田村东南遗址，内丘的近郎东南遗址、五角台遗址，均属新石器仰韶文化后岗类型,面积均在数万平方米以上。这些新发现,为邢台悠久的历史文明提供了新佐证。

邢台,西依千里太行,富有枣栗之饶、煤铁之利;东托冀南平原,遍野粮黄棉白、五谷飘香、银海泛浪。《尚书·禹贡》记载:今邢台市辖区隆尧、巨鹿、任县之间有水面宽阔的太陆泽(大陆泽)。大禹治水开积石山导引黄河,过龙门南抵华山之阴,折而东向直至孟津、洛阳,从今河南浚县大伾山北折,过漳水到任县、巨鹿北侧的大陆泽,在下游分九条河与干流汇合后泄入渤海。至今可见巨鹿泽、宁晋泽、南宫洼遗址,航测可窥九河遗存。

1. 商代邢台

邢台所在的太行山东麓山前台地,自古以来林木繁盛、土地肥沃、水源充足、四季分明、适宜耕种和渔猎。早在商代前期,先民就在这里活动居住、生产生活、繁衍生息,商族首领在这一带安营扎寨、建立都城。《史记·殷本纪》记载"祖乙迁于邢",《通典》卷一七八巨鹿邢州条下记:"古祖乙迁于邢,即此地,亦邢国也"。清人顾祖禹的历史地理著作《读史方舆纪要》卷十五顺德府邢台县下襄国城写道:"襄国城,在今城西南。殷祖乙迁都于邢,即此城也。"

近些年来,越来越多的夏商周三代文明研究学者,认同"祖乙迁邢"的地望在河北邢台,除文献古籍提供了更加可信的史料外,主要是考古资料、出土文物信息揭示了越来越多的历史真相。20世纪五六十年代,河北文物工作者在文物调查中发现了曹演庄、南大郭、东先贤、贾村、东董村、南大汪、尹郭村、石虎村等多处商周遗址，最近二十多年又陆续发现南小汪、葛家庄等遗址。这些遗址连接起来可以拼成一个商周文化遗址区，而且能够发现该区域以邢台市为中心，呈放射状向四郊扩散，市中心区的遗址密集度远比郊区为大。在已经发掘的遗址中，不断有重要发现。

1991年在南小汪遗址出土了一块牛胛骨制成的有字卜骨，背面有规整的圆钻窝，钻窝底部凿有凹槽，少数槽边有灼痕（图2-3-1）。其正面有两组刻辞，一组残毁仅存一个字，另一组较为完整，计四行十字。这些刻辞字体小而纤细，与陕西周原等地出土的西周甲骨文刻辞风格完全相同。这是河北首次发现西周时期的有字卜骨。王宇

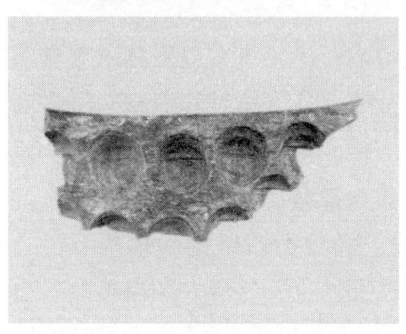

图2-3-1 邢台南小汪遗址出土西周刻辞卜骨
正面（上图）、背面（下图）

信先生认为，"西周初期的邢地出土卜骨辞例竟与西周王室卜辞结构相同，不仅表明今邢台地区在西周初的地位重要，也说明此地与西周中央王朝政治文化上联系的密切。这也为周初邢地诸说中，只有今邢台地区才可能堪为邢国都城所在提供了有力的证据。这预示着河北邢台地区会像陕西周原、丰镐地区和北京琉璃河等遗址一样，将会有周初邢国重要遗

迹面世。"① 曹定云先生对这片甲骨反复进行思考，认定卜骨中的"召""卜"二字合用组成一个字，只存在于武、成、康三朝，它是西周初期召公奭占卜的专有字。邢台西周卜辞首铭"召卜曰"，自然是召公奭所占卜。由此可以推断，邢台西周卜辞应是西周早期之物。辞中有三个重要人物，即召公奭、登程返京复命的王使、向王使进献神奇宝马的邢侯。召公奭与王使一同来邢地并亲自占卜，可能与邢侯受封建都选址有关，洛邑成周选址就是由他占卜决定的。"对于这片卜骨的历史价值，怎么估计也不过分：它是一个考古的信号，预示着南小汪一带是一块文化宝地；它是一把金钥匙，将打开邢国历史的秘密；它是一幅历史的画卷，内有召公、王使依依挥手的场面；它是一个真实的故事，诉说着邢台遥远的昨天。让我们继续观察它、研究它、发现它。它放射的光彩，将照耀我们探索邢国历史之路。"②

1993年至1997年，为做好邢台轮胎厂扩建工程中的文物保护工作，文物工作者对葛家庄先商遗址、西周贵族墓地进行了钻探发掘，先后探明先商遗址5000平方米，发掘3000余平方米。发现房址6座，窖穴、灰坑120座，出土各种遗物1500余件。遗物中以陶器为大宗，夹砂灰陶为多，纹饰以绳纹为主，大部分为手工，器类多平底器，以盆为主要器形。另外有大量石器，以长方形石铲和有肩石铲最为典型。骨器、铜器较少。说明当时的经济类型以农业为主，且比较发达。遗物带有明显的先商文化特征，与史料所记冀南邢台一带地理风情相符。文物工作者根据各层出土遗物的排比分析，将该遗址

---

① 《三代文明研究》第一集"邢台南小汪西周甲骨出土的意义"。
② 《三代文明研究》第一集"邢台西周卜辞乃周初召公占卜考"。

先商文化遗存分为两段，一段遗存未测定年代，而二段遗存经碳-14测定年代距今3620年（正负误差70年），推测葛家庄一、二段先商遗存绝对年代应在商汤灭夏之前。葛家庄遗址还发掘周代大中型墓葬300余座、发掘30余座大型车马坑。大型墓葬分布在墓地中部，东西排列，在其周围分布着车马坑和中、小型墓葬。因墓葬大部分被盗，在大型墓葬墓内二层台上可见大量铜器摆放的遗迹，有的圈足痕迹直径达30厘米。墓葬令人欣喜地出土一件西周青铜戚，被选入1997年全国考古新发现精品展；出土一件与中原常见戈有别的精美青铜戈，两面有错金鸟篆文八字，学者解释意为"玄缪"专用，戈刃锋利、能够割剖敌体。

1998年8月，中国商周文明国际学术研讨会在邢台召开。一批国内外知名的殷商文化研究专家教授如田昌五、邹衡、林巳奈夫等纷纷到会，报到学者108位，盛况空前。田昌五先生认为："最近几年中，河北邢台的文物考古工作有较大的进展，越来越多的材料表明，邢台地区在商族和先商文化的起源与发展、祖乙迁邢与中商文化、西周邢国与西周诸侯国文化等一系列重要历史与考古学问题的研究上，具有极其重要的意义。其中邢台葛家庄先商遗址和西周邢国贵族墓地的发现与发掘，尤其重要。"[①] 邹衡教授20世纪50年代就在邢台市区及郊区做过考古调查，此后经常到这里来。他在70年代就提出"邯郸和邢台是先商文化的最重要地区"。"过去有人认为先商文化是在这个地方，资料不够，有很多搞考古的也都不相信，认为邢台的先商文化是二里头文化，或者干脆就叫它二里头文

---

① 《三代文明研究》第一集，序言一。

化。现在请先生们仔细地看一看,到底是不是二里头文化,仔细看一看就知道了。""祖乙迁邢的邢,我认为有可能就是在邢台。……'邢'是商朝的一个首都,因为商朝迁了好几次都,有一次迁到'邢'这个地方。"邢台周围商代遗址非常多,分布非常普遍,"不是一般的商代遗址,因为它比二里岗要晚,比殷墟要早。特别是在邢台发掘的曹演庄这个地方,它的时代更接近'邢'的时候了。不管用什么方法来推测,碳-14测定也好,从古文献考证也好,它的时代应该就是祖乙所迁的'邢'这个时候。既然是这个时候,这个遗址又比较大。你说有没有可能商的首都之一就在邢台呢?……邢台占了商代历史中的两个重点:一个是先商文化,一个是邢都,所以我感到邢台这个地方在考古学上的地位应该是相当重要的,而且在中国历史上的地位也是相当重要的。"[1]

史料和几十年的考古发掘成果,证实邢台已经具备了建都的条件。大量的黑色夹砂陶片、卜骨和石器、铜器以及建筑遗址、制陶场区等,这种先商文化较为集中的考古现象,提供了商王祖乙迁都于此的佐证。

祖乙之后的第七代商王盘庚定都于殷以后,南距今河南安阳市小屯村不足150公里的邢台,又成为商属方国井方所在地。井方不见于史籍而见于甲骨卜辞。据郭沫若先生《甲骨文合集》及有关典籍提供的材料,大约有五条不同时间的甲骨卜辞内容,可以明确认定与"井方"相联系。此外,甲骨文中还有不少带"妇井"或"妇妌"字样的卜辞。按甲骨文研究学者的说法,卜辞中的妇某者,某字是其所在氏族的称谓,形声字

---

[1]《三代文明研究》第一集论文《邢台与先商文化、祖乙迁邢研究》。

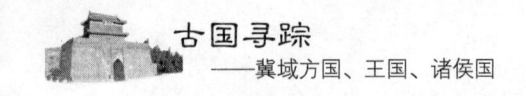

对女子加女字偏旁。那么,"妇妌"或"妇井"便是指来自井方的女性。

井方,商代后期拱卫都城的重要方国,活动于商王武丁至武乙、文丁时期,历百余年。井方在商王畿北部,地域包括今邢台在内的河北南部一带,其活动范围常常超出邢台地区。有关史料记载,井方首领称作"井伯",一直与商王庭保持着良好的君臣关系,曾到成汤宗庙参加隆重的祭祀仪式。甲骨文记载,"妇妌"是商王武丁的一个妻子,颇受武丁喜爱,曾随武丁征讨过北部的叛逆方国龙方,单独主持过祭祀活动,还拥有个人领地。妇妌在商王廷的地位和权势绝不亚于以征战闻名的武丁的另一个妻子妇好。现在有一种说法:商王武丁娶63位妻子,最喜欢的有两个。其一是妇好,死后葬在殷墟;其二是妇妌,著名的司母戊鼎便是为祭祀妇妌而铸造。不管是通过联姻进入商王庭,还是通过进献方式来到武丁身边,都说明商王对井方的重视和忠诚度的认可。商王朝对井方的安危也十分关心,甲骨文中有商王卜问井方是否被其他方国侵犯的记载。

能够说明井方地望的除甲骨文外,还有近些年在原井方活动区域内的考古发现。邢台市域内七里河、沙河、白马河、泜河等水系商代文化遗存点,出土众多属于商代的石器、骨器、蚌器、青铜器和卜骨,至少一部分器物与井方有关。

我们还可以从甲骨文所提供的字形演变踪迹,来确认井方在邢台的存在。从"井"到"邢",大约经过了三个阶段:第一,"井"作为商代地名和部落方国所在地出现,这里多泉水易于掘井,早在商代中期已经使用井水,为人们生活提供方便；第二，"妌"作为来自井方女子之名出现，说明她的出生地和所在方国，表示了她的高贵身份和地位；第三，"阱"作为井方族居之地出现，说明井方人聚居处在这个地方，体现了对这里的向往和对其先祖炎帝的尊重。正是在甲骨文"阱"的基础上，最后演变成了一般书写体使用的"邢"字。这说明，井方就在今日邢台，历史的记忆由来已经很久很久。

殷商时期，今邢台域内广宗县西北还有一座知名的沙丘宫。建于何年，史料记载不详，但宫苑千余年间发生的大事却写于史册。《古本竹书纪年》记：邢地"纣时稍大其邑，南距朝歌，北距邯郸及沙丘，皆为离宫别馆。"《史记》载：商纣王荒淫无道，"益收狗马奇物，充仞宫室。益广沙丘苑台，多取野兽蜚（飞）鸟置其中。慢于鬼神。大冣（聚）乐戏于沙丘，以酒为池，县（悬）肉为林，使男女倮（裸）相逐其间，为长夜之饮。①"纣王喜欢大量搜取集聚各种狗马奇物，充斥装满宫室。他还扩建沙丘宫的亭台楼阁水榭，扩大畜养野兽的园林，把许许多多的野兽珍禽飞鸟放置园内。兽吼鸟鸣，令鬼神昼夜都不得安宁。他在沙丘宫汇集各种玩乐游戏，搞杂技乐舞表演，用大池子盛酒，把一束束肉悬挂在酒池之上，就像在树林穿行游走一样，让众多男女赤身裸体在其中追逐，通宵达旦饮酒取乐。正是这种淫乱及暴政，使得"百姓怨望而诸侯有畔者。"②老百姓积怨甚深，各路诸侯开始反叛。"周武王于是遂率诸侯伐纣。""甲子日，纣兵败。纣

---

①②《史记·殷本纪》

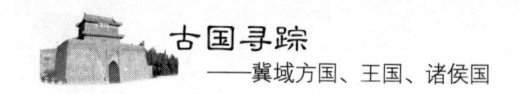

走,入登鹿台,衣其宝玉衣,赴火而死。"①周武王怒斩纣王头,悬于太白旗上。

人类社会的历史车轮转得很快,七个多世纪转瞬即逝。到公元前三世纪时,沙丘宫又演绎了一场悲剧。赵武灵王二十七年(公元前299年)五月,"大朝于东宫,传国,立王子何以为王。王庙见礼毕,出临朝。大夫悉为臣,肥义为相国,并傅王。是为惠文王。"此后,"武灵王自号为主父。主父欲令子主治国,而身胡服将士大夫西北略胡地,而欲从云中、九原直南袭秦,于是诈自为使者入秦。……主父所以入秦者,欲自略地形,因观秦王之为人也。"②赵武灵王,这位壮怀激烈、胡服骑射、变革图存、振兴赵国的贤君,为了使赵国再多一些与诸侯争霸的本钱、再积聚一些军事实力扩充地盘,适当壮年不足五十岁,毅然退出王位交权幼子,托于重臣辅助,自号主父挺枪立马转战疆场。他亲临现场观察地形,谋划发挥赵师骑射威力、自河套地区渡黄河一直南进、攻取秦之陇西与北地的进军路线。应该说,这是有抱负有远见的举动。但其后的"沙丘之变"使辉煌计划成为泡影,怡笑后人。

赵惠文王四年(公元前295年),"主父及王游沙丘,异宫。公子章即以其徒与田不礼作乱,诈以主父令召王。""公子章之败,亡走主父,主父开之,成、兑因围主父宫。……主父欲出不得,又不得食,探爵(雀)鷇(扣)而食之,三月余而饿死沙丘宫。"③赵武灵王的悲剧在于,他废长子立雏君后又心生搞平衡的念头,"欲分赵而王章于代",但

---

① 《史记·殷本纪》
②③ 《史记·赵世家》

并没有看穿"章素侈,心不服其弟所立"的本质,又在公子章身边加上一个野心逆迹的田不礼。而他亲托辅政的肥义等早已知晓"公子与田不礼甚可忧也",不惜以身护新君。还有重臣公子成、李兑军权在握早有准备。可怜赵武灵王,英明三十余年糊涂一时,惨死在沙丘宫中(图2-3-2)。

图2-3-2 沙丘平台宫遗址

赵亡,沙丘宫依然在。秦始皇年间仍作为皇帝的行宫使用,他怎么也不会想到在这里竟发生了震惊千古的"沙丘之变"。"始皇三十七年十月,行出游会稽,并海上,北抵琅琊。丞相斯、中车府令赵高兼行符玺令事,皆从。""其年七月,始皇帝至沙丘,病甚,令赵高为书赐公子扶苏曰:'以兵属蒙恬,与丧会咸阳而葬。'书已封,未授使者,始皇崩。书及玺皆在赵高所,独子胡亥、丞相李斯、赵高及幸宦者五六人知始皇崩,余群臣皆莫知也。李斯以为上在外崩,无真太子，故秘之。"① 秦时采用颛顼历以十月为岁首，秦始皇三十七年（公元前210年）七月死于沙丘平台，正是炎夏。皇帝驾崩在外，李斯主张秘不发丧及采取的措施也许有他的道理，但其后在赵高利诱威逼之下的合流便是不可谅解的，以至自食其果被赵高杀害。赵高、李斯篡改遗诏的图谋，始于沙丘宫，使秦朝的历史因"沙丘事件"有些许改变。也许有人会天真地发问：如果遗诏不被篡改，扶苏接班将是什么结果？

2. 西周邢国

西周初期，成王封周公旦四子为邢侯，第一代侯王名苴，又名靖渊，大约与召公长子封于北燕同时。周成王在位22年，为公元前1042至1021年间，照此计算，到公元前635年邢国为卫国所灭，其存国时间应在400余年。

成王封邢，有其重要的战略目的。殷商虽亡，尚有大批原商属遗民滞留邢地。为了安抚平定这些新归属的遗民，单独立国管理，既让他们心理上乐于承受又便于逐渐实施新政。另外，周成王还有他的更深一层考虑，就是"封建亲戚以藩屏周"和"以邢御戎"。商武丁以后到周初，今太行山区的晋中、晋南一带，是少数民族狄戎的聚居区域，他们经常东出太行南下袭扰中原各国，切断周王室与燕国的交通线。赤狄就曾在冀南、晋东南安营扎寨，对中原各国造成不小的威胁。邢国正处于原商朝王畿的北部，位在南北要道之上，选择邢台封国建邦为抵御戎狄设下了一道坚固的防线。从以后的发展实际情况看，邢国以其域内固有的黄河、滹沱河、漳河为天堑，以

---

① 《史记·李斯列传》。

其势力范围内的滏口陉、井陉口两个太行险关隘道作防守要地，确实担当起阻隔殷遗民北上、抵御戎狄东进骚扰周疆的任务。

邢侯与周王之间的关系十分亲密，颇得周王信赖。20世纪出土的两件周初青铜器《邢侯簋》和《麦尊》铭文均记述了周初天子册封邢侯之事。其中《麦尊》铭文八行167字，十分详细地记录了邢侯前去宗周朝见、参与周王室大典、天子给予邢侯的礼遇及赏赐情况。可以看出，周王的接待既隆重又亲切：大礼相迎，"在辟雍，王乘于舟，为大礼"；乘船游览，"侯乘于赤旂舟从"；野外涉猎，"王射，大龏禽"；宫中寝息，"之日王以侯入于寝"；赏赐礼品，"侯锡玄周戈"、"侯锡者䙴臣二百家"，① 即赐予邢侯周戈和服装及臣奴。这种优厚的礼遇与赏赐，显示出同辈堂兄弟间的亲情，也显示出周王对邢侯寄予的厚望。

西周时期，对四方少数民族的称谓已经统一为东夷、南蛮、西戎、北狄。其中给周室造成重大威胁的主要是西戎和北狄，有些历史文献中把他们合称为戎狄。实际情况是，河北既有山戎也有狄族活动，鲜虞狄族就曾在冀中南建立自己的国家肥、鼓、鲜虞中山等。而山戎部族一直活动在今张家口、承德、唐山、秦皇岛一线，他们的活动向背对西周王朝乃至春秋战国时期的时局变换，产生着不可低估的影响。

有关史籍对西周初中期狄戎侵扰周属中原各国记载不详，对邢国与戎狄对抗直接记述更少。1978年在元氏县西张村墓葬出土的《臣谏簋》铭文，记述了这个时期邢国与戎狄比较

---

①见邢台出土西周周青铜器《麦尊》铭文。

大的一次冲突，可惜不具始末仅有几句。铭文共八行只有一句讲述戎人大举出兵进犯軝国，邢侯宣布对戎作战，命臣谏率领一支军队驻扎在軝："惟戎大出于軝，邢侯搏戎，诞令臣谏以口口亚旅处于軝。"①其余的铭文意思是谏向邢侯禀告自己的儿子已经死亡，胞弟长子名已缺，他推荐长侄入朝继承自己的官职。軝国为黄帝后裔所建，周初与夏商旧国一起臣服于周。軝的南疆与邢国相接，似乎是受邢国保护的小国，所以邢国派军队驻守，抵御外侵。谏大概是顾及战事胜负或年事已高，做簋刻铭托付后事。这一次战争胜败难于查寻资料，据推测应该是经过激战邢国占了上风。《后汉书·西羌传》曾记载，周王室东迁后，秦襄公伐戎救周，"后二年，邢侯大破北戎"。其时在春秋初期，邢国的军事力量还足以应付北戎的侵扰。据此判断，臣谏簋铭文应出自周成王时期，远在周王室东迁之前，邢国军队战胜入侵軝国之戎在情理之中。

春秋早期，北戎、山戎人开始强大起来。一方面是戎人袭扰原属周的中原国家，另一方面中原的诸侯们有的与戎人结盟，借用戎师力量达到兼并他人的目的。

公元前721年春正月，鲁会戎于潜（今山东省济宁）；

秋八月，鲁公与戎盟于唐（今山东省金乡）；

公元前670年冬，戎伐曹；

公元前668年，鲁公伐戎；

公元前662年，戎狄伐邢。

这个时候，邢国的力量已经不足于抵御戎狄的主动进攻。《春秋·闵公元年》记："元年（公元前661年）

---

① 见西张村出土邢侯青铜器《臣谏簋》铭文。

春,……狄人伐邢。"《左传》前六六一年条写道:"狄人伐邢,管敬仲言于齐侯曰'戎狄豺狼,不可厌也;诸夏亲昵,不可弃也……请救邢,以从简书。'齐人救邢。"戎狄在齐师救邢的军事反击下,暂时撤退但并没有彻底解除对邢国的威胁。时过两年后的公元前659年,戎狄大军再次兵临城下,邢国遭到惨败。在齐、宋、曹诸国救援帮助下"迁都于夷仪"。《春秋·僖公元年》记载:"齐师、宋师、曹师次于聂北,救邢。""夏六月,邢迁于夷仪。""齐师、宋师、曹师城邢。"《左传》则比较具体的记录了齐桓公帅诸侯之师援救邢国突围的情景,即帮邢将传国宗庙宝器大部迁走,并帮助邢国在夷仪修筑了新的都城。"诸侯救邢。邢人溃,出奔师。师遂逐狄人,具邢器用而迁之,师无私焉。夏,邢迁于夷仪,诸侯城之。"①

邢国迁都之后,靠齐国的恩施偏安一隅苟且度日,成为齐国的附庸,邢君成为听命于齐王的儿皇帝。邢国名存实亡,本身已经没有复国图强的力量。而曾为春秋五霸之一的齐国,自齐桓公死后,逐渐丧失了霸主地位,它再帮邢国已感力不从心。失去了自己的土地和人民,没有了靠山的强力支持,邢国的衰亡已经为期不远。恰在此时,邢国棋错一招,引致全盘皆输。公元前642年,宋襄公率曹、卫等联兵伐齐,听命于齐的邢国残师联合狄军伐卫。本想尽一点助齐的力量,但狄师见势不妙首先退兵,其后果自然是既无济于救齐又结怨于宋。第二年,卫国就报复邢国,还以颜色,最后灭掉破落衰败的邢国。"卫人伐邢,以报菟圃之役。于是卫大旱,卜有

---

① 《左传·僖公十九年》

事于山川，不吉。宁庄子曰'昔周饥，克殷而年丰，今邢方无道，诸侯无伯，天其或者欲使卫讨邢乎？'从之，师兴而雨。"[1]卫国为讨伐邢国，还占卜找了个冠冕堂皇的理由，不伐邢招致卫大旱，天助兴师。无计可施的邢国，又一次谋求联合齐国与狄人共同应对卫师。虽然此计最后并未付诸实施，但促使卫下决心最后灭掉岌岌可危的邢国。公元前635年，卫国大举出兵，终让邢国灭于卫手，"卫侯燬灭邢"。

存国400年的邢国走下它所处时代的历史舞台，但以青铜器为代表的邢文化却留在了中国古代文化史上。邢地初为商王畿重地，中为祖乙迁驻的都城之一。周初即立国封侯，从出土甲骨和青铜器的价值看，其地位不亚于周初都城周原，更不亚于周初封北燕的琉璃河。邢国立国之时正是中国历史上青铜器鼎盛时期，受地理位置和周边环境影响，邢国青铜器既具商周风格又有别于商周，一些器物造型及工艺吸纳了戎狄文化的优长。

邢侯簋，作器者是第一代邢侯即周公四子，成器时间在周成王末年周康王初年。器内铸铭文8行68字，主要意思记载邢侯时时不忘周王分封和赏赐之大恩，真心诚意为周王室奔走效力，祭祀祈祷上下帝保佑。周王朝的分封册书上写着王命，要将此事铸在祭祀先祖周公的彝上。邢侯簋，口呈圆形，体较扁矮，四身垂珥。腹部饰卷体夔纹，足圈部亦饰夔龙纹。通高18.5厘米。从其器形、纹饰、铭文书体综合考虑，能够比较准确的判断成器时间。其铭文所记内容十分重要，不仅对研究商周历史事件有帮助，而且是邢文化的典型代表器物。

麦尊，器口圆形，粗体觚式尊，圈足成椭方形。四条扁

---

[1]《左传·僖公十九年》。

棱立贯口足，颈部饰以蕉叶夔龙纹及鸟纹，腹部及圈足饰以凤鸟纹。清人《西清古鉴》著录了这件名为麦尊的青铜器，器高八寸四分，深六寸五分，口径六寸八分。原器已佚，铭文保存下来。铭文所记，是邢国史官详录邢地被封、邢侯宗周朝见所受特殊礼遇及赏赐情景。虽只有167字，却有极高的历史价值。一是它与邢侯簋记录了同一事件，即周王封邢，可以互为佐证；二是其成器时间略早于邢侯簋，所记邢侯两器系一人，而且其器形与宝鸡出土周成王时期的"何尊"十分相似，年代必然相近，这为确定邢立国时间提供了确切资料；三是麦尊所记内容祥实，礼仪和赏赐物品具体，便于确认邢侯与周成王的关系。

麦方鼎，器形成长方圆角，腹较浅，有两个附耳，四蹄足。器高16.4厘米，口长17.8厘米，宽14.5厘米。彝腹所铸铭文13行29字，记录麦受邢侯赐赤金（铜），供从邢侯征事所用。以器形分析，应晚于麦尊，为康王之时。这也是考证确定邢国历史的重要记载。

麦方彝，与麦方鼎同为长方器形，上有四面坡式屋顶形盖，器腹饰兽面纹，颈及圈足饰蚕纹。盖及盖钮皆饰兽面纹。铭文5行37字，邢侯赐麦金，麦作彝记之。麦盉，器内铸铭15行30字，也是记述麦因受邢侯赐金而铸。时间均在成王末或康王时期。上述五件器物形状及铭文，为研究邢国历史提供了宝贵资料，使邢国始建年代这一重大问题得以解决。西周初年大行封建，相关文献资料有许多缺憾，这些青铜器特别是其所载铭文，内容丰富详尽，在很大程度上弥补了文献的不足。

1978年河北元氏县西张村墓葬出土四件带铭文的西周青铜器。臣谏簋，前面已作介绍，成器时间在成王后期到康王时期。叔颧父卣共两件,均椭方圆形,颈部有二兽钮衔提梁。口有盖,盖中部有椭圆形钮。颈部及盖饰夔纹。大者通高26.5厘米,小者通高22.3厘米。二器同铭,器体与盖同铭,各铸有铭文8行62字,记述叔颧父对其弟的嘱咐,要其敬事邢侯。其时间约在周康王、昭王时期。攸鼎,圆形三足器,通高19.7米。鼎腹内壁铸铭文一行四字,注明作器人。这四件器物作器者同为一人,署名分别为:臣谏、叔颧父、攸。作器时间约为周昭王、穆王初期。

1975年,内蒙古哲里木盟扎鲁特旗巴雅尔吐胡硕窖藏出土一件邢姜太宰巳簋。器物通高14厘米,口径19.8厘米。呈圆形、鼓腹、双兽耳垂珥,颈饰窃曲纹,腹饰瓦纹,圈足饰垂鳞纹。圈足下的三足已残断,盖已佚。腹内底铸铭文3行17字。铭文为:"邢姜太宰巳铸其宝簋,子子孙孙永宝用享"。据有关史料记载,此器是邢侯夫人姜氏的太宰巳所作之器。以其形制和纹饰反映的时代,与今邢台市域内出土过的邢侯夫人姜氏鼎相吻合,应为西周晚期,属狄人自邢掠得流传到内蒙古草原的邢国宝器。

1974年,邢台市葛家庄西周墓葬出土一件龙纹象纹青铜戚(钺),援刃宽大,直内、后端有三齿,援及内部饰浮雕龙纹及双目纹。援部上下附有镂空兽纹。器物制作精美,属邢侯或其臣属用于军政指挥的权杖之器,并非军中实用器。形制和纹饰反映时代约为西周初期。

周代邢国的青铜器冶铸业相当发达,技术水平很高,在当时各诸侯国之中居于第一流的水平。其特点是:第一,工艺精湛、器型精美,而且成器时间较早。邢侯簋、麦尊等成器时间应该在周成王、康王年代,那个时候的精美青铜器物还比较少,更显弥足珍贵。第二,邢国青铜器,从器形、纹饰、铭文都与陕西等地出土的周王室王臣之器一致，这不仅说明邢文化是整个西周文化的组成部分，还从物质文化上再次反映了西周政治的统一与文化的同一性。第三，邢侯簋、麦尊铭文记述邢侯被任命为王官，实记邢侯与周王室的亲密关系，印证和补充了古代文献记载。第四，邢国青铜器有着自己的特色。这主要是由邢国独特的地理位置决定。它南接中原、北部和西部长期与戎狄为邻，处于中原与燕地联系的中间站上，使得邢国青铜器既继承商文化的精华，又较深的与北方狄戎文化产生了相互影响，展示中原文化与北方戎狄文化的融合成为邢国青铜器的一大特色。例如，葛家庄出土的龙纹象纹青铜戚，明显受到北方文化影响；元氏西张村墓与臣谏簋等同时出土的青铜甗、青铜盉等，其器形明显受到夏家店下层文化的影响，而夏家店下层文化分布在长城内外是不争的事实。再有，狄人将邢姜太宰巳簋掠去又窖藏保存，说明戎狄对中原礼乐文化的仰慕，这是邢文化对戎狄文化影响的例证。还有，《吕氏春秋》中有的记述认为"中山亡邢"，而最后建都古灵寿城的战国中山遗址出土的大批青铜器，从器形到纹饰都有着中原民族文化的元素，自然少不了邢国文化的影子或印痕。只是这方面的专门研究还略显薄弱。

邢国的青铜文化不仅在商周青铜文化史上占有重要地位，而且应当在中国文化史上占有一席之地。西周邢国铸造的青铜器到底有多少，很难作出准确估计。但是可以说现在的发现决非全部，应该还有一些埋藏于地下或出土后流散在国内外。1978年元氏县西张村墓葬出土器物是一个例子。臣谏只是邢国一个相当于部级官员，现在知道他就制作了至少四件簋、卣、鼎等精美青铜器刻铭记事，可见邢国对制作青铜器物并没有严格的规定。果若如此，邢侯及其近臣官员或许还有特殊人物是否还会制作更多青铜器物呢？再者，已经面世的精美青铜器，除确切知道邢侯簋藏于伦敦大不列颠博物馆、麦尊早年流于国外、邢姜太宰已簋藏于内蒙古哲里木盟博物馆、麦方尊藏于浙江博物馆等情况外，还会有多少流散在民间？我们期待着西周邢国众多宝器"回家"的那一天，期望着西周邢国青铜文化记述能够面目齐全的那一天。

3. 后赵都襄

襄国城，旧址在今邢台市城区西南南百泉。秦始皇时期设信都县，这里为信都县治，隶属巨鹿郡。秦末楚汉相争时，项羽封张耳为常山王，因赵襄子曾建都于此改信都为襄国，常山王在这里定都。西汉时，刘邦再次改为襄国县治所在地，历经两汉至魏晋。十六国时期，后赵石勒于319年定都襄国，历经近20年建设呈现一派繁荣景象，被称为当时的"北方大都市"。石勒，是颇有几分传奇色彩的人物。他本是山西上党羯族胡人，善骑射，有胆识，14岁即随本邑商人到洛阳做生意。后来，所在部落遭遇大旱饥荒，石勒与当地难民一起从雁门流落到阳曲（今河北省定襄县境）。当时的混战军旅趁机发灾难财，绑捆胡人在河北、山东转卖换取军需。石勒落难并州被并州刺史司马腾抓住，以"两胡一枷"方式长途奔袭，将他卖与山东富户师家为奴。师家看石勒长得身健体壮，又生得一表人才，遂生怜意将其释放，还其自由之身。石勒随后组织起专门抢劫歹毒大家富户的"飞天十八骑"，结识了管理马场的魏郡人桑汲。两人志向相投心境相通，结为知己起兵反叛，开始军旅生涯。307年5月，汲桑、石勒率军攻打已成晋车骑将军、镇守邺城的仇敌司马腾，取得大胜并劫掠焚烧邺宫。但在此后的战斗中他们被晋军击败，汲桑不幸阵亡。石勒于是重新回到故地上党，在那里聚集起一支数千人的队伍，投奔匈奴汉王刘渊。刘渊封石勒为辅汉将军、平晋王。

永嘉二年（308年）正月，石勒受命率军攻打西晋赵、魏地。一路顺风顺水并未遇晋军多大抵抗，当年11月已连克多座城池，降服诸多地方豪强。他依靠这些地方豪强，委任以各种官衔负责地方治安，让其筹措供应军需，还从地方豪强势力属地挑选强壮男子5万余人扩充军旅。永嘉三年（309年）夏天遭遇特大干旱，长江、汉水、黄河、洛水都近枯竭，达到人可以涉水过往的程度。石勒抓住天灾乱世、民不聊生、怨声鼎沸的时机，采取流动作战方式活动在巨鹿郡和常山郡，一年时间军队就发展到10余万人。军力能够迅速壮大的重要一环，是他采取了保护任用知识分子的做法。这一年，在攻打常山时遇到赵郡中丘（今河北省邢台市内丘）士人张宾，这个人喜好读书，性情阔达有大志，常以汉高祖谋臣张良自比。张宾注意观察了众多将领，感觉石勒这位胡将可以合作共成大业。两人见面一席话十分投机，随即被石勒"署为军功曹"，随时随地咨询问计。石勒让张宾把军中读过书、有文化、在当地有一定影响的人召集起来，统一编制为"君子营"，由张宾直接管理，给予高的礼遇，专门研究军事作战计策，为石勒提出治国治政治军之策。受石勒礼贤感动的"君子"们，提出了不少好的建议，成为石勒得力的智囊团。张宾把"君子营"管理得井井有条，帮助石勒制定各种礼仪规章制度，谋划建立政权的骨架，选用统军治政的人才。两年多时间，石勒在张宾全力辅佐下，几乎全部占领了整个"三魏"和冀州地区，并州许多胡羯

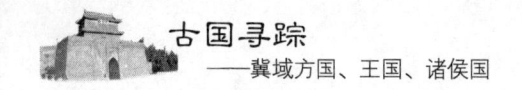

族人士也闻声投奔。

永嘉六年（312年），石勒率军南下准备进攻晋地建业（今江苏省南京），兵至葛坡（今河南省新蔡）时受阻。石勒在葛坡修筑工事堡垒，征集民工造船，准备渡江攻打建业。没料想雨季早到，滂沱大雨接连三个月不停息。洪水冲垮道路，也冲毁军营。军士多来自北方，水土不服加军粮告急，又逢瘟疫暴发，饥饿瘟疫使得人员死伤惨重，损失过半。而重兵屯守寿春（今安徽寿县）的晋军琅琊王司马睿闻讯，也准备乘天灾北来讨伐。危机时刻石勒求教张宾。张宾说："今天降霖雨于数百里中，示将军不应留此也。邺有三台之固，西接平阳，山河四塞，宜北徙据之，以经营河北。河北既定，天下无处将军之右者矣。"[1]天降大雨启示你不该来这里征战，更不当留守此地。现在引军北上退居"有喉衿之势"的邺城，是最现实的可选之策。经营河北，能够成就称王立国之业。张宾分析，晋军之所以重兵屯守寿春，在于惧怕你攻打他们。要是听到你离去，只会喜于自己得保全，哪还有闲暇追袭呢！为求稳妥万全，张宾建议：辎重后勤从北道先行，派强兵佯攻寿春，待辎重走远，强兵再缓缓撤退追赶，如此即无须担忧进退乏地。石勒听后"攘袂鼓髯"，即捋袖子捋胡子连连称赞好计，足见喜出望外之状。随即提拔张宾为右长史加中垒将军，从此尊称"右侯"。

自葛坡北撤，一路格外艰难。所过之地都实施了坚壁清野，军中缺粮饥饿严重。直到行至东燕（今河南省延津东北），才遇到一次补充军需的契机。根据军旅的现实状况，张

---

[1]《资治通鉴卷八十八·晋纪十》。

宾出计由一支人马轻装近路、捆缚筏子潜渡济河，控制了晋汲郡守军停在水上的船队。石勒则带兵袭击驻守晋军，一举大破之，缴获了所有的粮草和军用物资。石勒军队士气重新振作起来，遂即一鼓作气长驱至邺。

石勒兵临邺城，守城晋军主帅刘演欲保三台以自固，其部分将领则率众向石勒投降。石勒诸将准备强攻，张宾权衡利弊得失后建言："演虽弱，众犹数千，三台险固，攻之未易猝拔，舍而去之，彼将自溃。方今王彭祖（王浚）、刘越石（刘琨），公之大敌也，宜先取之，演不足顾也。且天下饥乱，明公虽拥大兵，游行羁旅，人无定志，非所以保万全，制四方也。不若择便地而据之，广聚粮储，西禀平阳以图幽、并，此霸王之业也。邯郸、襄国，形胜之地，请择一而都之。"①张宾的意向很明确：找准进攻的主要目标，保存实力，安定军心，尽快选定根据地，以便积聚粮草军需，进一步发展壮大。同时注意安抚平阳汉王，言明是为歼灭王浚、刘琨而为。如此大业可图。石勒赞同张宾的建议，随即决定进据襄国并派遣特使到平阳，详告据襄镇守的意图。汉王刘聪为安抚石勒，不得不面对既成事实，封石勒为冀州牧，都督冀州、幽州、并州、营州等四州诸军事，晋封上党公。至此，石勒由流动作战转为有根据地的创业立国。

从相关文献资料看，石勒确定襄国为根据地固然是张宾的一计良策，但其最后确立也有石勒不便讲的一个小故事。311年，石勒杀王弥后领兵抢掠豫州诸郡，至临江回返，在葛坡屯兵驻守。晋将刘琨把几年前石勒被卖后离散的生母王氏

---

① 《资治通鉴卷八十八·晋纪十》。

找到并送到葛坡，同时写了一封劝石勒归顺西晋的信。信中说："将军用兵如神，所向无敌，所以周流天下而无容足之地，百战百胜而无尺寸之功者，盖得主则为义兵，附逆则为贼众故也。成败之数，有似呼吸，吹之则寒，嘘之则温。"[①] 这些颇具刺激性的语句，真实地点到了石勒的痛处，也捅到了石勒的要害。石勒虽然果断回绝了刘琨的名利官位引诱，然而无法不思考这些年南北转战、东征西杀的结果。不是吗？依附于人则为人作义兵，人属叛逆则我为贼寇。成败皆如呼吸，寒温随时来去。既不是主公又无处立足，游走天下何时终了，大业何时成就？石勒作为一个聪明人，他会咀嚼、回味对手的话，只是不能轻易吐露真情。也许他已经有一些思路，尚未确定何处安身立业为好。适当张宾谏言，石勒一拍即合。

定都襄国后，石勒依照张宾所定建国蓝图和锦囊妙计，分命诸将接连攻取冀州尚未夺取的诸郡县，使所据地盘达于今河北、山西、陕西、河南、山东及江苏、安徽、甘肃、辽宁的一部分。石勒出兵灭掉占据幽蓟的割据势力王浚，扫除了多次交手的企图复晋的辽西刘琨，从此结束了赵魏、幽蓟、辽西的混战鼎足局面。

晋元帝大兴二年（319年），石勒接受左右长史、左右司马张敬、张宾等将佐的劝进，"称大将军、大单于、领冀州牧、赵王，依汉昭烈在蜀、魏武在邺故事，以河内等二十四郡为赵国，太守皆为内史，准禹贡，复冀州之境，以大单于震抚百蛮，罢并、朔、司三州，通置都司以监之。"[①] 石勒即赵王位，依照刘备在蜀、曹操在邺的做法，靠河内等24郡地建立

---

① 《资治通鉴卷八十七·晋纪九》。

赵国，史称"后赵"。又按春秋列国的惯例称元年，定319年为石勒元年。此时，后赵占有河内、魏、汲、顿丘、平原、清河、巨鹿、常山、中山、长乐、乐平、赵国、广平、阳平、章武、勃海、上党、河间、定襄、范阳、渔阳、武邑、燕国、乐陵等郡国，共有住民29万户。

后赵建国，礼仪典制、政权建设不断完善。石勒加封张宾为大执法，总专朝政。张宾协助石勒制定了一整套礼仪典制。"初，勒以世乱，律令烦多，命法曹令史贯志，采集其要，作辛亥制五千文；施行十余年，乃用律令。[②]"当初，石勒认为世道混乱，不宜实施过烦过细的律令，命法曹令采集几部法典要义，制定出五千字的辛亥制文，一直实施了十几年。称帝后，接受张宾建议，宣布废止原辛亥令制，改用律令。设置律学祭酒、经学祭酒、史学祭酒、门臣祭酒。任用理曹参军续咸为律学祭酒，以律令规定处理各种社会矛盾，受到国人称赞。还任用中垒将军支雄、游击将军王阳同领门臣祭酒，专门处理民族事务、掌管涉及胡人的诉讼，严格禁止胡人不文明的丑陋行为，不许胡人凌侮衣冠华族，实行胡、汉分制，称胡人为国人。

祭酒，本是专管国子学或太学教育的行政长官，战国时的荀子曾三任稷下学宫祭酒，相当于现在的大学校长。古代祭祀仪式有一种浇奠祭祀，举起酒杯向天祝祷，浇酒于地，执行这个仪式的人称作祭酒。因为国子学或太学传授儒学思想，祭祀属最重要的礼仪，所以学校主管被称呼为祭酒。汉魏以后，祭酒用作官名，含有为首或者主管者的意思，相当于同

[①][②]《资治通鉴卷九十一·晋纪十三》。

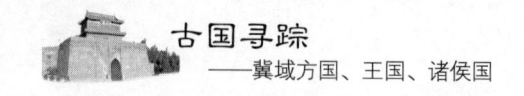

类官衔中地位最高的人，比如军师祭酒就是参谋人员里的首席。西晋武帝咸宁四年（278年），始立国子学，设国子祭酒和博士各一人，专司教导诸生。隋炀帝时，国子祭酒掌管学政并为皇子讲经。清代，国子祭酒改为学部尚书。后赵设史学祭酒和经学祭酒，说明石勒重视史学和经学，已经将史学作为官学之一，将儒家学说列为国家尊崇的学说，将佛教作为国人的信仰。襄国一度成为北方佛教中心，与石勒推广佛学，大建寺庙30余座有直接关系；襄国城设立太学、小学和郡国学，培养将佐和豪族子弟，与石勒注重教育、注重史学和经学研究，专门设立这方面机构有直接关系。他设立律学祭酒和门臣祭酒，说明将完善法律法令和融合民族关系提到了治国日程。从有关史籍记述的材料看，石勒确实在推行中华文明、整饬后赵风俗、革除胡人不好的民族习俗方面，做了许多努力。比如，他惩处胡人酗酒滋事伤人、禁止以粮造酒，废除胡人兄亡弟娶其嫂、喜丧同办旧习，推行薄葬、土葬，不以金玉随葬等等。

　　石勒还遣使巡行州郡，劝课农桑。规定朝会时使用天子礼乐，定制朝官衣冠、仪物。在政权建设方面，石勒非常注意网罗士人。他让张宾负责选任官吏，初定五品，后更定为九品；还命令公卿及州郡官吏每年举荐秀才、至孝、廉清、贤良、直言、武勇之士各一人。设专门官员负责掌管秀才、孝廉试经之制。在以张宾为首的河北汉族士人帮助下，石勒依据晋制、并在晋制基础上制订了一系列朝章典制，对后赵政权建设起了非常重要的作用。这里尽心费力贡献最大的自然是张宾。他从初识石勒到结成君臣知己，没有表现过丝毫的居功自傲，博得后赵朝廷上下一致尊重。司马光作的评述是："张宾任遇优显，群臣莫及；而谦虚敬慎，开怀下士，屏绝阿私，以身帅物，入则尽规，出则归美。勒甚重之，每朝，常为之正容貌，简辞令，呼曰右侯而不敢名。"①

晋成帝咸和五年（330年）即后赵石勒太和三年二月，石勒称大赵天王，行皇帝事。九月，石勒即皇帝位，改元建平。这时的后赵国势强盛，与江南东晋实力不相上下。公元332年春正月，石勒在大宴群臣时面对有人称其"神武谋略过于汉武，后世无可比者"，笑着说："人岂不自知！卿言太过。朕若遇汉高祖，当北面事之，与韩、彭比肩；若遇光武，当并驱中原，未知鹿死谁手。大丈夫行事，宜磊磊落落，如日月皎然，终不效曹孟德、司马仲达欺人孤儿、寡妇，狐媚以取天下也。"②登上后赵皇帝位的石勒，听到赞誉虽略有谦辞，但不掩盖成功的喜悦与心迹：我若遇汉高祖，当与韩信、彭越共辅王业；若是刘秀嘛，则当与之比试究竟鹿死谁手。大丈夫做事光明磊落，凭神勇谋略打江山。最瞧不起曹操、司马懿欺负孤儿寡母，靠阴谋诡计夺人天下。

石勒选择襄国为都，迫于当时政治和军事的需要，采取了先筑城后建宫殿的办法，开始时规模并不大。他先在旧城东北修筑大城（北城），又称建平城。实际上，北城仅是一座堡垒，被称为北垒。修建的建平城墙宽可卧牛，邢台卧牛城之称即始于此。以后随着政权的巩固，地盘的不断扩大，襄国城也越建越大，建设时间一直持续了近20年。在建设新城的同时，石勒将襄国旧城改建为大城中的一个小城，命名永丰。建平城四周建有四个小城，小城拱卫大城，互为犄角之势。朝廷宫室、政事机构等多集中于大城，是后赵的政治中心；小城多布

---

① 《资治通鉴卷九十一·晋纪十三》。
② 《资治通鉴卷九十五·晋纪十七》。

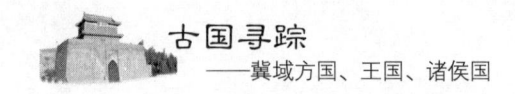

军队侍卫,是大城外围防御的军事据点。这种大小城的建筑布局在中国古建筑史上是颇具特点的。石勒灭前赵,擒赵王刘曜带回襄国,就是安置在永丰小城内,他想逃走是不可能的。建平城开东、西、南、北四门,引达活泉水周流城内,城市自然环境和人文居住条件是相当不错的。

后赵襄国宫殿建设晚于城郭。寝宫及诸门是后赵二年才建成,最重要的建筑、仿洛阳太极殿的建德殿则更晚。据《晋书·石勒载记》所记,其建宫殿所需大木是后赵二年运抵,建造宫室最早在后赵三年。先筑城郭,再建宫室及各个城门,最后才是大朝正殿建德殿。巍峨壮观的建德殿,颇具汉族皇宫风格又有北方游牧民族风格,两种建筑风格浑然一体展现了汉文化与少数民族文化的有机融合。其主要建筑有:正阳门、端门、建德殿、建德后殿、征文殿、单于庭、单于台、东堂、西阁、后六宫、百尺楼、崇训宫、社稷坛、宗庙、挈壶署、藏冰室等。建德宫四门南曰正阳门、北称止车门、东呼永昌门、西叫永丰门,城内建有太学和宣文、宣教、崇儒、崇训等十余所小学。石勒还在城西建明堂、辟雍、灵台,又建桑梓苑和籍田。在襄国城近郊石勒又建造了一座水上离宫,叫沣水宫,在永丰小城内建设了永丰仓即太仓。陆续建成的宫殿苑囿、门楼里巷还有:襄国行宫、东西宫、单于庭暑影、观雀台、太武殿、昆华殿、灵凤台九殿、崇仁里、襄国市等。整个襄国城的建筑平面图已无法摹绘,仅能够找到文献记载中的零星资料。从这些资料里看到:这里不仅有众多大小城门,还有各式宫殿、苑、台、楼、堂;既有朝廷的永丰仓,也有官方的襄国市;似乎能感觉到襄国城车水马龙、商贾云集、交易繁忙的景象。遥想当年,不只是十六国时期军事家、政治家,还精通土木工程建筑的石勒，邺城许多宫城设计就出自其手。他应该为襄国城的建筑付出了更大心血，还应当有更多的建筑史料未被记载或者遗失。我们能够从尚存的邺城建筑资料记载，推知襄国城宏伟繁华之一二。

襄国城，被称作"十六国时期北方大都市"，当名不虚传。可惜石勒死后，冉闵的后魏攻陷襄国，城内豪华宫殿楼阁惨遭焚毁，百姓被强令迁往邺城，遂使襄国繁华不在。从公元319年石勒称帝建都襄国，到公元351年被火烧，前后历石勒、石弘、石虎、石祇等帝，耗时近20年连续建设的襄国城便被付之一炬、变为灰烬。

襄国之痛，历史之憾，抱恨千秋。

襄国之荣，历史之瞬，留香千载。

四、古灵寿·战国中山国

在华夏诸国群雄争霸的战国时代，中山国是一个仅次于"万乘之国"秦、齐、楚、燕、赵、魏、韩的"千乘之国"。它的先祖们从春秋时起就参与华夏国家的纷争，是制衡因素也是借用力量。

中山国的历史分为两个阶段。早期国家叫鲜虞，至少在周幽王八年（公元前774年）已经登上了当时的政治舞台，成为周王室北部诸封国和诸部族中的一个。公元前六世纪初，鲜虞改国号为中山。晚期国家叫战国中山，其都城古灵寿的发现，揭开了战国中山国的神秘面纱。

图2-4-1　战国中山王䤨墓墓室

1. 历史沿革与疆域

中山国的前身是一个统称狄的部落联盟式国家。《左传》、《国语》和其他先秦史籍中的记载虽然寥寥数语，不具始末，但记有国家组织中的各级代表人物如狄君、子、相、贤人等，还有国家武装组织的常备军"狄师"。狄人有共同的地域，除包括今陕西省北部、山西省西北部和东南部外，还一度包括进河北省南部和山东省西部的一些地方。这些地方比当时的齐、晋、秦等任何一个国的疆域都大。在这片地域内，狄人诸氏部落仅有居地而无国界划分。晋公子重耳流亡狄地12年，公元前644年自狄地回返，出白狄，到卫国，然后过齐，经赤狄属地到秦国。公元前638年入主晋国，立为晋文公。如果狄人有国界线，各处查验"护照"，重耳是不可能顺利过狄的。狄人有发达的畜牧业和狩猎业，三尺高堂为室，房草不剪，采橡不刮、披发吃半生肉，语言与华夏不同。

关于狄人国家的疆域，梁启超先生在《春秋夷蛮戎狄考》中说："春秋时代……盖自陕西之延安、山西之隰州、吉州、洛安、太原，直隶之广平、顺德、正定、保定、永平，河南之卫辉，皆为狄也"。

公元前627年，"狄有乱"之后，长狄、赤狄、白狄比较多得出现在先秦史籍中，"狄"或"北狄"的族名很少使用。在长期的征战融合和生活交往中，狄族的草原游牧文化逐步与华夏诸国农耕文化相互碰撞、吸收，他们学会了使用汉语，也接受了部分中原的习俗。

中山国的先民从陕西西北部到山西孟县、昔阳，再到河北正定、新乐一带，是有史记载的一次民族大迁徙。他们迁徙到今河北地区后，以鲜虞狄族为中心结成了一个新的部落联盟，包括鲜虞国、鼓国、肥国。鲜虞活动在今滹沱河流域，都城在今正定东北新城铺，鼓之都在鼓聚（今河北省晋州市西），肥之都在苛阳（今河北省藁城市西北）。整个部落联盟活动地域均在今石家庄市范围内。白狄鲜虞部落在第一个聚居地大约生活了50年。从公元前506年起鲜虞又称中山，在反晋斗争中建立了中山国。从那个时候起到公元前406年魏攻取中山都城,建起魏属中山,大约是100年时间。这一阶段称作早期中山国。

魏国凭借其军事力量只是攻取了中山都城,并没有占领中山全部土地。白狄鲜虞人在栖息地聚集力量等待时机,经过25年奋发图强,终于在公元前381年即魏国兵败于赵楚联军之时,复国重建,一个更加令各大国不可小视的中山再次屹立。这一阶段称作晚期中山国。

狄人勇猛善战,骑兵转战速度快,军士盔甲防护好,春秋中叶是华夏诸国相互争夺的借用力量。公元前659年,狄灭邢,迫使邢国迁都于"夷仪"(今山东省聊城县西南);公元前650年,狄灭温国(今河南省温县、孟县间);公元前636年,狄人应周襄王请讨伐企图控制东周王室的郑国,不久转而支持周襄王的弟弟王子带,出狄师攻击周襄王,迫使周襄王逃到郑国的氾县(今河南省襄城县)。在被人利用了的征战中狄人聪明起来,学会了为扩地强国而战。公元前323年,中山联合赵、魏、韩、燕发起"五国相王"(相互承认,共同称王),共同对抗秦、齐、楚三个大国,拓展自己的生存空间。公元前314年,中山国助齐伐燕,打着讨伐邪恶、伸张正义的旗号,获地数百里、得城邑数十座,"克敌大邦"(攻占

图2-4-2 战国中山夔龙纹刻铭铜方壶

燕下都）。为了纪念这次胜利，中山铸鼎刻铭，略述伐燕辉煌，告诫臣民戒骄戒躁，再图大业（图2-4-2）。这是中山国的全盛时期，疆域南达鄗和房子（今高邑、柏乡）一带的古槐水，北在燕国南长城一线（南北易水），东达扶柳（今河北省冀州市），西以太行山为屏障。位在燕南赵北，方圆五百里。从地图上看，石家庄处于中山国的中心位置。石家庄的朋友风趣地说：我们的中山路，应该是全国城市中最早的同名大道，因为它可以追溯到2500年前的中山国。

北狄是自周朝开始对北方少数民族的泛称。白狄是其中的一支，也是最活跃、最开放、最早建立国家实体又融合于华夏大家庭的一支。中山国的主要民族是白狄，它所固有的草原民族文化与先商腹地的汉民族文化兼容并蓄、优势杂交，产生了一种崭新的中山文明。从出土错金银工艺品、生活用品、礼仪用品都可以看得很清楚。然而中山文明还是与中原各国习俗有区别的，中山九鼎是仿夏鼎制作的升鼎（只盛熟食供品），但它有明显用过火的痕迹，中原国家酒宴不上狗肉和马肉，中山却摆上宫廷宴席。

2. 都城和立国时间

早期的中山国从公元前506年开始，白狄鲜虞以中山号众，将都城由正定县境迁到以北百余里的唐县境。在大败晋军之后，为自身安全、防御晋军发动报复性进攻，又将都城迁至远离晋国且形势险要的中人，同时将中人改称中山。公元前457年至前425年，赵伐狄，取左人、中人（均在河北省唐县境内），中山国遭到重大打击并未灭亡。此后一直到公元前414年"中山武公初立"，中山国暂时退出了同相邻国家角逐的舞台。公元前414年，武公抛弃了被赵破坏了的中山都城，在顾邑（今河北定州）立国。武公所立的中山，是鲜虞中山的直接继续，它结束了受赵国重创的历史，结束了中山国衰落离散的局面，不仅重新有了强大起来的政权，而且初次有了可以计算国史的君统。公元前406年，魏袭击中山都城顾邑，"魏虽灭之，尚不绝祀"[1]，中山国的部分力量仍然被保存下来，成为后来"中山复国"的宝贵"火种"。"中山武公居顾、桓公徙灵寿"[2]。《水经注·滱水注》记载："中山城，为武公之国，其后桓公不恤国政，果灭"。魏灭中山时的国君是桓公。他在兵败后痛定思痛、励精图治，迁都于灵寿城。公元前381年，终于成就复国大业，仍定都灵寿，直至公元前296年最后为赵所灭。灵寿城作中山都城时间最长，将近90年。

中山国的都城先后在今之正定、唐县、定州、灵寿，立国时间应该从公元前506年到公元前296年，前后210余年。

灵寿是一个战略要地，又是春秋战国时由南向北的交通要塞。从洛阳渡河，经温（今河南省温县西南）、轵（今河南省济源县南），出河南后过赵都邯郸、中山都灵寿，至燕都蓟（北京），是中原各国与中山、燕国商业往来的一条通道。中山国在燕南赵北立国，建都灵寿，控制着太行山以东邯郸地区同太行山以西赵属晋阳、代地（蔚县）的联系。晋国被赵、魏、韩三家瓜分后，赵国的领土由两部分组成：一部分在今河北南部和西北部，一部分在今山西省北部。太行山和中山国把赵的两部分领土分割开来，使得赵国仅能靠壶关和沿漳水的山路沟通两部分领土的联系。中山国还控制着滹沱河中下游方

---

[1][2]《史记·赵世家》。

五百里的地方，这既限制了赵国向北的领土扩张，又对赵国的对内统治、外部防御造成了困难。中山国属地，南有槐水曲折于南，北有滱水（今唐河）蜿蜒于北，东有薄洛水（连接今任县西北大陆泽与宁晋泊的几十里水域通称薄洛水），西有巍峨峭峻的太行山，可谓形胜险要之地。

都城灵寿又是中山国的政治经济中心。它北依东灵山、牛山，南临滹沱河。城垣南北长八里，东西宽四里，城墙夯筑厚27米。城内丘陵起伏，建筑格局合理，分布有序，街道设置对称。居住区（分王城区和平民区）、宫殿区（皇宫及官衙）、手工作坊区（制陶、制瓷、制铜、制铁作坊）、城内王陵区（在城内西北角）、城外王陵区（西灵山下，王错墓在此）。灵寿城西即是千里太行，2500年前的太行山植被繁盛，绿荫葱葱，动物百种，自由出没。太行山矿产资源丰富，有铜、有铁、有金矿，工艺超群的匠人集聚都城作坊。金子做的王车构件、剑柄，金佩饰，连同北犬（中山特产名犬）的金项圈、银项圈、翡翠项圈，说明了中山国的富有。

特别的地理位置、特殊的战略意义、特有资源富足，多少年来是赵国欲争霸华夏梦寐以求的地方。这大概就是赵国屡攻中山、又学得中山的胡服骑射，最后以十年之久的时间征服中山的原因所在。

3. 中山的行政管理

中山国及其立国前后的先辈，从公元前7世纪开始在近400年的漫漫长路上，追求民族兴盛，谋想强国之梦，对于治理部族、管理国家、统治臣属、教化百姓积累了一些经验与教训。在魏属中山的20余年间，魏国的李悝把华夏国家先进的治国理

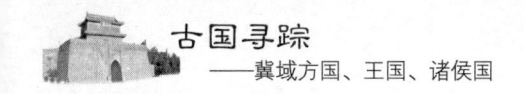

念和做法引入中山,客观说这是有一定进步意义的。

中山国试图完善国家政权组织建设。在国君之下设相邦,被国君授予管理政治、军事、经济、外交、祭祀等行政大权,是政府的最高行政长官。战国中山1号墓出土的鼎和方壶铭文,记载了相邦司马赒的政绩。说司马赒是王䶮的"贤才良将","受任佐邦,夙夜匪懈,无有辍息"。公元前314年,燕国内乱,司马赒"亲率三军之众,以征不义之邦"。得胜后,又按王䶮旨意"择燕吉金,铸为彝壶,节于禋,可法可尚,以飨上帝,以祀先王",主持了铸造重器祭天地祖先的大典。司马赒曾三任相邦,协助过成王、王䶮及𩈇鉴。史籍中也有王䶮之相邦司马喜的说法,其政绩相近。《史记·太史公自序》中,司马迁确认先祖司马氏"相中山",据此可得知司马赒和司马喜实为一人。

中山国除设相邦外,还在都城培养了一批通晓历史和各国事务并擅长游说的政治家、外交家。著名的张登,机智多谋,长期为中山国的利益奔走于各大国间。在"五国相王"期间,他走齐、奔赵、往魏、返燕,挫败强齐,维护了五国同盟,保全了中山尊严。史载"张登之人也,善以微计荐中山之君久矣"[1]。

中山国的地方行政机构,在魏治中山时李悝因地制宜地推行了郡县制,设立县一级的地方行政机构,称为"令"。中山复国后,继续保留县令制。据史料记载,中山国建立了不少城镇,作为县治所或中心城邑"治民扬商"。如苦陉(今河北省无极)、中人(今河北省唐县)、顾邑(今河北省定

---

[1]《战国策·中山策》

州）、封龙（今河北省元氏西北）、石邑（今河北省元氏北）、宁葭（今河北省鹿泉北）、曲阳（今河北省曲阳）、丹丘（今河北省曲阳西北）、鸱之塞（今河北省唐县西北）、东垣（今河北省正定南）、扶柳（今河北省冀州西北）等。

这些地方政权组织的建立和实施，是中山国得以加强内部统治，发展经济、自立于战国时期民族之林的重要因素之一。

4. 中山的工艺技术

中山国创造的文明，具有鲜活的草原民族特色又有所创新。这一方面体现继承传统优秀文化，另一方面看出其超越北狄兄弟族群的思维方式和制造技艺。它由逐水草、置穹庐的生活，已经开始习惯中原民族日出而作、日落而寐的农耕。从出土的器物看，中山国的统治者，放弃了"堂高三尺，壤陛三垒"的简朴，开始建造亭堂榭舍，使用绿瓦金砖、巧匠精工献其绝艺，三里之外见其辉煌。中山文明是把握自己、借鉴他人，吸纳中原各国特别是燕、赵等国的艺术精华，兼收并蓄、消化创新的文明。中山文明展示出敢于开放国门、扬弃图变的品格。中山文明显现着南劝农桑、北牧牛羊的国情国风。中山国的文明展示，让我们闻到嫩草的芬芳，听到奔马的嘶鸣，为我们眼前浮现谷粟煮熟的缭绕香气，鹅鸭戏游河池的阵阵欢歌。这些是图画，绘在百姓的各种生活用具上，绘在王庭珍藏的工艺品、军用品上，从一定角度显示出中山国超群的手工技艺。

中山国的服装百种千样，因人而异各展婀娜和壮美：达官贵人端坐华庭雅歌投壶，宽袖长衣；歌者侍陪，高领薄衫，袒胸露臂；舞女争悦，盘中轻转，裸足短裤；冶锻匠

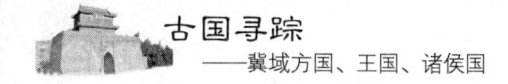

师，鼓风挥锤，赤背长巾；杂耍艺人，乖猴跳项，布坎皮袄；胡服卒兵，上着束腕，下着紧身；驭马勇士，铁盔罩首，铠甲护胸；街头小乙，乞讨叫卖，褴衫褛褛，……不一而足。一件盛放调味品的铜豆上，竟然刻画出近百个各色人物及服饰。河北省博物馆制作《神秘王国——战国中山国》时，著名画家王怀琪先生抱病绘制了中山国服饰壁画，观众无不称奇叫好。还有人提出建议：联系一家服装公司，以中山服装为模本，制作一套系列服饰，肯定能够在巴黎时装节上一炮打响，扬名海内外。

中山国的青铜金银工艺，令不少人拍案叫绝。错金银四龙四凤案，应该是实用的"桌几"（图2-4-3）。由四头斑纹小鹿四肢蜷曲作底部支撑，四条独首双尾龙和四只凤扭结盘

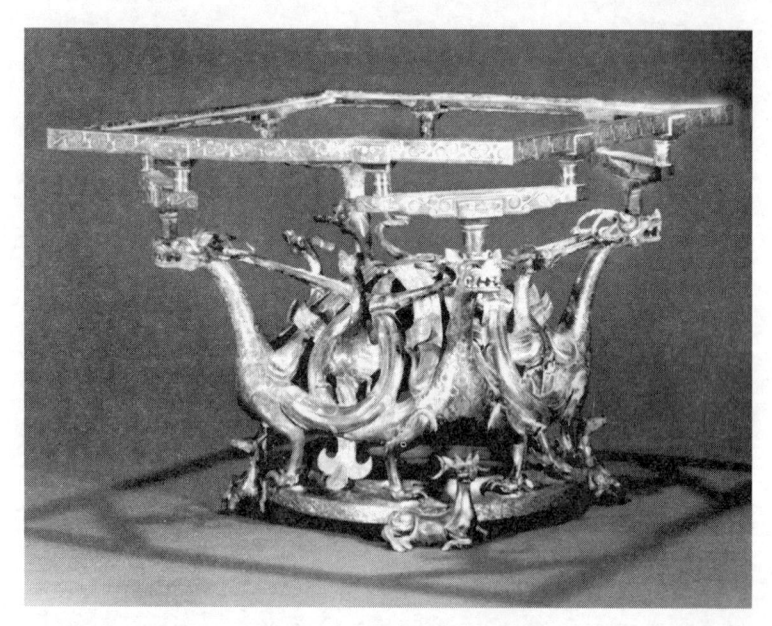

图2-4-3　错金银四龙四凤案

绕、翼尾相接结成一个隆起的穹顶，四个龙首分向四方，顶托着一斗二升式四面错金银檐枋，有机地把它们组合成实用的艺术品。让人不可思议的是头发丝样的金丝或丝，如何嵌进青铜器物中？前些年，一位中央领导同志参观时提出这个问题，我们只好回答：中山国已有高超的淬火技术，淬火铁硬度和强度足以在青铜制品上刻凹槽；中山国也有精密铸造技术，可以铸造出细纹。

错银双翼神兽（图2-4-4）、错金犀牛、错金虎吞鹿等，不仅工艺精细，而且造型优美。活灵活现的虎吞鹿，作者巧妙的绘制出战国时弱肉强食意境，刻画出鹿被衔虎口的哀鸣神态，张扬出猛虎吞食的气势。以金错出的梅花鹿纹，老虎的条纹毛色，简洁逼真。虎吞鹿本是实用的屏风座，制作者别出心

图2-4-4　错银双翼神兽

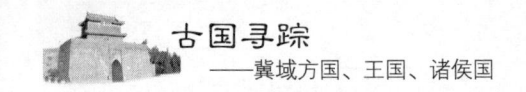

裁地抓住虎扑鹿的转身瞬间，做成屏风转弯的底座。

中山国的战车分王车和兵车。王车豪华，车侧有银珠联结的佩饰，车上立有伞盖，雨洗不湿王衣。车軎是错金和错银相间的纹饰，轭角和轭首是纯金，两千年后出土仍然熠熠生辉。早年出土的中山虎形金佩饰，纯金制作，重6.5~7克，长4.7、高1.8厘米，虎眼、嘴、耳、足、尾、股、肘嵌绿松石，既美观又实用。中山王墓出土的几件玉人，有男有女，有成年也有孩童，着各式花格长裙，束腰窄袖，头结角髻，拱手或抱手而立，形象独特。玉工的雕琢手法各异，深浅相配，玲珑剔透，巧夺天工，让人直观感受中山习俗风情和人物形象。中山国的压划纹磨光黑陶，造型优美，黑亮光泽，花纹典雅。不同的纹样在一件器物上有规律的排列，组成美丽的艺术图案。图案区间黑色涩而不亮，无花纹区间磨光处黑如漆、明如镜，至今光泽如初。

中山乐舞是应该专书一笔的。从中山风情看，人们能歌善舞，把草原的放歌和舞蹈一起带进了内地，既有彪悍雄健的传统，又有柔和婉丽的风格，阳刚与阴柔并济，形成中山艺术的独有特色。"丈夫相聚游戏，悲歌慷慨……女子则鼓鸣瑟，跕躧，游媚富贵。"[1]男子慷慨悲歌，威武雄壮，女子演奏丝竹之乐，舞姿轻盈，吸引贵族和国君。从出土的整套编钟、编磬看，不仅有器物而且有使用过的痕迹。王错的宫廷摆有能演奏的乐器，还有演奏的乐师和乐曲。可惜，史书对这方面乏载，民间流传又未能详细调查。在近年的非物质文化遗产普查中，中山故地县市着力不够大，成果不尽如人意。像石家

---

[1]《史记·货殖列传》

庄和正定、唐县、曲阳、晋县、无极等地，有些疑似中山国传承的乐曲和舞蹈，分析、辨认的过程还需专业人员参加进来，始得见成效。这是一项很有意义的工作，也是各方关注的事情。如果有一天，经过深入挖掘，实事求是的进行比对，整理出部分中山乐舞，以此为基础创作出一台类似《唐乐》、《汉乐》或《丝路花雨》、《大漠敦煌》的作品来，一定会引起轰动。文物工作者应该与专业和业余爱好者通力协作，从出土文物鉴赏中、从民间流传作品中搜寻线索，把中山乐舞还原再生，搬上舞台和银幕。

5. 中山的灭国之痛

战国中山国，曾经是那样的坚韧不拔。不远千里从西北迁徙到内地，靠鲜虞狄族联盟的共同力量，选择大国争夺的薄弱地区立国，跌倒了又站起来。从公元前506年鲜虞狄族打起中山国号，到公元前296年为赵国所灭，它在大国的夹缝中生存了210多年。民族团结、任贤开放、励精图治、安民富国是一个小国的立身之道。司马喜是在卫国受迫害致残来到中山的，相邦重任交于一个非本土的政治家、军事家、连相三位国君，发挥了"定国公"的作用。张登是难得的外交人才，任用他得以化敌为友、化险为夷、借力削强、择机夺地。中山国有过复兴的荣耀，有过生机勃勃的历史阶段，军力有限却制衡华夏国家，耐人寻味。

战国中山国，又是那样的令人惋惜、感慨。腐败误国、腐败倾国。宫廷腐败、大臣贪污受贿、后宫争宠、借刀杀人的事，在中山国后期屡见不鲜。《韩非子·说林》和《韩非子·内储说》记载了两件事：鲁丹三说中山之君而不受也，因散五十金事其左右，复见，未语而君与之食。鲁丹出而不反舍，遂去中山。其御曰：反见，乃始善我，何故去之？鲁丹曰："夫以人言善我，必以人言罪我"。未出境而公子恶之，曰："为赵来间中山君"，因索而罪之。

"季辛与爰骞相怨，司马喜新与季辛恶，因微令人杀爰骞，中山君以为季辛也，因诛之。"

一件是鲁丹送钱得见国君，又因未给公子送钱被捆绑治罪。一件是相邦司马喜借国君手诛杀不同意见的季辛。《战国策·中山策》中还有后宫明争暗斗，大臣施展政客伎俩借以固位的详细记载。身为国君和朝廷重臣尚且如此，众官员如何不腐败、又有谁来惩治呢？

贪腐成风造成官场上下左右离心离德，酿成民怨鼎沸、民不聊生，招致决策者不明下情，执行者错判形势，危急时刻难于实施有效的动员防御，大兵压境士卒拼死能取小胜却无法扭转败局。

中山国后期的外交路线失衡、军事战略失误、经济政策失败，是中山灭国的重要原因。从公元前381~公元前341年间，中山国的对外政策是严格中立，不使自己牵涉到任何大国的争端中去。赵国是中山的头号敌人，随时窥测着中山一举一动，寻找武力灭中山的时机。中山巧妙地利用魏、齐与赵的矛盾制约赵国，赵为了联齐攻魏也只好容忍中山。这是中山与赵和平共处、繁荣发展强国的最佳时期。

转折点出现在公元前341年。魏在马陵（今河北省大名县）为齐赵联军所败归附齐国，赵反对齐魏联合。公元前332年，齐魏攻赵并鼓励中山参战。此后中山的外交由严守中立变为结齐魏抗赵。公元前323年，中山参与"五国相王"，与赵、魏、韩、燕共同称王，抗齐、秦、楚三个大国，齐断绝与中山外交。失去强齐，对中山安危存亡关系重大。到公元前314年，燕国内乱，齐国乘机攻燕，杀燕王子之并夺大批财物和大片燕土。中山相邦司马赒率军北伐，略燕地数百里，占城邑数十座。从客观的角度审视，这一举动使中山扩地强国，也在自己北邻树了一个时刻准备复仇的敌国。此后的中山，在中原各国间被孤立了。

与中山的日益孤立相反，赵国争取了有利的周边环境。公元前318年，韩、赵、魏、楚、燕联合伐秦失败后，赵国宣布中立，坐视秦、魏、韩与齐楚两大军事集团对抗，直到公元前314年赵未参与任何一次战争，专注于巩固内部，积蓄力量，基本做好了大规模进攻中山的准备。公元前308年8月，赵国迎秦公子于燕，送归秦国，立为秦昭王。赵秦结盟，秦支持赵攻中山，赵默许秦伐韩、魏。这是马陵之战后赵国外交政策的大胜利，也是中山外交的巨大失败。

公元前307年，赵武灵王在新年刚过就召开了五天军事会议，做出立即出兵进攻中山的决定。战争初始，中山人顽强抗敌，守住房子（今河北省柏乡），占领赵之鄗邑（今高邑、柏乡一带）。从公元前305年起，战局急转直下。已经在失败中学得胡服骑射的赵军，骑兵首次长途奔袭中山大后方，与战车部队会师曲阳，连取中山腹地要邑，中山三分之一国土沦丧。公元前300年始，赵大军20万连续征伐五年，最后攻陷中山都灵寿，舒蚤逃亡齐国。

在这场长达12年的战争中，被中山视为后盾的魏国由于伐楚军力削弱，无法伸出援助之手；韩被秦攻打不便脱身相救；齐国助魏伐楚难于干涉赵军行动；宿敌燕国急于收复失地，自然采取军事行动；秦与赵有约，坐视赵取中山地。"千乘之国"地域有限，财力有限，军力有限，禁不起旷日持久的战争消耗。连年征战，农桑难务，收成锐减；商道阻断，南北众贾无以集聚灵寿，贸易不盛，货殖无繁；积蓄耗尽，国库空虚，民财搜完；国贫兵弱，何以再战？再加上政治腐败的恶劣影响、经济政策失误的严重后果、外交政策失败的孤立无援，中原各国不愿看到赵独有中山又脱身不得的现实，导致了中山为赵所灭。中山国从公元前7世纪开始的漫漫400年民族强盛、立国强国之梦破灭了。

后期中山国的国民教化连连失策，也是中山灭国的因素之一。被大国包围的小国，必须时时刻刻保持警惕，从军队到平民都应该有很强的国防观念、备战意识，随时准备抵御和抗击入侵之敌。恰恰在这个问题上，中山国的统治者放松了警觉。在王䝨时代扩地富国之后，继任者缺少清醒的头脑，缺乏治国才能，满足于资源富有和既得利益，虽然没有刀枪入库马放南山，但意识和政策上显然与王䝨时代发生了变化。对国民教育，既没有武备教化，也没有文治教化，"中山之俗以昼为夜，以夜继日，男女切倚，固无休息，康乐歌谣好怨，其主弗知，此亡国之风也[①]"。不是鼓舞士气、鼓舞斗志，而是消极放任、潜移默化的松懈警觉。音乐歌舞让官员沉湎其中，也使寻常百姓误以为天下太平，歌舞庆贺。另外一种时髦活动是饲犬野游，享受独特山野风光带来的特有惬意。中山北犬是远近闻名的，六国贵族争索北犬。通体黝黑鬃毛的礼品犬着实火遍中原各国。狗的项圈有金的、有银的、有玛瑙翡翠的，连牵

[①]《吕氏春秋·先识篇》

狗的链子也要请特等工匠制作。玩物丧志、攀比之风甚嚣尘上，一时间狗、马、鸡、虫皆成达官富商巨室"贵宾"和出游"佳侣"。这样的风气，这样放任、纵容地引导国民，与熔铸勇猛彪悍雄狮品格的民俗民风，岂止相差十万八千里。

白圭是商鞅之后历史上知名的理财家，他访问中山之后记下了自己的感受："所学有五尽，何谓五尽？曰：莫之必，则信尽矣；莫之誉，则名尽矣；莫之爱，则亲尽矣；行者无粮，居者无食，则财尽矣；不能用人，又不能自用，则功尽矣。国有此五者，无辜必亡。"[1] 白圭是在中山国由强盛变衰亡的交替时期，从经济角度看中山国的。他描述了中山国上下之间、人与人之间普遍存在的背信弃义、六亲不认、财源枯竭和消极怠工等一幅亡国现象。虽然中原国家存在着对中山国的偏见，或许对某些个别现象过于放大夸张，但总体上说，白圭的看法是客观的、现实的。

战国中山国创造了辉煌的历史，创造了崭新的中山文明，最终成为中华民族历史长河奔腾向前的浪花。战国中山国曾有着开放的胸襟，有包纳吸收异族文化的特质，最后融入了中华民族大家庭。如今虽只存姓氏而没有了族名，但她是值得我们尊重的。中山灭国75年之后，秦始皇统一中国惊天动地。"秦王扫六合，虎势何雄哉，挥剑决浮云，诸侯尽西来。雄图发英断，大略驾群才。"中山灭国是历史潮流使然。中山文明千秋不朽。

---

[1]《吕氏春秋·先识篇》

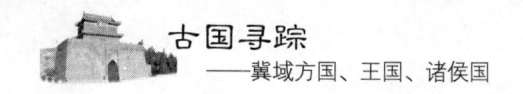

五、真定·常山郡国考

常山，太行一脉。春秋时晋之赵简子，为测试诸子智慧，观察谁能理解自己占有代地的意图，戏称有宝符藏于常山之巅，要他们去寻找。独有赵毋恤（赵襄子）说找到宝符，就是登常山顶远眺看到的代地。常山即恒山，主峰位于今曲阳县西北140公里处，那里有险要的飞狐口，兵出常山是夺取代地的捷径。

常山郡、常山国，是2000多年前开始使用的郡国名称。它与今石家庄行政区域内的山川、地理、人文、历史密不可分。历代郡国所辖范围，大多在今石家庄市域内。总体说，常山泛指以石家庄为中心的太行山东麓平原及山区。常山郡国现存两个遗址，一是常山元氏故城，二是常山东垣故城。

1. 常山元氏城

元氏，战国初属中山国要邑，位处中山南部边陲与赵国交界地带。公元前296年赵灭中山，遂占据元氏。公元前255年，赵孝成王将其子赵元封于此地，始有元氏邑之称。

秦朝末年楚汉争霸时，项羽曾封张耳为常山王，领原属秦的常山郡地。西汉高祖四年（公元前203年），刘邦将受降归汉的张耳封为赵王，几乎同时诏置恒山郡，不久又把恒山郡并入赵国，郡国同治元氏。公元前187年，吕后执政期间割赵国常山郡地置常山国，都元氏，几经立废八年后除国。汉文帝元年（公元前179年），为避文帝刘恒名讳，改恒山郡为常山郡。汉景帝刘启中元五年（公元前145年），平定"七国之乱"后，将参与叛乱者刘遂的赵国一分为六，其一封皇子刘舜为常山王。舜在位31年病逝，国除。公元前114年，汉武帝复设常山郡，次年分常山郡一部设国，但郡治仍留元氏。

东汉光武帝刘秀建武三年（公元27年），废真定国，其地划归常山郡，郡治在元氏故城。

魏晋十六国时期，元氏城一直沿袭县治所在地。

隋末，农民起义军窦建德部攻破元氏城，捣毁城内建筑，致使城池荒废。

从战国中山国城邑到隋末被毁，常山郡国元氏故城前后存城八百余年。

元氏故城位于今元氏县城西北，故城村占据遗址东北一角，其村西南仍有大片遗址存在。2006年5月，元氏故城遗址经国务院核定公布，列为第六批国家重点文物保护单位。遗址内，城墙夯土历经两千余年风吹雨打仍然依稀可见。城址近似四方形，现存城垣最高处6米、城基宽处23米，四周边长4400余米。遗址内现仍可寻见残存板瓦、筒瓦、卷云纹瓦当、虎纹砖、绳纹砖、陶质下水管等。躬身捡起几件遗物碎片，望着夯土墙上随风摇动的自生树木枝叶，似乎能听到它们在诉说昔日的辉煌。

国家南水北调工程规划线路，开始是要穿遗址而过。有关负责同志看过现场，断然决定绕开遗址。为了保护常山郡国元氏城，保存已经近于湮灭的历史信息，国家需要付出昂贵的代价。

图2-5-1　正定开元寺钟楼、须弥塔

2. 东垣与正定（图2-5-1）

东垣故城位于今石家庄市郊区东古城村北。公元前414年，战国中山国在这里设立城邑。它西扼太行险塞井陉口，东濒大陆泽，南接广袤平原，北临滔滔滹沱河。《史记·赵世家》记载：赵武灵王21年（公元前305年），赵攻中山取东垣，随后成为赵国北部重镇。公元前221年，秦始皇推行郡县制始设恒山郡、县，治所同在东垣，辖地大体相当于今石家庄市一带。

汉承秦制，东垣成为刘氏王朝县治。汉高祖九年（公元前198年）代地相国陈豨反叛，叛军占有东垣。两年后的冬十月，刘邦亲率大军平叛，兵临东垣城下。"豨将赵利守东垣，高祖攻之不下。卒骂，上怒。城降，卒骂者斩之。诸县坚守不降反寇者，复租赋三岁。"① 东垣城池易守难攻十分坚固，刘邦兵围东垣，久攻不下。城破之后，刘邦宣布对各县不降陈豨者，免收三年租赋。说明这里战略地位重要，人心向背有许多工作要做，需要聚拢、施予皇恩。也许有感于真正要走向安定，遂将城名改为真定。

汉武帝元鼎四年，"封宪王子平三万户，为真定王。"② 刘平是皇侄，其父刘舜因病早逝，不肖太子刘勃继位数月罪徙房陵（今湖北三峡库区房县）。刘彻剖分常山郡地置真定国，诏令幼侄平为真定王，治东垣。国辖真定、篙城（今河北省藁城市南）、肥垒（今河北省藁城市西南）、绵曼（今河北省鹿泉市北）四县。

魏晋时期，曹魏将常山郡郡治由元氏故城迁往真定（东垣），辖15县。晋时常山郡辖地缩为8县，以近半数土地置赵国，移建真定县。

西晋十六国时期，北方少数民族政权迭起，西晋朝廷成了空架子有名无实。为安抚日益强大的少数民族首领，晋朝廷采取封爵位赐食邑、召入内地的办法。晋愍帝建兴三年（315年），晋封猗卢为代王，常山郡与代郡一道成为他的官属食地。晋穆帝永和八年（352年），前燕慕容恪取常山，筑安乐垒于九门，派慕容垂（384年称帝后燕）镇守常山。晋安帝隆安二年（398年），北魏道武帝拓跋珪登常山郡城，望安乐垒美如其名，遂将郡治移至安乐垒，即今正定城。

---

① 《汉书·高帝纪》
② 《汉书·景十三王传》

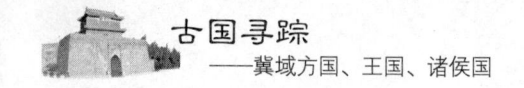

正定城历北魏、东魏、西魏三朝百余年，一直是常山郡治所在地。到北齐时再次移郡治于真定（东垣故城）。

隋唐五代时期，常山郡时而改州、改府、改道，而正定城繁华未改。隋文帝开皇六年（586年），废常山郡存恒州；十六年（596年）析置恒州郡县，分设常山真定和常山新市；隋炀帝大业元年（605年），又改恒州为恒州郡，撤销常山新市建制。

唐高祖李渊武德元年（618年），废郡置州，常山郡改为恒州，治所石邑（今石家庄振头村北）。武德四年（621年），恒州治所由今石家庄市区西南部迁驻今正定城。唐太宗贞观元年，分天下为十道，恒州隶属河北道（均治今河北省正定）。武后延载元年（694年），改真定县为中山县，到唐中宗神龙元年复改中山县为真定县。唐玄宗天宝元年（742年），废恒州设常山郡。肃宗乾元元年（758年），常山郡复改恒州，属河北道。

五代时，后汉高祖天福十二年（947年）正月，契丹改恒州为中京；后周太祖广顺元年（951年），改真定府为镇州。

宋元明清时期，真定前后历属河北道、中央特区、京畿、直隶管辖。（图2-5-2）

北宋初设河北路。真宗景德二年（1005年），时值南北媾和，局势稳定，诸州强壮兵丁纷纷解甲归田，真宗赵恒诏罢各路行营，河北镇州、定州两路并都部署。宋仁宗庆历八年（1048年），河北西路初置真定府路安抚使。南宋宁宗开禧二年、金章宗泰和六年（1206年），"复许真定诸府行小钞"[1]。真定使用

---

[1] 光绪元年本《正定县志》

访城篇

图2-5-2 正定隆兴寺大悲阁

五等小钞是早于其他府路的。

元朝将河北划入中央特区，由中书省直接管辖。

明代，河北居京师之地直属中央。因南京初为京都之故，当时习惯上称南京周边为南直隶，称今属河北的区域为北直隶。明太祖洪武元年（1368年）8月占领元大都后，朱元璋即命徐达谋划设立燕山六卫，以护卫北平。同年10月，常遇春攻克真定，徐达随即赶赴真定会商军事布防事宜，可见真定护卫京师的战略地位。此后不久，明朝王廷改真定路为真定府，属北直隶所辖八府之一，府治真定。真定府领真定等11县、5州（定州、冀州、晋州、赵州、深州），这几个州又附领16县。总算起来，真定府管辖5州、27县。在军事防卫上，北平都司辖16个卫所，真定是其中之一。洪武三年置真定卫，治所在真定县东南。

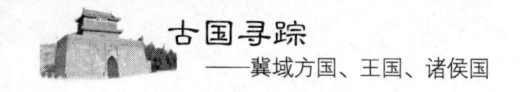

朱明王朝统治的270余年间，真定府、卫同治，官府衙门和军区统帅部均在真定。

清兵入关，大清帝国定都北京。真定仍处畿辅重地。顺治二年（1645年），改北直隶为直隶，下辖真定、保定等八府。顺治初年，将明代临时设置的巡抚改为常设。任命保定巡抚驻真定，领保定、真定、顺德、广平、大名、河间等六府。顺治六年（1649年），设直隶总督，所领六府由总督兼理。康熙六年（1667年），改保定巡抚为直隶巡抚。1669年，直隶巡抚由真定徙治保定，从此保定取代真定成为直隶省省会。

雍正元年（1723年），为避当朝皇帝名讳，改真定府为正定府。到乾隆十二年（1747年），正定府辖1州12县：晋州，正定、获鹿、井陉、新乐、无极、赞皇、元氏、平山、灵寿、行唐、栾城、阜平县。这个行政区域，大体是今石家庄的辖区，也是历史上常山郡、国的基本地盘。

3. 史天泽与真定

史天泽（图2-5-3）是元代著名军事将领，也是蒙元历朝担任最高职务的汉人，曾经官至中书右丞相。元时以右为上，右丞相列百官之首。自金末到元初，以史天泽为代表的"真定史氏"逐渐发展成为当地最强大的地方势力。史天泽的长兄史天倪开府于真定，不久被金将武仙杀害，全赖史天泽多谋善断、量敌用兵，治军治政、攻心为上，力戒杀戮，才在真定扎实基础、站稳脚跟。史家满门自天泽父辈归顺蒙古后，一心相随到底，受到蒙古大汗信任，祖孙三代近50人担负各级军政要职。史天泽虽然不是真定人，但他的名字几次记于正定县志，这里

访城篇

图2-5-3 史天泽墓出土青瓷荷叶形罐盖

是他的第二故乡。《元史·史天泽传》真实记下了史天泽在真定城的五次重大活动史迹。

第一次,平定叛乱收复真定。金哀宗正大二年(1225年),已归降蒙古的金将武仙阴谋叛乱,假设酒宴杀害了河北西路兵马都元帅史天倪。正在护送母亲北行的史天泽闻讯旋即南归,招集兵马联军蒙古援兵合势进攻叛军据点卢奴(今河北省定州)。"仙骁将葛铁枪者,拥众万人来拒战,天泽迎击之,身先士卒,勇气百倍。贼退阻㳀河,趁夜而遁,天泽追及之,生擒葛铁枪,余众悉溃,获其兵甲辎重,军威大振。遂下中山,略无极,拔赵州,进军野头。会天泽兄天安亦提兵来赴,击仙败之,仙奔双门,遂复真定。"[1]

---

[1]《元史·列传第四十二》

第二次，急应事变夜赴真定。"未几，宋大名总管彭义斌阴与仙合，欲取真定，天泽同笑乃鯯扼诸赞皇，仙不得进。义斌势蹙，焚山自守，天泽遣锐卒五十，摧锋而入，自以铁骑继其后，缚义斌斩之"。"未几，仙复令谍者，结死士于城中大历寺为内应，夜斩关而入，据其城"。[①] 不久，叛将武仙准备联合宋军夺取真定，史天泽先是扼守战略要塞，使敌军不得北进；接着展开强攻，横扫敌酋，勇斩南宋大名总管，使得南宋从此尽失河朔地盘。没过多久，叛将武仙又暗结内应，在真定城大历寺起事。危机之中，史天泽带数十名步卒，越城东出到藁城求援，得几百名精兵，星夜赶赴真定，捕抓叛乱者300余人，武仙败走。史天泽将被胁迫参与叛乱的平民释放，盈得民心，同声讨伐叛逆，继而攻克武仙盘踞的西山抱犊等寨，武仙逃遁远去。史军挥师南下，连克相州（今河南省安阳）、卫州（今河南省汲县）。局势稳定后，史天泽以真定为中心，选任原金朝有才能的官员，招集流散士儒，抚恤穷困百姓，完善城防壁垒，整饬军队军备，深得民心军心拥戴。几年时间，成为这里远近闻名的汉人世侯。

第三次，拜帅万户总管五路。1229年，成吉思汗病逝后窝阔台继任蒙古国大汗位，朝议设立三大元帅分统汉军，确定任命三个万户。史天泽被封为总管真定、河间、大名、东平、济南的五路万户。

第四次，甲午春日暂返真定。史天泽拜万户，统兵南征灭金。1232年，奉命略地汴京以东，招降睢州（今河南省睢县）、泰康（今河南省太康）、瓦岗等地。1233年，即金末代

[①]《元史·列传第四十二》

皇帝哀宗完颜守绪开兴二年，金帝自汴京出奔，先渡河北至黄龙港，命残兵西袭新乡、卫州，被史天泽的轻骑击败。随后，完颜守绪乘船东下，先进归德（今河南省商丘），再入蔡州（今河南省汝南），蒙古各路军队会集进攻。史天泽在北路采用结伐潜渡方式跨越汝水，帅师血战困兽犹斗之金军，立下大功。蔡州城破之日，金帝完颜守绪自缢而死。

金朝灭亡后，也许蒙古大汗考虑休息数日再移军伐宋，也许连年在外征战思念真定的父老乡亲，1234年春日正月，史天泽还归真定小住。也就是这次短暂的真定之行，史天泽知民所难、解民所急，办了一件写于史册的好事。"时政烦赋重，贷钱于西北贾人以代输，累倍其息，谓之羊羔利，民不能给。天泽奏请，官为偿一本息而止。继以岁饥，假贷充贡赋，积银至一万三千锭，天泽倾家赀，率族属官吏代偿之。又请以中户为军，上下户为民。著为定籍，境内以宁"[1]。史天泽看到，由于税负繁重，老百姓无法交纳，只得向西域商人借债，条件极为苛刻。一年以贷款数两倍计息，此后每年本连息一起加倍，称作"羊羔利"。因为灾害连连，导致饥荒大发，百姓只好借贷交纳贡赋，累积银两数字达到13000余锭。史天泽奏请蒙古大汗恩准，愿以一本息终结此事。随后即倾其家资，族属属下官吏也争相效仿，筹集银两，代当地百姓还清了债银。他又奏请以中户为军户，上下户同为民户，增加纳税户数。依照各家贫富确定缴纳赋税数额，获准后布告诸路，作为定制。这样一来，史天泽管辖的地方逐渐达于安宁。

第五次，病返真定归葬真定。1235年，史天泽从皇子南

---

[1]《元史·列传第四十二》

下伐宋，取枣阳、襄阳；1237年，从宗王破光州、降复州，攻寿春独当一面，乘胜南进，所向皆克；1252年，入朝觐见，宪宗赐卫州五城为分邑，封天泽为经略使，他兴利除害、政无不举、诛杀贪横、境内大治；1258年，从宪宗伐宋，由西蜀以入；1259年，驻合州之钓鱼山，分军两翼对宋将实施跨江打击、三战皆捷，追至重庆而还；1273年（元世祖忽必烈至元十年），史天泽又与蒙古将军共克樊城、收降襄阳；1274年，再次奉命统军伐宋，行至今湖北钟祥病倒，返还襄阳，随即又回到真定。1275年阴历二月初七，史天泽病逝于真定，终年74岁。临终遗言不及其他，仅奏世祖"愿天兵渡江，慎勿杀掠。"忽必烈闻之，痛悼贤臣离去，赠以白金2500两举丧，追赠太尉、追封谥号忠武。后皇又累赠太师，进封镇阳王，诏令为史天泽立庙。

《元史·史天泽传》评价史天泽，"出入将相五十年，上不疑而下无怨，人以比郭子仪、曹彬云。"他"平居，未尝自矜其能，及临大节、论大事，毅然以天下之重自任"；他为官自轻、廉洁自重，"拜相之日，门庭悄然"；他爱才惜才，帮助流离失所的金末名士"后多达显贵"；他知人善任，能够"知人之明、用人之专"。[①]这些评价之语，为后人勾画了一个真实可信的史天泽。

史天泽墓葬在何处，多年来是个未解之谜。1993年底，为了做好石太高速建设中的文物保护工作，河北省文物研究所考古队详细调查公路沿线地下文物遗存，发现了史天泽家族墓地的线索。墓地位于今石家庄市郊区后太保村北，正处石太高

---

① 《元史·列传第四十二》

访城篇

图2-5-4 史天泽墓侧室墓顶

速规划线上。1994年4月至6月,考古工作者对路基范围内的墓葬进行了抢救性发掘清理。从墓葬型制、天泽四子史杠墓出土墓志及相关史料记载,判断1号墓地为史天泽墓葬所在(图2-5-4)。①

史天泽是河北永清县人,不出生在真定,但他的创业基地在真定,几十年南征北战心系真定,死后魂归真定。有常山真定的山水田园陪伴,史天泽将不会感觉孤独寂寞。

4. 石家庄与正定

今天是昨天的发展,昨天是今天的历史。今石家庄市所

---

① 《石家庄后太保村史氏家族墓发掘报告》,河北省文物研究所《河北省考古文集一》

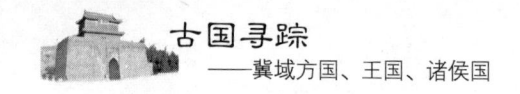

辖区域，旧称常山郡、真定府、正定府。市域内，有的地方曾经是郡治、县治所在地，管辖今市区一部分或大部分，比如元氏、石邑、东垣、真定。城市发展变化之后，主管与从属关系颠倒，这是正常现象，没什么大惊小怪的。广西北海，汉代是合浦县的一个小渔村，如今北海市下辖合浦县。深圳市的例子就更具说服力。但是名称的改变，并不能改变这个区域的历史文化，不能带来或带走这个区域固有的物质文化遗产。历代先民创造的文明成果，早已像树木的年轮深深刻在这片土地上了。名称可变，悠久的历史、灿烂的文化不会因名称而变。

从另一个角度说，市区与城区是有区别的。1669年，保定取代真定成为直隶省省会；1968年，河北省省会从保定搬到石家庄。在保定时，直隶总督署位于保定老城区；到石家庄，省政府及直属单位办公均在发展变化后的真定新区，城市名称叫做石家庄。这个名称包括城区和郊区、老城与新城，而石家庄市则包括所辖整个行政区域。如果说，当初行署、市府同级分管县、区概念有些含混的话，那么现行市管县的体制，会清楚说明石家庄市的内涵。

石家庄市的旧城区有五个点：常山元氏故城，始于战国，终于隋末，距市中心40公里；东垣故城，战国中山国要邑、秦朝恒山郡治、汉刘邦初定名真定，曹魏时常山郡治自元氏迁入，距市中心10公里；正定城，十六国时前燕始筑安乐垒、北魏道武帝将郡治移驻于此，距市中心18公里；战国中山都古灵寿，位在今平山三汲村，距市中心60公里；藁城台西商代故城，3500年前先民一大聚居地，可见住房建筑、生活用品、生产工具，距市中心15公里（图2-5-5）。以上五个遗存点，构成不规则形状的历史文化五角，恰如五颗珍珠镶嵌在石

访城篇

家庄市域内五角之巅。它们见证着这座城市走过的漫长历程。它们并不遥远、就在我们身边。如今城市道路四通八达、最长不足一小时行程。

石家庄市新城区，凭借交通枢纽、战略要地、经贸中心城市的优

图2-5-5　藁城台西遗址出土铜瓿

势，在近百年间发展起来。新区是旧城的成长壮大，与旧城共存共荣、和谐共生才能使整个城市有文化、有活力、有发展后劲、有吸附功能。因为旧城是根、是源、是魄，而新城是干、是流、是体。试想，2500多年前的战国中山，都城首次实现功能分区，城内建筑首次呈对称格局，这种智慧不值得汲取吗？从安乐垒到正定城、从东垣到真定，1600年不间断的创造、革新写就古城文明史。一个小城竟有9处国家重点文物保护单位，我们能不感到自豪吗？对旧城遗址、古建筑，实施保护为主、抢救第一、合理利用、加强管理的文物方针，是国家文物保护法规定的，也是建设城市、发展城市、优化人居环境、展示城市魅力所必需的。我们不仅要贯彻文物工作方针，还要多一点智慧和创造，把工作做得更富有成效，将优秀的历史文化遗产保护好、传承好。用独具特色的历史文化把我们的城市装扮得更加靓丽、多姿多彩。

中国的历史文化古城遗存，大致分三种情况：一是古城建筑仍在今城市核心区或次核心区，二是古建筑或遗址在今

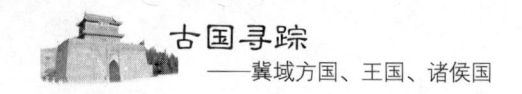

城区之外但距离较近，三是古城遗址与今城市完全分离，相距较远。北京明清故宫在城市中央区，而北燕古都遗址在琉璃河，谁能说琉璃河不在北京呢？齐国故城在临淄城外20余公里处，能说不在临淄吗？位置并不影响古城古都在人们心目中的形象，关键在于历史文化含金量，在于宣传推介的方式方法，在于硬件和软件服务到位程度。作为当地宣传媒体，更要注意把握推介口径，用语力求贴切得当，切莫自乱观众视线。这些方面还有许多事情要做，需要各方协商、反复推敲、谨慎从事，做到既然推出就无懈可击。比如，国家历史文化名城"正定"，是否应改书为"石家庄市·正定"，以告诉人们：正定是石家庄市的一个老城区。

六、卢奴·刘胜与汉中山

1. 中山王世系

刘胜，汉景帝刘启的第八个儿子，生于公元前165年，与赵王刘彭祖生母同为景帝贾夫人。景帝前元三年（公元前154年）改中山郡为中山国，12岁的刘胜被册封为中山王。中山国的疆域东与涿郡为邻，西接常山郡，南连巨鹿郡，北至代郡，大致在今河北省中西部的易水以南、滹沱河以北地区。辖区含北平县（今河北省满城县北）、唐县（今河北省唐县东北）、深泽（今河北省深泽县）、苦陉（今河北省无极县东北）、安国（今河北省安国市东南）、曲逆（今河北省顺平县东南）、望都（今河北省唐县东北）、新市（今河北省正定县东北）、安险（今河北省正定县东南）、卢奴（今河北省定州市）等14县，以卢奴为都城。境内地貌有平原、有丘陵，源自太行山的漕河、唐河、大沙河、磁河流经沃野，是农耕富庶之地。公元2年的统计史料显示，中山国有居民160873户，人口668080。在当时汉初封国中，所领县数居第三位，人口数居第二位。

刘胜才思敏捷，有较高的文学修养，善于引经据典、抒其所思，见景生情，表其所想；以声情并茂之言，博得对方理解、赞同，支持他的主张，达到他的政治目的。

公元前138年冬10月，刘胜与代王登（文帝孙，代王刘参之子）、长沙王刘发、济川王刘明（梁孝王之子）同时来朝晋见，武帝置酒宴。按汉礼规，皇室宴请诸侯王是要有宴乐、宴舞的。乐声起后，刘胜闻乐声而泣。武帝问其原由，刘胜说："臣闻悲者不可为累欷，思者不可为叹惜。故高渐离击筑易水之上，荆轲为之低吟不食；雍门子壹微吟，孟尝君为之于邑。今臣心结日久，每闻幼眇之声，不知涕泣之横集也。夫众熙煦漂山，聚蚊成雷，朋党执虎，十夫桡椎，是以文王拘于牖里，孔子厄于陈蔡，此乃烝庶之成风，增积之生害也。臣身远与寡，莫为之先，众口铄金，积毁销骨。丛轻折轴，羽翩飞肉，纷惊逢罗，潸然出涕。臣闻白日晒光，幽隐皆照，明月曜夜，蚊虻宵见。然云蒸列布，杳冥昼昏；尘埃播覆，昧不见泰山。何则？物有蔽之也。今臣雍阏不得闻，逸言之徒蜂生。道辽路远，曾莫为臣闻，臣窃自悲也。臣闻社鼷不灌，屋鼠不熏。何则？所托者然也。臣虽薄也，得蒙肺腑，位虽卑也，得为东藩，属又称兄。今群臣非有葭莩之亲，鸿毛之重，群居党议，朋友相为，使夫宗室摈却，骨肉冰释。斯伯奇所以流离，比干所以横分也。诗云：'我

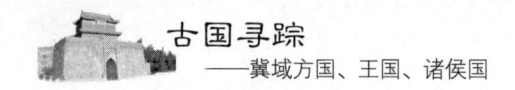

心忧伤愁焉如捣,假寐永叹,唯忧用老;心之忧矣,疢如疾首。'臣之谓也。"①

这段记述出自《汉书·景十三王传》,司马光在《资治通鉴·卷十七·汉纪九》引述时省略了许多。有的史学家将它单列文题叫《闻乐对》,也有的称《中山靖王刘胜谏汉武帝书》。这段话应该是现场陈述,后人可能作了部分语句修改润色。刘胜借乐生情,借史喻今,列举诸多圣人贤相之为,说明当今"物有蔽之",奉劝武帝勿再削减诸侯封地,以免造成"宗室摈却,骨肉冰释"。并把自己比作敬孝继母流离出逃的伯奇、苦谏纣王剖心横分的比干。情之真、语之切,不能不令人心动。"于是上乃厚诸侯之礼,省有司所奏诸侯事,加亲亲之恩焉。"②武帝听了刘胜的一番话,随后拿掉了有司反映诸侯问题的奏折,增加了诸侯待遇,体现了宗亲关怀。但武帝是有主见的,加强中央集权的决心依然坚定,随后采用主父偃建议,实施"推恩令",使诸侯属地自己分析弱小,无力再与中央对抗。

虽然没有完全达到目的,但刘胜的表现不容小看,其作用还是有效的。刘胜的一番苦心、忠心,也应该让武帝体味到,只要能保全自身、保全子孙,不像"灌社鼹、熏屋鼠"那样待诸侯王,他们就会安居"所托"。

刘胜的聪明之处,还在于他已经看到武帝会继续"削藩",加强中央集权,只是不知武帝用什么样的手法,担心仍会强力削减诸侯王的权力。在这样的场合,父皇刚刚过世三年,作为皇兄向武帝提出建议无可厚非。汉武帝也看到了父皇

---

①②《汉书卷五十三·景十三王传》光绪十年金陵书局重刊版本。

任用晁错"削藩",远未解决诸侯王离心倾向,他在思谋怎样使诸侯王易于接受又平和的"削藩"?恰在此时刘胜谏言,好言安抚并略施恩惠,理在自然。

谋臣主父偃历景、武两代,他力主加强中央集权。主父偃上奏:"古者诸侯地不过百里,强弱之形易制。今诸侯或连城数十,地方千里。缓则骄奢易为淫乱,急则阻其强而合从以逆京师。今以法割削之,则逆节萌起,前日晁错是也。今诸侯子弟或十数,而适嗣代立,余虽骨肉,无尺寸地封,则仁孝之道不宣。愿陛下令诸侯得推恩分子弟,以地侯之。彼人人喜得所愿,上以德施,实分其国,不削而稍弱矣。"[1]他建议实行推恩之令,在诸侯王封国除由嫡长子继承王位外,还可推私恩封其他子弟为侯,但封号由汉王室定制。这样做,皇帝释放恩德,泽被宗室,诸侯王高兴,子弟也高兴。各方都得到当初想要得到的东西。既显示皇恩浩荡,又使剖裂诸侯王封土阻力变小,达到自削其国的目的。推恩令颁布后,诸侯子弟开始一个个分封。汉武帝刘彻年间封诸侯王子弟178人,有时一天之内连封24个侯。自武帝至平帝间,前后封王侯子弟407人。其中,河北地区封侯以赵王与河间王子孙最多,分别为34人、33人。这些由汉王廷"定封制号"的侯,已经与中央任用郡县官吏相差无几,开始靠拢中央,同诸侯王离心离德。"汉有厚恩,而诸侯地稍自分析弱小云。"[2]朝廷有了重大收获,而诸侯的封地却被渐渐削弱瓦解。汉武帝任用主父偃行推恩令,实质上与景帝"削藩"没什么不同,实施方法却比"削藩力

---

[1]《史记·平津侯主父列传》
[2]《汉书·景十三王传》

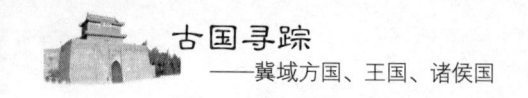

夺"略胜一筹。汉武帝刘彻运筹得当，平和顺利地强化中央集权，使诸侯王无话可说。这是不是考虑了刘胜"闻乐对"的某些因素？

刘胜在位41年，卒于公元前113年，终年52岁。死后葬于满城陵山，凿崖为墓穴，距地面180余米。历经2000多年没有被盗被毁。陵山下有守陵村，世代相传是守陵人的后代，但不知为谁守陵，更不知陵在何处。

汉初，刘氏诸侯王世代相承，无子嗣则除国复设郡。刘胜去世之后，其子刘昌接续，封为中山哀王，仍都卢奴，可惜只做了两年，于公元前111年亡故。嗣子刘昆侈继位，号中山穅王。昆侈为王是时间比较长的，在位21年，直到公元前90年。这个人在其位不谋其政，经济没有发展，政绩尤为乏善可陈，是一个贪乐怠政之徒，因此死后谥号为"穅"。嗣子刘辅接续，为中山顷王，也只有4年，于汉武帝后元二年（公元前87年）去世。接着是中山宪王刘福在位17年，于汉宣帝本始四年（公元前70年）辞世。公元前69年，中山怀王刘修登上王庭。刘修在位15年，还是在治理属地上做了些事的，使中山得以发展农业生产，手工业作坊比较兴盛，与相邻各郡互通往来，死后安葬在定州八角廊，封土高高，棺椁气派，身着金缕玉衣入葬。早年被盗的刘修墓发掘后，其玉衣经过修复，现藏中国国家博物馆。公元前55年，刘修死后因无子嗣，除国为郡。时隔11年，即元帝初元五年（公元前44年），中山国复立。中山哀王刘竟历10年。此后又有四代中山王，都没什么大作为可表。公元前8年王莽称帝，一改汉制，中山王贬为中山公。西汉中山国王系终结。

2."乐酒好内"析

对于刘胜,史籍多有评品,多数说他"乐酒好内",就连他的弟弟刘彭祖也批评他没有资格做诸侯。"胜为人乐酒好内,有子百二十余人。常与赵王彭祖相非曰:'兄为王,专代吏治事。王者当日听音乐,御声色'。赵王亦曰:'中山王但奢淫,不佐天子拊循百姓,何以称为藩臣?'"[①]。

刘胜确实"乐酒"。从满城汉墓出土文物看,随葬品中有33个装满酒的方形大陶缸,缸体上还写着酒的名称、种类和重量,如"黍上尊酒十五石"、"甘醪十五石"、"稻酒十一石"等(图2-6-1)。上尊、中尊、下尊是汉代酒的分级,稻酒、甘醪、黍上尊都是上等好酒。这些酒缸,大小相当,盛酒总重量约折合今五吨也就是一万斤,足够刘胜再喝几十年的。1968年出土时,缸内还有黏稠的液状物,可惜那时候缺少商品意识、品牌观念,如果搞出来还原成酒,化验后按配方生

图2-6-1 中山靖王墓出土大酒缸

---

① 《汉书·景十三王传》。

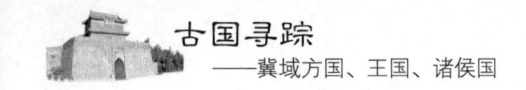

产，起个"中山靖王宫廷酒"之类的名字，说不定能够传扬汉文化，成为畅销品牌呢！

随葬品中，还有好多盛酒器和饮酒器，造型优美，装饰华丽。有的器物上刻有铭文，记载着酒器的名称、重量、容量和来源，体现着乐酒人爱酒器的性格。盛酒的乳丁纹壶，色彩缤纷，绮丽异常，原为窦太后长乐宫所有，后转归刘胜，看得出奶奶对孙子的喜爱。蟠龙纹壶，通体有鎏金银纹饰，壶身腹部是四条独首双身金龙盘绕，龙身缀卷云纹，呈云间飞舞状。此壶铭文显示物主是楚王刘戊，"七国之乱"楚王被诛杀后，朝廷赏赐给刘胜。（图2-6-2）鸟篆文壶共出土两件，一件周身用纤细金银丝错出鸟篆文的吉祥语，是宴饮助兴辞。铜链子壶，设计别致，形似橄榄，既可手提，又可背在身上，携带外出十分方便。

图2-6-2　鸟篆纹壶

饮酒器有椭圆形铜套杯，一套五件，也有汉初难得一见的玻璃耳杯，还有铜套钵、勺等。刘胜墓的中室最大，象征主人生前起居宴饮、接待宾客的厅堂。厅堂内正中是一具帷帐，帐前立有一组侍从奴仆石俑，帐中摆放大型漆案，上着各式各样青铜酒器。刘胜死后还不忘宴宾待客。

刘胜也是十分"好内"。满城汉墓出土一套"宫中行乐钱",还有一枚铜骰。行乐钱共40枚,其中20枚分别铸有第一至第廿字样,另20枚则铸有"府库实,五谷成,金钱施,珠玉行,富贵寿,寿母病,万民番,天下安,起行酒,乐无忧,饮酒歌,饮其加,自饮止,乐乃始"等三字或四字韵语一句。铜骰,通体错金银,共18面,分别错出篆书或隶书一至十六,以及"酒来"和"骄"字。宫中行乐钱和铜骰配合使用,供刘胜夫妇和宫中女人消遣时光。有朱雀衔环杯,铜鎏金嵌绿松石,是女人盛放胭脂用具。还有粗细两号的铜祖、银祖,能注入适宜的温水,能使之上下跳动,有关研究机构鉴定那是已经使用过的金属类性工具。

刘胜为什么"不佐天子拊循百姓"而"乐酒好内"呢?这固然有皇家子女多俸禄致骄侈的因素,也与他生活的时代有关,与影响他所作所为的人物和重大事件有关。

"七国之乱"是充满血腥的,会让刘胜终生行事格外小心。吴王刘濞,汉高祖的侄子,按辈分是刘胜的堂祖爷。20岁时被刘邦封为吴王,领地三郡五十三城。刘濞利用封地的自然资源,即山铸城,煮海为盐,积蓄了大量财富。他免除封国内老百姓的赋税,代百姓出资缴纳朝廷调发徭役钱,他还广纳地方有才之士,从其他郡逃到吴国的犯人,只要有些才华或武艺的,一律拒绝送交追捕官吏。汉文帝时,刘濞的小儿子进宫,与时为皇太子的刘启下棋发生争执,刘启一时性急抄起棋盘还手,不想误伤吴太子致死,自此刘濞与文景两帝结下怨仇。汉文帝急忙将吴太子棺柩送回吴国。刘濞怒称:天下刘姓是一宗,死长安就葬在长安,何必送到吴国来葬呢!又将灵柩运回长安埋葬。从此刘濞称病不朝。汉景帝继位,刘濞日益骄横,欲反叛自立的迹象越来越明显。御使大夫晁错提醒景帝重视一些诸侯王与朝廷分庭抗礼的倾向,特别要警惕刘濞的叛乱行径。楚王刘戊因有过失,晁错建议削夺其东海郡。此前赵王刘遂封地中的常山郡已被削夺,胶西王刘卬也被削夺六县之地。不久,削吴国会稽、豫章两郡的诏书颁布,刘濞于是正式约赵、楚等七国一起反叛。

汉景帝前元三年(公元前154年),也就是刘胜被封为中山王的那一年,20余年拒绝上朝的刘濞,联合楚王刘戊、赵王刘遂、济南王刘辟光、菑川王刘贤、胶西王刘卬、胶东王刘雄渠、打着"诛晁错,清君侧"的旗号,"以安刘氏"为名起兵20余万向长安进发。未与汉王朝军队交兵,叛军就残酷杀害了中央派往各国重要官员和反对起兵的诸侯国大臣。当时刘濞62岁,少子12岁,征召下自12岁上迄62岁的吴人从军。刘濞依恃吴国财力富足,宣布赏赐军功的等级,斩杀汉王朝各级军官的、招降汉军士吏的,都给予重金赏赐和物质奖励,其他诸侯国军队奖赏由吴国承担。

"七国之乱"的气势,使汉王朝一些人惊恐起来。叛军兵临城下,更给一些人怨恨晁错削藩过急提供了口实。同为朝廷重臣、与晁错素来不和的袁盎,密说景帝,言七国之王的目的是为诛杀晁错,恢复旧时封地。方今退吴楚之兵良策,就是立斩晁错以向诸侯致歉,并赦免吴楚七国发兵之罪,这样叛军就会退去,达到"兵可毋血刃而俱罢"的目的。一代明君汉景帝办了一件追悔莫及的事,因袁盎误导同意处死晁错。"于是上默然良久,曰:顾诚何如,吾不爱一人以谢天下。"[①]"后十余日,上令丞相青、廷尉劾奏错:'不称主上德信,欲疏群

---

① 《汉书·袁盎晁错传》

臣、百姓，又欲以城邑予吴，无臣子礼，大逆不道。错当腰斩。父母、妻子、同产无少长者皆弃市。'制曰：'可'。错殊不知。壬子，上使中尉招错，绐载行市，错衣朝衣斩东市。"①汉景帝同意了袁盎的意见，请丞相陶青和廷尉张欧共同上奏晁错的罪状，提出判处意见之后由景帝朱批签署。忠心可对天表的晁错，竟身穿朝衣被腰斩东市。他是万万想不到景帝会对他作出如此处治的。

晁错是西汉名臣，曾拜师学习战国时期法家思想，后因学术素养深厚被推荐为官。汉文帝时，让晁错到济南专学《尚书》，得到升迁。"诏以为太子舍人，门大夫，迁博士"。"上善之，于是拜错为太子家令。以其辩得幸太子，太子家号曰'智囊'。"②做太子时的刘启对这位"智囊"及其"计策"特别看重。景帝即位，晁错升任御史大夫。他准备清算诸侯王之罪过，削其封土。这一建议得景帝恩准并让公卿列侯宗室集体讨论。绝大多数表示赞同，只有一人提出反对意见。晁错的父亲听到这一情况，专从老家河南颍川赶到长安，问他在干什么。晁错说："景帝是明君贤主，我在按朝廷旨意削减诸侯权力，以得天子大尊，宗庙永固。"晁错的父亲说："你这样做下去，刘氏得安，而晁氏祸临，有一天景帝也保不了你。我得向你告别了，父不忍白发人送黑发人。"晁父回乡饮药自杀后十余日，吴楚七国果然反叛。景帝在危急复杂的形势下，由支持晁错实施"削藩"，转变立场诛杀贤臣，袁盎的力谏起了决定性作用。

---

① 《资治通鉴卷十六·汉纪八》
② 《汉书·袁盎晁错传》

古国寻踪
——冀域方国、王国、诸侯国

景帝原以为按袁盎建议能够退七国之兵，怎奈事与愿违。袁盎以皇帝特使身份见刘濞，刘濞竟说：我已是东皇帝，而今还要拜谁？显然，反叛自立主意已决，要乘势夺汉室天下称帝。到这一步，刘启悔斩晁错，惜朝中无人击退叛军。"初，文帝且崩，戒太子曰：'即有缓急，周亚夫真可任将兵'。"[1]他想起了父皇死前的话，于是拜中尉周亚夫为太尉，率36将军进攻吴楚联军。周亚夫治军有方，谋略有术，善听贤将之谏，善为溃敌之策，善寻破敌制胜之径。两个多月时间击溃叛军，取刘濞首级，杀楚赵六王，不少诸侯王的王后、王子一起被诛杀。此后，景帝颁诏谴责七王反叛的罪恶，号令政府军以除恶务尽的原则，上下全力击杀反贼，多杀者可以立功。对叛军三百石以上的军官，全部杀掉，无须任何顾惜。又宣布对这一诏书不得再有议论，胆敢有争议及不执行者，统统要处以腰斩之刑。

血腥的场面一个连一个，斩杀的消息日日不绝。虽历三月平叛，但汉廷国力大损。不同人物的表现绘出了人世间不可思议的纷繁，下场归宿令人或惋惜、或愤恨、或无言以对，难于正视残酷的现实。12岁的刘胜，亲历其前后，"七国之乱"会给他留下终生难忘的印象。

梁孝王刘武，是汉景帝的兄弟，同为窦太后所生。梁孝王由深受宠爱到被冷落抑郁而死，也是刘胜被封王后十年间耳闻目睹的。"梁孝王以窦太后少子故，有宠，王四十余城，居天下膏腴之地。赏赐不可胜道，府库金钱且百巨万，珠玉宝器多于京师。筑东苑方300余里，广睢阳城70里，大治宫室，为

---

[1]《资治通鉴卷十六·汉纪八》

复道，自宫连属于平台30余里。招征四方豪俊之士，如吴人枚乘、严忌，齐人羊胜、公孙诡、邹阳，蜀人司马相如之属皆从之游。每入朝，上使使持节以乘舆驷马迎梁王于关下。既至，宠幸无比，入则侍上同辇，出则同车，射猎上林中，因上疏请留，且半年。梁侍中、郎、谒者著籍引出入天子殿门，与汉宦官无异。"①

上述这段记载，道出了梁孝王当初是何等的风光无限！因为是窦太后的小儿子，所以处处受到宠爱。其封地高高耸立40余座城池，占据着肥美富饶之野。每年得到太后和皇兄数不清的赏赐，梁府库存金钱成千上万，珠宝玉器数量都可比京城国库。修建梁园、扩筑睢阳城，大造殿堂离宫，使用复道连接，仅宫殿走廊连接离宫平台就长30余里。他招纳四方豪杰与侠客及三教九流之士，连汉赋名家也随之出游。每次入朝晋见，景帝都派使者持节在函谷关迎接。宫内与皇帝同辇，园林射猎与皇兄同车。梁王随从凭个人证件，自由出入天子专用门殿，与朝廷宦官没什么两样。汉朝廷规定，诸侯王入京晋见每次20天，但只要梁王提出要求，每次都会特准留住半年。

更让梁王高兴的是，皇帝刘启还讲出了要他继位的话语。那是公元前154年，即刘胜被封中山王的当年，当时景帝尚未立太子，脱口在梁王晋见接风宴会上说"千秋万代之后将传位于王"。梁王当然说了推辞话，但暗自美滋滋记在心中。

曾几何时，风云突变。公元前153年，景帝将许诺作为一句笑话放置脑后，宣布立栗姬之子刘荣为太子。梁孝王听

---

① 《资治通鉴卷十五·汉纪七》

到，心中像倒了五味醋瓶，但不便有所表示。公元前150年11月，汉景帝废栗太子，窦太后欲以梁孝王作帝位继承人，遭袁盎等大臣否决。同年四月，汉景帝立胶东王刘彻为太子。梁孝王的希望彻底破灭，更加怨恨否决"帝位传弟"建议的大臣。于是找羊胜、公孙诡等商定，采取孤注一掷的做法，派人行刺袁盎等十余人。然而事有不秘，刺杀未能如愿，反被办案官员由刺客用剑查出为梁人所为。此后顺藤摸瓜得知作案人，并发现诸多谋反迹象。窦太后知晓这些情况，昼夜啼哭。景帝心内不安，便派遣深谙大局、善周全各方的田叔办理此案。梁孝王那里得知消息，舍卒保车令羊胜、公孙诡自杀。田叔烧掉梁案证词，对景帝说：证据确凿，谋杀案为梁王指使，但若依法诛杀梁王，太后必然更会食不甘味，卧不安席，最让你忧虑的不是梁王而是太后。景帝明了这一道理，遂让办案人告诉太后：刺杀袁盎等十余位大臣的事，是羊胜、公孙诡等人干的，现已伏法，梁王并不知晓。一场谋反大案，以只杀两个小鬼了事。主谋是谁，意欲何为，景帝应该是十分清楚的。此后，"帝益疏王，不与同车辇矣"[①]。公元前144年冬，梁王来朝，"疏欲留，上弗许"[②]。这其中原因，梁王心知肚明，但无法再向太后陈述留意。于是，"意忽忽不乐"归国。来年四月，梁孝王刘武在郁闷、忧伤、烦躁或许间有些后悔、无奈中，凄惨惨死于封国宫内，终年48岁。

周亚夫是汉室忠臣良将，父子两代叱咤风云，屡立军功，杀敌无数，披肝沥胆，保定汉室，危急时刻，扭转乾坤。七国之乱难平，景帝想到起用周亚夫。但天下安定后朝廷

---

①②《资治通鉴卷十六·汉纪八》

议事，周亚夫的直言相谏，屡有冒犯龙颜之举，令景帝常感不爽不悦。周亚夫任丞相，强硬坚持刘邦定制：非刘氏不得王，非有功不得侯。窦太后提议封王信为盖侯，周亚夫与景帝发生直接的争执，以无功不合高祖约定为由予以阻止。其后，景帝准备封匈奴六降将为侯。周亚夫说，这些人背叛主人投降，你封他们为侯，用什么理由再指责不守贞节操守的臣下呢？景帝不听周亚夫的话，悉数分封了六个列侯。最使景帝恼火的还是废栗太子之事，周亚夫坚持己见争执不下，最后还是景帝说了算。从此即对周亚夫渐渐疏远，将一位忠心赤胆老臣淡出自己的视野。公元前147年，周亚夫因病被免丞相职。时隔不久，景帝召见周亚夫并赐以饮食，但面前食案上没有筷子，周亚夫让人取来筷子用。景帝一句"只是你的食具不足吗"？包含着许多的内容，实际上是对老臣的一番羞辱。时过数日，周亚夫的儿子为父亲购买百年之后的随葬金属冥器，竟遭诬告，株连到周亚夫，以"纵不欲反地上，即欲反地下"之罪入狱。周亚夫被捕之时不愿受辱，自杀未成，最后绝食五日，呕血而死。悲夫，惜哉！

　　刘胜从吴王刘濞那里想到了什么？一个当朝皇叔，封王30余载，如今六十有二、少子十四，理应安享荣华、坐乐天伦。但刘濞野心过大、权欲过高，以至自称"东皇帝"，起兵造反，招致杀身之祸，殃及子孙。这种不安分的"王爷"，刘胜是断然不想步其后尘的。

　　晁错年轻时即为"太子智囊"，颇受重用，以至景帝时位高受群臣嫉妒。晁错行削藩之策，其忠心天地可表。然而，操之过急、过刚，对刘氏诸侯王的承受力估计不足，引起反弹。景帝在危急时刻过于犹豫，改变主意，为晁错的反对派所左右，做出悔之莫及之事。乱虽平，元气难复，至武帝时方成大业。比之武帝用主父偃实施"推恩令"削藩，晁错显得艰难而笨拙。刘胜从晁错的沉没中看到了：只有忠心是不够的，要讲方式、寻时机，厚积薄发，循序渐进；只想到自己的制策治事支撑力是不够的，还要想到对方的承受力和反弹力，寻求两全之策，方能谋事、成事、悦上、存己。

刘胜从梁孝王之死悟出了什么？已经26岁的刘胜，早已会用自己的头脑思考问题。梁王受太后宠爱过分，自恃位尊情深，骄娇合为一体，以致达不到目的时头脑膨胀，对不支持自己的大臣实施暗杀，这是汉律祖训所不容的。梁国土地肥美、物产丰富，做豪华宫殿和梁园，景帝能够容许；招纳文人贤士，吟诗作画，颂扬梁王，景帝亦能宽容；但聚集冒死之士，自组军旅，聚拢出谋暗杀之人，借梁国盛产铁器，制造兵刃，就使景帝高度警惕，提防乱国篡权。如果说，"继位之议"景帝权作笑谈淡之，那么像羊胜、公孙诡受梁王驱使之举，景帝是绝对不能容许的。

周亚夫功高盖世，危难之时拯救江山于水火，没有周亚夫景帝的帝位不保，其功业虽子孙十代有罪，也应予以赦免。但周亚夫刚正不阿的性格，固执而不谦逊、自满而不好学的缺点，解决矛盾质直而不能委婉的方法，使得景帝屡生不悦。加上不同政见者在多种场合进谗言，终使景帝以功高臣老，难再驾驭之由，置周以死地。刘胜不会也不想学周亚夫，反倒以周为戒，做事思谋周全，上谏陈表用语考究、柔软且多情。

刘濞、晁错、梁孝王、周亚夫四人，从不同的侧面、在不同的年龄段，影响了刘胜。乐酒、好内是皇廷容许的，而过直、过刚是皇帝不乐见的；在封国之内盘根做大、蓄养甲兵，甚至串联作乱，是朝廷绝对不能容忍，哪怕血流成河也要予以铲除的。刘胜选择了自己的路，平安的走完了自己的路。古人评述，诸侯王"率多骄淫之道，沉溺放恣之中，居势使然也"，这是事情本身固有的一面。从另外一个角度看，刘胜的"乐酒好内"是一道屏帐，遮盖住他看穿时局又想独享安乐太平的生存之道。"乐酒好内"是一种真实的手法，映衬出他于急流之中超乎寻常的求安图存心计。这就是刘胜不理政务、不惹是非、偏安一隅的原因所在。"靖"的意思解释为"宽乐令终"，刘胜的德行与之相符，谥号为靖，史称中山靖王。

3. 刘胜的兄弟们

从公元前155年到公元前145年，景帝将14个儿子先后封为诸侯王。除刘彻继位外，其余13个儿子均有封国，史称"景十三王"。他们都是刘胜的同父同母或同父异母兄弟。

公元前155年3月封刘德为河间王。河间原为高祖置郡，文帝前元二年（公元前178年）改郡为国，治所在今河北献县东南。刘德在中国文化史上是有建树的诸侯王。刘德"修学好古，实事求是。从民得善书，必为好写与之，留其真，加金帛赐以招之"[1]。刘德好学，又注重收集书籍，私人收藏的图书，竟然与汉王朝国家所有的图书数量相当。我们所熟悉的"实事求是"一语，最初出自对刘德的评赞。司马迁说刘德"好儒学，被服、造次必于儒者。山东诸儒多从之游"。[2] 评

---

[1]《汉书·景十三王传》
[2]《史记·五宗世家》

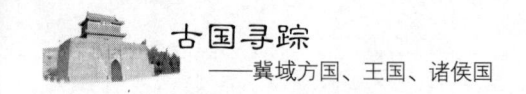

价刘德喜好儒学,多次拜访有学问的人,山东的许多文人同他一起出游畅谈。班固在《汉书·景十三王传》最后的赞语中,又特别对刘德"卓尔不群"的"大雅"之风表示称许:"夫唯大雅,卓尔不群,河间献王近之矣。"

汉武帝元光五年(公元前130年),"冬,十月,河间王来朝,献雅乐,对三雍宫。及诏策所问三十余事;其对,推道术而言,得事之中,文约指明。天子下太乐官常存肄河间王所献雅声,岁时以备数,然不常御也"①。刘德晋献雅乐,在三雍宫对策"三雍"(主张天地、君臣、人民都安和的制度),就朝廷诏策所问的30多个问题作出回答。他的对答引经据典,言简意赅,一语中的。武帝令太乐官演习雅乐,以备年节使用。看得出武帝对刘德的器重和尊敬,对雅乐的喜爱程度。河间王死后,中尉常丽(黄帝相常先之后)说:"王身端行治,温仁恭俭,笃敬爱下,明知深察,惠于鳏寡。"②称赞刘德自身直正作出榜样,温和仁义、恭亲俭朴、尊长爱下,调查深入,体恤民情,施惠于民。依照大行令谥法,"聪明睿智曰献",于是定河间王谥号"献王"。河间献王刘德墓在献县,至今封土犹存。

与河间王刘德同时分封还有临江王刘阏,淮阳王刘余,汝南王刘非,广川王刘彭祖(随后改为赵王),长沙王刘发。临江,西汉置县后改临江国,治所在今四川忠县。刘阏为临江王,三年卒,无后,国除为郡。淮阳国,西汉高祖十一年(公元前196年)置,治所在今河南淮阳县。景帝前元三年(公元前154年),刘余被立为淮阳王,第二年改任鲁恭王。

---

①②《资治通鉴卷十八·汉纪十》

他素以"好治宫室、苑囿、狗马,季年好音,不喜辞。为人口吃难言"著称,却因"孔壁中经"铸就了一次重要的文化发现①。事情的起因是刘余为扩建宫室拆毁孔子旧宅,意外地在夹壁墙中发现多种古文经传,其中包括《尚书》、《礼记》、《春秋》、《论语》、《孝经》等,使人们有幸看到了秦始皇焚书之前的宝贵文化遗产。史称"孔壁中经"。

刘余的重大发现面世后,在全国引发了搜集和整理古旧图书的热潮。汉武帝颁诏广开献书之路,朝廷内外设置相关机构和人员,使儒学被禁几十年后有了一个大的发展。以至董仲舒提出"罢黜百家,独尊儒术"的建议,为武帝采纳,确立了儒家思想在中国社会的正统地位。

汝南郡,西汉高祖四年(公元前203年)置,治所在今河南上蔡县西南,景帝改郡为国,封刘非为汝南王。"江都易王非,以孝景前二年用皇子为汝南王。吴楚反时,非年十五,有材力,上书愿击吴。景帝赐非将军印,击吴。吴已破,二岁,徙为江都王,治吴故国,以军功赐天子旌旗。元光五年,匈奴大入汉为贼,非上书愿击匈奴,上不许。非好气力,治宫观,招四方豪杰,骄奢甚。"②刘非以勇武出名,平定七国之乱军功卓著,徙为江都王,统治原刘濞封地,国土面积比汝南大几倍。勇猛好战的江都王年近40岁,依然上书请求率军北战匈奴,虽未被武帝批准,但其志可嘉,其气可彰,以其性情肯定结下许多铁杆朋友。死后以"好更故旧"谥号易王,史称"江都易王"。

---

① 《汉书·景十三王传》
② 《史记·五宗世家》

古国寻踪
——冀域方国、王国、诸侯国

广川国,西汉景帝前元二年(公元前155年)改信都县为广川国,封刘彭祖为广川王,治所在今河北冀州市。七国之乱平定后,刘彭祖于公元前153年升封赵王,都邯郸,领超过广川十倍的封土。"彭祖为人巧佞卑谄,足恭而心刻深。好法律,持诡辩以中人。""彭祖不好治宫室、禨祥,好为吏事。上书愿督国中盗贼。常夜从走卒行徼邯郸中。诸使过客以彭祖险陂,莫敢留邯郸。"[①] 刘彭祖人缘不佳,无仁恩之心。喜好法律,常以诡诳之辩中伤于人。他不喜欢整治宫室,乞祥求福,总爱做低层官吏办的事情。他上书朝廷自愿督办查处盗贼。经常和士卒夜间到邯郸郊外巡查,在城中寻找可疑对象。这是一个脾气古怪的王爷,常为令人难以琢磨之事。刘彭祖在广川,史书记载乏陈,我们不妨从他在邯郸的举止推断一二。刘为王五十余年,与之合作的国相和二千石级朝廷命官,没有一位能够完成任期的,或因罪去位、或死于非命。

长沙国,秦朝时置郡,汉高祖五年(公元前202年)改长沙郡为国,景帝沿袭高祖定制,封刘发为王,其治所在今湖南长沙市(汉为临湘县)。刘发的生母唐姬,本是程姬使女。景帝欲幸程姬,恰逢程姬例假之时,便让唐女顶替入宫。景帝酒醉误以为是程姬,事过后方才明白。谁知一夜受孕,生下皇子刘发。刘发是东汉光武帝刘秀的祖爷。《后汉书·孔融传》说,曹操通令禁酒,孔融反对,列举酒在政治史中的作用,"高祖非醉斩白蛇,无以畅其灵。景帝非醉幸唐姬,无以开中兴"。说的就是长沙王刘发。当时的长沙国在临湘县境,地域较小。公元前142年诸王朝见天子,景帝诏令诸子歌舞,长沙

[①] 《史记·五宗世家》

王刘发勉为舒袖，众人发笑。景帝问其原由，刘发回答：臣国小地域窄狭，容不得回旋跳跃。景帝便将朝廷直属的武陵郡、零陵郡、桂阳郡划归长沙国。这件事说法有几种，但都对刘发的聪明、多智，并善抓合适的机遇巧妙表明自己的心迹给予肯定。孙子刘秀可能继承了刘发的聪明基因，以至成就汉室中兴伟业。

公元前154年4月，汉景帝封刘胜为中山王，刘端为胶西王。刘端在吴楚七国之乱胶西王刘卬自杀后封在胶西故地。胶西郡，楚汉之际置，汉文帝前元十六年（公元前164年）改郡为国。治所在今山东高密市西南。"端为人贼戾，又阴痿，一近妇人，病之数月。而有爱幸少年为郎。为郎者顷之与后宫乱，端禽灭之，及杀其子母。数犯上法，汉公卿数请诛端，天子为兄弟之故不忍，而端所为滋甚。有司再请削其国，去太半。端心愠，遂为无訾省。府库坏漏尽，腐财物以巨万计，终不得收徙。令吏毋得收租赋。端皆去卫，封其宫门，从一门出游。数变名姓，为布衣，之他郡国。"[1] 刘端性无能，是同性恋，但他喜爱的少年郎与宫妃交欢，刘端处置了少年郎通奸所生孩子，又杀害了少年郎之母。景帝不忍诛端，而他所为更甚。法院判削大半国土，刘端心存怨恨，就故意不理事务。致使府库漏雨，数以万计的财物腐烂。他撤去卫兵，封住大门，从侧门出走，更名换姓，穿布衣游走他乡。刘端怪癖变态，立47年而亡，因无子嗣，除国，更为朝廷直管的胶西郡。

公元前150年11月，景帝封刘荣为临江王。刘荣生母为栗姬。前153年刘荣被立为太子，史称"栗太子"，四年被废，

---

[1]《史记·五宗世家》

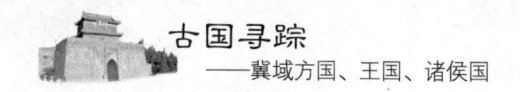

转封为临江王，统辖临江。三年后，因为占用了宗庙外缘地营建宫室，被人告发。景帝时代著名的酷吏严厉责讯，刘荣因自己被废太子又做违法事遭责讯，内心极度恐惧自杀身亡。与前一位临江王刘阏一样命运不佳，死后也因无子嗣除国。

公元前148年4月，刘越被封广川王，刘寄为胶东王。广川原为刘彭祖的封土，是疆域较小郡地，改郡为国只是一个名称而已。刘越就位广川王13年后去世，其子刘齐继位。刘齐有一幸臣名桑距，犯罪判死刑后逃跑。桑距恩将仇报，说齐与姐妹有不正当关系，刘齐十分生气。后来，刘齐上书愿与广川勇士奋力抗击匈奴，得到准许，但兵师未发因病而死。有司奏请除国。景帝说：刘越与我是亲兄弟，不忍绝其宗庙。后以刘越孙子刘去接任广川王。刘去熟读《易经》、《论语》、《孝经》典籍，但自从得到一位妖艳王后之后，变得凶狠残忍，前后杀害无辜之人16名，其中包括他的老师父子。有司奏请废其王位，将其夫妇同徙上庸（今湖北省竹山县）。路途之上，刘去自杀，其妻被杀死暴尸街头。公元前66年，汉宣帝又封刘去之兄刘文为广川戴王。刘文一向正直，曾多次劝说刘去改邪归正，在位两年后病逝。

胶东王刘寄，其封地在今山东胶莱河以东。"淮南王谋反时，寄微闻其事，私作楼车簇矢战守备，候淮南之起。及吏治淮南之事，辞出之。寄与上最亲，意伤之，发病而死，不敢置后，于是上闻。寄有长子者名贤，母无宠；少子名庆，母爱幸，寄常欲立之，为不次，因有过，遂无言。上怜之，乃以贤为胶东王奉康王嗣，而后封庆于故衡山地，为六安王。"[1]

---

[1]《史记·五宗世家》

刘寄在得知淮南王谋反时准备了一些兵器，准备作抵御防卫之用，不想此事被人以谋反罪告发。朝廷官吏审理淮南王案件，搞清了前后原委，定案文辞为刘寄开脱了罪责。此时刘寄已经因懊悔处事不周、办了给皇上找麻烦的事忧伤发病而死，而且还不敢提安置王位继承事宜。长子刘贤不受母宠，少子刘庆特受喜爱，刘寄本想立少子为王但又不合传承次序。景帝闻之十分同情，诏命刘贤奉胶东王嗣，随后改衡山国故地为六安国，令刘庆为六安王，封地在今安徽省六安市。2007年，安徽考古工作者在六安市东南发现刘庆墓，出土一大批瓷、银、漆器等文物。

公元前147年3月，刘乘封清河王。清河国治所在今邢台市清河县。刘乘在任12年病丧，无子国除，封地纳入朝廷直属，改为清河郡。

公元前145年3月，刘舜被封为常山王。常山国是改常山郡为国，治所在今河北元氏县。1994年，在石家庄市获鹿高庄发现刘舜墓，早年被盗仍出土几千件贵重文物。"舜最亲，景帝少子，骄怠多淫，数犯禁，上常宽释之。"[1]刘舜是景帝最小的儿子，骄奢淫逸，不务正业，屡次犯法，景帝经常宽容他。刘舜妻妾成群，王后修生的刘勃被立太子，而另一位王后生的长子刘棁不受宠爱。宪王病重之际，王后修自己不去照看还嫉妒别的姬妾侍病，看病人一会儿就回房。太医送药，刘勃不先尝温冷，又不留宿照料。公元前113年，刘舜死后，太子和王后修不能公平处理有关财产，朝廷使者吊唁时刘棁具告其事。大丧刚毕，刘勃就饮酒博戏，与女子乘车奔驰，环城而

---

[1]《史记·五宗世家》

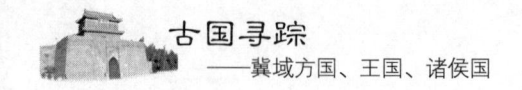

过,还到牢中探视囚犯。武帝派人侦讯查实后,废掉修的王后名分,将刘勃发配房陵(今湖北省房县),常山国除,复为常山郡。

司马迁《史记·五宗世家》记述终了,唐人司马贞作"索隐述赞":"景十三子,五宗亲睦。栗姬既废,临江折轴。阏于早薨,河间儒服。余好宫苑,端事驰逐。江都有才,中山祈福。长沙地小,胶东造簾。仁贤者代,勃乱者族。儿姁四王,分封为六。"简明扼要地总结了十三王各自的作为和归宿。

4. 充当友好使者

刘胜及窦绾墓出土各类文物10352件,首推两件金缕玉衣。刘胜玉衣长1.88米,用玉片2498片,金丝约重1100克;窦绾玉衣长1.72米,用玉片2160片,金丝约重600克。据估算,仅刘胜一件玉衣,熟练的玉石匠要花10年功夫才能做好。玉衣制作工艺相当复杂,要手工磨制玉片,钻孔连接,抽制金丝并截取,编作蝴蝶状扣结。照这样的做法和耗时,刘胜要在公元前二世纪的70年代就着手准备"百年之后"的盛装。按当时的习俗说法,身着金缕玉衣入殓,可得万古不朽。怎奈2000年后面世,留下的是一堆尘埃,仅能找到一枚牙齿痕迹。

1994年3月,德国罗莫—佩里求斯博物馆馆长艾诺·艾格布莱西特来北京,为举办《世界文明古国之一——中国》特展挑选展品。在国家博物馆(原中国历史博物馆)参观时,艾格馆长对刘修的金缕玉衣很感兴趣。我对他说:"这件金缕玉衣是10年前河北省调拨给国家博物馆的,如今中国各地发现金、银、铜、丝缕玉衣32件,四件最完好的金缕玉衣全在河北。"

随后，艾格馆长跟我到河北观看选定文物。

参展文物挑选和出展条件会谈，进行得十分愉快。3月末达成合作协议，河北共有56件（套）文物参加展出，德国的开幕式定在当年7月14日。

暑夏七月，在德国却感觉凉爽许多。我作为中国文物代表团团长，一下飞机就被老朋友接进他的专车，驶抵承办博物馆所在城市希尔德斯海姆。美丽的历史文化名城大街上，首先映入眼帘的是长信宫灯巨幅彩画，大约6米长，4.5米宽，绘在帆布上。长信宫灯的亮光调节处，还能够显示灯光跳跃，真是匠心独具。艾格馆长在开幕式上特别介绍他在中国寻找金缕玉衣的故事，显得兴致勃勃。展厅文物大部分来自中山靖王墓，两件金缕玉衣嵌入地下，辅助灯光做得精细而逼真，宛如刘胜夫妇二人身着玉衣、同墓而不同穴安然入睡。此后的对公众开放日，金缕玉衣成为参观者首选。德国人或老或少，悄无声响的走进展厅，缓缓的、静静地在刘胜夫妇身旁徘徊，偶尔发出一声惊叹，很快被周围的观众制止，生怕惊动万里之遥赶来的两位古代客人的梦香。德国两家知名电视台记者现场采访、拍摄，汉诺威和下萨克森州报纸刊发了开幕盛况，特发整版照片，两件玉衣在上，右侧则是八寸照片两件铜祖。（图2-6-3、4）

1995年1月，特展移至德国南部城市曼海姆博物馆。同样的轰动，同样的人流如织，对金缕玉衣和长信宫灯、错金博山炉等文物的赞美，不绝于当地新闻媒体。1月15日，特展举行开幕式，邀请了近200名各大学和研究机构的专业人士。我驻德大使梅兆隆，以他那流利的德语同各界朋友交谈，介绍中国灿烂的文明史，令朋友们对作为世界四大文明古国之一的中

古国寻踪
——冀域方国、王国、诸侯国

图2-6-3 刘胜金缕玉衣　　　　图2-6-4 窦绾金缕玉衣

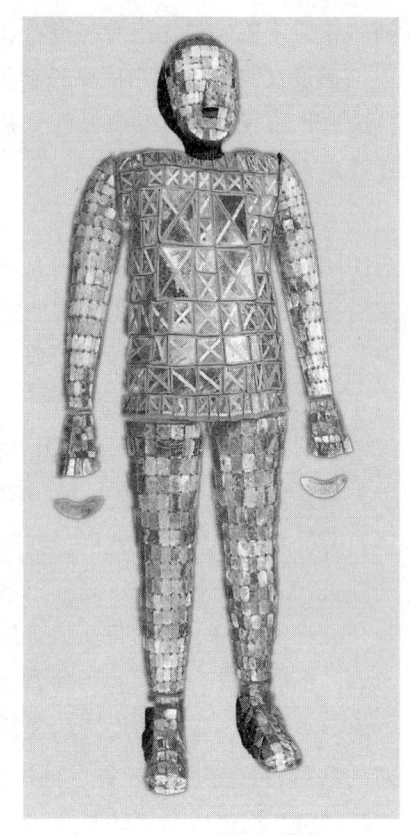

华历史文化，有了更加祥实的了解。梅大使称赞河北的展品好，金缕玉衣在德国观众心目中留下难忘的印象。主办方安排代表团长致辞，我说：特展中金缕玉衣的主人是中国汉代初期的一位诸侯王，如今夫妇二人远涉重洋，飞赴欧洲大陆，倘若魂灵有知，他们会十分自豪，因为2100年后充当了中德文化交流的友好使者。那一刻，朋友们在笑，我似乎看到刘胜和窦绾也张开了笑脸。

访城篇

2000年8月,《中国皇陵展》在美国东部城市奥兰多举办。窦绾玉衣和部分中山靖王墓文物,是皇陵展的重头展品。国家文物局希望河北带一件礼品,赠送奥兰多市政府。我选择了满城汉墓出土的卧羊铜灯仿制品,其神态可爱、做工细腻,又寓于吉祥祝福之意。待我介绍礼品后,市长致词说:刚才张先生的一番话令我汗颜不已,2000多年前中国已有这么好的青铜制品,制作如此巧妙,艺术和实用完美结合,显示出卓越的历史文明。可惜我们美国只有两百年历史,那个时候我们祖先可能还在树上。我要把这件珍贵的礼品永久保存在市政厅。仪式结束后,卧羊铜灯放在主礼桌上,左右分别是中国和美国的国旗,人们争相留影纪念。后来,我们的同志去奥兰多市政厅,果然见一个有机玻璃罩,装饰着卧羊铜灯,它好像在那里咩叫,传出一声声吉祥祝愿(图2-6-5)。

图2-6-5 卧羊铜灯

2001年9月,由加拿大朋友操办的《中国玉器展》,在加拿大两个城市巡展。金缕玉衣是挂帅展品。主办者加拿大中国文物保护中心主任吴医生神通广大,让加总督吴冰芝为展览题词,中国总理朱镕基题字,孙家正部长写贺信。首场展览在哈米尔顿盛装揭幕,加文化部长出席,数百位各界知名人士远道而来。来宾在金缕玉衣展柜前久久不肯离去,不停的拍照、摄像。加拿大的女部长就玉衣的制作工艺和程序详细询问,我们

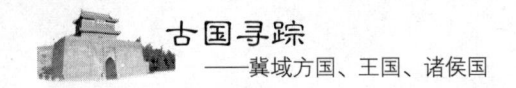

一一作答。展厅气氛因玉衣的问答，愈显得格外友好、热情。一位80多岁的老华侨，说他的名字取自一件玉璧上夔龙纹的夔字，才保佑他老而壮在，精力充沛。他对金缕玉衣仰名已久，未能亲睹，这次才有幸了却终生的心愿，感到十分满足。

七、武阳城·昭王时期的燕国

公元前1045年，周武王姬发在太公望、周公旦、召公奭的辅佐下，以"三分天下有其二"之实力，顺天意、合民心，兴师东进，在牧野大败商军，然后一举攻破商都朝歌，纣王鹿台自焚，终结殷商600年统治。西周王朝掀开华夏历史新的一页。武王临朝即行分封之制，将宗族至亲、功臣、名将悉数封国，意在"封建亲戚，以藩屏周"。封召公奭为燕王，镇守北部重地，都蓟，是为西周燕国开国之君。

如同封周公为鲁王，实际就封的是长子伯禽一样，召公

图2-7-1　燕下都武阳台主体宫殿夯土台基

奭也没有去封国，到燕都就封的是其长子即燕侯克。由于周武王临朝三年过早去世，成王尚幼，召公和周公承担起辅佐成王执政的重任。燕国自召公始，先后历43世。其中，西周时期13世，春秋时期17世，战国时期13世。最值得评说的当属第39世兴国之君燕昭王（图2-7-1，彩图6）。

1. 危难受命

燕昭王是在国家内乱、人心涣散、国力衰弱、外敌入侵的危难时刻登上王位的。

昭王的祖父辈易王，于公元前323年参与"五国相王"，同赵、魏、韩、中山一起称王，相互承认，成为燕国历史上首位改侯为王的国君。当时的内外形势对燕国比较有利，本可以取得一个相对快速的稳定发展时期。但是，两年后易王的去世以及继位燕王的天真烂漫、书生意气、理想主义，使燕国丧失了绝好的战略机遇，随之而来的是内乱、争斗、屠杀、国贫和外敌入侵。

公元前318年，燕王哙"不明乎所以任臣"，出于"好贤"、"行仁"的美好愿望，"禅让"王位给相国子之，作出了一桩震列国诸侯、留千秋笑柄的荒唐之事。

"苏秦之在燕，与其相子之为婚，而苏代与子之交。子之相燕，贵重，主断。苏代为齐使于燕，燕王问曰：'齐王奚如？'对曰：'必不霸'。燕王曰：'何也？'对曰：'不信其臣'。苏代欲以激燕王以尊子之。于是燕王大信子之。子之因遗苏代百金，而听其所使。"[①]

---

① 《史记·燕召公世家》

古国寻踪
——冀域方国、王国、诸侯国

燕王哙是个糊涂人,不明白为君任臣的道理,还很想做出好贤任能的样子。其国相子之主观武断又有野心,在讨好燕王哙方面做了不少功课,还利用各种机会、动员多种关系,为实现其野心铺路。苏代作为齐国使者来到燕国,燕王问他对齐王的印象。苏代说:"这个人必定成就不了霸业"。"那究竟是为什么呢?"燕王纳闷。苏代回答:"他不肯信任臣下,放手让他们属下做事。"这句话起了刺激燕王重用子之的作用。他哪里看透这是别人早已设计好的戏法,让他此后更加放手使用子之。为此,子之派人送厚礼答谢苏代,表示愿随时随地听从调遣。

更有推波助澜者是博得燕哙王信任的岩穴居士鹿毛寿。他以尧禅让王位给许由为例,力劝燕王"以国让于子之","是王与尧同行",能够在青史留名与尧并列。于是,燕王哙在苏代和鹿毛寿出于一个目的两种不同手法进攻下,加上对子之倚重赞许的心绪,促使他作出让国决断。将三百石以上俸禄官员的印章全部收上来呈交子之,开始了让国的实际操作。"子之南面行于王事,而哙老不听政,顾为臣,国事皆决于子之。"[1]将治理国家的全部决断权交给子之,燕王哙心甘情愿成了赋闲臣子。

就燕王哙本人而论,他可能想通过自己的行动建立君位任贤的制度,想把历史上唐尧禹舜禅让的传说现实化,过于书生意气。"燕君子哙,召公奭之后也。地方数千里,持戟数十万。不安子女之乐,不听钟石之声,内不湮汙池台榭,外不罼弋田猎,又亲操耒耨以修畎亩。子哙之苦身以忧民,如此其

---

[1]《史记·燕召公世家》

甚也。虽古之所谓圣王明君者，其勤身而忧世不甚于此矣。然而子哙身死国亡，夺于子之，而天下笑之。此其何故也？不明乎所以任臣也。"[①] 燕王哙不是奸诈之徒，不是玩弄权术之人，不是宫中嬉戏之君，不是贪于酒色之辈，他下地操耒修田亩，苦身忧民，应该是正人君子，但缺乏识人之眼，缺乏任臣治国之能，实在不适于担当一国之君。

那么，是什么原因导致燕王哙身死国亡，又有什么教训值得分析记取呢？"人臣有五奸，而主不知也。为人臣者，有侈用财货赂以取誉者；有务庆赏赐予以移众者；有务朋党，徇智尊士以擅逞者；有务解免赦罪狱以事威者；有务奉下、直曲、怪言、伟服、瑰称以眩民耳目者。此五者，明君之所疑也，而圣主之所禁也。去此五者，则谫诈之人，不敢北面立谈；文言多、实行寡而不当法者，不敢诬情以谈说。是以群臣居则修身，动则任力，非上之令不敢擅作疾言诬事。此圣王之所以牧臣下也。"[②] 官宦之中有五种奸人，身为国君不能明察，反倒重用奸臣贼子，是燕王哙招致国亡身死的原因。这五奸是：靠财物行贿取得官位声名的人，专司小恩小惠转移大众视线的人，结党营私使欲望得逞的人，贪赃枉法以示威严的人，散布谣言混淆视听的人。此五者，贤君圣主要对他们高度警惕，采取禁绝措施，予以处置。如果能够去除这五种邪恶，那么鼓噪奸诈之人就不敢侃侃而谈，言多行少不按法律办事的人就不敢作假诬告。这样一来，群臣才会修身任力，照规矩办事不敢胡乱作为，这是圣主明君驾驭管理群臣的规则。应该说，这些见解很有道理，好人不一定能当称职的官，何况一

[①][②]《诸子集成·韩非子说疑第四十四》

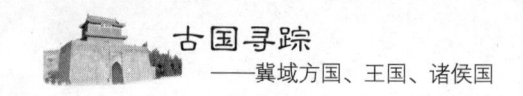

国之君呢！

燕王哙缺乏应有的治国任臣才能，以至看错子之，将一个野心家推上舞台，误国误身。子之黄袍加身三年，便引发了一场社会动乱。

首先是宫廷起争斗。当初，子之表面的政治主张与燕王哙相近，实际上子之权术多于才能。他在任相时就曾托言"白马"玩弄权术，试探左右对他的忠诚度。"坐而佯言曰：'走出门者何白马也？'左右皆不见。有一人走追之，报曰：'有。'子之以此知左右之不诚信。"① 用奸诈的手段拉拢一些趋奉者，以便结党营私。当初，鹿毛寿答应燕王哙，禅让后仍会保持太子平的原有地位。但这个岩穴居士是子之的"私门之党"，促成夺权之后，说过的一切均不算数。

太子平和将军市被起兵反叛，"围公宫、攻子之"。虽然，反叛的队伍人数不少，但准备不足、动员不力，加之子之夺位酝酿已久，把燕王哙主动让国的舆论、子之改革强国的氛围营造比较到位，同时颁布了一系列迷惑人心的政策，使得民心向背一时难于分出高下。太子平率军武力攻取都城，数月不克，战事处于胶着状态。子之集团趁机离间反叛核心领导层，使太子平与将军市被发生矛盾，导致内部分裂、相互折损实力。子之则抓住时机组织反击，双方激战各有损伤。太子平和将军市被因不能合兵，被子之各个击破，两人均死于乱军之中。这场内乱，"因构难数月，死者数万，众人恫恐，百姓离志"②。1996年，燕下都遗址域内高迈乡解村东发现十四座人

---

① 《诸子集成·韩非子内储说》
② 《史记·燕召公世家》

头坑,从已清理的两个坑看,不少人头骨上留有箭头,显然他们是战死者。据估计,14座人头坑内总计约三万多颗人头,斑斑血痕、狰狰白骨,回放出残酷的争斗场景,令人目不忍睹。这里应是燕王哙让国子之引发内乱留下来抹不去的历史印证。

随即是百姓遭涂炭。当年苏秦说燕侯时曾道:燕"南有碣石、雁门之饶,北有枣栗之利,民虽不佃作而足于枣栗矣。此所谓天府者也。"①燕国南面可从碣石山、雁门山输入丰富的物资,北边可以种植枣栗获得巨大的利益。即使人民不耕田种地,单是枣栗山货收入也够富足了。这真是天然的府库啊!然而,内部争斗使各地动乱不已,壮丁从军战死沙场,小民耕作难得安宁。地不得种,种不得收,田园荒芜;山利不得取,枣栗不得摘,天然府库惨遭毁坏。涂炭生灵,蹂躏百姓,内乱猛于虎!

接着是边关燃烽烟。齐国早就准备伐燕,只是在选择时机而已。太子平、将军市被起兵之初,齐国诸将劝齐湣王出师破燕,"齐王因令人谓太子平曰:寡人闻太子之义,将废私而立公,饬君臣之义,明父子之位。寡人之国小,不足以为先后。虽然,则唯太子所以令之"②。齐王派人告太子平,说你的举动主持正义、废私立公,为了整顿君臣伦理、明确父子地位,愿听从差遣做好后盾。待公子平、将军市被失败,内乱不已时,"齐王令章子将五都之兵,因北地之众以伐燕。燕士卒不战,城门不闭。齐人取子之,醢之,遂杀燕王哙"③。齐王派

---

① 《史记·苏秦列传》
② 《史记·燕召公世家》
③ 《资治通鉴卷三·周纪三》

孟轲弟子匡章率五都之军，会合北部驻军一起讨伐燕国。燕兵士不愿出战，也不关闭城门。齐军抓住子之，将其剁成肉酱，遂后又杀了燕王哙，得胜而归。齐国打着"匡复正义"旗号出征，班师后齐王问孟子：齐燕皆万乘之国，50天便占领燕都，单靠人力不止于此，原因在哪儿？孟子对曰："取之而燕民悦则取之，古人有行之者，武王是也。取之而燕民不悦则勿取，古之人有行之者，文王是也。以万乘之国伐万乘之国，箪食壶浆以迎王师，岂有他哉？避水火也。如水益深，如火益热，亦运而已矣！"①孟子讲出了自己的看法：战争分为顺民心和逆民心两种，成功失败皆与此紧密相关。攻城略地若符合当地百姓愿望，就会顺利夺取，周武王当初就是这么成功的；如果当地百姓不希望攻取就暂时停止，周文王当初就是这么办的。齐燕国力相当，燕国百姓送水送饭欢迎齐师，原因很简单，就是为了逃避水深火热之难，扭转自己所处的悲惨境地。

孟子几次以自己的观点说齐王，不赞同齐军在燕国劫财侵地，却未能取得希望的效果。齐军对燕国受虐之民，未能拯救于水火之中，相反却"杀其父兄，系累其子弟，毁其宗庙，迁其重器"②。杀害受难者的亲人，捆绑他们的子弟，烧毁他们的宗庙，搬走燕人的国之重宝，侵占了燕国大片土地。

国破众人欺。就连与燕南面为邻的千乘之国中山，也在公元前314年燕国内乱时，由相邦司马喜亲率三军之众，以征不义之邦为名，夺燕城数十座，占地百余里。得胜之后隆重庆

---

① 《资治通鉴卷三·周纪三》
② 《资治通鉴卷三·周纪三》

贺，用缴获燕军的兵器，熔铸青铜大鼎，刻铭纪念，并随后陪葬于王错墓中。

齐国和中山国侵占燕国的大部分领土，前后达三年之久。由于秦、赵、楚、魏基于各自利益，不承认齐国掠燕的合法性，一再对齐和中山施压，加上燕国军民的奋力抗争，才使得占领者不得不撤军，燕国得以苟延存活。

燕昭王接手的就是这样一个残破的江山、败落的城池，这样一支涣散的军队、茫然的官员，这样一片荒芜的田园、哀鸿遍野的土地。

2.问计郭隗

燕昭王是太子平的同辈王室公子，名职。按战国时各国间修好的习惯做法，出质于韩。赵武灵王帮助他来到赵国，在太子平被杀后立为燕王。时当齐国占领燕国间，遂在赵滞留两年。公元前312年，赵国派大将乐池护送公子职归国。质于韩、滞于赵的经历，以至归国沿途所见所闻，使燕昭王感触颇多、痛心疾首，决心一展身手、励精图治、强国富民、报国耻家恨。其后一系列的表现，证实这是一位有抱负、有魄力、贤能勤奋、务实亲民的君王。

千头万绪，任人为本。昭王归燕不久，即求教于老臣郭隗。"燕昭王于破燕之后即位，卑身厚币以招贤者。谓郭隗曰：齐因孤之国乱而袭破燕，孤极知燕小力少，不足以报。然诚得贤士以共国，以雪先王之耻，孤之愿也。先生视可者，得身事之。"[①]燕昭王的话情切切、意浓浓，谦卑求贤，共治燕

[①]《史记·燕召公世家》

国。郭隗听后给昭王讲了古人求千里马的故事。"古之人君有以千金使涓人求千里马者,马已死,买其首五百金而返。君大怒。涓人曰:死马且买之,况生者乎!马今至矣。不期年,千里之马至者三。今王必欲致士,先从隗始,况贤于隗者,岂远千里马哉!于是昭王为隗改筑宫而师事之。于是士争趋燕,乐毅自魏往,邹衍自齐往,剧辛自赵往。昭王以乐毅为亚卿,任以国政。"①郭隗要昭王诚心诚意招纳贤才,真心真意善待贤才,果若如此,不妨从隗开始。燕昭王说到做到,为郭隗筑建豪华宫室,以师相待。这样做的结果很快显现,乐毅、邹衍、剧辛等一批贤士纷至沓来,为昭王献计献策,拼死相报。

这一问贤任能美谈,不仅有史料文字记载,而且留下黄金台、碣石馆等建筑遗迹。千年之后的公元697年,唐代诗人陈子昂作建安郡王武攸宜的随军参谋,北征契丹,屡献奇计,不被理睬,反遭贬斥,观燕之旧都,忆昔乐毅、邹衍群贤之盛,慨然仰叹,赋诗七首。其中有:"南登碣石馆,遥望黄金台,丘陵尽乔木,昭王安在哉。霸图怅已矣,驱马复归来。""大运沦三代,天人罕有窥。邹子何寥廓,漫说九瀛垂。兴亡已千载,今也则无推(作为)。""逢时独为贵,历代非群才。隗君亦何幸,遂起黄金台"。②诗人有感而发,既赞颂燕昭王的贤明,也羡慕郭隗、邹衍的幸运,又悲叹自己生不逢时、难有作为的境遇。黄金台、碣石馆见证燕昭王尊贤任能,留给后人不尽的评说与思索(图2-7-2)。

---

① 《资治通鉴卷三·周纪三》
② 《全唐诗》:陈子昂《蓟丘览古赠卢居士藏用七首》

图2-7-2 燕下都黄金台遗址

燕昭王虚心问计郭隗及各位贤士，得到了改革内政、休养百姓、与民同心、发展经济等多项建议。昭王择任官员、奖励农耕，使人民看到了希望，逐渐博得燕国上下认同。他察访民情，着力调节各种社会矛盾，收拢起各阶层冷落、松散的心，激发国人复兴重振的信念。燕昭王依诸贤建议，制定并颁布相关法令：第一，强化吏治管理。先察能后任官，实行考核定用，完全抛弃子之当政时专任亲贵、结帮营私、追名逐利、不看政绩的一套用人办法，使真才实学者得以施展，使忠诚善良者得到宽慰。第二，颁布褒奖法令。对守法平民、务农务牧有成者，给予奖励，鼓励平原区发展种植业、丘陵和山区发展枣栗与畜牧，促进社会安定、经济繁荣。第三，实施抚恤办法。燕昭王亲自看望病死者家属，慰问鳏寡孤独者，给予安

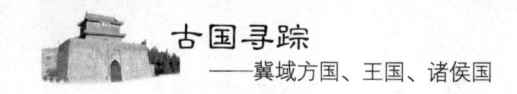

抚。对于娶亲生子者，前往祝福致贺。昭王与百姓同命运，共度艰难岁月。

受燕昭王诚意真心打动的郭隗、乐毅、邹衍、剧辛、苏秦等一批贤能之士，尽心竭力，倾其所有，为燕国复兴贡献了自己的聪明智慧，有的献出了生命。

3. 拜帅乐毅

乐毅是战国时期不可多得的军事帅才。他以战略目光通观各国的政治与军事走向，做出前景判断，交于明君抉择。顺水逆风都坚持自己的品格和德行，真正做到了"朋友交绝不出恶声，忠臣去国不洁其名。"辅佐燕昭王洗雪国耻，而后回返赵土安居。尽管燕惠王后悔错用骑劫代乐毅，再请其出山，乐毅也仅以书对，写下了留传千古的《乐毅报燕惠王书》。

乐毅是反齐联盟的设计者。齐国在春秋时期最早称霸，到战国中后期的齐湣王时，"齐湣王强，南败楚相唐眛于重丘，西摧三晋于观津，遂与三晋击秦，助赵灭中山，破宋，广地千余里。与秦昭王争重为帝，已而复归之。诸侯皆欲背秦而服于齐。湣王自矜，百姓弗堪。"[①]齐王自觉军力强大，矜持骄傲，目空四方，国内民众处境艰难。乐毅看到了齐国的民怨民心，看透了当时的世事大局，一直思索周边几国生存发展大计。公元前299年，赵武灵王移交权力给少子后，乐毅离开赵国到魏。在魏国，"闻燕昭王以子之之乱而齐大败燕，燕昭王怨齐，未尝一日而忘报齐也。燕国小，辟远，力不能制，于是屈身下士，先礼郭隗以招贤者。乐毅于是为魏昭王使于燕，燕

---

① 《史记·乐毅列传》

王以客礼待之。乐毅辞让，遂委质为臣，燕昭王以为亚卿，久之。"①他是在魏国听到燕昭王招贤的消息，以魏使身份受到燕王的礼遇。一番交谈，为燕昭王真心所感动，被委以重任，帅军驰骋于疆场的。

宋人司马光采集到更多的材料，在《史记》的基础上把燕昭王与乐毅谋伐齐写得更细："燕昭王日夜抚循其人，益以富贵，乃与乐毅谋伐齐。乐毅曰：'齐，霸国之余业也，地大人众，未易独攻也。王必欲伐之，莫如约赵及楚、魏'。于是使乐毅约赵，别使使者连楚、魏，且令赵宣秦以伐齐之利（并且让赵国劝说诱导秦国，晓以伐齐之利）。诸侯害齐王之骄暴，皆争合谋与燕伐齐。"②燕昭王厚待乐毅，与之谋划伐齐大计。乐毅提出联合赵、楚、魏三国共同行动，燕昭王同意并立即派使者付诸行动。乐毅亲自做赵国的工作，同时让其出面劝说秦国予以理解。几个国家早已痛恨齐王的骄横，很快达成一致行动意见。其实，乐毅的反齐联盟行动构想由来已久。当初，齐国打着讨伐邪恶的旗号伐燕，杀子之和燕王哙时，他就力谏赵武灵王着眼大局伐齐存燕。此后，乐毅在报燕惠王书里，又比较详尽地叙述了建立反齐统一战线的背景条件和要点。"先王命之曰：'我有积怨深怒于齐，不量轻弱，而欲以齐为事。'臣曰：夫齐，霸国之余业而最胜之遗事也。练于兵甲，习于战攻。王若欲伐之，必与天下图之。与天下图之，莫若结于赵。且又淮北、宋地，楚魏之所欲也，赵若许而约四国攻之，齐可大破也。"③乐毅指出，联盟伐齐的关键在

---

① 《史记·乐毅列传》
② 《资治通鉴卷四·周纪四》
③ 《史记·乐毅列传》

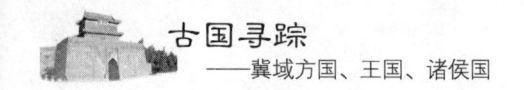

于赵国真心实意参加。燕与赵地域相连、生死攸关,燕欲复兴必须友赵、结赵。至于楚、魏两国,因对齐攻占淮北和宋国久存怨心,会愿意伐齐复归故土。如能以四国联军攻齐,胜算当在把握之中。

燕昭王十分赞赏乐毅的分析和见解,亲自参与本国的军事动员和相关国家的外交运作。乐毅提出必须统一指挥联军,昭王满口应允。

燕昭王二十八年即公元前284年,筹划已久的四国伐齐,以六国参与的规模拉开序幕。燕昭王拜乐毅为上将军,赵惠文王授乐毅以相国印。由于外交游说成功,韩国加入联军,秦国也派一支军队相随,乐毅统帅燕、赵、韩、魏、秦五国联军,东出燕境,首掠齐国黄河以北的土地。楚军按计划未在出发前与五国军队会合,它的任务是配合联军,进攻齐国占领的淮北和宋国故地。

战事的进展完全出乎齐国王廷和将领们的预料。他们不曾想燕国人能联合五国之众,更不曾想竟会首掠北地,因为他们的情报是有战事必在济西。一时间兵溃将慌,无法应战,北地很快失守,齐军士气大挫。紧接着,齐军以重兵布防的济西战场呈现多米诺骨牌效应。两方军队刚刚交手,济西守军最高长官就仓皇逃走,继任指挥官又被杀死。联军轻而易举攻陷齐国西部重地。乐毅果断下令分兵挺进,令魏军集中兵力占领原属宋国旧地,令赵军尽快攻取齐属河间,亲率燕军主力直逼齐国心脏。燕军士气高昂,长驱直入,所向披靡,攻取齐都临淄成探囊取物。这个昔日由周武王分封姜尚为齐王、其首都临淄,在祖辈经营近800年之后,想不到竟被他同朝称臣、共辅周室的召公之后攻克。燕昭王闻讯大喜望外,一雪被齐所辱的国仇家恨，一扫昔日羞耻的满脸愁容。昭王喜气洋洋亲自赶往济西犒赏军士、嘉奖将领，封乐毅为昌国君，以褒扬乐毅昌盛燕国之功。

对于乐毅直捣齐都，当时剧辛存有诸多疑虑，瞻前顾后较多，为安燕计曾提出不同意见。乐毅则认为，齐王不贤，民怨鼎沸，趁势克之，百代难逢；若失良机，养虎遗患，前景难料，悔之莫及。于是果敢决断，猛追穷寇。

司马光记下了这段"剧乐之争"。剧辛曰："齐大而燕小，赖诸侯之助以破其军，宜及时攻取其边城以自益，此长久之利也。今过而不攻，以深入为名，无损于齐，无益于燕而结深怨，后必悔之。"乐毅曰："齐王伐功矜能，谋不逮下，废黜贤良，信任谄谀，政令戾虐，百姓怨怼。今军皆破亡，若因而乘之，其民必叛，祸乱内作，则齐可图也。若不遂乘之，待彼悔前之非，改过恤下而抚其民，则难虑也。"其后的战局发展，证实乐毅的作法是对的。随着燕军深入，"齐人果大乱失度，湣王出走。乐毅入临淄，取宝物、祭器，输之于燕。"齐王遁逃，被属下历数"天、地、人皆告矣，而王不知诚焉，何得无诛"之罪，斩杀在近齐宗庙的莒县鼓里。① 乐毅将缴获齐国的珠宝玉器运回燕国。齐之传国宝器、大吕之钟安放在宁台和武英殿，被齐人抢掠的燕国鼎彝失而复得，重回磨室。

乐毅在齐转战五年，攻取70多个城市，均将它们改为郡县归属于燕，仅剩莒和即墨尚未拿下，战局对燕国十分有利。一个霸气十足的万乘之国，何以这样快的败退濒亡？荀子有言："国者，天下之利势也。得道以持之，则大安也，大荣

---

① 《资治通鉴卷四·周纪四》

也,积美之源也。不得道而持之,则大危也,大累也,有之不如无之;及其摹也,索为匹夫,不可得也。齐湣,宋献是也。故用国者义立而王,信立而霸,权谋立而亡。"①乐毅深明其理,看穿了齐湣王,看透了齐国的民意军心,才敢决策直捣齐王龙庭。其智慧和气魄胆量,不能不令人钦佩、折服。看来,同为贤能、同样报效昭王的剧辛,至少在这方面比乐毅略逊一筹。

4. 苏秦效命

如果说乐毅是反齐联盟的设计者,那么苏秦就是这个重大战略的具体组织者和实施者。苏秦,字季子,东周洛阳人。是战国中后期著名的纵横家。据1976年马王堆三号汉墓出土帛书《战国纵横家书》提供史料,苏秦从事政治活动的时间,应晚于赵肃侯、秦惠文王20余年,主要活动在公元前310~公元前284年间,即燕昭王、齐湣王时期。他是燕昭王的亲信,终生按着燕昭王的旨意,组织实施联合赵、魏、韩、楚、秦的反齐统一战线。燕昭王设计将苏秦派往齐国,名为客卿,实为卧底特工。为了谋求燕国强大,他趋迎齐王、身背骂名、忍受不白之冤,赚取政治、经济、军事情报。他在齐国政坛从事反间活动,散布燕国军事部署的虚假消息,麻痹齐军将士。他还奔走于齐、赵、韩、魏等国之间,以伶牙俐齿、颇具煽动性的论理,说服各国合纵攻齐或攻秦。《史记·苏秦列传》中记载了许多苏秦西至秦、东之赵、说韩王、报魏王、劝楚王、见齐王的精彩论述,言之有据,推之有理。苏秦曾经力

---

① 《资治通鉴卷四·周纪四》

说得失，让齐国返还燕国十城，也曾让齐国相信燕国不会从北线出兵犯齐，发挥了千军万马难有的能量，使齐国军队面对突来的燕师无所适从，兵溃如山倒。正是这一最关键的行动，暴露了苏秦的真实身份，被齐湣王处死。燕昭王的家仇国恨得报，但痛失以命报效的知己良臣。太史公尽管对苏秦有所非议，但还能公正地写下评述："苏秦兄弟三人，皆游说诸侯以显名，其术长于权变。而苏秦被反间以死，天下共笑之，讳学其术。然世言苏秦多异，异时事有类之者皆附之苏秦。夫苏秦起闾阎，连六国从亲，此其智有过人者。吾故列其行事，次其时序，勿令独蒙恶声焉。"①

苏秦"合纵"，最注重燕与赵合。他对燕侯细说其物丰地利后转问："夫安乐无事，不见覆军杀将，无过燕者。大王知其所以然乎？夫燕之所以不犯寇被甲兵者，以赵之为蔽其南也。"②赵是燕的南部屏障，秦赵相拼，燕在其后，故得安宁。而且秦距燕数千里，就是攻城也不能守卫。而赵攻燕，不用十天数十万大军到你的东都。"故曰：秦之攻燕也，战于千里之外；赵之攻燕也，战于百里之内。夫不忧百里之患而重千里之外，计无过于此者。是故愿大王与赵从亲，天下为一，则燕国必无患矣。"③燕侯很赞同苏秦的分析，"于是资苏秦车马金帛以至赵"。

苏秦又劝赵王："窃为君计者，莫若安民无事，且无庸有事于民也。安民之本，在于择交，择交而得则民安，择交而不得则民终身不安。请言外患：齐秦为两敌而民不得安，倚秦攻齐而民不得安，倚齐攻秦而民不得安。故夫谋人之主，

---

①②③《史记·苏秦列传》

伐人之国，常苦出词断绝人之交也。愿君慎勿出于口。请别白黑，所以异阴阳而已矣。君诚能听臣，燕必致旃裘狗马之地……。"① 民为国之本，民安则国安。国安在择交。赵国的外患在秦齐两个大国，他们都不是依靠的对象，你的交往重点在燕国。如果这样做，燕国必然会很友好、真诚地与你做朋友。燕国虽然弱小，不足畏惧，但在两强攻击你时均可"出锐师以佐之"。赵王说："寡人年少，立国日浅，未尝得闻社稷之长计也。今上客有意存天下，安诸侯，寡人敬以国从。"② 就是说，同意了苏秦的建议，待为上宾并赠送贵重礼品。

苏秦继续实施他的五国联盟构想。游说韩王，分析它的地理条件和军队实力，以宁为鸡头不作牛尾刺激韩王，"今西面交臂而臣事秦，何异于牛后乎？夫以大王之贤，挟强韩之兵，而有牛后之名，臣窃为大王羞之"。韩王勃然大怒，按剑仰天说道："寡人虽不肖，必不能事秦。今主君诏以赵王之教，敬奉社稷以从。"③ 韩王表态绝不与秦交，豁出江山社稷听从苏秦的指教，还特别礼貌的抬高规格称苏秦为"主君"。

苏秦到魏国游说魏王，尽数国之南、东、西、北地肥人富，国力军力不在楚国之下，"然衡人怵王交强虎狼之秦以侵天下，卒有秦患，不顾其祸。夫挟强秦之势以内劫其主，罪无过此者。魏，天下之强国也；王，天下之贤王也。今乃有意西面而事秦，称东藩，筑帝宫，受冠带，祠春秋，臣窃为大王耻之"④。你结交秦国，必受其祸，堂堂魏国，天下贤王，竟对虎狼称臣，我都为大王感到羞耻。越王勾践三千人擒夫差于干遂，武王三千人胜纣王于牧野，不是他的兵丁众多，而

---

①②③④《史记·苏秦列传》

是能够杀出威风,其势可畏,其志可嘉。如今大王你兵多将广,装备优良,远超勾践、武王数倍,却听奸人之言,割地求全,换取一时之安,这是利用秦的威势挟持大王您出卖祖宗啊,希望认真思考决断。大王你可千万不要忘记《周书》上的话:"'绵绵不绝,蔓蔓奈何?豪氂不伐,将用斧柯。'前虑不定,后有大患,将奈之何?大王诚能听臣,六国从亲,专心并力一意,则必无强秦之患。"①小事不察积为大害,小错不纠酿成大祸,到时候难于应对,悔之已晚。你若专心一意,合纵结亲,就不必担心与秦为邻的患害了。魏王答应予以合作"敬以国从"。

苏秦到楚国,对楚王说:楚的疆域与王的贤能是别的国家没有的。"秦之所害莫如楚,楚强则秦弱,秦强则楚弱,其势不两立。故为大王计,莫如从亲以孤秦。"楚秦势不两立,楚强秦便弱,秦强楚便弱,秦最怕楚国强大。"秦,天下之仇雠也。衡人皆欲割诸侯之地以事秦,此所谓养仇而奉雠者也。夫为人臣,割其主之地以外交虎狼之秦,以侵天下,卒有秦患,不顾其祸。夫外挟强秦之威以内劫其主,以求割地,大逆不忠,无过此者。故从亲则诸侯割地以事楚,衡合则楚割地以事秦,此两策者相去远矣,二者大王何居焉?"②秦是天下人仇敌。割燕赵魏韩楚之地奉秦,是结交虎狼、大逆不忠之举。所以,纵和则割地给楚国,横和则割地给秦国,两者相去甚远,大王你选哪一个呢?楚王听后说出了自己的疑虑,也表明了希望合纵共抗秦的意愿。"寡人之国西与秦接境,秦有举巴蜀并汉中之心。秦,虎狼之国,不可亲也。而韩、魏

---

①②《史记·苏秦列传》

迫于秦患,不可与深谋,与深谋恐反人以入于秦,故谋未发而国已危矣。寡人自料以楚当秦,不见胜也;内与群臣谋,不足恃也。寡人卧不安席,食不甘味,心摇摇然如县旌而无所终薄。今主君欲一天下,收诸侯,存危国,寡人谨奉社稷以从。"① 楚王向苏秦表露心迹:对形势看得清楚,但心存疑虑。最怕韩、魏将说过的话告诉秦国,事未成而国临危机境地,致使终日心神不定,就像悬挂在空中的旌旗无所依附。至此,苏秦与五国共同谈妥了合纵结盟美好前景。

苏秦使齐,责任重大,任务艰巨。穿行于两个利益相左的国家之间,有时候还要忍受许多误解。一方面为齐王献策要有真知灼见;另一方面要分化齐、赵两国,防止齐国进攻燕国;还要拉住齐国,孤立秦国,达到六国拒秦的最终目的。20世纪80年代,在马王堆三号汉墓发现记有战国纵横家书信的帛书。经整理,内存关于苏秦的书信十四章,从中可以看出苏秦在公元前三世纪一些重大事件中所处地位。其中有一篇《苏秦自齐献书于燕王章》,是苏秦在齐国写给燕昭王的一封信,时间约在公元前286年。这个时候,苏秦正作为燕间以客卿身份使于齐。由于齐王对燕说了很不礼貌的话,燕昭王又听到令他半信半疑的消息,有了撤换苏秦的意向,所以苏秦写此信予以解释,表明自己的心迹。

苏秦写道:"燕齐之恶也久矣。臣处于燕齐之交,固知必将不信。臣之计曰:齐必为燕大患。臣循用于齐,大者可以使齐毋谋燕,次可以恶齐赵之交,以便王之大事,是王之所与臣期也。臣受教任齐交五年,齐兵数出,未尝谋燕。齐赵之

---

① 《史记·苏秦列传》

交，壹美壹恶，壹合壹离。燕非与齐谋赵，则与赵谋齐。齐之信燕也，虚北地行其甲。王信田伐缲疾之言攻齐，使齐大戒而不信燕。臣秦拜辞事，王怒而不敢强。赵疑燕而不攻齐，王使襄安君东，以便事也，臣岂敢哉。齐赵遇于阿，王忧之。臣与于遇，约攻秦去帝。虽费，毋齐、赵之患，除群臣之耻。"[1]齐国是燕的大患，我在齐能发挥的作用，大的可让齐不攻燕，次之可让齐赵交恶，便于您的报仇大事，这是我们共同期望的。我接受您的派遣在齐活动已经五年，齐师多次出动没打燕的主意。齐与赵的关系，时好时坏，时交时离。不是燕齐谋赵，而是燕赵共谋齐。齐国相信了燕之假象，不派兵驻守北地。您听信别人话急于攻齐，让齐大加戒备不再相信燕国。我打算拜别辞去，惹您发火不敢再坚持。赵怀疑燕的真心不攻齐，您派人东去齐说项，我怎敢违抗大王呢。齐赵东阿会晤，您很担心。我和于遇都参加了，那是相约齐去帝号、赵齐联合攻秦。虽然费了些人力物力，但有两个好处。一是齐赵联力攻秦，就不会再攻燕，排除齐、赵来犯之忧；二是齐既去东帝号，燕就不必再向齐称臣，可除却群臣的耻辱。当时，燕表面上臣服于齐，齐出兵攻秦，要燕出兵相助，花费很大。苏秦在后几句作了解释。

苏秦接着写："齐杀张颀，臣请属事辞为臣于齐。王使庆谓臣：'不之齐危国'。臣以死之围，治齐燕之交。后，薛公、韩徐为与王约攻齐。奉阳君鬻臣，归罪于燕，以定其封于齐。公玉丹之赵致蒙，奉阳君受之。王忧之，故强臣之齐。臣之齐，恶齐赵之交，使毋予蒙而通宋使。故王能裁之，臣以死

---

[1] 马王堆三号汉墓帛书《战国纵横家书》

任事。至后，秦受兵矣，齐赵皆尝谋。齐赵未尝谋燕，而具争王王于天下。臣虽无大功，自以为免于罪矣。今齐有过辞，王不喻齐王多不忠也，而以为臣罪，臣甚惧。颓之死也，王辱之。襄安君之不归哭也，王若之，齐改葬其后而召臣，臣欲毋往，使齐弃臣。王曰：'齐王之多不忠也，杀妻逐子，不以其罪，何可怨也。'故强臣之齐。二者大物业，而王以赦臣，臣受赐矣。"① 这一段，苏秦列述自己遭受的两次误解：齐攻宋时，燕王派张颓率燕兵从征，后被齐王所杀，燕王非常悲痛，还被迫遣使请罪，感到蒙受耻辱。齐臣公玉丹去赵，把蒙邑许给赵相奉阳君作封地，燕派苏秦前去阻拦，防止齐赵接触过多。燕国怨他处置不力，办事不得当。昭王制止了这个行动，我十分感激，必将拼着一死把事情办好。此后，秦调动兵力部署，齐赵相互算计，并没打燕的主意，却是在为争天下王寻谋计策。我感觉虽然没有大功，自认为可以免罪。现在，齐国说不礼貌的话，您应明晓其不信守诺言，却指责为臣，我很害怕。齐国改葬张颓后召唤我，我若不应，就会被齐冷落，于使命无补。您说：齐王不忠不义，连杀妻逐子都不以为罪，你还有什么可怨恨的呢。所以我仍坚守在齐。这两件都是大事，而你不怪罪，我深感受到您的恩惠。

"臣之行也，故知必将有口，故献御书而行。曰：'臣贵于齐，燕大夫将不信臣。臣贱，将轻臣。臣用，将多望于臣。齐有不善，将归罪于臣。天下不攻齐，将曰：善为齐谋。天下攻齐，将与齐兼弃臣。臣之所处者重卵也。'王谓臣曰：'吾必不听众口与造言，吾信若犹齿也。大，可以得

---

① 马王堆三号汉墓帛书《战国纵横家书》

用于齐；次，可以得信；下，苟毋死。若无不为也，以孥自信，可；与言去燕之齐，可；甚者，与谋燕，可。期于成事而已'。"① 我的行为，自己知道必有闲话，所以向王献书写信说明。我在齐国地位高贵，燕国大夫们会不信任臣下。如果在齐地位低贱，就将轻视我、说我没能耐。我受到重用，将会期望过多过高。齐国的事项处理不周全，齐会归罪于我。五国诸侯不能联力攻齐，就会说我为齐出力谋策。若能协力攻齐，众诸侯将与齐共同抛弃我。臣时时处于危险境地。大王您说，绝对不会听信谣言闲话，你我就像上下牙齿同咬食物一样。大者，在齐得到重用，次之能够取得信任；下下策也不能死。如果不方便做事，可以带了妻室去，用以取得信任；可以跟他们说离开燕国到齐国来；甚至可以做与齐一起图谋燕的事。总之，期望你尽快成就大业，不要顾虑过多。

"臣恃之诏，是故无不以口齐王而得用焉。今王以众口与造言罪臣，臣甚惧。王之于臣也，贱而贵之，辱而显之，臣未有以报王。以求卿与封，不中意，王为臣有之两，臣举天下使臣之封不愧。臣止于赵，王谓韩徐为：'止某不道，犹免寡人之冠也。'以振臣之死。臣之德王，深于骨髓。臣甘死、辱，可以报王，愿为之。今王使庆命臣曰：'吾欲用所善'。王苟有所善而欲用之，臣请为王事之。王若欲专舍臣而转任所善，臣请归释事，苟得时见，盈愿矣。"② 苏秦写道：我遵循您的旨意，凡事先禀告齐王再办。今天听信闲话谣言责怪于臣，我心里很不是滋味。我知道，您对我有恩，让我由地位低贱变高贵，由屈辱变显赫，还没有机会回报大王。我无意

---

①② 马王堆三号汉墓帛书《战国纵横家书》

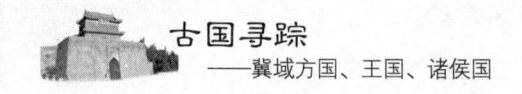

求取官位封地，您给我的两项荣耀，足以使我在称举各国使臣的封号时不至于感到羞愧。我被扣留赵国时，您对赵将韩为说"这个人缺乏道德，还想夺下寡人之王冠呢"，用这种手法使赵相信臣已疏远燕国，拯救了我的性命。我感激王的恩德，深刻于骨髓间。臣甘心情愿，死、辱不怕，只要能报王恩的事，都愿去做。现在，您想调我回去，我请求返国。如果不再任用，我请求解除职务。若能见大王一面，心愿足矣。

苏秦信中一再表白对燕、对昭王的感恩之情和赤胆忠心，写尽所处的险恶环境，写出左右为难的心绪。苏秦为燕国复兴，为昭王雪耻，可谓鞠躬尽瘁、死而后已，无愧战国时代名嘴、名臣、侠士。

5. 秦开拓边

"燕有贤将秦开，为质于胡，胡甚信之。归而袭破东胡，东胡却千余里。"[①] 秦开是燕昭王宠信的爱将，按战国时交往取信的惯例，作为人质北去东胡。东胡，当时燕北比较强大的游牧民族，经常南下侵掠燕地。为了顺利实施伐齐兴国的战略目标，让东胡不再给燕制造更大麻烦，同时为了必要时借助东胡兵力用于燕齐之战，昭王派秦开肩负重任出使东胡。

秦开为质于胡和秦开却胡的时间，相关史籍记载不详，一些燕史研究学者认为当在公元前299~公元前260年间。应该是公元前285~公元前284年去东胡，公元前282~公元前280年率师却胡。主要原因一是燕曾有借胡兵助伐齐的考虑，二是燕

---

① 《史记·匈奴列传》

昭王向东胡进军要有物力财力，选择适宜的时机，最大可能当在伐齐取得决定性胜利之后。

秦开在东胡，就其游牧习俗和民族特质，屡献强国富民之策，建言扩大贸易，与燕互取所长，互补所短，互满所需，颇得信任。这使他有机会游览观察东胡的山川地理形制，特别是与燕毗临地域的防御设置。使他比较轻松地掌握重点防守部位和薄弱地带，研究东胡的骑兵奔袭战术，以求克敌之策。逃回燕国后，他对却胡军事方案已思虑成熟，遂向昭王提议尽速行动。

却胡拓边进展顺利。燕军很快突破东胡防线，向前推进。不仅收复了被东胡占去的小片土地，而且把燕国边境向东推进了一千多里。秦开率军拓展燕国东部疆域，"自造阳至襄平，置上谷、渔阳、右北平、辽西、辽东郡以拒胡"[1]。在新辟地区实施郡县制，设置了五个郡，以便防卫东胡。燕国随之修筑北部长城，西起造阳（郡治在今怀来），东到襄平（郡治在今辽宁省辽阳）。北长城遗址至今还在，位于张家口宣化、怀来以北的张北和赤峰间，西入内蒙兴和县与赵长城相接，东北经丰宁、围场至辽西，过赤峰进入今北票市。燕国所辖"东有朝鲜、辽东，北有林胡、楼烦，西有云中、九原，南有呼沱、易水"[2]。就是说包括了今天的北京以及河北北部、内蒙南部、山西东北、山东西北、辽宁西部的广大地区。"燕襄王以河为境，以蓟为国，袭涿、方城，残齐，平中山，有燕者重，无燕者轻。"[3] 燕襄王也是燕昭王的称谓，这个时候燕国国力

---

[1]《史记·匈奴列传》
[2]《战国策·燕策一》
[3]《韩非子集解卷二》

图2-7-3 燕下都遗址出土铜铺首、瓦当

强大起来，成为举足轻重的大国，有燕则重，无燕则轻（图2-7-3）。

八、广川·古国沧桑

广川，位于今衡水市景县西南的一个地名。两千多年来，历经广川县、广川郡、广川国、广川镇的变迁，是一方文化渊源悠长、历史名人辈出的热土。

1. 广川史略

广川地处河北平原中部。这里是旧石器时代到新石器早期黄河下游河水冲积而成的平原。《汉书·沟洫志》记："河水重浊，号为一石水而六斗泥"，足见大河泥沙的造地威力。班固在记述延续夏、商、周三代功德的大禹治水时说：夏禹以治理黄河为当务之急，从积石山导引黄河，凿开龙门让河水南抵华山之阴，折而东向砥柱山直达孟津、洛阳，又东北流到大伾山。夏禹认为黄河水从高处流来，水急势猛，难以在平原地带平缓流行，便在大伾山附近分黄河为两支，用以缓解水势。向北流的一支把黄河引到较高地势，经过漳水到达大陆泽，出大陆泽分为九条河流，流入渤海。《汉书·地理志第八下》记："信都国，景帝二年为广川国，……故章河、故虖池皆在北，东入海。《禹贡》绛水亦入海。"说明漳河、滹沱河都流经广川境内北部。《汉书·地理志第八上》记：黄河在清河郡东武城、绛幕、灵县分出支流鸣犊河，东北流至信都国条县入屯氏河。张甲河始受屯氏别河水，东北流至条县入漳水。这说明，广川既是大禹治水后下游九河的流经地，又有其他几支河流在此流过。成陆年代最晚不迟于五千年前。这里土地广阔、河流纵横，树木繁盛，颇具耕种之利，为人类生存繁衍提供了适宜条件。战国时期，齐、赵两国修筑河堤后，黄河泛滥次数减少，先民们开始留下活动足迹。战国时期这片土地属于赵国领地范围。西汉初期，高祖刘邦承秦之郡县制，在这里建城设关，广川属信都县。其地有长河为流，故曰广川。遂起广川之名。

汉文帝刘恒始封皇子为王，其郡称国。景帝前元二年（公元前155年），刘启诏置广川国封皇子刘彭祖为王，都信都（今河北省冀州市）。广川国辖17县，地域包括今景县与武邑县以南、南宫市和故城县以北、滏阳河以东、山东德州市以西。域内6.5万户、30万人，相当于今日一个中等县。这片土地平坦宽阔、自然条件优越，在农耕时代足以保百姓丰衣足食，税赋征收、物流贸易当是朝廷大户。命皇子镇守，在情理之中。刘彭祖自是尽心竭力治理广川。但这个王爷脾气古怪，人缘不佳，缺少仁恩之心，表面恭敬可亲却心怀叵测。他喜好法律，常以诡诳之辩中伤别人；不喜欢整治宫室、乞祥求福，总爱做下等官吏办的事情，在治理社会秩序方面用力不小。两年后迁封赵王，还上书朝廷自愿督办查处盗贼，经常和士卒夜间巡查邯郸城区与城郊，盘查寻找可疑过客，"诸使过客以彭祖险陂，莫敢留邯郸"。① 可以想象，刘彭祖在广川期间，至少社会治安方面是不错的。

景帝中元二年（公元前148年），封刘越为广川王，历13年于公元前136年去世。刘越属平庸王爷，在位期间无所作为，死后谥号广川惠王。其子刘齐继位40余载，后因诬告朝臣，惧怕有司弹劾遭惩处，便上书朝廷愿率广川勇士去攻打匈奴，未出发即病亡。武帝征和二年（公元前91年），武帝诏使惠王孙刘去续为广川王。这个人在位22年，暴虐无道，凶狠残忍，听信王后谗言，肢解活人、烧尸烹人，前后杀害无辜之人16名，其中有教他要走正路的老师父子。刘去罪大恶极，该当正法。有司奏请废其王位，与恶妻同徙上庸（今湖北省竹山县西南）。路途之上，刘去自杀身亡，其妻也被杀暴尸街头。公元前66年，汉宣帝又封刘去的兄长刘文继任，是为广川戴王。刘文一向正直，曾多次劝刘去改邪归正，但王运不长，在位两年病故。他儿子继位的第15个年头，又因杀人罪徙房陵，被废除国。到平帝元始二年（公元2年），末代西汉皇帝封戴王的弟弟刘瘉为广川德王，以继刘文的戴王位。可惜刘瘉短命，仅在位两个月就去世，只好由儿子刘赤接任。新朝王莽时将刘赤贬为公，后废为庶人。

东汉永初元年（107年），安帝刘祜分清河国地析置广川

---

① 司马迁：《史记·五宗世家》

国，封其弟刘常保为广川王，都广川（今河北省景县西南广川镇）。此时的广川国仅有一县之地，难与西汉广川相比。就是这样一个小国之君也难常命，两年为王即病丧，无子嗣国除。十年后广川再次归并清河国。

西晋十六国时期，今景县地域归属两个县治理。西晋设广川县，归冀州辖，后赵沿置；北齐天宝七年（556年），广川县划入枣强域内，广川镇也划归枣强县。北魏复置条县，治今景县景州镇东，东魏、北齐、北周皆沿置。

隋文帝开皇九年（589年），杨坚置观州，领条县、安陵（治今河北省景县城东安陵镇）、阜城三县。炀帝大业二年（606年）废观州，条县划归冀州辖县。这一年，枣强县治也由广川故城移至今枣强镇东。期间，开皇16年曾置观津县，治今景县景州镇，后被炀帝废入条县。唐代自贞观年间稳定道、州、县三级行政建置，广川所在条县仍归属冀州管辖，治今景州镇。至五代后周时仍续这一建置。

北宋河北东路所辖冀州条县，即大体沿置西晋广川地域。金代，南宋与金在1141年签订《绍兴和议》，双方东以淮河、西以大散关为界，各掌半壁河山。金朝全境"建五京，置十四总管，是为十九路"。条县属观州，州治在今东光县。观州即北宋永静军，金初曾名景州，后改称。元代，河间路省观州设景州，州治今景县景州镇，同时也是条县县治。景州属河北人口较多的州，户在一万左右；条县为二千户以上的中等县。《元史·食货二》记录了河北各地商税数额，其中景州所在河间路为10466锭47两2钱，占诸路总和6.8309万锭的六分之一。可见当时景州商业繁荣之一斑，其中自然少不了方便的水路交通、迅速发展的手工业、为富商大贾贸易活动提供的便利条件。

古国寻踪
——冀域方国、王国、诸侯国

明代洪武初年,省条县设景州(治今河北省景县),领吴桥、东光、故城县,属北直隶河间府辖州。清代的行政机构基本沿袭明制。顺治初,1645年北直隶改称直隶。到雍正九年(1731年),河间府领景州并10县,景州治今景县景州镇。1914年6月,北洋政府津海道改景州为景县,沿用至今。

从历史资料上看,自秦开始经2200余年沧桑变迁,广川曾先后为国近200年,广川所在景县为州近500年、为蓨(条)县和景县近1400年。近百年来,广川镇一直是景县的一个古镇。

2. 董子故里(图2-8-1)

司马迁在《史记》中载:"董仲舒,广川人也。以治《春秋》,孝景时为博士。下帷讲诵,弟子传以久次相授业,或莫见其面。盖三年董仲舒不观于舍园,其精如此。进退容止,非礼不行,学士皆师尊之。"① 班固的《汉书·董仲舒传》,基本引述了上文作为开篇段落,只有少数字句更动。这里边包含有三层意思:

第一,董仲舒的出生地。明确记述董仲舒是广川人士,至于是广川国还

图2-8-1 董仲舒石雕像

---
① 《史记·儒林列传》

是广川县未细说。就为此引发了董子故里之争,延烧时日不短。最近"温城董子"之说,似有让纷争尘埃落定之势。其依据是,董仲舒著《春秋繁露·五行对》有"河间献王问温城董君",问学内容是"孝经曰天孝,天之经,地之义。何谓也?"河间献王修学好古、山东诸儒皆从之,他又与董子同时代、同乡,问学之事可信,称谓中有对方籍贯也可信;而书是董子所写,他又是治学严谨之人,自然不会贸然认可疏漏文字。西汉广川温城是条县的温城,由此认定董子出生地在今景县温城乡的大温城村。

第二,董仲舒的治学精神。他坐在帷幕后讲读经典,弟子们依据入学时间先后长短,相递传授,后来的弟子中有的竟然没有面见过老师。他三年时间潜心研究学问,竟然没有一次走到庭院赏景观,足见其专心致志的程度。《论语·述而》记:"子在齐闻韶,三月不知肉味。"那是孔子听到舜时的乐曲,忘我品味韶乐,三月吃不出肉味。而董仲舒为治学三年不赏院景,可谓前后意相近、情十倍,皆后世之表。

第三,董仲舒的学术成就及影响。"以治《春秋》,孝景时为博士。"是说对《春秋》素有研究,景帝时就当上了博士。他治学教授以礼为本,从自身做起,把孔子的教诲刻在心上、落实到行动中,身先示范。举止行动、容色态度,全部照"礼"的要求去力行,不符合礼的决不去做,以此赢得了所有学生的敬重,也带出了一批又一批的儒家弟子。

董仲舒生长在汉王朝政治稳定、经济繁荣、人民安居乐业、国力空前强盛的时期,亲历文景之治、汉武盛世,感受士乐学业、学术自由氛围。他自是希望皇天长在、千秋万世,也期望在官场找到自己的位置。为此倾注全部心血研究《公羊

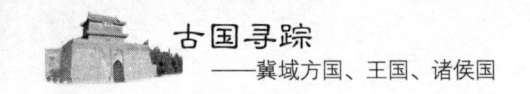

春秋》,吸收法家、道家、阴阳学思想,与周以来的宗教天道观和阴阳、五行学说结合起来,提出"罢黜百家、独尊儒术",形成"天人感应"、"大一统"为要点的哲学体系。

公元前134年,汉武帝即位六年后下诏征求治国大道的纲要、安民理论的最高准则,前后推选贤良文学之士百余名。董仲舒作为被推举的贤良回答皇帝的策问,联系当时社会提出的一系列问题,系统阐述了自己的政治、哲学观点。《汉书·董仲舒传》记载了武帝的策问和董子的回答。第一策关于"天命"和"性情"问题,董仲舒答毕,武帝认为对策很不平常。紧接着又提出第二策,关于无为与有为、尚质与尚文、任德与任刑及现实问题。董仲舒引经据典、对答如流,言陛下统一天下,具备了天下的美德,功比尧、舜、周武三王,期许谨遵圣人所教,切记武乐美而不善、玉不琢不成器,实施礼法教民与刑罚制民并举、恩德普照百姓、荐贤考绩授官。第三策,关于天人感应的关系。董仲舒回答:天是万物之祖,作日、月、风、雨调和万物,使阴、阳、寒、暑生育万物。圣人法天立道、施仁爱而无私,布仁德厚百姓、立义礼导百姓。春季,天用之生育万物,仁用君爱护百姓;夏季,天用之滋长万物,德用君养育人民;秋霜,天用以诛杀万物,君用法惩罚子民。天地与人相通、相互感应,古今如此。身为人君,上承顺天意,下教化百姓,秉法度治国,致天下太平。董仲舒认为:道之大原出于天,君之责授之于天,因此反映天命的政治秩序和政治思想都是统一的,儒家经典就是集中的表现。所以要"废黜百家,独尊儒术",所以要明确"三纲五常",所以要重视"天人感应",所以要建立"大一统"学说。

策问之后,汉武帝采纳了董仲舒的建议,儒学始成官方哲学。董仲舒正是在当时学术自由的氛围中发展了自己的思想，却提出钳制学术自由的"罢黜百家，独尊儒术。"这不能不说是我国思想史上影响深远的一个悲剧。

董仲舒是一位承前启后、继往开来的思想家。前承孔子开创的儒家学说、兼收并蓄道家、法家和阴阳五行学等，集大成化为自己的哲学体系，为巩固大汉帝国政权作出了重要贡献，颇受汉武帝的尊重。他把自己的政治主张写进《春秋繁露》，总结出中国封建社会的基本道德原则和规范。在人与人之间的服从关系上，提出了"三纲"：君为臣纲、父为子纲、夫为妻纲；在个人道德修养上，提出了"五常"：仁、义、礼、智、信。两千年的封建社会一直被奉为经典之语。宋代朱熹开始将"三纲五常"两词连用，而首开先河者依然是广川董子。

董仲舒的"天人感应"、"天人合一"学说，虽是源于孔子的"名"和老子的"道"，论述却比前辈更详尽、更具体、更易为最高统治者接受。他的人心与天心相连接、皇帝心最知天心；天有阴阳、人也有阴阳、可以相互呼应，皇帝最能承天之阴阳左右人间阴阳说，是维护皇权的得力法宝。而臣民要达到"天人合一"的渠道，就是先"尽心"，即尽心竭力为吾皇、后"知性"，即了解自己生来的本质、才能"知天"，即到达修身养性的最高境界。如果不这样做，就要受到天的惩罚。

董仲舒说，为了达于"天人合一"，就要注意个人品行修炼、专心研读儒家"六经"。他认为六经各有所长又是一个整体：《诗》长于质，《礼》长于文，《乐》长于风，《书》长于事，《易》长于数，《春秋》长于治人。就它们对个人影响而言，《诗》与《书》序其志、《礼》与《乐》纯其美、《易》与《春秋》明其知。学者应当"兼其所长"，不要

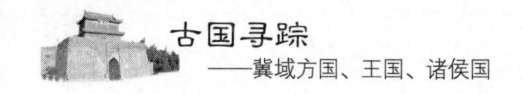

"偏举其详"。这种学习方法是可取的。

"董仲舒为人廉直"、"数上书谏争",一生耻于迎奉世俗、不与奸佞为伍,深刻揭露社会问题。这是他学富五车、才高八斗,虽受到上下尊重却未被重用的原因之一。未得重用的第二个原因是董仲舒专心治学、无防人之心。他的学术造诣超过同时代的主父偃和公孙弘,却屡屡被两人妒忌和暗算。一篇《灾异之记》的奏章,未及上奏让登门的主父偃偷走交给武帝,被关进监狱,按律当斩,后武帝特赦才免死;他刚被任命为中大夫,又被公孙弘假荐董适任胶西王相、设计逐出朝廷。胶西王刘端怪癖变态又恣意放纵,属"景十三王"中十分难处的一位王爷,到他那里任相的几个人先后被杀。董仲舒提心吊胆相胶西,刘端"素闻其贤"尚能善待,但总感会有不测之祸,于是借病患之由请辞胶西王相。"至卒,终不治产业,以修学著书为事。故汉兴至于五世之间,唯董仲舒名为明于《春秋》,其传公羊氏也"。① 董仲舒晚年托病辞官,归家居闲,直到过世,始终不经营私家产业,只是专心于研究著述。司马迁评价说,从汉兴到武帝五世之中唯独董仲舒以精通《春秋》而闻名,他传授的是真本公羊《春秋》学。汉武帝在董仲舒居闲后,并没有忘记他。朝廷中有重要议事,总派使者及廷尉张汤趋家问询,而他的对答都能阐明纲纪法度,供武帝参考定夺。

董仲舒一生光明磊落,为士为官从不谋一己私利,潜心治学、严谨致教、荐举贤良,一副广川汉子的忠肝义胆,一位大师儒雅的非凡风度。连太史公也在《史记·儒林列传》终了发

---

① 《史记·儒林列传》。

出感叹：董仲舒弟子中致身通达，官做到命大夫（高级参谋）或者担任郎官（皇帝随从）、谒者（朝会引见）、掌故（汉文学官）的，数以百计。而董仲舒的儿子以及孙子，也都因为深通儒学的真才而做到大官。西汉后期著名学者刘歆，评价董仲舒遭逢西汉承接秦朝焚灭学术之后、《六经》分崩离析之际，他下帷发愤钻研，潜心经学大业，使后来的学者对儒家学说有了系统一致的认识，成为群儒的首领。历史事实确实如此，董仲舒无愧秦始皇焚书后汉武复起的群儒首领。

3. 条侯亚夫（图2-8-2）

景县是汉代名将周亚夫的封地。其父绛侯周勃死后，文帝后元二年（公元前162年）封周亚夫为条侯（今景县时称条

图2-8-2　周亚夫衣冠冢

县)续绛侯爵位。"孝文帝择绛侯子贤者,皆推亚夫,乃封亚夫为条侯,续绛侯后"。[①]汉初实行诸侯王、列侯两等爵位分封制度。皇子封诸侯王,其郡称国(到武帝之后,有些诸侯王也仅一县之地);有军功者封为列侯,有大小之分,一等侯食县、二等侯食乡、三等侯食亭(村),以食邑总户数岁收入折算饷银。所封侯爵可以世袭。周勃军功至高,被封一等列侯食今绛县,长子周胜继承父位六年触犯刑律,绝封一年后由次子周亚夫接任。

汉文帝十分信任周亚夫,临终嘱咐太子刘启:"即有缓急,周亚夫真可任将兵"。到景帝刘启时发生"七国之乱",来势凶猛、京城告急,景帝拜周亚夫为最高军事统帅,领三十六将军平叛,仅用三月即扫灭叛军,使国家重新恢复安定。平定吴楚七国之乱,周亚夫采取了详知敌情、选择战机、避锋就衰、巧取决胜的战略方针,表现出坚韧稳重的大将风范,为汉王朝立下大功,使汉王朝建立以来最严重的政治危机得以缓解。也就是这次平叛,行前周亚夫奏请景帝:"楚兵剽轻,难于争锋。愿以梁委之,绝其粮道,乃可制"。[②]他根据吴楚叛军的实力特征,采取先钝挫其锐气的办法,暂时舍弃梁国,让其自行坚守城池,使汉军赢得切断吴军粮道的时间,然后在吴楚叛军粮草竭尽时决战制胜。景帝完全同意周亚夫的作战计划。

开战之后,梁孝王见吴楚军兵威甚壮,数次遣使到周亚夫军前求救,亚夫俱陈其理不派一兵一卒。梁孝王又派使者赴长安告御状,景帝终不忍亲兄弟哭泣,遂指示周亚夫救梁。周

---

①② 《史记·绛侯周勃世家》

亚夫坚持"军中闻将军令,不闻天子之诏"原则,依然不变动作战部署。梁孝王只好调兵遣将全力抵抗,使得吴军不敢西行。吴军于是进犯周亚夫军,数次挑战力求速决,周亚夫坚守营垒拒不出战。待吴军粮草竭尽,汉军趁机反击,一举大胜吴王刘濞,致其全军溃败,兵将大多向周亚夫军和梁孝王军投降。这本是一场联合平叛的歼灭战,梁孝王作为当朝皇帝胞亲理应表感激之情。他却心胸狭窄,把一腔怨恨记在周亚夫头上,日后寻机报复,屡次在皇太后和景帝面前诋毁周亚夫,欲置亚夫于死地而后快,成为断送周亚夫前程、使之惨死的人物之一。

汉景帝决定废戾太子时,身为丞相的周亚夫坚持反对意见,与景帝发生当面争执。景帝深感不快,梁孝王火上浇油,致使朝廷与周亚夫的关系,从甚为爱重转为逐渐疏远。

在窦太后提出其兄王信封侯问题上,景帝表示了不同意见。经太后一再恳请,景帝说要与丞相商议。君臣相议时,周亚夫坚持先祖高皇帝约定:"非刘氏不得王,非有功不得侯。不如约,天下共击之"。王信虽是刘启的舅舅但不姓刘也无军功,汉景帝无话可讲,遂搁置不议。然而,窦太后未能得逞,又将怨恨记在周亚夫身上。

此后不久匈奴七位贵族降汉,景帝考虑为招降更多匈奴将领计,准备将他们封侯。周亚夫以为:封背叛自己君主的人为侯,将无言谴责人臣不守节。这一次,景帝拒不采纳丞相的意见,七人悉数封为列侯。周亚夫因此称病不朝。景帝自然会多一层不满意。

也许与上述诸事关联,也许景帝另有所思,中元三年即公元前147年,汉景帝以病为由免去周亚夫丞相一职。它标志

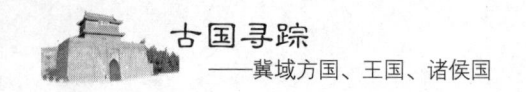

着景帝与周亚夫相当和谐的君臣合作关系已到破裂的边沿。

此后不久，汉景帝在宫中召见条侯并赐他食物。桌案上只放一块尚未切开的大肉，没有摆筷子。无心计少思量的条侯，回头招呼侍者取筷子来。景帝笑曰：这难道还不够你吃吗？周亚夫赶忙脱帽谢罪。景帝说罢起身，亚夫就此快步退出门外。汉景帝目送他出门说：这个快快不快的人怎么能是少主的臣子啊！尽管后人对这件事情有多种解读，羞辱也好、取笑也好、不满意的暗示也好，但反映出君臣之间由尊重依靠到完全破裂的现实，是不言而喻的。

皇帝不满意，太后有怨恨，那些素来因各种利益反对、妒忌周亚夫的人，趁此机会全出来搜集材料、罗织罪名。条侯的儿子为父亲后事置办随葬品，被诬告谋反。周亚夫受牵连被捕入狱，绝食五天，呕血而死。封国随之废除。

"太史公曰：亚夫之用兵，持威重，执坚刃，穰苴曷有加焉！足已而不学，守节不逊，终以穷困。悲夫！"[1] 司马迁评价周亚夫，用兵守威持重，坚毅沉着，位在齐国精通兵法的司马穰苴之上。可是他自己满足而不学习，遵守节操而不谦让，终于陷入困境。可悲啊！

周亚夫的悲剧在于，像他这样的贤将堪称军事天才，战争时期可以攻无不克，而沉郁固执又不学习的性情，却使他难以胜任"掌丞天子，助理万机"，既处理君臣关系又调解朝廷矛盾的丞相职务。

周亚夫的品质令人钦佩，周亚夫的结局令人同情。今景县城西郊有他的墓，封土高16米、周长约600米，呈不规则的

---

[1]《史记·绛侯周勃世家》

三角形，似是喻条侯有棱角的性格。据说，条侯墓是其生前士兵们用手捧土堆积而成。

九、乐成·寻迹河间国

距今2200年前，源自太行山的古虖池河（滹沱河）、古滱水（唐河），自由自在地向东流过冀中平原。两河出太行时相距300余公里，越往东流间距越近，到今献县地二者相距不足百公里，把古韵绵长的献县夹在中间。公元前201年，汉高祖刘邦以其地理位置在此设河间郡，治乐成（河北省献县）。汉文帝前元二年（公元前178年），改河间郡为河间国，首封高祖子赵幽王刘友之后刘辟疆为河间文王，传子哀王刘福。父子两代为王13年，无后继嗣除国归郡。这是汉室河间国的第一代诸侯王，虽仅历十余年，却开河间诸侯王国之先。

1. 河间国与河间府

汉景帝前元二年（公元前155年），复置河间国，封皇子刘德为河间王。汉武帝元光五年（公元前130年）刘德终于任上，年仅50岁。关于刘德后世继位子孙，《汉书·景十三王传》记载："子共王不害嗣，四年薨。子刚王堪嗣，十二年薨。子顷王授嗣，十七年薨。子孝王庆嗣，四十三年薨。子元嗣……立十七年，国除。"细数从刘德开始的河间国历史，刘德本人谨慎为王、扎实做事，子孙们也多顺遂少曲折。仅第五代孙刘元暴戾出命案，"有司奏元残贼不改，不可君国子民。废勿王，处汉中房陵（被处罪发配今湖北省房县）。"他恶性不改，几年后又惹事遭除国。然而，诸事总有转机，皇家子孙多念旧情。河间除国五年后，成帝建始元年（公元前32年）复立刘元弟刘良为河间惠王。刘良为王，修学先祖之德行，母太后去世，遵礼制服大丧三年。哀帝下诏表彰其"为宗室仪表"，为他增加封地一万户。惠王良在位27年辞世，子刘尚继位，王莽时绝。自公元前155年至公元8年的西汉时期（不含被除国的5年），刘德及其子孙前后八位诸侯王、共治河间国近160年。

西汉河间国领五县：乐成（治今河北省献县河街村）、侯井（治在今河北省阜城县阜城镇东北）、武遂（治今河北省武强县小范镇）、武强（治今河北省武强旧城村）、弓高（治在今河北省阜城县阜城镇南），约当今献县中南部、武强县东部、泊头市全部、阜城和东光各一部。

东汉光武帝建武七年（公元31年），刘秀因其祖父刘发与刘德兄弟故，复置河间国，封前献王孙刘劭为东汉河间王，在位六年。明帝永平十五年（公元72年），分河间一部置乐成国，封其子刘党为乐成王。和帝永元十二年（100年），刘肇又以乐成县、勃海郡、涿郡各一部置河间国，封其弟刘恭为河间王。所辖地界北起今雄县及大清河、南到泊头及阜城、东达南运河、西至高阳及肃宁。刘恭卒于顺帝永建六年（131年）在位32年，谥号孝王。子刘政继位10年死，谥号惠王；孙贞王刘建嗣位10年；曾孙安王刘利在位28年死；玄孙刘陔在位42年至献帝延康元年。从刘恭到刘陔，传国五代百余年。

东汉献帝之前的桓帝、灵帝皆出自河间国。桓帝刘志为河间孝王刘恭之孙，灵帝刘宏为孝王曾孙。桓帝即位，追封其祖父为孝穆皇、其祖母为孝穆皇后，其父为孝崇皇、其生母为孝崇博园贵人；灵帝即位，追尊其祖父母为孝元皇帝、皇后，追尊其父为孝仁皇帝、其母为慎园夫人。

东汉河间国领11县：乐成（治今河北省献县河城街）、弓高（治今河北省阜城县阜城镇）、易县（治今河北省雄县西北古贤）、武垣（治今河北省肃宁县武垣故城）、中水（治今河北省献县西权寺）、鄚县（治今河北省任丘市鄚州镇）、高阳（治今河北省高阳县旧城）、文安（治今河北省文安柳河镇）、束州（治今河北省河间瀛州镇束城）、成平（治在今河北省泊头市交河镇）、东平舒（治今河北省大城县平舒镇）。地域约当今东起天津市静海、北到文安和雄县、西达博野和定州、南至景县和阜城。

三国时河间属曹魏地，黄初改国为郡。魏文帝黄初三年（222年），封建国功臣曹干为河间国王，两年后改封乐成侯，除国为郡。黄初七年，曹干徙封巨鹿。明帝太和元年（227年），封跟随曹操南北征战、危急时刻舍身救主的曹洪为乐成侯，食千户、位特进。太和六年，曹洪卒，谥号乐成恭侯，子曹馥嗣侯位。

西晋时期，改魏河间郡为河间国，治乐成，领六县：乐成县、武垣县、鄚县、易城县、中水县、成平县。晋武帝咸宁三年（277年），封少有清名、轻财爱士曾被武帝称赞"可以为诸侯国仪表"的司马颙为河间王。武帝司马炎死后，司马颙参与了惠帝司马衷时期的"八王之乱"，大耍两面手法，挑起诸王之间争斗，借以掌控晋朝廷。惠帝永兴元年（304年），司马颙都督内外诸军事，军国要政皆出其下。不久，因权大位高谋断失算，只身败入太白山中。怀帝司马炽继位，授河间王司马颙司徒之职。在去洛阳赴任途中，被南阳王部将所杀。

东晋十六国时期，后赵石勒改河间国为河间郡，以张夷为河间太守。治乐成，领6县：乐成、武垣、鄚县、易城、中水、成平。前燕、前秦皆依后赵。后燕时，慕容垂曾先后任命彦海、吕罗汉为河间太守，郡治乐成，领6县。

北魏孝文帝太和十一年（487年）置瀛州，辖河间郡、高阳郡、章武郡、浮阳郡。河间郡治由故治乐成北移至武垣（今河北省河间市南）。从西汉、东汉、三国、西晋到东晋十六国的北魏，总共近700年间，河间国（郡）治及政治、经济、文化中心，一直在乐成即今献县。

河间国、河间郡、乐成侯国治所乐成故城遗址，现为省级重点文物保护单位。1999年，为做好石黄高速建设中的文物保护，省、市、县三级文保所联合组队，调查发掘部分遗址，找到了确切的城址：城平面呈正方形，城墙厚40余米、高10余米，有城门四道。城内发现河间王宫、乐成县衙遗址，城区手工作坊在东北隅，庙堂在西南隅。还出土了封泥、云纹瓦当、五铢钱等物。

从北魏河间郡开始，郡（府）治所移出今献县境，迁至武垣。虽仍称河间，但已属两个不同的区域。河间郡领四县：武垣县，治今河间市瀛州镇南；乐成县，北魏置县，东魏、北齐、北周沿置，治今献县乐寿镇；中水县，东魏沿北魏置县，北齐天保七年省废，治今献县西权寺；鄚县，东魏、北齐、北周沿置县，治今任丘鄚州镇。

隋大业三年废景州、蒲州，改瀛州为河间郡，郡治河间，领14县。它们是：河间县（炀帝时废原武垣入河间县，治今河北省河间市瀛州镇）、文安县（治今河北省文安县大柳河)、丰利县(析文安、平舒各一部置县,治今河北省文安县文安镇)、乐寿县(治今河北省献县乐寿镇)、束城县(治今河北省河间市束城镇)、景城县(治在今河北省献县东北)、高阳县(治今河北省高阳县东旧城镇)、鄚县(治今河北省任丘市北鄚州镇)、博野县(治今河北省蠡县里吾镇)、清苑县(治今河北省保定市)、长芦县(大业初属沧州,后改属河间郡,治在今河北省沧州市境内)、平舒县(治今河北省大城县平舒镇)、鲁城县(北魏章武县,隋开皇十六年复置改名为鲁城,治今河北省黄骅市故县村)、饶阳县(北周属定州博陵郡,大业三年改属河间郡,治今河北省饶阳西南固店)。

唐代河北道辖瀛州,分河间郡为瀛州和莫州。瀛州州治河间县(今河北省河间市瀛州镇),领四县:河间、高阳、平舒、束城。五代时后晋天福元年(936年),石敬瑭将河间割让给辽,后周显德六年(959年)复归,仍领四县。

宋代始设河间府,属河北东路管辖。府、县治同在今河间市,辖县除河间县外还有乐寿(今河北省献县)、束城(今河北省河间市)。辽金行政区划沿袭,河间府领河间、肃宁两县。元代设河间路,由中书省直辖。路治河间县(今河北省河间市),领6州、21县,直领6县(今河北省河间、肃宁在河北)。6州中5个在今河北:沧州、景州、清州、献州、莫州。

明代洪武元年改河间路为河间府,归北直隶管辖。府领10县(河间、献县、阜城、肃宁、任丘、交河、青县、兴济县8县在河北,宁津今属山东,静海今属天津);2州(景州、沧州),州领6县(吴桥、东光、故城、盐山、南皮5县在河北,原沧州属县庆云今在山东)。明代的河间府已是水陆交通发达、商业往来繁荣的发达地区。从北京到南京,出北京城走河间府辖地，进山东过徐州直达南京。循北运河、南运河入鲁运河达江南运河，可抵经济发达的松浙地区。河间府的商业经营主要采取贩运贸易形式，活动地域十分广阔。贩运商品种类以生产资料、生活用品为主，包括丝绸、漆器等高档消费品。清代河间府自顺治二年（1645年）属直隶所辖。雍正九年（1731年）领1州、10县：景州、河间、献县、肃宁、任邱、交河、阜城、吴桥、东光、故城县，宁津今属山东。河间府农业生产工具和耕作技术进一步改进，推广玉米种植，引种传播红薯，广泛经营果蔬，梨、枣成林。特别是金丝小枣，贫家多以之为粮、"土人多以此为恒业"。一代文宗纪晓岚出自河间府献县，历时10年编纂《四库全书》，又以他为主撰写了《四库全书总目提要》、《四库全书简明目录》，还写就文言笔记小说《阅微草堂笔记》。

河间府驻地是因大运河全线开通而兴起、而发展的区域都市。它以处在交通、流通枢纽之地利，工商业、农业发达之优势，后来居上取代献县（乐成），成为河间地区隋唐以后的经济、文化、政治中心。

河间古国历史悠久，文化遗存丰厚绵长，是河间的深根及初长的枝桠；河间府是粗壮的树干及茂密的树冠。河间这棵大树赖以长成，靠古国根深、靠后世修剪。两者合力共生，始有今日繁盛。如果把河间看作一本书的话，昔日献县若是上卷、今日河间就是下卷。

2. "实事求是"说刘德

刘德是中国文化史上最有作为的诸侯王，他在献王任上的26年，也是河间历史上最辉煌的时期。刘德修学好古、遍求儒家经典，卓尔不群、为官身端行治，实事求是、潜心研究儒学，以国为家，死后长眠封地，堪为西汉历代诸侯王表率。

刘德致力于搜求儒家典籍。秦始皇的"焚书坑儒"，一把火烧掉了能找到的春秋以来500余年的儒家经典，烧毁了中华历史文脉，摧残了修学、博古、传承、弘扬优秀传统文化的儒生们。到刘德生活的时代，各种书籍已经严重匮乏。正本儒家文化版本一书难求，流行于社会的书是儒生们凭记忆用通行隶书抄录。而被称为"今文经派"的这些书籍，致命弱点是文字、注释错误连连，极易造成错传误读，毁人子弟终生。整理、校勘先秦典籍，提供规范版本给社会，已成为十分急迫的现实需要。

刘德面对当时信奉、推行道家文化的压力，毅然扛起"古文化派"的旗子，致力于搜求真正的儒家传统文化，担负起大规模的图书整理重任。从实际情况考虑，这件事当时也只有刘德做得起来，能做出成效；只有刘德有号召力、组织力、影响力及财力、物力。当朝皇帝那里要说服，朝廷官员要排阻力，难题会一个接一个。身为河间王，就从河间做起，体现出刘德的聪明、刘德的无奈。

《汉书》记载，刘德"从民得善书，必为好写与之，留其真，加金帛赐以招之。繇（由）是四方道术之人不远千里，或有先祖旧书，多奉以奏献王者，故得书多，与汉朝等。"[①]他不遗余力、不惜重金搜求古籍。从民间得到好书时，一定亲手精心抄写送于书主，将原本珍藏，还送给书主人一些金帛作为奖励，以招来更多更好的书籍。这些做法，使得

---

① 《汉书·景十三王传》

四面八方学道高人闻其名、见其人，远道送书不舍千里，将祖传旧书献给献王。所以刘德能够得到许多珍贵古旧图书，数量竟与汉朝藏书差不多。为了整理、校勘这些书籍，刘德礼贤下士，招揽著名学者儒生，为他们提供优厚的生活条件和适宜的工作环境。在乐成西南驿道旁兴建了富丽堂皇的日华宫，设客馆22所，有房舍300余间，聚儒生学者数百名。这里的读经诵典声白天黑夜不绝于耳，成为当时西汉最大的图书收藏和儒学研究场所。

刘德潜心治学，态度极为严谨。他对所得之书，都要进行认真校对、整理，务求使之尽量恢复原貌、还原真意。遇到残缺不全的古本、书中字异文非处，就组织诸多儒生辩解研讨，达去伪存真目的。刘德曾从河间李氏手中得到独缺一篇的儒家经典《周官》，出千金亦购之不得。他从另一典籍中择取到有关内容，与众儒生共同校理增删多次，终使全书完满辑成。

刘德挚诚的治学态度和坚强毅力，感动了许多人，也收到了喜人的成效。他自己更在整理研究中增长了学识，因精通《六艺》被列为《毛氏诗》、《左氏春秋》博士。他主修礼乐之道，崇尚儒学，"被服造次必于儒者，山东诸儒多从之游。"[①]常与儒生们来往，山东（崤山、华山以东广大地区）的儒生们都愿追随他、与之交游。刘德时时注意践行儒家礼仪风范，处处给众儒生做出样子，即使仓促之际也从不马虎。

献王刘德以爱书、集书出名，"所得书皆古文先秦旧书，《周官》、《尚书》、《礼》、《礼记》、《孟子》、

---

① 《史记·五宗世家》

《老子》之属,皆经传说记,七十子之徒所论。"[1] 他所得到的全是珍贵先秦古书,包括许多失传名著还有经传说记,孔子弟子中70贤人写的书不少也为献王得到。刘德从这些书中采集礼乐古事,没费多大力气就编辑整理出五百余篇。当时,淮南王刘安也喜欢书,但他用心不够,所得大多数并无实用价值。只有献王才能称得上是真正的爱好书、识好书、集好书者。

刘德为官卓尔不群,古黄帝相常先之后、汉朝廷中尉常丽评价刘德"王身端行治,温仁恭俭,笃敬爱下,明知深察,惠于鳏寡"。[2] 称赞刘德做人自身直正、光明正大、虚怀若谷,为别人做出榜样;处事深入调查、务求真知、了解事实真相,给予妥善处理;为官体察民情、尊长爱下、恭亲俭朴,施惠于社会弱势群体。这一评价无疑是恰当的、真实的。刘德不为一己之私,不图个人留名,将悉心搜集整理的儒家经典奉献给朝廷。汉武帝十分高兴,专门举行了隆重的接书仪式。

汉武帝元光五年(公元前130年)"冬,十月,河间王来朝,献雅乐,对三雍宫。及诏策所问三十余事;其对,推道术而言,得事之中,文约指明。天子下太乐官常存肄河间王所献雅声,岁时以备数,然不常御也。"[3] 这一年十月(汉时以10月作岁月更始,应是年初),汉武帝诏使刘德觐见。这次觐见,刘德办了两件大事:一是向武帝敬献自己发现的雅乐。当年孔子听到了"韶乐",竟三月忘情不知肉味。这次刘德所献

---

[1]《汉书·景十三王传》
[2][3]《资治通鉴卷十八·汉纪十》

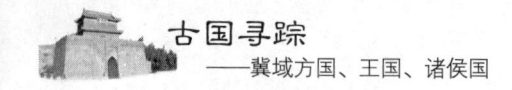

应是搜集古籍过程中发现的与韶乐相似的古乐。武帝十分喜欢，旨令宫廷太乐官长期保存并练习雅声乐谱，作为庆贺年节使用曲目，也舍不得经常拿出来演奏。二是对策三雍宫。刘德在三雍宫就武帝诏策所定（天地、君亲、人民皆和）事项，回答了群臣提出的30多个疑难问题。他的论述引经据典、以事实为例，知识渊博、雄辩无懈可击，口才出众、句句掷地有声，语惊四座、震动武帝。为群臣排疑解惑，也使武帝对这位行事低调的兄长平添了几分尊重。

也就是这一年，刘德因长期为再造儒家文化昼夜辛劳，又因身处皇室错综复杂左突右防环境的困扰，不足50岁溘然长逝，令人为之惋惜。（图2-9-1）

刘德长眠河间封地。他死后，葬于河间国都城乐成西北黑龙港河北岸。王陵周围用夯土墙建成陵园。平面呈正方

图2-9-1　献王刘德墓园

形，四面墙中间各开一门，外立双阙。墓丘封土高高，上有纪念建筑几处。墓前神道两侧立辟斜、镇墓兽、文物官员石俑。墓园域内广植松、柏、梧桐。陵园附近建祠庙，内奉献王神主。还建有看守陵园人居住的房舍。东汉以后战乱频繁，年久失修，陵上建筑大部分遭毁坏而废弃。明嘉靖十三年（1534年），献县知县主持重修献王祠，重整献王陵封土、增加占地面积。清乾隆十二年（1747年），知县与本县绅士同捐款再次重修，后人又有增修。建陵园垣墙圈围，前有门楼，进门即见献王祠三楹，中间供献王神位。明清两代每年春秋都要举行大规模祭祀活动。凡县官到任、学校开课、文武官员途经县邑，都要到献王陵祭拜。献王祠毁于20世纪40年代。现存封土东西150余米、南北200余米，高处近5米，为全国重点文物保护单位。

刘德抢救儒家经典，为恢复古文儒学的应有地位做出了特殊贡献。他治学严谨、整理点校务得其实、每求真是，我们所熟知的"实事求是"一词，最早出自《汉书》中对献王的评赞。

2003年献县成立"中国献王文化发展促进会"，致力于献王文化研究，定期出版会刊《献王》，交流研究成果，沟通相关信息。

3. 河间名相张衡

张衡是中国古代著名的天文学家，他所发明用于观测天象的浑天仪、用于观测地震方位的地动仪，早已列入中学课本，为学生们熟知。东汉顺帝永和元年（136年），58岁的张衡被任命为河间国相。此时的河间侯是孝王刘恭之子惠王刘

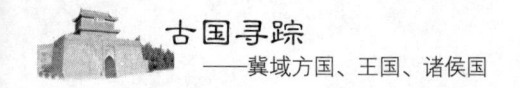

政。这个刘政骄奢淫逸、不思政务、不遵法度,河间许多豪强地主也肆意妄为、欺压百姓,使得民不聊生、哀鸿遍野。

"永和初,出为河间相。时国王骄奢,不遵典章;又多豪右,共为不轨。衡下车,治威严,整法度,阴知奸党名姓,一时收禽,上下肃然,称为政理。"[①]张衡出京师就任河间相,查明理清百姓苦难之源,全在法度不张、权贵作祟。于是派人暗中取证,将他们的犯罪事实记录在案,然后公开办案,公布罪证于大庭广众,将这些人全部绳之以法。汉顺帝刘保早已知晓惠王劣行,支持张衡严格执法、重振法律尊严。惠王为自保不敢阻拦,社会风气遂即慢慢改变。百姓得以务本耕种,地主、豪强再不敢乱征税赋,官吏谨遵职守、小心翼翼,社会秩序慢慢好转,河间逐步恢复平静。三年时间,张衡励精图治,为民办事不舍昼夜。同时,他还不忘自己的科学研究,付出了艰辛的汗水和积劳成疾的代价。

张衡在河间完成了"候风地动仪"的改进,读书、科研成为陪伴他艰难环境履职的两大乐趣。(图2-9-2)在石黄高速献县出口不远处,至今仍存张衡读书台遗址。绿树掩映中,一处面积近40平方米、最高处近3米的土台,可见汉瓦碎片,可寻汉陶残件,土台静静的、风吹沙沙的,似见先人瘦弱影、如闻斯人翻书声。就是这个土台之上的小院,成就了震惊海内外的科学发明;也是在这个小院,同时是文学家的他写出了《四愁诗》名篇。

《四愁诗》写出了作者初任河间相,面对"国王骄奢,不遵法典,又多豪右,共为不轨"的混乱局面,心内生出的

[①]《后汉书·张衡列传第四十九》

图2-9-2　河间相张衡读书台遗址

苦闷、彷徨，同时表达了作者不为所难、一往无前的信念。"路远莫致倚逍遥，何为怀忧心烦劳？""路远莫致倚惆怅，何以怀忧心烦怏？""路远莫致倚踟蹰，何以怀忧心烦纡？""路远莫致倚增叹，何以怀忧心烦惋？"时过近1880年，每读此诗总会让后人感奋不已。它诫我们：任何时候都不要因"路远"借以"逍遥、惆怅、踟蹰、增叹"，导致"烦劳、烦怏、烦纡、烦惋"，正确的态度是勇于面对、勇往直前。

前几年，河北电视台记者到这里采访，曾发现字迹清晰可见的"河间御府"封泥一块，成为研究汉代河间国的重要实物资料。

4. 农学家刘仲思

刘仲思是北齐乐城（今河北省献县）人，生于乐寿陈家口村。当时乐城是重要产枣区，但枣品味较差，干枣易遭虫蛀又不便于长时间储存，成为枣农的大难题。刘仲思力解难题，研究探讨改进办法。经多年努力培育出一种小枣新品种，果皮纹细色紫红、果味温润口甘甜、剖拉金丝不断线，被人称作金丝小枣。隋大业二年（606年），信都郡守选金丝小枣400颗进贡朝廷。炀帝杨广亲尝数粒连声说好，其余分赏群臣及后宫，遂使金丝小枣名扬天下，成为国中珍品。献县枣农争相引种，争相学习新的管理技术，刘仲思亦毫不保留、悉心传授。枣树当年植栽当年结枣，新品种使得种枣人愁眉大展。（图2-9-3）

图2-9-3　沧州金丝小枣林

献县金丝小枣很快从刘仲思家乡传遍全县，从一县传至周围几县。原栽旧品种数年间实现更新换代，为枣农带来了可观的经济效益。到唐代种植面积初具规模，明洪武年间鼓励滹沱河故道易植枣区多种枣。规定指标规范技术，栽种之后数目造册回奏朝廷，违者全家充军发配边远地。到清代，以献县为中心的运河西岸地区形成了规模很大的小枣主产区。

一代文宗、献县人纪晓岚笔下有几处写到金丝小枣。《阅微草堂笔记》中记述："余乡产枣，动辄成林。北以车运供京师，南随漕泊以贩鬻于诸省，土人多以为恒业。"纪晓岚的墓园就在小枣林中。初夏枣花挂枝头，秋日红枣似玑珠，长眠在这里的纪昀，每年仍可闻见枣花清香、看到枣红脆甜。

20世纪40年代，枣林遭战争破坏；60年代片面强调"以粮为纲"，不少枣农改种粮棉受损。正处于"劳动改造"的沧州籍作家郑熙亭同志，诗集《耕读篇》中也有写于困难时期的"小枣"："打草、打草，打草换枣，一担老草十斤小枣。一棵枣树一家粮，枣林庄上无饿殍。……他年我若为县令，令出如山倒，嘉奖活命树，处处种小枣。"果然，郑熙亭同志平反升任沧州地区行署专员后，一冬一春就搞了30万亩小枣，实现了小枣种植历史性的东扩，由运河西岸跨越到河东广大地区。如今，古河间国、河间府、沧州道的小枣，金丝聚成了金条。金丝小枣成了一项连锁产业，涌现出知名品牌、生产了系列产品。五洲四海认识金丝小枣，认可了它食用、药用、滋补、强身健体的诸多功能。

金丝小枣育种人刘仲思，被他的乡间人世代称颂。

金丝小枣培育技术，似应有资格列入非物质文化遗产保护范畴。

古国寻踪
——冀域方国、王国、诸侯国

十、代王城·冀西北代国

春秋时代末期,在今河北省西北部、山西省东北部,活跃着一个以少数民族为主体建立的国家,这就是代国。(图2-10-1)

图2-10-1 代王城宫殿区遗址

远在商周时期,从商武丁开始到西周文、武、成、康年间,华夏民族国家就接连对称作"西戎"的少数民族集团用兵,沉重打击了他们的军事力量,恶化了他们的生存环境。西戎的部分部族开始东移迁徙,寻找新的牧场和居地,时间约在公元前11~13世纪;到达冀西北、晋东北一带的时间约在公元前10世纪左右。戎人与聚居燕北的狄等民族，同属游牧民族，生活习惯、民族风俗相似，被史书统称为"北狄"。

赤狄是北狄民族集团的一支，它在北狄集团中先行一步到达今山西东南部。赤狄人勇猛善战，还有骑马射箭、长途奔袭，使中原人望而生畏。赤狄人数次东出太行，不断参与中原民族国家的争端，也曾参与灭邢、灭卫、灭温的军事行动。中原民族的一些国家和家族，曾借助狄师办了自己想做又力所不能的事。到春秋中叶，赤狄活动范围波及今河北南部、山西东南部、河南北部、山东西部的广大地区。后来，赤狄内部发生分化、争斗，自削其力，加上晋国兴盛之后的连续征讨，逐渐蚕食赤狄领地，导致赤狄衰败。衰败的赤狄聚拢人马逃向西北，回到代地，与当地原有土著汇合，建起了自己的民族国家。

代地，是中原与北方各民族联系的重要出入口，处于枢纽之地。代地，又是中原民族国家对北方民族用兵的战略要塞，地理位置独特，易守难攻。春秋五霸的晋、战国七雄的赵，几代侯、公、王一直企图将代地据为己有，使之成为扩疆夺地的前沿阵地，成为人力、物力、军力集结的后勤营地。

1. 赵简子的代地梦

赵简子即赵鞅，死后谥号简子。在创立赵氏基业、建立赵国的历史进程中，赵简子、赵襄子父子两代的业绩最突出，作出的贡献最大。赵简子为赵国奠基，为赵国发展壮大描绘宏图，为赵国发展战略出谋划策，其中的一个环节就是夺取代地。为此目的，他巧妙地设计了一场梦游帝所的戏，运用天帝托梦的方式，将自己的理想和实现手段告知朝中诸位

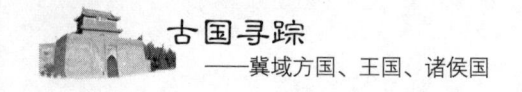

大夫。

简子生病，五天不省人事，朝中大夫们都很害怕。名医扁鹊诊断后告诉大夫董安于说：这是血脉上的毛病，不必大惊小怪。以前秦穆公也得过这种病，七天后醒过来，随即告诉身边人他去了天帝的住所。天帝说晋国将要大乱，五世不得安宁，后世将能够称霸。今天主公的病与秦穆公不同，不出三天就会好，并且一定有话要讲。果然，两天半刚过，简子苏醒开来，告诉董安于："我之帝所甚乐，与百神游于钧天广乐，九奏万舞，不类三代之乐，其声动人心。有一熊欲来援我，帝命我射之，中熊，熊死。又一罴来，我又射之，中罴，罴死。帝甚喜，赐我二笥，皆有副。吾见儿在帝侧，帝属我一翟犬，曰：'及而子之壮也，以赐之。'帝告我：'晋国且世衰，七世而亡，嬴姓将大败周人于范魁之西，而亦不能有也。今余思虞舜之勋，适余将以其胄女孟姚配而七世之孙。'董安于受言而书藏之。以扁鹊言告简子，简子赐扁鹊田四万亩。"[1]

明眼之人一眼就可以看出，这出戏的第一个演员是扁鹊，他因此得到封地四万亩。第二个演员是董安于，他是参与谋划者，简子近臣，日后当有高官厚赐。赵简子对此安排当然心知肚明。

为了把这场戏演得活灵活现，做戏做得天衣无缝，赵简子又导演接续了一折宫外场景剧。

有一天，简子外出，一个人站在道路中间，赶也不走。随从武士发怒，举刀欲砍，挡道人说有话讲给主君。随从如实禀报，简子就召见路人。刚一见面简子说，我好像在哪里见过

---

[1]《史记·赵世家》

你。于是简子应许屏退左右,路人说,您生病游帝所时我侍立在天帝一侧。此后简子与路人相互核对射杀熊、罴的情景,路人告诉他:晋国有难,首先发难的将是您。天帝命你诛杀范氏和中行氏,熊和罴是他们祖先的图腾,以此喻你。简子又问:天帝送我两个竹质饭具且盛满饭食是什么意思?路人回答:那是告诉你,你的世子将在狄地征服两个国家。简子接着发问:那么,我见到有个孩子站在天帝身边,天帝赐狄犬让我待孩子长大转送给他,这是什么意思?路人说:这个孩子是你的儿子,他将占有代国。狄犬是代人祖先的图腾,以此喻你。你的后代还会有人进行改革,他穿着胡服,将在胡狄之地兼并两个国家。简子急问路人姓名,并请他做官,"当道者曰:'臣野人,致帝命耳'。遂不见。"[1]没想到瞬时踪影不见,只留下一句话:我是来传达天帝意旨的。

戏演至此,可见赵简子欲并吞、占据代地的良苦用心。他是在营造舆论、博取众同,借助天帝之言,做统一朝野思想的工作。

最能理解简子战略意图的是其子赵毋恤。他是赵鞅与狄女生的孩子,就是继位的赵襄子。毋恤十分聪明,颇得简子喜爱,准备立为接班人。但是,令简子不敢贸然行事的原因有两点:一是已经确立长子为嫡子,难于废长立幼;二是顾及其母的异族血统,怕群臣非议。要想扶立毋恤,必须想出一个万全之策。赵简子再次导演了一场"看相"。

又有一天,好友姑布子卿来家看望简子。简子就把在家儿子们叫过来,请子卿为孩子们看面相。子卿逐一看过后

---

[1]《史记·赵世家》

说：这些孩子中，没有一个显示能成将军的相。简子叹惜道：照你这么说，赵氏家族后代没有能成大事者，赵家是不是就要灭绝呀！子卿发问：刚才我在大街上看见一个正玩的孩子，那兴许也是你的儿子吧？简子随即叫人喊回毋恤，子卿看相后站起来说：这才是真正的富贵将军相啊！简子告诉子卿，孩子的母亲出身卑贱，是狄人送来的婢妾，哪里能谈得上贵呀！姑布子卿说：孩子是天帝所赐，虽然出身低下，将来必会尊贵，成就一番大事业。

为了测试、观察儿子们的智慧和能力，看一看儿子们对事物的辩解分析有无远虑长考，他想出了一个办法："简子乃告诸子曰：吾藏宝符于常山上，先得者赏。诸子驰之常山上，求无所得。毋恤还，曰：已得符矣。简子曰：奏之。毋恤曰：从常山上临代，代可取也。简子于是知毋恤果贤，乃废太子伯鲁，而以毋恤为太子。"[①] 简子戏称有宝符藏在常山之顶，要孩子们去寻找。独有毋恤说找到宝符，就是登常山远眺看到的代地。常山在今恒山，主峰位于曲阳西北140公里处，那里的飞狐口关塞十分险要，出塞北行即是代国。兵出常山，可取代地，足见毋恤深谙简子的战略意图。

赵简子、赵襄子为了得到代地这块"宝符"，谋划、制定了一系列的操作程序，逐步实施。第一，与代通婚，拉拢代王。晋国公室为了增进与戎狄的交往，密切双方关系，那个时候往往采取双方通婚的方式，建立一种姻亲关系，以使姑舅亲、辈辈亲延续下去。赵氏诸子也是这样做的，不少家庭有着戎狄血通。赵盾之母是狄女，即赵衰陪护晋文公流亡狄地所娶

[①]《史记·赵世家》

狄氏女叔隗；襄子之母亦为"狄婢"，即赵简子所说狄人送来的婢妾。赵襄子本人更娶西戎空洞氏之女为妻。看得出，他们并没有什么特别的种族差别观念，为了大局和长远、或者眼前重大利益的考量，有时候婚姻关系总得服从政治需要。而这一次，赵简子却有不为人知的战略意图，答应将自己的女儿嫁给代王，意在拉拢代王、麻痹代王。代王全然不知，还礼送代地良马数匹，以表感激之心。代马十分珍贵，春秋战国时期曾与胡犬、昆山玉并列，被称作北方"三宝"。第二，投其所好，频设宴乐。赵襄子早就听说代王喜好音乐、喜好舞蹈、喜好宴请活动。他几次登上赵与代接壤处的夏屋之山，近距离观察代地的风土人情。所听所见，证实代国确实疏于边防，代王确实喜乐爱舞，便准备直插软肋发动进攻。襄子不断给代王送乐谱、送乐队，还在边地宴请代王，席间请歌女跳舞助兴。代王兴致极高，每次都半醉而归。襄子看到时机成熟，便提出办一次豪华宴乐聚会，他将精心挑选乐手、带数百人乐队前往。代王满口答应，准时到边地赴宴。代王未曾料想，这竟是一个早已谋划、运筹多日、暗藏杀机的陷阱。襄子"使厨人操铜枓以食代王及从者，行斟，阴令宰人各以枓击杀代王及从官"。[①]指使乐手暗藏兵器，让厨师和端菜送酒人给代王及其随从人员敬酒，酒酣之时，行酒人突然用舀酒青铜斗猛击代王致死。数百名乐者、舞者齐亮兵器，杀尽毫无准备的代王随从。第三，兴兵伐代，平定代地。赵襄子设计谋杀代王后，趁代国慌乱之际，命令整装待发的赵师兵出常山，杀奔疏于防卫的代地，一举攻取代国都城。遂后，又乘胜挺进，占领整个代

---

① 《史记·赵世家》

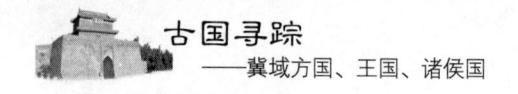

国土地。

通婚、乐宴瘼代、取代归赵,赵简子的代地梦想在赵襄子手里变为现实。这一行动,大大扩张了赵氏的西北部疆域,使之达于今山西北部、内蒙古南部地区。这样一来,代国变为已在晋国母体长大的赵之属国,其人力、物力资源悉归赵氏所用。赵氏集团实力大增,在诸侯竞争中占据了有利地势。

可能,赵襄子也未曾想到,他使用阴谋手段杀害代王,会造成一场人间悲剧。他的姐姐奉父命嫁代多年,对代地、对代王已经有了深厚感情。到襄子夺取代地、派人迎请姐姐归赵时,代王夫人面对骤然而降的国破夫亡之变,悲伤万分,痛不欲生。"其姊闻之,泣而呼天,摩笄自杀。代人怜之,所死地名之为摩笄之山。"[1] 他的姐姐对赵使说:代已亡,我归何处?夫与弟,我又能背叛哪一个?悲伤之情、两难之心,感天动地;情归何处,心向何方,万难选择。遂即拔下所戴头簪,自刺咽喉而亡。代国百姓同情她的遭遇,怀念她的为人,将其自杀之地命名为"摩笄之山"。

河北省剧协主席、剧作家刘仲德先生,翻阅古籍相关史料,专程前往张家口蔚县摩笄寻古,情动灵感生,挥笔写就口梆子大戏《代国情》,令数万各界观众为之动容、为之喝彩。

2. 赵武灵王倚重代地

赵武灵王是赵氏家族、也是赵国首位称"王"的人。他

---

[1]《史记·赵世家》

就是当年挡路人为赵简子解梦所说"革政而胡服,并二国于翟"的"七世之孙"。赵武灵王在胡服骑射、强国强军过程中,在征服中山、贯通赵国南北通道过程中,倚重代地,组建训练骑兵、保证前方军需供给方面,充分发挥了代地的特殊作用。

中山国是赵国的心腹之患。中山立国的地理位置,将赵国南北一分为二,而且经常进犯赵边、夺地掠物。最惨的一次约在公元前332年,中山军水淹赵属鄗城,围困赵军不敢出城,这让赵君蒙受耻辱。赵武灵王铭记"简襄之业"未竟,"鄗事之丑"当雪,将"中山之患"列为首要。但是,尽管一次次讨伐中山,却未能给这个"千乘之国"造成致命打击。赵武灵王总结得失、听取谏议,痛感有两件事情必须尽早做好:其一,衣胡服、习骑射;其二,倚代地、出奇兵。应该说,赵武灵王的两项决策是正确的。其实施结果证明:倚重代地,为他并吞中山助了一臂之力;中山归赵,为贯通邯郸至代都的道路、发展赵北边疆经济,锦上添花。

赵武灵王对代地情有独钟。发起对中山总攻前,数度"至代"、"临代"、"过代"。《史记》中的《赵世家》和《匈奴列传》记载了他"遂之代"、"遂出代"的情况。

武灵王二十一年即公元前301年,赵出动三路大军攻中山。这个时候,赵国已经实施"胡服骑射",而且攻占原阳,作为训练基地,令赵将牛翦在那里操练了一支骑兵部队。征伐中山的大军由赵武灵王统帅,赵袑为右军,许钧为左军,公子章为中军。按照既定作战部署,武灵王率军出邯郸北上,正面进攻。赵与走雁北,赵希率胡、代之军南下,牛翦的骑兵赶往曲阳会师,攻占中山的重镇和战略要塞。这场战

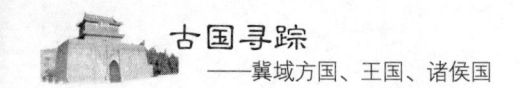

斗，以中山求和、割出正面战场攻取的四座城邑宣告罢兵。值得注意的是，骑射部队参战，"胡、代之军"在赵国军队中也有了自己的番号。它说明，代地军民已经构成赵国武装力量的组成部分。这场战斗，有出自代地的军需物资，有来自代地的兵丁，有源自代地的战马。兵出代地，对中山形成南北夹击之势，使它无力三面应战，败在意料之中。代地的战略地位、重要作用，此后愈显突出。

其实，早在代地归赵之初就对中山造成了威胁。武灵王的先辈襄子，灭代不久即遣大将新雉穆子，从代地出发南征，夺取了中山的两座城邑。继位的几位赵氏，出于种种不可理解的原因，都没有好好的经营代地。赵武灵王是有气魄、有胆略、有远见的。代地为赵灭中山出物资、出人力、出部队，帮助他实现了自己的雄心壮志。胡服骑射，是强国强军的根本性变革；倚重代地，是南北贯通的一支助力。到赵惠文王三年即公元前296年，已自号"主父"的武灵王，率军攻陷中山都城灵寿。使得赵国疆域"攘地北至燕、代，西至云中、九原"。[①]在这期间，赵国再次修筑北长城，"自代并阴山下，至高阙为塞。而置云中、雁门、代郡"。[②]这大概是历史上代地初次为郡地，亦是蔚县代王城首次成为郡治所。

也许赵武灵王对代地投入了太多的关注，他总想为代找一个信得过的人来看守；也许赵武灵王感到愧对或者说同情被自己废弃的太子，在两个亲生儿子中搞一点心理平衡，赵武灵王英雄二十余载却糊涂一时，办了一件傻事、错事。

---

① 《史记·赵世家》
② 《史记·匈奴列传》

在封公子章为代国安阳君后,已经退位的他又想施加影响,将赵国一分为二,即惠文王继续做赵王,封公子章做代王。这种不切实际、有悖时代潮流、也根本无法办好的事,武灵王虽然只是个想法、未公开讲出,却总有多种渠道泄露,而且公子章本人也已知晓。可悲的是,武灵王还蒙在鼓里,并且不了解公子章的野心和一系列操作。以致公子章与同党发动叛乱,不甘心做代王、准备夺赵惠文王皇权。最后的结果,兵变失败,公子章被杀,武灵王亦被饿死在沙丘平台宫。沙丘宫是年当49岁的赵武灵王,为了赵国更远大的前景,杀出更广阔的天地与诸强争霸,主动让位、请重臣辅佐、交权幼子的地方。没想到,代地的事情思虑欠妥,加之不解公子章,终使善心未得善报。看来,代地确是应该倚重的地方,涉代事务处理需要小心谨慎、远虑深谋,切不可轻易决断。

3. 李牧镇守代地

赵武灵王壮志未酬、饮恨沙丘。

赵惠文王在武灵功烈余荫下,仍然依靠父辈创建的强大军事和经济实力,在几(今河北省大名县东南)之战、阏于(今山西省和顺)之战中大败秦军,扼制秦东进锐气。

到孝成王时期,随着赵国国力日益衰弱,赵北匈奴不断侵犯边地,威胁北疆安全。孝成王遂派李牧镇守代王城(今河北省蔚县东北),驻军代郡雁门关。

李牧,赵国后期知名战将,多年带兵转战代北一线,熟悉匈奴战法。"李牧者,赵之北边良将也。常居代雁门,备匈奴。以便宜置吏,市租皆输入莫府,为士卒费。日击数牛飨士,习射骑,谨烽火,多间谍,厚遇战士。为约曰:'匈奴即入盗，急入收保，有敢捕虏者斩。'匈奴每入，烽火谨，辄入收保，不敢战。如是数岁，亦不亡失。然匈奴以李牧为怯，虽赵边兵亦以为吾将怯。赵王让李牧，李牧如故。赵王怒，召之，使他人代将。"[1] 李牧带兵，不循规蹈矩，而是按实际情况处理问题，按实际需要设置官吏。把征收的租税送往军营，充作军队的口粮和费用。每天杀数头牛给士兵吃，练习骑马射箭，特别注重烽火设施，增加许多明暗侦探，战士待遇十分优厚。他制定规章：即使匈奴入侵抢掠，也要退守堡垒固守，如有随意出动捉捕的，一律斩首。匈奴每次入侵，烽火台及时燃放，赵军立即退入堡垒，没人敢贸然出战。像这样做连续几年，也没有造成什么伤亡损失。然而匈奴却以为李牧胆小，就是赵国守边兵士也认为自己的将领胆怯。赵王为此责备李牧，李牧依然如故。赵王很生气，召李牧回去，另派他人为将。

很显然，李牧正因为了解匈奴人、熟悉匈奴军战法，才采取这样的战术。但是，一般人不理解无关大局，赵王这样用人、又疑人就很麻烦。换将后的一年多时间，倒是每次匈奴入侵，赵军必出兵相对，但屡屡失利、损失严重、边境不安，老百姓无法正常耕种土地、放养牲畜。赵王只好再请李牧。这一次，李牧可不能轻易出马，于是以病为由闭门不出。赵王强令李牧北上帅军，答应李牧可以仍按老规矩办事。

"李牧至，如故约。匈奴数岁无所得。终以为怯。边士日得赏赐而不用，皆愿一战。于是乃具选车得千三百乘，选骑得万三千匹，百金之士五万人，彀者十万人，悉勒习战。大纵

---

[1]《史记·廉颇蔺相如列传》

畜牧，人民满野。匈奴小入，详北不胜，以数千人委之。单于闻之，大率众来入。李牧多为奇陈，张左右翼击之，大破杀匈奴十万余骑。灭襜褴，破东胡，降林胡，单于奔走。其后十余岁，匈奴不敢近赵边城。"①李牧复出，还按原来的战法。匈奴连续几年无所收获，但他们始终认为李牧不敢出战。边防兵士每天得到赏赐却无用武之地，都希望上战场杀敌。李牧看到时机成熟，于是进行战前准备。挑选战车1300辆、战马13000匹、善战敢死之士5万名、优秀弓箭手10万名，全都组织起来进行实战训练。让老百姓到处放牧、牲畜遍野，四面八方全是赵国人。匈奴小规模部队进来，李牧假装打不胜而败退，任凭匈奴掠走数千人。匈奴单于听到这个消息，亲率大军前来入侵。李牧的战法是，设置许多变换迷离的战阵，从左右两翼实施包抄，一举大破匈奴，斩杀骑兵十万多。这一仗，消灭了代北匈奴属国襜褴、打败了东胡、收降了林胡，单于逃遁至远方。此后十余年，匈奴再也不敢进犯赵国边境了。

李牧镇守代地，用奇计、出奇兵教训匈奴，给代地带来十余年的和平。赵北边境长城内外各族民众，加强贸易、互通有无、共谋发展。后来，秦军进攻代属番吾，李牧再次击败秦军。

赵国末代王赵迁七年，"秦使王翦攻赵，赵使李牧、司马尚御之。秦多与赵王宠臣郭开金，为反间，言李牧、司马尚欲反。赵乃使赵葱及齐将颜聚代李牧。李牧不受命，赵使人微捕得李牧，斩之。"②秦害怕李牧，重金贿赂赵王宠臣，实施反间计，昏君赵迁错杀一代良将，留下千秋骂名，他自己也在

---

①②《史记·廉颇蔺相如列传》

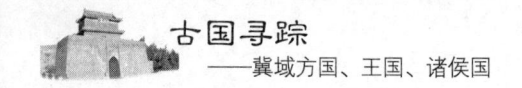

秦军攻破邯郸时当了俘虏。

秦破赵拔邯郸后，被废太子的赵嘉，率几百名宗室人员逃奔代地，在那里定都，自立为王。"赵公子嘉率其宗数百人之代，自立为代王，东与燕合兵，军上谷。"① 风雨飘摇的赵国王廷，又在代地维持了六年，代地成了赵国的最后一根救命稻草。直到公元前222年被秦军攻取。被屈死的、曾保代地平安的名将李牧亡魂，也无心再救昏庸之君了。

4. 汉初代地风云

秦始皇一统六国，"分天下以为三十六郡，郡置守、尉、监。"代郡郡治仍在今蔚县境内。

汉承秦制。代时而为郡，时而为诸侯国。在楚汉相争期间，项羽把赵国的主要地域封给张耳，迁赵王歇于代，都今蔚县代王城。"齐予陈余兵，击破常山王张耳，张耳亡归汉。迎赵王歇于代，复立为赵王。赵王因立陈余为代王。"② 此事引发项羽震怒，发兵攻齐。

"高帝已定天下七年，立刘仲为代王。而匈奴攻代，刘仲不能坚持，弃国亡，间行走雒阳，自归天子。天子为骨肉故，不忍致法，废以为郃阳侯。"③ 刘仲，名喜，是刘邦的哥哥。封为诸侯王，建都代王城，看得出高祖对代地的重视。但这个刘喜无能无才，没有治国安邦本事。匈奴袭来前不组织防卫，敌兵将至狼狈逃窜，抄小路跑回洛阳，还说是来归附天子。刘邦当然很生气，碍于兄弟之故，给他找了一个黄河岸边

---

① 《史记·秦始皇本纪》
② 《史记·高祖本纪》
③ 《史记·吴王濞列传》

的小县，贬为名义上的邰阳侯。刘喜无能，他的儿子刘濞却"有能"，景帝年间因发动"七王之乱"被诛杀。

公元前200年，汉高祖封陈豨为列侯，以赵相国身份统率兼领赵国和代国的军队，边防部队一并归属他管。三年之后，有人告发他拥兵在外、广招宾客、意图盘根坐大。刘邦也有风闻在耳，于是诏令陈豨进见。陈豨自知东窗事发，料想前景不妙，便称病不朝，进而在代地起兵反汉、自立代王。

高祖十年（公元前197年）八月，"赵相国陈豨反代地。上曰：'豨尝为吾使，甚有信。代地吾所急也，故封豨为列侯，以相国守代，今乃与王黄等劫掠代地！代地吏民非有罪也，其赦代吏民。'九月，上自东往击之。至邯郸，上喜曰：'豨不南据邯郸而阻漳水，吾知其无能为也。'闻豨将皆故贾人也，上曰：'吾知所以与之。'乃多以金啖豨将，豨将多降者。"①陈豨在代地反叛后，高祖说：这个人曾经作为我的特使，感到他是守信义的。我格外看重代地，所以才封他为列侯以相国身份守卫代地，如今竟敢结伙危害代地呀！代地的官吏和老百姓没过错，要赦免他们。于是，刘邦亲自带兵自东攻打赵豨。到达邯郸，刘邦高兴地说：陈豨没有南下占据邯郸，用漳河水阻断我用兵之路，我知道他是没有能力的人了。听说陈豨的部将都是做买卖出身，刘邦说：我知道怎么来对付他们了。于是用许多的金钱诱惑他们的部将，致使陈豨的将领中有很多人投降。

公元前196年，汉高祖派大将周勃帅军击败陈豨，在灵丘将陈豨斩杀，遂即平定代郡九个县。

---

① 《史记·高祖本纪》

就在这一年，高祖复置代郡为国，封其年刚八岁的儿子刘恒为代王。《汉书》记："上还洛阳。诏曰：'代地居常山之北，与夷狄边，赵乃从山南有之，远，数有胡寇，难以为国。颇取山南太原之地益属代，代之云中以西为云中郡，则代受边寇益少矣。王、相国、通侯、吏两千石择可立为代王者。'燕王绾、相国何等三十三人皆曰：'子恒贤知温良，请立以为代王，都晋阳。'"[1]当时的代国所辖地域，比郡地增加不少，包括了今太原及山西东北部、今河北西北部。刘恒为代王17年，直到公元前179年继任皇位。他就是为中国帝制时代开创盛世"文景之治"的汉文帝。从这里走出去一位青史留名的帝王，代地有一份荣耀。

5. 寻觅代王城史迹

位于今河北省蔚县东北的代王城遗址，曾经是代郡县合治之所，曾经是代国王庭所在地。（图2-10-2）

春秋时期，代国所辖地域，约当今河北怀安、蔚县以西，山西阳高、浑源以东一带。从春秋末叶到整个战国期间，关乎代地兴衰的不少事件，与尚未脱离晋国的赵氏有关，与分晋后的赵国有关。史籍上春秋与战国的分期在公元前476年，第二年即前475年，便是赵襄子主政元年，这决不是历史的巧合。就是赵襄子将代据为己有、给予它既有诸侯国的特殊待遇。从简梦襄成、武灵倚代南北一统，到公子嘉代地存国六年，足见代对赵的作用。然而，2500年的风雨涤荡，已使我们无从找寻到那远去的辉煌，只能从考古调查中去捕捉、发现

---

[1]《汉书·高帝纪第一下》

访城篇

图2-10-2 蔚县代王城遗址

踪迹。

　　张家口《两镇三关志》记载："蔚废代城，俗称代王城，周二十五里，九门遗迹尚存。"文物工作者考证，代王城九门分别是：正南荥阳门、东南兴隆门、正东宝源门、东北迎海门、正北富农和文胜门、西北兴圃门、正西钟秀门、西南崇德门。似乎，我们从这些门的名称可以略窥王城雄伟壮观之一斑。

　　代王城平面图，远看呈椭圆形状。东西长3400米，南北长2200米，城区占地面积11220亩。四面周长近万米，约当40华里。城墙最高处12米，夯土版筑，至今仍可见清晰的夯层、密集的夯窝。南门两侧墙体有13个凸出的马面、角台，一般外凸2米左右。内外墙体均可见成排的半圆孔，孔径13厘米。现场还可看到部分空内尚存的腐朽糟木，那是筑城人为防墙体坍塌加进木筋的痕迹。我们从遗址看这万余亩的城区，当时该

· 251 ·

古国寻踪
——冀域方国、王国、诸侯国

是何等的气派、广阔;12米高的城墙护卫,又是何等的壁垒森严。

城内划分宫殿区、衙署区、官衙区居住区、平民聚居区和手工业制造区。文物工作者从城区西南角,发现内室面积大基址又宽的建筑遗迹。这里是一片缓坡台地,处在并不太高的断崖上。出土器物除日用陶器外,其余多为建筑构件,如筒瓦、板瓦等。瓦当大小和纹饰,均与汉初皇家所用相似,而不像平民能用的形制。据判断,应是宫殿或衙署区所在。出土日用陶器有罐、盆、瓮、铂、豆、鬲、炭炉等,个别器物上还带有文字戳记,看出是秦末汉初用品。(图2-10-3)

图2-10-3 代王城出土烤肉图陶灶、陶鼎

代王城已在2001年6月,被国务院公布为全国重点文物保护单位。近几年所做工作仅限于考古调查,并没有进行大面积发掘。在代王城的东、南、西五公里的范围内,还分布着63座大型封土墓,这是代王室的墓地,也是代王城历经数百年的历史见证。也许,代王城的勘察刚刚揭开地下宝藏冰山一角,或许只是让我们看见她的几根眉毛,留下了令人心急

· 252 ·

的悬念。但是,国家法令和政策不允许现在主动发掘大型皇陵和大型墓葬,代王城及王室墓群名列其中。我们还是把目光放远大些,对代王城继续实施"有效保护、抢救第一、合理利用、加强管理"的方针,把揭开谜底的一天留给后人。在保护技术和科学手段达到更高水平时,再看代王城的真面目吧。

十一、卢龙·冀东孤竹国

1. 伯夷与叔齐(图2-11-1)

20世纪六十年代的中学语文课本,有一篇毛泽东同志的《别了,司徒雷登》,文笔犀利,朗朗上口,给人留下深刻印象。文中有一段话:我们中国人是有骨气的,闻一多拍案而

图2-11-1 永平府卢龙古城西门

起,横眉怒对国民党的手枪,宁可倒下去,不愿屈服。朱自清一身重病,宁可饿死,不领美国的"救济粮"。唐朝的韩愈写过《伯夷颂》,颂的是一个对自己国家的人民不负责任、开小差逃跑、又反对武王领导的当时的人民解放战争、颇有些"民主个人主义"思想的伯夷,那是颂错了。我们应当写闻一多颂,写朱自清颂,他们表现了我们民族的英雄气概。时过40余年,我大致还能背得出来。就是这篇课文,通过老师讲解,让学生知道了"义不食周粟"的伯夷和叔齐。当时的印象,伯夷、叔齐也是有骨气的中国人。

韩愈的《伯夷颂》,中学时代难于找到原文阅读。今日翻开大师文集,顿感一股昌黎文风,清香沁入心扉。"士之特立独行,适于义而已。不顾人之是非,皆豪杰之士,道信笃而自知明者也。一家非之,力行而不惑者,寡矣;至于一国一州非之,力行而不惑者,盖天下一人而已矣;若至于举世非之,力行而不惑者,则千百年乃一人而已耳。若伯夷者,穷天地,亘万世,而不顾者也。昭乎日月不足为明,崒于泰山不足为高,巍乎天地不足为容也。""夫圣人乃万世之标准也,余故曰:若伯夷者,特立独行,穷天地,亘万世而不顾者也。虽然,微二子,乱臣贼子接迹于后世矣。"①

韩愈为官为人处世之道,是不与世俗同流。他所生活的唐朝中叶,官场黑暗,不少人明哲保身,丢弃是非标准,甚至趋迎世俗,韩愈看在眼里但无力回天。在这里特别赞扬伯夷的"特立独行",是有感而发,倡导有独立见解和操守而不随波逐流的品格,试图扳返以世俗之是非论成败的浑然政风,

---

① 《韩愈散文选集》,百花文艺出版社2004年版

发出如果没有伯夷、叔齐的做人风范，乱臣贼子将会接踵而至的呐喊。从这个角度看，《伯夷颂》有它可取的一面。我们不能苛求古人，应该赞赏他处浊流之中而坚持操守的道德品行。对于伯夷行为不必过分责难，毕竟仁义忠信同样有时代的解读。屈原、陆贾、司马迁、刘向、王安石、司马光、朱熹、文天祥、元好问，及至顾炎武、曾国藩、谭嗣同，都是各个朝代的名人，他们对伯夷、叔齐的评价大同之间还有小异，甚至大异。这不值得大惊小怪，可以说是正常现象。名人的立足点不同，着眼点不同，自然会有不同的声音。但是，道德永恒，操守共持，做人还是要倡导有远见有卓识的"特立独行"。

伯夷，孤竹第十代国君的长子，名允，字公信。叔齐，名致，字公达，是伯夷的二弟。国君墨胎氏准备立叔齐为君侯继承人。父死后叔齐不肯就位，要把王位让给长兄。伯夷认为"父命难违"坚决不接受，叔齐仍然坚持"长幼有序"，于是两人一起逃跑，西去周地投奔他们敬仰的周文王。孤竹只好让叔齐的二哥继位。没想到，兄弟两人到达西周时文王刚刚去世，周武王欲以哀兵之师讨伐无道商纣王。伯夷、叔齐于是"扣马力谏"，以"父死不葬，爰及干戈"是为不孝，"以臣弑君"是为不仁、不义之理责备武王。周武王拒绝采纳他们的谏议，依然挥师东进，灭商成就周天下。伯夷、叔齐以归奔西周为耻，遂到首阳山采薇度日，最后绝食魂断西山。从孤竹"兄弟让国"到西周"扣马力谏"，再到"义不食周粟"，伯夷叔齐两人的思维和行为超出常人的想象。韩愈说他们的举动体现了"不降其志、不辱其身"的气节。孔子称之为"古之贤人"，孟子称之为"圣之清者"。韩非子则把两人与尧舜同排

古国寻踪
——冀域方国、王国、诸侯国

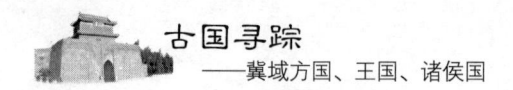

并列,言"圣人德若尧舜,行若伯夷"。^①屈原也把伯夷比作自己的学习榜样。正是伯夷与叔齐,开启了孤竹国在华夏的知名度,引领后世书生翻开先商古国的千年史册。

孤竹,夏时应为原始部落,商汤时成为方国。孤竹古城在今河北省卢龙县境内,(图2-11-2)其先民世代居地在滦河入海处小盆地及附近区域,包括今卢龙、抚宁、迁西、迁安、滦县等。这个盆地面积不太大,但比较平坦,气候温和湿润,适于农耕种植,也适于畜牧、渔猎。孤竹国的管辖区域,据有的史籍和地方志书记载,还包括今辽宁西部一些地方。按商代划分方国公、侯、伯的定制,公国领地方圆不超百里,侯国领地不过七十里,伯的领地在五十里以内。就是周

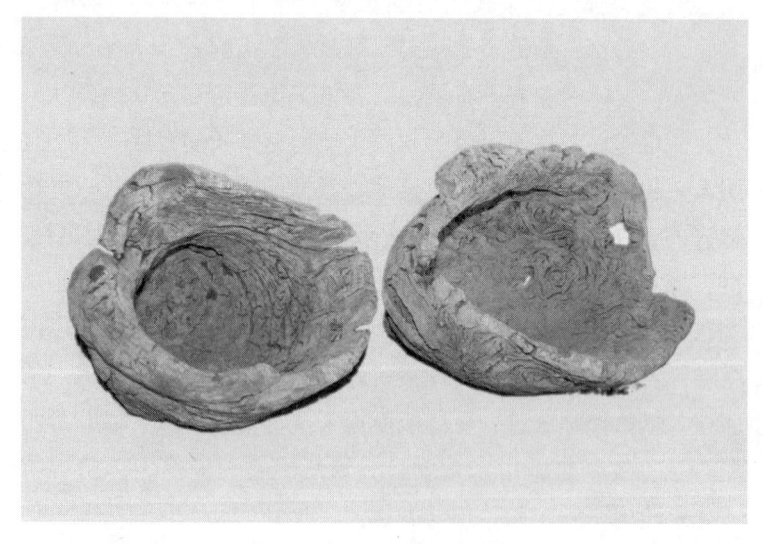

图2-11-2 卢龙出土商代木桶

---

① 《诸子集成·韩非子集解》,河北人民出版社

初武王分封的功臣、近臣们,如姜尚的齐国、周公长子的鲁国、成王弟叔虞的晋国、召公奭长子的燕国,方圆也不过百里。这样看,孤竹应当是商代一个不小的诸侯国。

孤竹国与商王朝的关系比较密切,或者说商王十分看重孤竹的战略地位。孤竹国君在有商一代共传11世,多人在商都为官。史书记载,竹离大即第九世孤竹君侯,曾任职殷商主管占卜和祭祀的官员,当时算作朝廷要员。墨胎氏凭,字公望,即伯夷、叔齐出逃后立的第11代君侯,曾在商朝位至卿级,相当于现在的部长。孤竹与商王侯将相还有一层姻亲关系,这是商代其他方、邦不能相比的。甲骨文中有"妇竹"、"妻竹"、"竹妾"字样,据考证是孤竹女子嫁于殷商王室的称谓。这说明孤竹国与商王室通婚后,王室诸子中有了孤竹的血统。姻亲、甥舅关系辈辈相连,血脉不断,荣辱与共。

孤竹还是殷商王朝的边关重地。打开商代地域图,可见孤竹境内的卢龙塞,居东北与燕山南麓沟通的要道所在。地处东北方面的族群,入商地易货谋财,尤其兵戎相向之时,必须先屯居进驻今辽西地区,然后穿越卢龙塞才能进入华北平原,跨进燕南商朝治域。孤竹能够起到扼咽喉要道、屏卫商王朝边境安全的重要作用。唐代诗人戎昱的《塞下曲》吟道:"惨惨寒日没,北风卷蓬根。将军领疲兵,却入古塞门"。"铁衣霜露重,战马岁月深。自有卢龙塞,烟尘飞至今。"[①]似乎让人看到了从殷商武丁以来,两千余年不绝的卢龙塞烽烟与征尘。清人顾祖禹在其地理专著"卢龙塞"条目引述的一

---

① 《全唐诗》卷270

些相关史料，使人加深对要塞位置、作用、历史、特点的认识。"水经注：濡水东南迳卢龙塞。塞道自无终县东出度濡水，向西兰陉，东至青陉。卢龙之险，峻阪萦折，故有九崢之名。又有卢龙城，魏武征蹋顿时所筑也"。"后汉记：建安十一年曹操征乌桓，出卢龙塞，堑山湮谷五百余里，后人亦谓之长堑"。"一统志：卢龙镇，土色黑，山似龙形，即古卢龙塞"。[①]卢龙是因山形似龙得名，凭借卢龙要塞，孤竹这条黑龙全心全力为商王庭守护着东北门户。（图2-11-3）、（图2-11-4）

孤竹在商代颇受王廷欣赏，商王对孤竹君臣多有赏赐。近几年冀东田野考古中，卢龙、迁安、滦县等地不时发现精美的商朝青铜器，有的刻有铭文，似乎略见一斑。然而，好时光总有尽头，从受上司重视到被人遗弃是痛苦的，孤竹君王走到了这一步。西周灭商后，尽管仍旧分封了新的孤竹首领，但君侯已经没有了前辈的风采，成为召公奭主政燕国的附属，过上了纳贡奉赋的日子。

图2-11-3 卢龙商代遗址出土陶鬲　　图2-11-4 卢龙出土商代青铜簋

[①]《读史方舆纪要·卷二北直》

2. 孤竹与山戎

《春秋》是孔子删改修纂的一部鲁国史书，记载从公元前8世纪到公元前5世纪的历史。后人把这段近300年的历史时期叫做春秋时期。这个时期，西周初年的"八百诸侯"已经兼并为170多个大小诸侯国。一些小侯国名义为国，实为大国附庸。大国之间纵横捭阖，斗智斗勇，形成群雄争霸的局面。春秋时期先后出现五个取得"共主"地位的国家，史称"春秋五霸"。"五霸"的说法不一，比较符合历史实际的说法是：齐桓公、晋文公、楚庄王、秦穆公、宋襄公。

进入春秋以后，齐国以其地利和人才优势，发展速度很快。先后灭掉纪国（今山东寿光西南）、郲国（今山东汶上北）。齐桓公即位后，任用管仲为相，改革内政，增强国力。对外政策打出"尊王攘夷"的旗号，讨伐西部和北部的戎、狄民族，在中原国家燕、邢、郑、卫、鲁、陈、宋、许、曹面前，以"共主"自居。公元前667年，齐桓公召集鲁、宋、郑、陈会盟，已成名誉国王的东周惠王派卿士召伯廖赴会，赐命齐桓公为伯侯，确认了齐国的霸主地位。就是这个刚刚升任霸主的齐桓公，三年后给了孤竹致命一击，使存国900余年的孤竹遭受灭顶之灾。

与孤竹灾难相关的是山戎，或者说是山戎点燃了这场战争烽火的引信。山戎，从陇西北、陕北、晋北迁徙到冀北的戎族一脉，经过百余年的奋斗、积累、繁衍、生息，成长为令华夏民族不可小视的族群。为了生存，获取更大的发展空间和水土资源，加之游牧民族的生活习惯、固有性情所致，山戎曾经作为中原国家的借用力量驱邢伐郑，也曾对相邻晋、燕、齐、鲁等国挥动干戈。春秋时期的山戎，已经拥有比较强大

古国寻踪
——冀域方国、王国、诸侯国

的军事力量,其后方补给也足以支撑前方军需。它与东邻孤竹结成同盟,控制着孤竹东南的无终,俨然以燕山、军都山一带,以及滦河、潮河流域的主人自居。春秋早期的燕北戎人,因西戎之故被华夏民族称作北戎,后叫山戎。

公元前664年,山戎伐燕。当时的燕国主政之君庄公,治国无方,不能任贤,国力衰微,军中无将,兵力残弱。燕国的北部边境与山戎相接,山戎看准了时机,摸清了底细,举兵南下,直插燕都。燕国闻讯,朝野一片惊恐、慌乱。庄公明白,向周王廷求救无济于事,此时的周王天子已是空有其名。于是便急忙遣使恳求齐国发兵相救。齐桓公鸿志在胸,正想展示"中原共主"风威,遂召相国管仲、大夫隰朋等商定了救燕北伐山戎之策。"庄公十二年,齐桓公始霸……二十七年,山戎来侵我,齐桓公救燕,遂北伐山戎而还。"[1]"二十三年,山戎伐燕,燕急告于齐。齐桓公救燕,遂伐山戎,至于孤竹而还。"[2]

关于齐桓公伐山戎、灭孤竹的故事,史书及演义类书籍有多种版本,详略简繁,大体相同。韩非子写道:"管仲、隰朋从于桓公而伐孤竹,春往冬返,迷惑失道。管仲曰:'老马之智可用也。'乃放老马而随之,遂得道。行山中无水,隰朋曰:'蚁冬居山之阳,夏居山之阴,蚁壤一寸而仞有水'。乃掘地,遂得水。以管仲之圣,而隰朋之智,至其所不知,不难师于老马与蚁。今人不知,以其愚心而师圣人之智,不亦过乎?"[3]

---

[1]《史记·燕召公世家》
[2]《史记·齐太公世家》
[3]《诸子集成·韩非子·说林上第二十二》

这便是"老马识途"、"蚁蚁知水"的出处。齐桓公救燕,先到燕都听庄公陈述战况,然后北上追击山戎,过孤竹返齐。孤竹与山戎是盟国,自然联力抗齐。齐桓公依仗兵多将广,又有燕人作向导,自然不把两个小国放在心上。"大意失荆州"的事会有的,不必感到奇怪。齐桓公小白忽视了季节变化导致的环境改变,没有详细勘察这里的山川、谷溪、水脉、植被,以至于春来冬返遇到了迷路和断水的困扰,险些遭到兵败军溃的下场。好在有足智多谋、识广善断的管仲和隰朋,危急时刻放老马脱缰探路,众师随后,走出迷谷。河水、泉水被孤竹人截断,军士无饮水比饥饿更杀伤战斗力,是管仲隰朋用蚁土寸高丈下有水之理为齐师解困。回想当初,如果不听鲍叔苦谏,以伐鲁时曾射中自己的带钩为由杀管仲,齐桓公此时将追悔莫及。

对于"老马识途"、"蚁蚁知水",有的故事讲得绘声绘色、活灵活现。说齐桓公到燕时,山戎人马已经撤退,不见踪影。追至孤竹,黄花将军诈降,为齐人引路找寻戎师,将齐军骗至绝谷。还有的说,大雪覆盖山野田园,孤竹人躲藏起来,齐师难觅归返之途。绝望之中,是老马和蚁穴成为救星,挽救了齐桓公。齐桓公怒而捣毁孤竹居所、斩杀孤竹君侯。不管怎么说,"至于孤竹而还",是历史事实。故事意在赞颂名相管仲的多识贤能,但从另一个角度让我们看到了孤竹人万众一心抵抗外侵的意志、善用天时和地利的聪明智慧。韩非在讲述之末发出感叹:"今人不知以其愚心而师圣人之智,不亦过乎?"要当世之人明白自己知识不够,必须学习先人的智慧充实头脑,才能避免过错。这是千古名理,应当世代记取。

孤竹人的智慧还体现在她的农耕文化上。滦河下游，东临波起浪高的海洋，面山土薄，滩涂肥力差，孤竹先民不畏艰辛，勤于劳作垦殖，扩拓农田，选种繁育，把野生植物改造为农作物。《管子》载：齐桓公"北伐山戎，出冬葱与戎菽，布之天下"。[1]说齐桓公伐山戎时发现了人工栽培种植的冬葱、戎菽，记载是真实的。这两种农产品产于戎地无疑，滦平就是盛产地。戎菽是广义的大豆，品种有青豆、黄豆之分，粒大、粒小之别。现在承德、张家口原属山戎聚居地的农村，把蚕豆也叫大豆。最近看到一份材料，有学者认为孤竹人曾栽培大豆、冬葱，也有可能。根据大豆喜水的习性，孤竹的大豆应该比山戎大豆粒更大些，属同名同科形状略有差别。试想，在3000年前的自然条件下，没有育种筛选的科学仪器，没有协助辨分的技术设备，仅靠一双手、一双眼、两条腿，观察栽培是相当不容易的。戎菽、冬葱栽培折射出孤竹人的智慧之光。

齐桓公伐山戎过孤竹，齐师战马铁蹄践踏了山戎、孤竹的土地和牧场，许多无辜乡民惨遭屠杀，士兵血洒沙场，生态环境遭到破坏。孤竹的首领被斩杀，无力召唤域内民众与强齐抗争。但是，山戎并没有被剿灭，活动还在继续；孤竹的族称还在使用，对燕国仍旧造成断断续续的威胁。齐国的军队不会也不可能长期驻扎，他们的大本营在千里之外的临淄。直到燕昭王筑黄金台招纳天下贤士，"乐毅自魏往，邹衍自齐往，剧辛自赵往，士争趋燕"，"燕国殷富，士卒乐轶轻战"，乐毅为上将军伐齐连下70余城之后，孤竹、山戎作为单独的族称，才在公元前450年左右消失于史书记载。他们所属的部族，有

---

[1]《诸子集成·管子·戒第二十六》

的融入华夏中原,有的融入后起的北疆匈奴。

春秋时代是群雄厮杀、诸侯争霸的时代。"春秋之中,弑君三十六,亡国五十二,诸侯奔走不得保其社稷者不可胜数。"[1]初始的170多个大小诸侯国,最后确立秦、齐、楚、燕、赵、魏、韩七个万乘之国,进入七雄问鼎的战国时代。孤竹和山戎这对山水相连的兄弟族群,有争吵、有纷扰、动干戈、化联盟,有智慧、有胆识、勤劳作、创文明,演出了威武雄壮的一幕,走下舞台。悠悠中华民族历史长河,记载着他们付出的血汗、作出的贡献。

十二、滦平·冀北山戎

1. 山戎故事

1998年承德市召开全市文物工作会议,邀我去参加。我从历史课本上读过山戎,便找人咨询。文物处的文瑞同志写了个条子:"山戎,春秋部族名。活动于今滦平和丰宁一带,盛产戎菽和冬葱。公元前664年,齐桓公伐山戎得其冬葱植于齐鲁。"我就是从那个时候对山戎产生兴趣,总想搞清它的几个问题。会后我去滦平考察,当时的县委书记是我在隆化工作的同事,他带我走了不少地方,感叹大葱丰收卖不出好价钱,农民兄弟很着急。我把上面的故事讲给他,建议以戎葱做包装,外销把简介写在里边。借戎葱历史文化把牌子叫响,可能

---

[1]《史记·太史公自序》

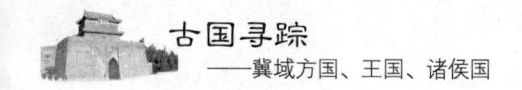

会有好的经济效益。书记很高兴，要为我颁发最佳创意奖。

此后不久，我出差到山东青州。午餐有一盘煎饼卷大葱，我便对山东同行说，这个传统名吃的知识产权在河北省。两千五百年前山戎居地气候条件促成了培土冬葱技术。你们已经种植销售了二十多个世纪，算起经济收入来，可不是小数字，总得给原产地分点成啊！

戎菽，应当是承德、张家口一带通称为大豆的芸豆或者蚕豆。如今也作为特色小吃加工成各式包装，品种有咸有甜，营养丰富，行销各地。

顺着山戎的故事线索翻阅相关资料，发现山戎人与秋千有关系。史载：秋千，本北方山戎之戏，以习轻翘者。后中国女子学之，乃以绳悬木立架，……名曰秋千。想不到，山戎人偶尔为之的秋千游戏，竟被华夏中原人学去，加以改进，走入学堂和寻常百姓家，走入富宅和宫院红墙。秋千雅俗共赏，颇受少男少女喜爱。荡秋千，演绎了多少风流韵事，留在千古笑谈中。荡秋千，也随中外文化交流漂洋过海，我们从许多欧亚古典名画、名著中，看到、读到过荡秋千的画面和描述。那应当是山戎人发明这一娱乐活动1500年后的事。

山戎人最早发明并使用火锅，是近两年听北京朋友讲的。他们说：北京延庆龙庆峡山戎墓葬惊现青铜火锅，火锅底部有火烧的痕迹。火锅分两种类型：一是锅灶连体，下部点燃木柴，上部是铜锅；二是单体火锅，架于柴草之上将水煮沸。消息一出，山戎火锅名声大震。一时间，"中国最早的火锅"、"天下第一火锅"，成为招牌菜谱；"体味神秘山戎文化"、"游山戎故地吃山戎火锅"，成为旅行社热线。从网上浏览，与山戎有关的公司接二连三，声势浩大。

访城篇

这类故事尽管有渲染的色彩，但是都有历史资料为凭，有真实可考的文物为证。最近，我陆续拜读了相关省的新石器中期考古发掘报告，翻阅了一些商周文物珍品图录，慢慢地梳理出山戎的一点梗概，心里涌出一丝喜悦：一个消失2000多年的民族，一个充满神秘色彩又活泼生动的民族文化，经过文物工作者几十年的艰苦努力，经过山戎寻觅者不懈的探索、分辨、比对，正在逐步解开谜团。

山戎，华夏中国少数民族的一支，有过强盛，有过衰落，黄金时代在周末到春秋，战国中后期被秦和齐打散。河北北部燕山、军都山一带，潮河、滦河流域，有许多山戎人先辈墓葬和聚居地遗址，有他们的征战场和祭祀地。山戎人有比较发达的畜牧业和种植业，手工业器具和产品，具有鲜明的地方

图2-12-1 山戎贝纹双身兽面纹车軎　　图2-12-2 连珠纹蛙形圆饰件

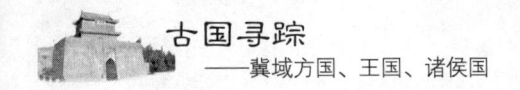

特色。河北、北京、天津同属于一个文化区，自西向东在赤城、宣化、怀安、延庆、丰宁、滦平、隆化、兴隆、宽城，迁西、迁安，昌黎、抚宁等县市，均有山戎墓葬发现，出土山戎车辆构件和饰件。（图2-12-1）、（图2-12-2）

2. 西北游牧民族

在我国社会发展进程的新石器中叶，北方和西北高原与丘陵地带，是一片尚未开垦的地方或尚未完全开发的地方。这里有草地有森林，野生动物资源丰富。在这片土地上，绝大多数民族仍然处于氏族部落状态。但也有部分地区和氏族与中原华夏发展相近，开始了青铜时代的早期生活。被称作西戎的氏族部落便是其中之一。

夏时，因禹建朝夏地，称夏伯而有夏国。《尚书》注说："冕服彩章曰华，大国曰夏。"夏是大的意思，华是因夏族服饰和文化特征而得名，后来华夏合一成为中国的代称。夏是中原之国，对居于东西南北不同于夏的族称，以衣着、居地或其他特点称谓。如昆仑、皮肤鸟夷、畎夷等。《尚书·禹贡》中有"夷"、"戎"、"蛮"的记述。《史记》开篇讲述尧舜传说就有记载，"流共工于幽陵，以变北狄；放驩兜于崇山，以变南蛮；迁三苗于三危，以变西戎；殛鲧于羽山，以变东夷"。[①]司马迁还在记述中陆续使用了"蛮夷率服"，"望夷猾夏"，"西戎、析支、义渠"等词语。可以这样设想，既然尧舜时有了戎的族称，夏时存在是必然的。再者，安阳殷墟出土的甲骨文已有夷、狄、戎、蛮等字，实际存在的族称，应

---

① 司马迁《史记·五帝本纪》

早于文字许多年。戎族从夏时存在应为不争的事实。

夏代,对于社会发展情况特别是少数民族社会发展情况缺乏文字记载,这些年的考古成果还不能够把夏以来的历史事件全部连贯起来。文献中散落的记述,考古文物辨认研究,戎族史料或多或少出现是值得关注的。《禹贡》中"黑水西河惟雍州",是说它的地理位置和重要作用。古代九州之一的雍州,占据黄河中游以西至甘肃张掖的广大地区,东部是夏族的主要分布区,而众多的少数民族居于雍州西部,这里就包括属于西戎民族集团的一些部族。

战国时魏国史书《竹书纪年》提到夏代的畎夷,"帝葵即位,畎夷入于岐以叛。元年,跂踵戎来朝。" 宋代人著的《路史》说"葵不务德,……于是犬戎侵岐居之。"后者说的犬戎就是畎戎。夏代后期,他们入居于陕西岐山一带,而岐山以北是他们的主要游牧区。《史记·匈奴列传》注释还记有:桀崩,其子淳维妻其众妾,遁于北野,随畜转徙,号荤育,逮周日盛,曰猃狁。荤育即熏育,殷时称鬼方,到西周称猃狁即犬戎。夏时,我国北方和西北已经居住着称为"熏育,畎夷"的戎族。

西戎,马家窑、齐家文化之后四坝文化的主人。他们是近4000年前,以今山丹四坝、玉门火烧沟为代表的河西先民。西戎人距夏人主要生活区不远,容易借鉴夏人的先进生产技术,学习夏人的先进文化,在戎人中改革最早,先一步踏足于青铜时代。

四坝文化是1976年以后发现的。著名考古学家安志敏先生,在甘肃永昌以西的河西走廊一带,发现黑彩红彩夹砂彩陶和直刃弯背青铜刀,发现锥、斧、镰、矛、镞等工具和兵

古国寻踪
——冀域方国、王国、诸侯国

图2-12-3 山戎镂空三角形钮扁铃

器,还有镜、镯、臂钏、指环、耳环等妆饰用品。安先生发现这些陶器、铜器的工艺及纹饰,既不同于马家窑文化,也不同于齐家文化的特征,命名为四坝文化。经碳-14测定,存在年代相当于夏代中期。[①](图2-12-3)

商代称都城四方部落为"方"或"邦"。有关文献中有"万方百姓"、"万邦为庆",都是众多的意思。河北省定州市火车站工程就曾出土商代方国墓群,还被评为1991年全国十大考古新发现。居于商都北方和西北的有薰育、猃狁、犬戎、畎戎,甲骨文记有土方、鬼方、狄。从当时的社会发展进程看,这些都是部落群名称。他们已经从夏时的零散部落组成了某种人群的共同体,虽仍然过着游牧生活,但是有不同的政治中心。郭沫若先生在《中国史稿》里说:"土方是住在今山西、陕西北部直到内蒙古河套以北的游牧民族",鬼方"游动在今陕北、内蒙古及其以北的辽阔地带,是强大的游牧部落。"与土方、鬼方同时活动在商代中心区域西部、西北部的余无戎、燕京戎、奚落鬼戎、骊山戎、犬戎以及羌方、熏育、北羌等,较之夏时的军事

---

① 参见甘肃省文物研究所《甘肃省文物考古工作十年》、甘肃省文物局编《甘肃文物菁华》、北京大学考古文博学院和北京大学古代文明研究中心编《吉金铸国史——周原出土西周青铜器精粹》、田纪周《先秦民族史》。

实力有所增强，散落的力量结成部落联盟。为寻求新的牧场和狩猎地，经常游动，与商朝属地不断发生冲突。商王武丁之前，这类记载较少，从武丁开始文献资料多起来，仅殷墟甲骨文卜辞就有数十条。

在这些记载中，多次提到羌，有羌方、北羌、河曲羌、西羌。《后汉书·西羌传》说，西羌源于三苗，本姜姓之戎别种，被舜逐至三危，即河关之西南羌地。羌人所居，谓之河曲羌。析支、义渠、渠搜、昆仑，都是羌人部落，又同为西戎集团成员。武丁伐羌，最多时用兵达13000多人，远远超过征土方时的5000人。羌人曾占领过商属的大片土地和草场，武丁也曾俘虏大批羌人，还俘虏过羌人的部落首领。只要成为俘虏就变为被强制生产的奴隶，还可能被作为祭祀品或随葬者。武丁及其后的征战，反映羌人力量强大对商造成的威胁，说明争夺的残酷。郭沫若先生据甲骨文记载得出结论："殷人之敌在西北，东南无劲敌。"殷商时的"四夷"概念，在夏的基础上又有发展，古籍中不仅较多地出现夷、狄、蛮、戎的记载，而且甲骨文中也把这些族称固定下来。基于征战的印记，象形文字的戎是一件兵器。用戎来称谓西方的主要民族，西戎的概念逐渐形成。

周武王灭商，追谥封王上至古公为止。这个古公亶父，在商武丁元年被"赐以岐邑"，成为诸侯。经多年苦心经营，为周人发展奠定基础。《尚书·武公》说，"至于太王，肇基王迹"。古公卒，季历立，是为公季。公季时期与西戎进行过多次战争："35年，周王季历伐西落鬼戎，俘二十翟王，""大丁二年，周人伐燕京之戎，周师大败；""四年，周人伐余无之戎，克之；""七年，周人伐始呼之戎，克

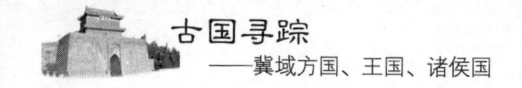

之；""十一年，周人伐翳徙之戎，捷其三大夫。"[1]这些记载清楚表明，公季时期与西戎的战争频繁而且十分激烈。

公季死后，西伯侯继位是为周文王。中原史书多赞颂文王仁义，实际上文王也多次兴兵伐戎狄。《史记·周本纪》说：文王受命，"明年，伐犬戎"。《竹书纪年》记有："三十四年十二月，昆夷侵周，""三十六年春正月，诸侯朝于周，遂伐昆夷。"《尚书》疏云：文王受命，"四年，伐犬夷"。这个时期，周室伐西戎的力度也是相当大。

太子姬发登上王位，是为武王。周武王为巩固自己的统治大行分封，特别将功臣、近臣封在与西戎、北狄打交道的重地。封首要功臣姜尚为齐王，封召公奭长子为燕王镇守北方要地，将晋地封予成王弟叔虞，守卫山西曲沃到太原一线。《春秋·左传正义》称姬发提醒他们注意："封于夏虚，启以夏政，疆以戎索，"即注意因应戎人的风土习俗。这个时候，西戎因连年征战，兵力受损，加之武王初立军师强劲，战事相对平静。西戎人积蓄力量，准备应对周人的征伐。

到周穆王时仍对犬戎、西戎用兵不断，加剧民族矛盾。穆王孙周懿王在位间，"王室遂衰"。西戎和北狄同时伐周，迫使懿王迁都。《竹书纪年》记载："懿王七年，西戎侵镐。十三年翟入侵岐。十五年，自镐徙都犬丘。二十一年，虢公帅师北伐山戎，败逋。"周宣王接续出兵"西伐西戎"。及至周幽王，"四夷入侵，中国皆叛"，褒姒乱政，国人悉怒，申侯与缯、犬戎攻幽王，杀于骊山下。几代周王征伐西戎，最后还是申侯联手戎人将周幽王推翻，也算历史为戎人讨

---

[1] 战国·魏《竹书纪年》

回了一点公道。

周平王东迁，离开武王至幽王经营300年的镐，迁都洛阳，主要原因是戎狄的军事攻击。"周避犬戎乱，东徙洛邑。秦襄公以兵送周平王，平王封襄公为诸侯，赐之岐山以西之地曰：'戎无道，侵夺我岐丰之地，秦能攻逐戎，即有其地。'与誓封爵之。襄公于是始国"。[1]秦襄公就是这个时候取得周王封赏的。公元前750年，秦文公奉诏伐戎，得胜，于是"遂收周余民有之，地至岐。岐以东献之周"。秦以岐为基地，逐渐发展成为春秋时代的西部强国。秦穆公三十七年（公元前623年），"秦用由余谋伐戎王，益国十二，开地千里，遂霸西戎"。[2]

西戎民族集团自夏代活跃于西部和西北部，生息发展1500年。其主力民族被秦国击散，难于再组织起强有力的军事进攻。

3. 冀北戎族一脉

司马迁是治学严谨、好学深思的杰出史学家。他曾经到过东西南北边陲勘察座谈，听取长老前辈论俗说史，所记所写有凭有据，总体比较可信。他对于游牧民族生活习性的记载十分生动："唐虞以上有山戎、猃狁、熏育，居于北蛮，随畜牧而转移……逐水草迁徙，毋城郭常处耕田之业，然亦各有分地。毋文书，以言语为约束。儿能骑羊，引弓射鸟鼠；少长则射狐兔，用为食。士力能弯弓，尽为甲骑。其俗，宽则随俗，因射猎禽兽为生业，急则人习战攻以侵伐，其天性也。其长兵则弓

---

[1][2]《史记·秦本纪》

古国寻踪
——冀域方国、王国、诸侯国

矢，短兵则刀鋋。利则进，不利则退，不羞遁走……自君王以下，咸食畜肉，衣其皮革，被旃裘。壮者食肥美，老者食其余"。① 这里说的"北蛮"，应该是笼统方位，即北和西北。其中的山戎，还不是春秋时的山戎，应当是后来被称作北狄的游牧民族部落。猃狁、熏育则是居于西和西北，后来称作西戎的游牧民族部落。司马迁活灵活现地记述了游牧民族生活习性。我们从有关史料对西戎和北狄的描述中，也读到了相似情景。在这之后的记述，司马迁接着写西戎部分部落从古雍州以西到岐山以北，再到山西北部、内蒙古北部。《竹书纪年》则记载商与西戎、周与西戎连连征战的历程。这一方面说明义渠、析支、西羌、犬戎等西戎部落，一直繁衍生息在西部、西北部，为生存发展不断与商周发生争夺地盘的事，有时争夺还十分激烈；另一方面我们也可以据此作点推断：西戎民族集团中的部分部落，面对残酷的现实、面对被毁坏的家园，是不是已经开始迁徙转移，寻找新的生存空间？东南是强大的华夏，往北走是荒漠一片，向东去才是最佳选择，那里有自己的兄弟族群，彼此相距并不太遥远。这些先民是北戎，后称山戎居地的最早踏足者和创业者。

"夏道衰，……其后三百有余岁，戎狄攻大王亶父，亶父亡走岐下，而邠人悉从亶父而邑焉，作周。其后百有余岁，周西伯昌伐畎夷氏。后十有余年，武王……放逐戎夷泾、洛之北，以时入贡，命曰荒服。其后二百有余年，周道衰，而穆王伐犬戎，得四白狼四白鹿以归。自是之后，荒服不至。……穆王之后二百有余年，周幽王用宠姬褒姒之故，与申侯有郤。申

---

① 《史记·匈奴列传》

访城篇

侯怒而与犬戎共攻杀周幽王于骊山之下，遂取周之焦获，而居于泾、渭之间，侵暴中国……秦襄公伐戎至岐，始列为诸侯。是后六十有五年，而山戎越燕而伐齐，齐釐公与战于齐郊。其后四十四年，而山戎伐燕。燕告急于齐，齐桓公北伐山戎，山戎走。"[①] 这段记载，说夏衰以后800余年即公元前777年，申侯联手犬戎杀周幽王于骊山之下，秦襄公救周王始秦发迹史。其后110年，齐桓公应燕国请求救燕伐山戎，这是公元前664年的事。从这个时间往前推移，公元前13—11世纪是商武丁、帝辛时期，也是周人初起阶段，是商周与西戎连年征战的时期，与历史事实大体相符。根据相关史料的追索，这个时期很可能就是西戎集团的某些部落尝试东移的阶段，有的到达陕北、晋北，也有的南进到华夏腹地又被迫转移。《匈奴列传》将西戎、畎夷、犬戎、戎夷、戎狄等，作为一个民族集团来看待。字里行间流露出西戎和北狄的关系，他们时而各自为战，时而联合抗敌。（图2-12-4）

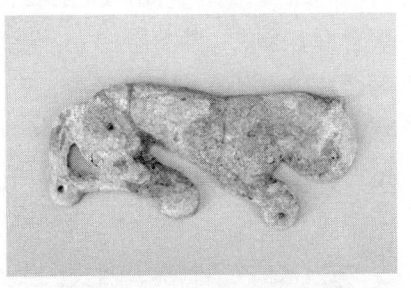

图2-12-4 山戎虎形佩饰、马形佩饰

[①]《史记·匈奴列传》

犬戎引人注目。史载犬戎居地在今山西北部和内蒙古北部，周朝中期已经比较强大。犬戎所处介于北戎和西戎之间，应该与双方都有联系。也有文献认为，犬戎属北狄民族集团，有一定的道理。山戎或北戎春秋时属北狄，他们和犬戎本来就是相通的民族群落。

"当是之时，秦晋为强国，晋文公攘戎狄，居于河西圁、洛之间，号曰赤狄、白狄。秦穆公得由余，西戎八国服于秦，故自陇以西有緜诸、绲戎、狄、獂之戎，岐、梁山、泾、漆之北有义渠、大荔、乌氏、朐衍之戎。而晋北有林胡、楼烦之戎，燕北有东胡、山戎。各分散居溪谷，自有君长，往往而聚者百有余戎，然莫能相一。"① 这里记述者仍将戎狄合称。陇西八戎含河西走廊中西部的戎、陕西北部的戎，晋北之戎和燕北之戎。他们分散居住，各有各的部族首领，有联系而不相属。百有余戎没有统一的领导，也泛指西戎和山戎，并非专指山戎。

这样的散落状况，西戎人大约持续了600余年。而北戎历200余年发展成军事联盟性质的族群，即将单个部落的"急则人习战攻以侵伐"，组合为整个部落联盟的军事行动。春秋早期北戎开始强大起来。有些华夏国家也开始与戎人结盟，借用戎人的力量。有关史籍载：

公元前721年春正月，鲁会戎于潜（今山东济宁）；

秋八月，鲁公与戎盟于唐（今山东金乡）；

公元前716年冬，周大夫凡伯聘于鲁，戎伐凡伯于楚丘（今河南濮阳以北）；

---

① 《史记·匈奴列传》

公元前714年冬，北戎伐郑；

公元前706年夏，北戎越燕伐齐；

公元前677年夏，鲁公追戎于济西；

公元前674年冬，齐人伐戎；

公元前670年冬，戎伐曹；

公元前668年，鲁公伐戎；

公元前650年夏，齐侯许男伐北戎。

"晋悼公使魏绛和戎狄，戎狄朝晋。后百有余年，……赵有代、句注之北，魏有河西、上郡，以与戎界边。其后义渠之戎筑城郭以自守，而秦稍蚕食，至于惠王，遂拔义渠二十五城。""秦昭王时，义渠戎王与宣太后乱，有二子。宣太后诈而杀义渠戎王于甘泉，遂起兵伐残义渠。"[1]

戎人强大之后伐鲁、伐郑、伐齐、伐曹，魏国、赵国与北戎、西戎边界相接。这时候的西戎义渠部落被秦击溃。公元前七到六世纪，中原国家兵器先进，齐国和赵国重兵征讨，使山戎军事联盟的力量遭受重大挫折。有的部落融于赵、燕、齐、秦，有的投入东胡、匈奴。尽管零星山戎部族在冀北地区还存在，但作为一个统一的族称，山戎在公元前五世纪中叶消失。（图2-12-5）

太史公在《匈奴列传》终了发出感叹："尧虽贤，兴事业不成，得禹而九州宁。且欲兴圣统，唯在择任将相哉！唯在择任将相哉！"千古经验教训，择任将相关乎事业成败，卓越的领袖才能成就千秋伟业。戎族之中，包括西戎各部落、北戎和山戎部族，不是没有组织与军事人物，他们能在

---

[1]《史记·匈奴列传》

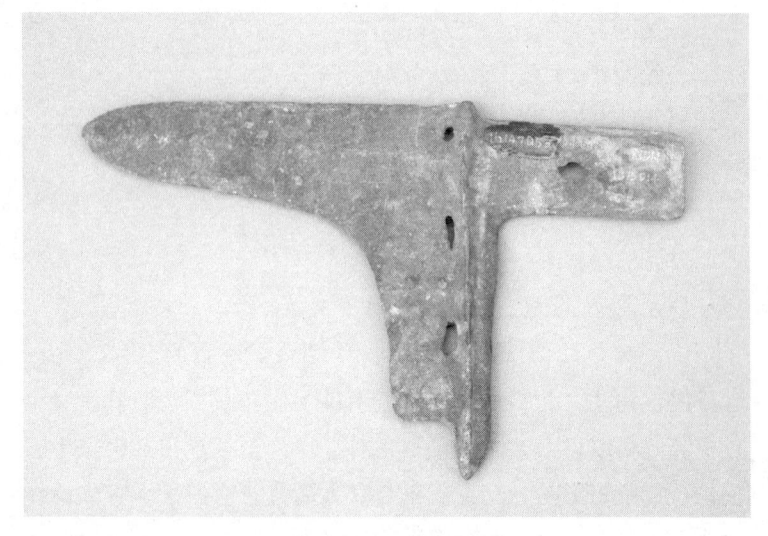

图2-12-5 山戎三穿戈

局部或一时战争中取胜，但不能积累发展成战略和全局的胜利，实在是因为缺乏指挥、运筹、才能、品德杰出的领袖人物哇！

4. 戎人西来因由

山戎人不是土著民族，也不是春秋时期才来到冀北的。他是西戎的支属，准确地说是在冀北发展起来的戎族。周后期、春秋被人称为北戎，大概有西戎的因素吧。戎人西来，大概有如下考虑：

第一，史书对西戎的记载早于山戎，出土文物予以佐证。甘肃从1976年相继出土一批文物，属四坝文化范畴，主人当归西戎。《史记》"夏道衰，而公刘失其稷官，变于西戎，邑于豳。"是指公刘世代为官掌管农业生产，夏朝中失去官位，率其族人迁至戎地，改革西戎的风俗习惯，在那里恢复农业种植，使这里游牧民族变为畜牧加农耕的生产方式，建起了都邑。《盐铁论·和亲篇》评价说："故公刘处西戎，戎狄化之"。其时间是夏代中叶，而史书具体记载北戎的历史事件则始于公元前八世纪。

第二，冀州开发迟于雍州，戎人东迁在情理之中。据《尚书·禹贡》的记载，夏禹将华夏分九州，依各州田亩等次顺序排列是：雍、徐、青、豫、冀、兖、梁、荆、扬。田亩等次体现各州开发先后的农业生产水平差异。当时的情况是，古雍州发展水平在古冀州之前。游牧民族向尚未完全开发的地方转移，合情合理。

第三，西戎和北戎生活习性相似，葬俗相似，属同宗戎族。有关史料形象生动地描绘了戎族的生活习性，从"少儿"到"少长"到"力士"，从"宽时"到"急时"写得形象逼真。"利则进，不利则退"，对于戎人不是难为情的事。这种天性决定了与之相关联的习俗和习惯。葬俗是民族文化的展示形式之一。周至春秋，陇西四戎与歧梁四戎合称西戎八国，而晋北戎、燕北戎虽"自有君长"，但对归去者的葬俗一直传承，无大差别。四坝文化域内的墓葬形制，多是长方形竖穴，以仰身直肢单体葬为主；燕北滦平、丰宁墓葬形制，亦多为长方形竖穴，仰身直肢单体。从出土同为加砂红陶的陶器和青铜器动物纹饰看，燕北山戎家畜类有马、牛、羊、狗，没有猪，陇西四坝文化域内多是如此。这在一定程度上可以认定，东移支属保留着初始的游牧民族文化特征。

第四，相近的崇拜物，是同族的文化体现。西戎崇水怕水，因为有水才有草，水大淹没家园。山戎崇龙崇蛙（彩图

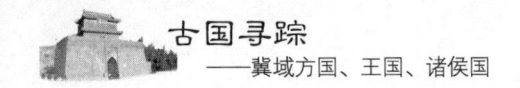

3），因为龙能生雨，有蛙就有水。滦平出土的蛙面石人，属半人半神的图腾。西戎、山戎都崇犬。有的部落将族名与犬联在一起，如畎夷、畎戎、犬戎。他们崇犬、爱犬，以犬为贵，北戎犬与玉、马并称三宝。因为狗是人类的朋友，更是游牧民族射猎或放牧逐狼豺的协助者。山戎墓多有狗殉葬，腿骨在下，头骨在上，祈愿另一个世界继续为伴。

第五，商末周初连年征战是戎人东走的重要因素。从商武丁开始，周公季历、周文王、周武王等华夏王朝连续讨伐西戎，虽然各有胜负，但戎人遭受重大打击，伤亡严重。商周奴隶主需要更多奴隶充当会说话的劳动工具，同时扩地占有戎人的资源，伐戎使之臣服，增强势力霸有天下。戎族的生存环境、生产条件遭到极大破坏。为了图存寻找能够生活的环境，为了免于当奴隶被奴役、被殉葬，一些人、一些部落逃离祖居地走上迁徙路。当然，不可抗拒的自然灾害也造成逃离。部落内部矛盾，引发残杀或仇恨，使得一些人出走同样可能。西戎民族集团的部分部落，由西或西北往东转移的时间，应该不晚于公元前12至10世纪即商武丁中后期到周文武成康前后。他们逐渐到达冀北山区的时间大约在公元前11世纪左右。毋庸置疑，相对集中迁徙之外，还会有零星的迁徙者。其路线大概是：陇西—陕北—晋北、蒙北—冀北。先在今张家口和承德地区赤城、延庆、丰宁、滦平一带的燕山、军都山、潮河、滦河流域扎根，然后扩展至今天津北、唐山秦皇岛北部一线。初称北戎，后叫山戎。

第六，山戎不具有土著民族的特征。一个地方的土著民族，相关史籍特别是区域志书，或多或少的会有些历史记载。而冀北相关市县志书均没有春秋之前关于山戎的史料。也没有夏商周关于山戎的故事或传说线索。就地理和生存、发展条件看,这里应是黄土民族,以农耕、畜牧相结合,而不是单一游牧民族。远古时代及夏商周时期,这里是尚未完全开发的"荒蛮之地",初始民族难于以落后的生产方式有所作为。北戎、山戎的活动,应当是迁徙民族沿袭已有的生产方式,然后逐渐发展壮大起来。

走河篇

"河"字告诉人们,有水才可以生存。河水养育了河北大地的万物生灵,滋润了这片土地的子民。河的两岸是文化发祥地、遗产诞生地,顺着河流走向能够找到先人的背影、创造的文明、缔造的古国。

古国寻踪
——冀域方国、王国、诸侯国

一、探古寻幽漳卫河

漳河和卫河是河北省南部的两条重要河流。漳河自浊漳南源到与卫河汇流处，全长460公里。当年九千人马进太行、30万大军投身人民解放战场的129师刘邓司令部，就设在漳河岸边赤岸村。卫河全长900余公里。20世纪60年代前，一直是华北平原的内河航道。漳、卫两河奔涌出太行进入平原，汇流为漳卫河。新石器时代著名的磁山文化、宋代的磁州窑，以及现代知名的岳城水库、林县红旗渠等，都出在这个流域内。

1. 概览漳卫

漳河位于海河流域西南部，是南运河水系的主要支流。它发源于山西高原和太行山。东临滏阳河，南界丹河与卫河、西接沁河、北连冶河及潇河，流经山西、河北、河南三省。上游分清漳、浊漳两条支流。清漳河有东西两源，东源发自山西昔阳境太行山麓，西源发自山西和顺县境，流至左权县境两源相汇。经流域内大部分属山石地带，地表植被较好，且河床尽沙砾，水色澄清，因称清漳。浊漳河有北、南、西源三大支流，北源发自山西榆社县、西源发自山西沁县、南源发自山西长子县，三流汇于山西襄垣县境。因流域内植被稀疏，支流多且为季节性河流，降雨之后水流湍急，夹带大量泥沙，故称浊漳。清漳、浊漳出山西在河北涉县境合漳村汇合后始称漳河。

卫河也是南运河水系的主要支流。它发源于山西太行山南麓，流经河南新乡、浚县、汤阴等市县，流经河北馆陶、魏县、大名等地，流经山东冠县。它跨越三省的流经地域多在春秋时的卫国，因称卫河。卫河历史悠久，它是由古代清河、屯氏河、白沟、永济渠演变而来。今浚县淇门以下卫河前身为白沟，系黄河下游故道。汉代的屯氏河，也曾是黄河故道，西汉元封年间（公元前2世纪初叶）黄河北决于馆陶后，屯氏河东北流至章武入海。隋炀帝时开永济渠，今山东临清经武城至河北故城一段，就是利用屯氏河故道修浚而成。曹操在204年改造白沟河为运河，采取遏淇水进入白沟办法，以应运送军粮之需，基本形成了今天卫河的态势。卫河沿途接纳主要干流有淇河、汤河、安阳河等。

卫河与漳河在馆陶相会，并称漳卫河。

2. 寻访遗存

漳卫河流域今邯郸市和邢台市所属区域，是历史文化遗存十分丰富的地域。

磁山遗址位于武安市磁山二街洺河北岸的台地上，遗址总面积约13万平方米。（图3-1-1）1973年文物工作者首次发现并进行发掘。发现半地穴式建筑，属当时人类居住房屋。又发现多为长方形的竖穴土坑几十个，最深者达7米多。窖穴中发现大量碳化的粟灰，说明7000年前这里已经种植旱作谷物。遗址中还发现生活用具、生产工具器物组合，有石斧、石刀、石镰、石铲和石磨盘、石磨棒、陶盂、陶支架等。在半地穴房屋附近发现鸡、狗、猪的骨骼，证明当时这些动物已经驯化。此外，遗址内发现较多的渔猎工具，证明当时的社会经济

古国寻踪
——冀域方国、王国、诸侯国

图3-1-1 磁山遗址出土石磨盘、石磨棒

结构是以农业为主兼营渔猎，临河捕鱼，临山猎兽。磁山遗址出土文物以夹砂红陶为主，烧制火候较低，质地粗糙，表面纹饰有绳纹、编织纹、篦纹、乳钉纹等。陶器多采用泥条盘筑法，器形不规整，有椭圆形陶壶、靴形支架。（图3-1-2）

磁山遗址的发现及出土物，引起国内外文物界的广泛关注。在进一步做好磁山及周边工作、出土文物不断丰富的基础上，众多新石器文化研究专家集聚一堂，共同确认磁山文化为早于仰韶时代的新石器文化，这是河北省第一个以地名命名的时代文化。一经命

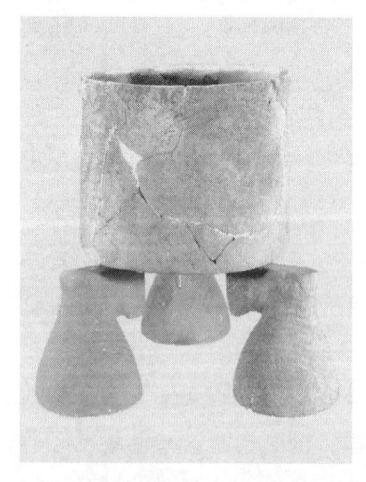

图3-1-2 磁山遗址出土陶盂、支架

名，便写进教科书。1996年，第一届磁山文化研讨会在河北召开，吸引了国内外众多专家学者。河北省农科院谷子专家李东辉，终生致力于旱作谷物研究，去世前留言将遗体葬于磁山遗址，在最早种植谷物的地方安息。

漳河北岸磁县下七垣遗址，是典型的先商文化漳河类型的代表性遗址。遗址内除一部分战国墓葬外，其余全属先商文化遗存。为做好农田基本建设中的文物保护，1974年文物工作者对遗址中的960平方米进行了发掘，发现陶窑4座、灰坑104个、商墓23座、战国墓6座。出土陶器304件、骨器354件、石器481件、蚌器274件、角器34件，还有卜骨、铜镞等文物124件。下七垣遗址共分四层，叠压关系清楚，遗物特征明显。主体特征以夹砂有腰陶甗、橄榄状罐、卷沿深腹盆、绳纹浅腹平底盆为一类；以鼓腹鬲、弧腹鬲、蛋形瓮等为一类。以上两类陶器群基本上代表了下七垣遗址的特征，被学术界称为"下七垣文化"。

大名府故城位于大名县城东北3公里处。史料记载，内城周长1.8公里，外城周长27公里。现仅存大街、北门口等三段城墙，余皆湮没地下约四米。它始建于前燕建熙元年（360年），北周、隋、唐初为州、郡治地，唐中后期节度使拒唐命、称魏王，改魏州为大名府，并对府城进行扩建。五代后唐为兴唐府，后晋、后汉定位邺都。北宋时期大名府臻于鼎盛，宋真宗为袭击契丹，前往大名府亲征。当时卫河经过大名东北至天津，与隋代大运河相通。因其交通便利，北临契丹，宋仁宗庆历二年（1042年）钦定大名府为北京，耗资数万改修外城，增建宫城，置百官，建大型宫殿。规模宏伟壮观，形成"略如都城"的北宋陪都。大名府遂成北部地区的大

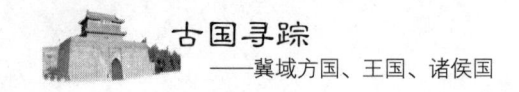

都市，成为北宋政权又一个政治、军事、经济中心。至南宋建炎四年（1130年），大名府陷落，降将刘豫在此建"大齐"国都。元、明初大名为路、府治所。明建文三年（1401年），黄河决于漳卫，滚滚黄水淹没城池，大名被淤埋地下。

大名古城，因运河而兴盛，因流通发达而繁华。时光变迁无情地嘲弄了这个"陪都"，运河停运，便捷不在，流通不畅，难有所为。它让我们看到：流通和交通怎样制约着经济的发展，使一个昔日的大都市变成了今日的贫困县。从二十世纪九十年代末开始，大名人壮志改天地，雄心谋发展，换思路、讲科学，希望在今天，复兴见辉煌。

广府古城即今永年县广府镇，始建于唐代，历代均有修缮，今存城池为明代遗存。城墙布局大体呈方形，东西长107米、南北长123.8米，砖砌城墙高8.2米、底宽8米、顶高5米。东西南北均设城门并建有瓮城，城墙上有角楼四座。古城四周环以护城河，东、北两面水面较大，常年不断，芦苇生长茂盛，颇似白洋淀水乡风光。城内主要街道仍保留原格局，东西大街相对在一条轴线上，南北大街相对错开。广府古镇内有杨氏、武氏太极拳创始人杨露禅、武禹襄故居。始建于清代，分别占地3000平方米、9000平方米。每年有大批中外太极拳爱好者前去敬祖拜师、切磋拳艺。永年杨氏太极拳现被定为河北非物质文化遗产。

漳卫河流域有两处著名的陶器、瓷器烧造遗址。涧沟陶窑遗址，位于邯郸县境沁河岸边，面积一万平方米，与同为陶器产地的百家村、齐村隔河相望。河北文物工作者在上世纪50年代，对该遗址北部进行了考古发掘，发现龙山时代文化遗存被商代文化层叠压，遗迹有灰坑、陶窑等。发现陶器中泥质灰陶最多，夹砂灰陶为次。泥质陶以磨光陶为主，另有泥质红褐陶。器物面多磨光或素面，纹饰篮纹、方格纹较多。器类有鬲、罐、盆、壶、器盖等。商代文化层发现窑址两座。陶器也以泥质灰陶为多，夹砂灰陶为次，见粗绳纹饰，器形可辨罐、盆、鬲等，还出土数件陶、石、骨器。

磁州窑遗址，位于磁县和峰峰矿区境内，分布于以观台、彭城为中心的区域内。这一带宋时属磁州地，因称"磁州窑"。从五代开始，磁州窑炉火初燃，到金代达于鼎盛，元代时走向衰落。但磁州窑系遍及北方各省，清末民初烧造不止。磁州窑器物以粗白瓷酱色釉为主要特色，黑白反差强烈，色彩明快。装饰图案丰富，装饰技术采绘、剔、刻、划、压印手法，取釉上彩、釉下彩、高温彩、低温彩形式，使得器物多种类、多特色，颇受民众欢迎，成为生活必需品。磁

图3-1-3 磁州窑龙纹大盆

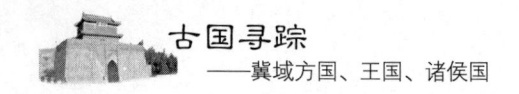

州窑产品主要供民间使用，不像官窑那样受多方限制，因而给了制瓷人挥洒艺术智慧的更大空间，也使磁州窑产品具有强烈的民间艺术色彩。近些年，磁州窑产品赢得越来越多的国内外市场，以刘立中为代表的工艺大师成为公认的磁州窑技艺传承人。（图3-1-3）

磁州窑瓷器被世界各大博物馆收藏并专设展柜，走进瓷器展厅一眼就望见黑白分明的磁州窑器物。三年前，磁县博物馆《黑与白的艺术》一举荣获"全国十大精品陈列"。馆长赵学锋说，是磁州窑的文物精，是瓷艺匠人的技术精，是磁州这块土地神奇，才成就了展览精品。他谦虚低调未说自己的努力，也许还有更宏伟的规划，展示磁州窑的辉煌。

磁县北朝墓群位于磁县城南，距临漳邺城十公里处。1971年河北文物工作者对墓群进行全面勘查，证实墓葬总数达134座。此后对其中的三座进行发掘。它们是：北齐故司马氏太夫人比丘尼垣墓、北齐皇族左丞相文昭王高润墓、东魏尧氏赵郡君墓。

高润墓最具北朝大型墓葬的典型特征。（图3-1-4）墓为甲字形砖石墓，由斜坡墓道、甬道和墓室组成。墓道与甬道相接，长50米、宽2.96米。甬道长5.62米、宽1.86米，通过甬道的三层封门墙即达墓室。墓室平面呈方形，边长6.4米，正中为砖砌棺台。墓室四壁及墓道两侧饰绘彩色壁画，宽6米、残高2.8米的壁画保存最完整，绘有《举哀图》。图正中为一中年男子，头戴折巾，身着便服，坐于帐内，神态凄凉，绘出了墓主人即将瞑目去世的精神状态。两侧分立众多男女侍从，或举翅葆、华盖，或执尘尾、食盘，均垂首锁目，神态哀戚忧伤。整个画面犹如一曲悲伤的挽歌，人物刻画惟妙惟肖。此外

图3-1-4 北朝高润墓群出土青釉刻覆莲纹盖罐、青釉龙柄鸡首壶

还有《车马出行图》、《天象图》等，均表现了北齐时代的绘画风貌和独特风格。墓中还出土了陶俑300余件、各种瓷器100余件。

北齐兰陵王是传奇式人物，他因外貌俊秀缺乏武将勇猛之状，为震慑敌胆特戴凶猛面具出战，屡战屡胜，为人称颂。有一支《兰陵王入阵曲》传世，国内遗失。戏剧表演艺术家裴艳玲1989年访日时转录此曲，后又排演了大型河北梆子剧《兰陵王》。北朝墓群有兰陵王墓，陵前竖立的墓碑为北朝名碑。每年都有大批国内外游客慕名而来，祭扫参拜这位远去的北齐名将。

2009年6月，为做好南水北调工程中的文物保护，文物工作者对沿线涉及北朝墓葬进行抢救发掘，发现了北齐修城王高孝绪墓。该墓位于磁县讲武城镇刘庄村西，墓主人被北齐文宣帝高洋封为修城王，是北齐皇室贵族成员。墓葬清理出东、西7米壁画，绘于厚0.4米的白灰墙上，两壁对称绘制7人手持仪仗出行图。人物圆润饱满，线条流利简练，显示画家作画的娴熟技法。壁画内涵丰富，场面壮观，显示墓主高贵的身份。出土两扇石门，高1.7米、宽0.7米。阴线刻绘"青龙、白虎、神兽、神鸟"图案，属北朝时期石刻艺术精品。墓室底部还发现一批制作精美的文吏甬、侍女甬、武士甬。高孝绪墓封土建造技法较为独特，封土主体一次性由南向北倾倒堆筑。这种技法为近年来封土考古所少见，为研究北朝时期墓葬封土构建方法的研究提供了新材料。

响堂山石窟位于邯郸市峰峰矿区，始开凿于东魏晚期，主要洞穴完成于北齐时期（550~577年）。北齐文宣帝高洋在位期间，建都于邺城和晋阳两地，经常往来于两地之间，响堂山是其每次必过之地。这里山清水秀，景色优美，文宣帝便在此广拓宫苑，凿窟建寺，兴盛一时。其后，隋、唐、宋、明各时期均有续凿。石窟分南、北两处，现存石窟16座，其中10座为北齐所凿，计有造像4500余尊，还有大量刻经和部分摩崖造像。

（图3-1-5）南响堂石窟在鼓山南麓，依山而建，三

图3-1-5 南响堂如来五尊佛

面环山，有北齐石窟7个，宋代石窟1个，有唐代摩崖造像，共有3700尊造像。鼓山南麓山前的响堂寺，现存正殿、配殿、靠山楼、砖塔、僧房等建筑，均为明、清建筑。寺左后侧沿山开凿大小石窟7座，分上下两层排列，上层五座，下层2座。最大的华严洞宽6.3米，中心方柱式塔庙窟，分前后室，洞内佛像千姿百态，造型优美，同时刻有《大方广佛华严经》。千佛洞内有佛像1028尊，洞顶浮雕飞天，或手弹琵琶，或吹奏笙箫，裙带飘动，婀娜多姿，楚楚动人。

　　北响堂石窟开凿于半山腰峭壁的悬崖上，共有9座石窟，分南、北、中三组，计有造像800余尊。中组石窟外观略似楼阁，内壁浮雕花卉、动物、佛像等，造型古朴典雅。这里有规模最大的佛洞，洞宽13.3米，进深12.5米，坐佛高约4米，神气秀逸端庄，肌肉丰满，线条柔和，面部平素无饰，虽历经多年风雨侵蚀，仍旧光洁如新。刻经洞内外壁刻满经文，旁有北齐天统四年（568年）至武平三年（572年）唐邕书写《维摩诘经》四部，碑文隶书。笔锋犀利，刚劲挺拔。山下建有常乐寺，现存八角九层砖塔一座，存山门、前后殿基址、碑刻等文物。山巅还有东宫、西宫、宋金时期经幢、碑刻等遗存。（图3-1-6）

图3-1-6　北响堂释迦洞中心方柱正面佛龛

古国寻踪
——冀域方国、王国、诸侯国

响堂山石窟为第一批全国重点文物保护单位。中国的佛像造型风格,由北魏的简洁、刚劲到唐代的写神、丰满,经历了一个演变过程。而以南、北响堂为代表的北齐造像风格,承前启后,在中国美术史上占有不可替代的位置。

邢瓷窑址中心分布地区,在太行山东麓内邱、临城、邢台县境内的丘陵、平原地带。这里地下有适宜制瓷的黏土、铝矾土、硬质耐火土、半软质黏土,有丰富的煤炭和石英及长石矿物资源;地上有小马河、李阳河、泜河及条条支流,是制瓷的天然地段。从隋代起,就以烧制细白瓷闻名于世。唐代茶圣陆羽的《茶经》,称邢白瓷"类银"、"类雪",但略感缺乏"玉"的雅韵,且茶杯口沿有改进空间。唐李肇的《国史补》则直称,邢白瓷"天下无贵贱通用之"。可见邢白瓷影响地域之广。(图3-1-7)邢窑兴盛于唐代,其白瓷和青瓷被列为官窑,不少为贡品和官府专用。到五代时,邢窑烧制趋于尾声,市场位置逐渐为新兴起的定窑产品和南部几个瓷窑产品取代。近几年考古调查发现,邢窑白瓷主要遗址分布有:临城县祁村、陈留庄、西双井等11处遗址,内丘县中丰洞、北大丰、南岭村等11处遗址,邢台市区、邢台县各一处遗址地。自隋至五代400余年,其产品以制作精细、风格独特,远销海内外。邢白瓷的产生为以后

图3-1-7 邢窑唐代翰林款白釉瓷罐

各代制瓷艺术开辟了广阔天地,在我国制瓷史上永远有它不灭的影响。1996年,国务院公布第四批全国重点文物保护单位名单,邢窑名列其中,时代定为隋—五代,地址包括内丘县、临城县。

2007年10月,赵庆钢、张志忠主编的《千年邢窑》和张志忠、李恩玮、赵庆钢主编的《邢窑研究》,由文物出版社同时出版,让我们能够比较全面地了解邢窑始末,欣赏邢瓷独特风格和魅力。到两书出版时,已发现邢瓷产品曾销售到国内11省、市、区,远销亚非至少15个国家。

扁鹊庙位于内丘县神头村,为纪念古代名医扁鹊而建。始建年代不详,元代重修碑记载"汉唐以来有之"。现存主体建筑为元代风格。(图3-1-8)扁鹊殿,面阔七间,进深三间,歇山琉璃瓦顶,檐下施六铺作斗拱。梁架结构仍具有元代建筑特点;后大殿俗称奶奶殿,面阔、进深各三间,前出廊悬山布瓦顶,明清两代均有重修;广生殿、牛王庙均为明清小式

图3-1-8 内丘扁鹊庙

建筑。庙内还存宋、金、元、明、清历代重修碑记及名人题跋的诗碣。扁鹊庙隔小河生长的九龙松，根扎岩石中，外盘岩石上，仿佛在迎香客，更在展示扁鹊济世救民的风骨。

宋璟碑和南宫碑，是漳卫河流域两通时代不同、书体风格不同的碑。位于今沙河市东户村中学院内的宋璟碑，记载唐尚书右丞相宋璟生平事迹及立碑经过。由颜真卿亲手撰文并书丹，故又称"颜鲁公碑"。碑通高4.08米，宽1.60米，厚0.47米。碑首浮雕6龙，高1.3米，宽及厚度与碑身相同。方形碑额上阴刻篆书"大唐故尚书右丞相赠太尉文贞公宋公神道碑"。碑身四面刻楷书，凡3542字。

宋璟是唐代"四大名相"之一，有"前房、杜后姚、宋"之说。碑文记载：唐开元二十年（732年），宋璟抗疏告老，隐居东都洛阳。开元二十五年（737年）病逝于东都明教里第，享年75岁。玄宗震悼，追赠太尉，谥号文贞公。次年，其子遵遗愿将其归葬于沙河县太尉乡丞相之先祖墓地，即今沙河市东户村中学校园及附近地带。天宝八年（749年），宋璟之子宋浑官至御史中丞，时颜真卿为殿中侍御史。浑与颜真卿商议为其父宋璟立碑之事。恰在准备陈求唐玄宗御制碑颂时，宋浑被控贪赃立案侦办，立碑之事随即搁浅。之后，颜真卿又被杨国忠排斥，出任平原太守。天宝十四年（755年），"安史之乱"爆发，颜真卿即在平原抗贼，立碑之事难于成就。大历五年（770年）十二月，宋璟之孙宋俨担心祖父"遗盛美不远"，接续办理立碑之事，并请官至吏部尚书的颜真卿撰文并书丹。大历七年，立于宋璟墓前神道上。碑之阳、阴、左三面均刻文，只有右面未刻。颜真卿感觉所写碑文似有疏漏，准备补写一段文字，又因宋璟之子宋衡与吐蕃作战被俘，事情未能办成。直到大历十二年（777年）十一月，宋衡平安归来，颜真卿才于次年三月重写《碑侧记》补刻于右面。一通碑刻，前后历经近30年方成就。

宋璟碑书丹时间为颜真卿64岁和70岁，属晚年之作，反映了颜体成熟时期的面貌。其字体端庄，巨细有法，雍容大度，是颜氏传世名作之一。对此碑，历代书法家、金石著作多有评价。北宋欧阳修赞："如忠臣烈士，首先君子，庄严尊重，使之畏而爱之，其虽残不忍弃也"。南宋赵明诚的《金石录》将其载于首篇。元代鲜于枢称其"英风烈气，见于笔端"。明代方思道将此碑和《多宝塔碑》相比，言其有四胜："彼演释因，此照儒躅，一也；彼代岑书，此为自撰，二也；彼尚为郎早年之作，此为公晚年之作，三也；彼在名郡拓之者众，屡经翻刻，已失其真，此在鄙邦未经屡拓，点化如初，四也"。清代魏裔介称赞此碑："文则景星庆云，字则龙翔凤翥。"

南宫县学碑由清代书法家、桐城派学者张裕钊撰文并书丹。碑文简要记述南宫县学的变迁及沿革，后以"天下之治在于人才，而人才必出于学"的论点，批判了腐朽的科举制度，倡导明体达用之学。全文立论鲜明，结构严谨，文辞简洁，宏论强辩，在当时不失为一篇切中时弊的政论文章。张裕钊所书字体里圆外方，挺拔劲健，每一字横笔与竖笔相接围转之处，方中带圆，颇有神韵，圆中带方，内藏筋骨，使每一个字都显得既充实又有余韵，达到了"柔、峻相兼，融而化之"。它曾被誉为"近代书坛上别开生面、独创一格"的"南宫碑体"，堪称"文、字双美的书法艺术珍品"。这种书体在中国书法史上占有重要地位。碑文拓本20世纪三四十年代

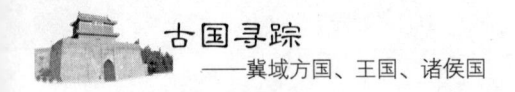

就在京津书肆多有出售,风行海内外。张裕钊是清代碑学书派中最有影响的书法家之一,也属曾国藩门下四弟子。由于他不乐仕途,"独以治文为事",曾历主金陵、武昌、莲花等书院。南宫县学碑是张裕钊书法风格成熟期、时年64岁的作品,现存河北南宫中学校园内。碑刻书丹真迹遗失多年,由张体书法家董毓明先生辗转寻得,捐献给当地文物保管部门。

清风楼位于邢台市府前南街。初建于唐,宋有修缮,后因战乱遭毁。明成化三年(1467年)旧址重建,现存为清代建筑。(图3-1-9)清风楼坐北朝南,立于高6.4米的墩台上。墩台南北向辟券洞可行人车,墩台西侧有露天梯道可达台上。木结构楼阁为双层重檐布瓦歇山顶,绿琉璃瓦剪边。底层面阔五间,进深三间,四周回廊,平面上减去明间两缝梁架之前金柱,东次间设木楼梯。二层平面与一层相同,檐部用五踩双昂斗拱。一楼室内墙壁上镶嵌唐代诗人、画家王维的夏、秋、冬三景山水图石刻三块。清风楼属邢台市的标志性古建筑。

图3-1-9 邢台清风楼

3. 盘点古国

赵国起于春秋盛于战国,以泱泱"万乘之国"挺立于"战国七雄"行列,一度意欲争霸中原。

赵的祖先造父，以善于驾车和调育良马，得周王信任，赐赵姓并得邑城。其六世孙因战争中救周幽王脱险初事王廷，后不满幽王昏庸无道，去周如晋，事晋文侯，始建赵氏于晋。

公元前676~公元前597年间，赵家三代效力于晋，由平民跻身贵族、从大夫到正卿、进而步入晋国权力中枢。历经几度风雨、几度春秋、几度血与泪的付出。赵夙在晋献公时为将，随主从征三个姬姓小国立下战功，被封为大夫获赐耿邑。赵夙之子赵衰服事晋公子重耳，后随护重耳在外流亡19年，艰苦备尝、昼夜相伴、忠心不改、未曾有丝毫懈怠。赵衰还在这期间为重耳谋划了许多重要的政治活动，以提高重耳的政治地位，扩大其在诸侯中的影响。公元前636年，重耳返回晋国执政，是为晋文公。感念相伴相随相助之恩，晋文公给赵衰封地、请辅国政。赵衰不居功自傲，又随晋文公率军参战击败楚军，助推晋国成为"春秋五霸"之一的强国。史称"文公所以返国及霸，多赵衰计策。"赵衰嫡子赵盾入朝为官，秉正祛邪，位极一时。

到晋景公时，赵氏一度受挫，"下宫之难"使主要政治代表人物遭到谋杀。晋廷权奸屠岸贾假借罪名，擅自纠集诸将攻进赵氏下宫，杀赵盾子赵朔，抄斩满门。忠贞之臣程婴、公孙杵臼，义出换婴之计并将赵朔子哺育成人。京剧《赵氏孤儿》，就是根据这段历史写成，只是依创作和舞台艺术所需添加一些细节。最后，晋景公下诏召回了遗腹子赵武，恢复了赵氏的田邑和爵位。赵武复立并传子，相继执掌国政，权力如前且有新发展。

赵简子、赵襄子、赵献侯三代，恰值战国时期，赵氏势力得以大的发展。"赵名晋卿，实专晋权，奉邑侔于诸侯"，

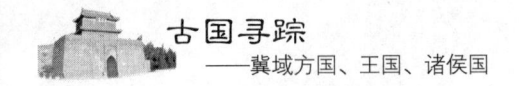

此时的赵氏名为晋卿，已经羽翼丰满。简子赵鞅继位60年，为赵氏进一步积聚实力作了两件大事：在推动改革方面，一是刊布法律，铸造刑鼎，规范新的统治秩序；二是扩大田亩，减轻赋税，刺激小农的生产积极性；三是举贤任能，善于纳谏；四是奖励军功，推行县郡制。在经营扩大赵氏疆土方面，一是着力经营晋阳，先后两次营建城池，使之成为坚固的军事据点和设防城市，为赵氏的生存发挥了重大作用；二是东进控制河北中南部，为赵国的发展作出了历史性贡献。赵简子时期，已经相当赵国的开国初期，晋阳成为实际上的赵国第一都城。赵襄子即位，与智氏、韩氏、魏氏瓜分范氏、中行氏故地，在晋室内部形成了四卿专政局面。此后的晋阳之战又灭掉智氏，使赵之疆域基本形成"北有代，南并智氏，强于韩、魏"的局面。赵献侯继位时年纪尚小，被襄子之弟夺取了宗位，引起赵氏集团不满，后重新迎立献侯。赵献侯将都城迁至位于邯郸东南至黄河西北岸的中牟，表明他的战略发展方向是南向争霸中原。这一做法代表了赵都由晋阳最终迁至邯郸的历史总趋势。

赵烈侯和赵敬侯，是赵国正式立国、瓜分晋国的直接操作者。公元前403年，赵烈侯同韩景侯、魏文侯一起，接受周威烈王的诏书，受封为侯。从春秋末期赵简子立都晋阳起，赵氏经过近百年斗争，终于成为战国列侯之一。公元前386年即赵敬侯元年，赵国都城正式从晋阳迁至邯郸。邯郸城坐落于沁河冲积扇上，周围土地肥沃、水源充足，当时的城市规模和人口数量都相当可观，具备成为都城的物质条件；靠近中原，便于发展，适应参与兼并战争、逐鹿中原的战略需要。邯郸背靠太行山、南临漳河水，扼滏口陉东连南北大道的交汇点，具有重要的军事意义和战略地位。到赵敬侯十一年（公元前376年），赵、魏、韩三家分晋，标志赵国与晋国的关系宣告终结。

赵国的鼎盛在武灵王时期，此后便一步步走向衰败。赵武灵王成功实施胡服骑射改革，建立了一支强大的骑兵部队，也提高了整个军队的战斗力。北灭中山，西略胡地，使赵国成为山东诸侯强国。赵武灵王对古代战术的革新，标志着我国古代战争由车战时代进入骑战时代。他还北筑长城，防止匈奴南下中原，既免于对中原经济文化造成破坏，又加快了边疆地区的开发。到赵惠文王时，凭借胡服骑射改革的余荫，依靠赵武灵王时期建立的强大军事和经济实力，仍然可以展开与列强争霸。基本态势是处于进攻，得地大于失地。到赵孝成王时期，军力国力削弱，"长平之战"被秦坑杀军士40余万，从此一蹶不振、急剧走向衰落。末代赵王迁素无品行，赵国江山葬送于他手。

赵都邯郸城，位于今邯郸市区及郊区，是战国时期最繁

图3-1-10 赵王城宫殿遗址夯土台基

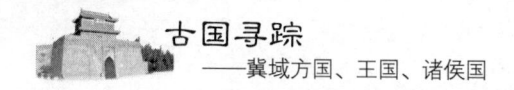

荣的城市之一。从公元前386年赵敬侯迁都于此，到公元前228年被秦军攻破城池，历八代赵王，共159年。1972年，文物工作者经过勘查基本探明故城布局。赵国邯郸城分赵王城和大北城两部分，周长约25公里。王城位于邯郸市郊，由三个小城组成，平面呈品字形，俗称赵王城，总面积512万平方米。保留有3~8米的城墙，墙基宽16米，四面各有2~3个城门。（图3-1-10）城内有众多的夯土台基，以龙台最大，东西265米，南北285米，高19米，是赵王城中的主体建筑台基，台基周围散布大量瓦片。大北城即廓城，位于王城东北，大部湮埋在今邯郸市中心地面以下6~9米处。大北城平面呈不规则长方形，南北长6100米，东西宽4000米。城内发现有冶铁、制石、制骨和制陶等手工业作坊遗址。城西沁河北岸为墓葬区。（图3-1-11）

图3-1-11　赵王城西城南垣断面

邢国也是一个历史悠久的古国。商代"古祖乙迁于邢,即此地,亦邢国也。"自商王武丁至武乙、文丁时期,井方活动在殷商王畿北部的今邯郸、邢台一带达百余年。西周邢国是周王室分封的一个重要的同姓诸侯王国。它历时几百年,有过兴盛和辉煌。后受北狄攻伐,国势日衰。公元前659年,靠齐、宋、曹等国救助迁都于夷仪。邢国飘摇时间不长,因齐国在桓公之后国力日衰无法援邢,再加其联狄伐卫错误,于公元前635年终亡于卫。

涉国是春秋时期的侯国,位在晋东南穿太行东出河北平原直至邯郸的交通要道上。故地在今涉县境内。被称作"太行八陉之一"的滏口陉,自古以来从长治盆地到冀南平原,抄捷径必走此处。当年赵简子、赵襄子与晋公室及诸卿斗争激烈,数次往返穿插于晋都曲沃、邯郸、晋阳之间,必然要过滏口陉,要求得到涉侯的帮助和支持。涉侯国与赵氏家族关系密切,涉国有人在赵氏身边为官。公元前521年晋军灭掉鼓国。镇守鼓都昔阳城(今河北省藁城市西南)的晋大夫涉佗,十几年后已成为赵简子的家臣。赵简子伐卫,涉佗也曾随从参战。《左传》中记载,赵氏别宗邯郸午家臣里,也有个叫涉宾的人。春秋后期,赵氏势力西北至晋阳,东南到邯郸,涉国居地正处这一范围之内,与赵氏交好是必然选择。《中国人名大辞典》附录《姓氏考略》说:"涉,晋大夫涉佗。其先食采于涉。以邑为氏。"1982年,涉县北关发现一座中型竖穴土坑墓,出土铜器、石器、玉器、骨器共130余件。其中有造型优美、花纹精细的编钟和编磬。出土器物既具春秋晚期的特点,又有战国早期的因素。这些祭祀、宴享礼仪用器,体现墓主人的贵族身份,能够说明这一带就是春秋涉侯国所在地。

古国寻踪
——冀域方国、王国、诸侯国

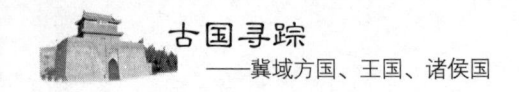

西汉与东汉时期的赵国,在同期所封诸侯国中历时最长。西汉赵王共七代,传209年;东汉赵王共八代,传183年。汉王四年(公元前203年),刘邦封张耳为赵王,以信都(今河北省邢台市)为都,开西汉赵国分封之始。张耳死后,其子敖继位,因赵相谋反连坐被废为侯,前后四年。同年,汉高祖徙立皇子刘如意为赵王,并改以邯郸为都。此时的赵国,拥常山、巨鹿、河间、清河、邯郸五郡,兼有代郡、云中、雁门三郡,是赵国幅员最为广大的时期。到汉惠帝元年(公元前194年),赵王如意被吕后毒死,在位四年。吕后鸩杀刘如意,徙淮阳王刘友为赵王(赵幽王),封域依然如前。

公元前181年,刘友被吕后囚禁长安活活饿死,在位14年。紧接着吕后又徙梁王刘恢为赵王,他亦未能逃脱悲惨命运。身无自由,形同被囚,处处皆在吕氏王后监督之下,最后因悲愤而自杀,在位不足半年。吕后随之立其侄子吕禄为赵王,不料吕后次年即亡,诸吕事败,吕禄被杀。吕禄王赵一年,但始终未就国。汉文帝前元元年(公元前179年),再置赵国,立赵幽王刘友之子刘遂为赵王,复有赵幽王时邯郸等五郡地。公元前154年,刘遂参与"吴楚七国之乱",兵败自杀,在位25年。汉景帝前元五年(公元前152年),以邯郸郡西北部地复置赵国,仍以邯郸为都,徙广川王刘彭祖为赵王。至此,汉初之赵国已分化为九个郡国,封域大大压缩。到汉武帝征和二年,刘彭祖死时已在位63年。其后,顷王刘昌在为19年;怀王刘尊在位5年;哀王刘高在位不足1年;共王刘充在位56年。刘充子在位19年,被王莽贬为公,国绝。仅刘彭祖之赵国前后传五世,即达160年;加上六代前任时间总共209年。

东汉建武五年(公元29年),刘秀始置赵国徙广阳王刘良为赵王，都邯郸，辖邯郸、易阳、襄国、柏人、中丘五县，在位16年。节王刘栩在位40年。顷王刘商在位23年。靖王刘宏在位12年。惠王刘乾在位48年。又经怀王、献王两世，到建安十八年赵国绝封，东汉赵王前后历时183年。

广平国，西汉建平三年（公元前4年），哀帝置广平国，封刘汉为王在位13年，王莽时被贬为公，次年除国。东汉明帝永平三年（公元60年），以巨鹿郡广平县地置，封皇子刘羡为广平王，都广平（在今河北省鸡泽县境）。《后汉书·明八王列传》记："羡博涉经书，有威严，与诸儒讲论于白虎殿"。刘羡是一位有才华的皇子。12年后，以广平在北、多有边费名，分汝南郡八县设西平国，徙封其为西平王。广平除国地入巨鹿郡。

巨鹿国，明帝永平十五年置，封皇子刘恭为巨鹿王，历时七年。汉章帝建初七年（公元82年），刘恭被徙封为江陵王。

广宗国，西汉元始二年（公元2年），平帝始置广宗国，封刘如意为王，在位七年被王莽贬为公，次年除国。东汉和帝永元五年（公元93年）析巨鹿郡广宗县地置国，封其弟刘万岁为广宗王，都广宗（今河北省威县东）。揣测和帝父母心，当初起名是否意欲"万岁"为刘氏广布宗室。怎奈"万岁"命薄难为王，当年便身死早亡，除国归并巨鹿。

清河国，西汉、东汉两朝均为封国。西汉景帝中元三年（公元前147年）改清河郡为国，封皇子刘乘为清河王，都清阳（今河北省清河县县城东南）。刘乘在位12年，无子除国为郡。汉武帝元鼎四年（公元前113年）复置清河国，徙代王刘义为清河王，仍都清阳，封域如故。刘义在位19年死，谥号刚王。子刘阳继位24年死，孙刘年继位三年后于公元前66年因罪

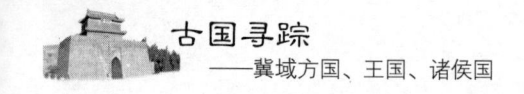

废徙房陵（今湖北省房县），除国为郡。刘义之清河国传三代46年。汉元帝初元二年（公元前47年），复置清河国。永光元年（公元前43年），国除为郡。

东汉章帝建初七年（公元82年），时隔125年再置清河国，以废太子刘庆为清河王，都甘陵（今山东省临清市东北）。刘庆死后谥号孝王。其子刘虎威嗣，在位二年死，谥号愍王。被立为东汉安帝的刘祜系刘庆之子。安帝建光元年（121年）追尊刘庆为孝德皇，庆夫人左氏为孝德皇后，同时将永初元年析出的广川复归清河国。

二、滹沱中南流域记

1. 流域述略

滹沱河属子牙河水系的一条主要支流，横跨山西、河北两省奔流入海。它发源于山西繁峙县五台山北麓，流经代县、原平县及忻定盆地，自东冶镇转入太行山东坡。沿途接纳牧马河、清水河和冶河，委婉曲折来到河北平山西柏坡脚下。一个稻麦两熟、被称作"太行粮仓"，"中国的乌克兰"的地方，一个养育数万军民，建立我们党"最后一个农村根据地"的地方。（图3-2-1，彩图25）

滹沱河，出山西进平山流入今岗南水库、黄壁庄水库。原水道走平山过灵寿，以下流经正定、藁城、无极、晋县、深泽，到衡水市安平、饶阳等县，在沧州市献县老河口，与同属子牙河水系的滏阳河汇合称子牙河。其后东北流至今青县木门

图3-2-1 西柏坡旧貌

店,由天津市东北泄入渤海。

滹沱河历史上的名称小有差异。战国时期叫呼沦水、秦称乎池水、《汉志》中书虖池水、东汉始改滹沱。郦道元在《水经注》中亦写滹沱水。曹魏时曾一度称其为清宁水,可能寄寓这条水道既清纯又宁静之意。

滹沱河流经区域正值河北省中南部地区。今石家庄市及东、南、北相邻的冀中南平原,历代均为经济发达、比较富庶的地区。这一带土地肥沃,适于耕种,属河北粮棉主产区。滹沱河及其发源于太行山的条条支流,给这里提供了灌溉之利。木马水(牧马河)东北注于滹沱,空桑水(云中水)东流入于滹沱,鲜于水(清河水)源自五台山西南流注于滹沱,渌水自鹿泉以下东流于安平入滹沱,滋水出行唐过新乐、正定至藁城市北入滹沱,㴲㴲水(㴲水、大沙河)流至新乐以下注于滹沱。还有泜水(泜河),槐水,济水(槐河、济河),绵水(桃河),肥水(洨河)等,纷纷能够在雨量偏少时引流滋润农田,雨水过多时引洪排涝,确保旱涝双收。

古国寻踪
——冀域方国、王国、诸侯国

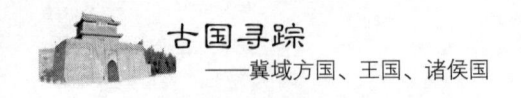

我们的祖辈先民很早就学会了择水而居,在居地周边创造了数不清的文明载体。居有屋、食果腹,然后知廉耻、讲文明、创伟业。自商代以始,历经秦汉,滹沱河流域的河北故地,有商代早期聚落城池、早期的手工作坊、不晚于安阳殷墟的民用房舍;有西周春秋时期的古建筑遗址;有秦代古栈道车轮留下的沟痕;还有战国时代敢于同万乘之国抗衡的千乘之国;更有中国人首创的双拱石桥。这些记满先人聪明智慧信息的遗存、遗物,有些信息我们已经破译,有的尚在研讨中。它们是中华民族的光荣,也是流淌几千年的滹沱河的荣耀。

2. 遗存点滴

伏羲台遗址。《史记·赵世家》记:"十七年,王出九门,为野台,以望齐、中山之境。"野台即指今新乐市城东北之伏羲台,战国时尚存高台十余丈。出赵地九门城北行,登台可东观齐地、西窥中山灵寿。它始建于商代,春秋时已成规模,作为军事设施使用。汉代在台顶部建伏羲庙,以纪念三皇之一的伏羲初创结网捕鱼、作八卦、始婚姻之功。以后历代皆有修葺,逐成台阶三级、占地百余亩之大型建筑群。今尚存遗址一万平方米,存清代大殿及附属建筑物,存明代修缮后所立刻石两通、清代修缮后皇帝刻碑四通。近几年周边及台基考古发现绳纹鬲、豆等陶器,发现镞等青铜器物,连同碑文记载,应是商代始建的佐证和依据。

台西遗址。它位于滹沱河畔,在今藁城市台西村北,遗址面积尚存十万平方米。1973年发掘确认,遗址由早晚两期居住遗存和早晚两期墓葬构成。发现有防潮窗、屋前台阶的房屋,发现民用水井、藏物地窖,发现造酒作坊、成堆果仁及酵母、量酒器皿。出土文物千余件，其中有石器斧、镰、铲、刀、磨棒等生产用具；陶器鬲、盆、瓮、罐、盘等生活用品；铜器有饮酒用斝、爵、觚、建筑用凿、兵器戈、钺等。尤以铁刃铜钺为北方首见，麻织品、果实酿酒为稀见。以考古所见判断，台西遗址为商代中期商族建立的一处较大规模的领地，把中国冶铁史推至商代。

中山灵寿故城在今平山县三汲乡。属战国中山复国后建立的都城。古灵寿城建在北高南低的滹沱河北岸台地上，远处三面临山，近处三面靠水。槐水曲折流经城南，滱水（唐河）蜿蜒淌过城北，西靠重山峻峭的太行，东部是冀中大平原，南北几十里水域的薄洛水将齐国与中山分开。古城又临战国时的一条南北通道，南去赵都邯郸、北往燕下都武阳城，这里是必经之地。城内冶铁铸金、山货农产、北皮南丝，整日交易繁忙。住城商户、手工匠人，给街道巷里带来阵阵喧嚣声。

战国中山灵寿城首见区域分工明细，划分东、西两城，中间有隔墙一道。东城东北部为当时的宫殿建筑区，东城西侧中区为大面积的官办手工业作坊区。西城的北部为王陵区，南部为平民居住区，一条东西走向陵墙将两区隔开，而隔墙南侧的中区则为城内经济活动中心。由于城垣毁坏严重，目前仅能确定两处城阙口。一处在北城垣的中部，这儿也是东城的西北角处；另一处门阙在西城垣的中部。西门阙外即为护城河沟，河坡较缓。西岸有一条直向门阙的古路沟，路沟两侧暴露有不少战国陶器碎片堆积，著名的"守丘刻石"几十年前就出土于这里。就是这块刻石揭开了战国中山国的神秘面纱，使我们慢慢知道了这个神秘王国，终于找到了战国中山灵寿城。灵寿城外高坡建有军事防卫小城，城外山脚下不同部位还有一个

古国寻踪
——冀域方国、王国、诸侯国

王陵区、一个平民墓葬区。粗算起来,整个故城遗址约占地40平方公里。

土门关也称井陉口,是山口险关"太行八陉"之第五陉。(图3-2-2)位于今鹿泉市西太行山东麓,古代由晋进入冀中平原的必经路线。秦始皇生前最后一次东巡,病逝于沙丘平台宫,赵高、李斯篡改秦皇诏令密不发丧,将遗体冷藏辒辌车内运回咸阳,就是由今广宗北行经土门关昼夜赶路的。土门关现存二层阁楼、烽火台、古驿道、石刻等。为省级重点文物保护单位。

图3-2-2 井陉土门关

井陉窑遗址分布在井陉县中北部。滹沱河支流甘陶河、绵河两岸丘陵和井陉盆地,有丰富的水源、煤炭、瓷土,为井陉瓷窑发展提供了得天独厚的条件。(图3-2-3)、(图3-2-4)井陉窑始烧于隋代,历唐、五代、宋金,至于明清,十个窑址区总面积达75万平方米。晚唐五代、金代是井陉窑的鼎盛时期。它烧制的瓷器以白瓷为主,酱釉、黑褐釉、黑釉瓷相对较少。发掘出土瓷器中见少量天目釉、绿釉、黄釉器物。其瓷器特点是,细白瓷皆白中闪青,中粗瓷则泛青,到元代则呈豆青。其外表装饰,晚唐开始点彩,宋代出现刻花、划花、印花,金代印花大盛。井陉窑器形以各式碗、盘为主,次

图3-2-3　井陉窑花卉纹印花碗膜　　图3-2-4　井陉窑三彩塔式盖罐

为瓶、盆、壶、钵、尊、罐等，也生产建筑构件及小瓷塑玩具、人物、动物造型等。其中最具特色的是瓷枕，以划、剔、印花方式绘出奔牛、奔鹿、立鹿、对鹿及仕女图案。头枕其上消夏小憩，自是一番清凉享受。隋代白瓷碗、黑釉高足盘，唐代两色釉碗、塔式罐，五代凤头壶，宋代水波纹圆腰枕，金代戳印立鹿花叶纹枕等，堪称井陉窑代表作。河北黄骅海丰镇2000年发现金代码头，在仓库中有准备外运的井陉窑日用瓷器，还有定窑、磁州窑和龙泉窑、均窑、景德镇瓷器。可以断定，井陉窑瓷不仅在当地和北方销售，还运往我国南方或营销国外。

　　滹沱河流域的四座古桥，各有特色，展示了高超的造桥技术。安济桥横跨在滹沱支流洨河之上，地属赵州故名赵州桥，又称大石桥。安济桥建于隋开皇至大业年间（590~608年），由著名工匠李春设计建造。桥身为单拱，呈弧形，全长

50.82米，宽9.6米，跨径37.37米，由28道独立石拱纵向构成。桥拱肩敞开，拱肩两侧各建有两个小拱，即谓敞开肩。这种设计不仅减少了桥身对水流的阻力，还减轻了大拱券和地脚的载重，既造型优美又节约石料。这种设计是世界造桥史上的首创，对我国隋以后的桥梁建筑产生深远影响。20世纪50年代初，国家文化部文物局确定在全国实施三个重点维修项目，就有赵州桥，显示出赵州桥的地位和国家的重视。维修工程由国家文物局领导郑振铎、王冶秋负责，著名桥梁、古建、结构、土木工程专家茅以升、梁思成等共同设计维修方案，历史六年竣工。1991年9月4日，经美国土木工程师学会在全世界各国筛选考证，确认赵州桥是世界第一座空腹式石拱桥，遂命名为国际土木工程历史古迹，并在大石桥边悬挂该学会认证标牌。

赵州西门外清水河上，还有一座与安济桥造型相似、规模较小的石桥叫永通桥，俗称小石桥。建造年代为唐朝代宗永泰年间，约当8世纪60年代中叶。永通桥亦为单跨敞肩石拱桥，全长39.5米，宽约6米。大拱肩上设四个敞肩拱，副拱东西对称，砌筑方式同主拱，副拱跨度分别为2.8米和1.8米。大小拱撞券石均雕河神，桥身券面上分别雕飞马、游鱼等，形象极为生动。

滚滚东流的滹沱河上，还有两座建于明代的石桥。一是距献县城南六公里处的单桥，二是位于沧州市西郊的登瀛桥。单桥为五孔空腹式青石拱桥，故又称五节桥。原为木构，年久坏毁，于明崇祯二年（1629年）始建石桥。相传单桥村有一善人为解民过路之困，兴逐家串户集资义举，购石建桥。桥身长75.5米，宽9.5米，桥身两侧栏板浮雕刻有花草和人物故事组画，（图3-2-5）桥两端雕有仙人骑兽各一尊。全桥

走河篇

图3-2-5 献县单桥栏柱石狮与板浮雕故事苏武牧羊

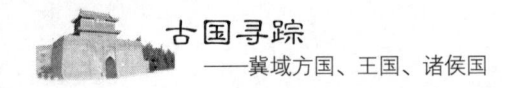

所有浮雕均雕工细腻，形象逼真。桥栏板、望柱上有纤夫奋力拉纤绳索划出的沟痕，那是滹沱河通航的见证。登瀛桥位于沧县杜林镇滹沱河故道上，因上桥即到古瀛州地而得名。桥身为三孔石拱，全长66米，宽7米，通高7.8米。三大拱券间设二小拱，为敞肩拱。其三大拱跨度分别为18.5米、17.4米、17.4米，矢高5.25米；敞肩拱高3.75米、宽3.25米。各拱均为条石横券。拱脚下为分水剑基础墙。桥面两侧设栏板、望柱，望柱上雕石猴、石狮、佛龛等。栏板上浮雕取八骏图、八吉祥、八仙贺寿、仙鹤驾云等题材，造型优美、栩栩如生。

毗卢寺位于滹沱河南岸石家庄市郊区上京村，始建于唐代天宝年间，初为密宗寺院。明孝宗弘治、武宗正德、世宗嘉靖三朝历40余年，对毗卢寺进行了一次大修，扩大建筑规模，增置殿堂。修缮增建后的毗卢寺包括：天王殿、祖师堂、伽蓝

图3-2-6 石家庄毗卢寺

堂、释迦殿、钟鼓楼、毗卢殿、禅堂、净业堂、西厨库、方丈院、书厦等建筑。寺内现存释迦殿、毗卢殿。上世纪五六十年代兴修石津灌渠，渠道经过寺前拆除山门。1988年依原规模恢复山门并复建钟楼、鼓楼等。（图3-2-6，彩图22）

毗卢寺内地层独特，两米以下有数条长形沙质土堆积。墙外渠水几与地面平，而大殿近三米处深挖二米不见水。院内小气候与院外有别，同一株菊花竟能开出两种花色。

毗卢殿面阔三间，进深三间，单檐歇山布瓦顶，前出抱厦为出入口。该殿内的明代壁画分布于四面墙壁，内容为佛、道、儒三教合流的水陆画，颇具吴道子画风。共绘各式各类天神帝君、菩萨天王、护法诸神及各种人物500余躯，面积122平方米，画面划分122组，每组均有题记。壁画场面宏大，画面线条流畅，技法娴熟，取沥粉贴金工艺。人物胡须飘逸，似感画中人欲跳出画面。实属各朝代壁画中难得一见的精品。前几年壁画底部出现稣碱，省古建所紧急采取抢救措施，终使损毁得止。（图3-2-7）

毗卢寺壁画吸引着国内外游客及中华文化的研究者和爱好者。20世纪80年代任职河北省委第一书记的高扬同志，离开河北前动员夫人同去看壁画。他说：不看毗

图3-2-7 毗卢寺壁画清源妙道真君图

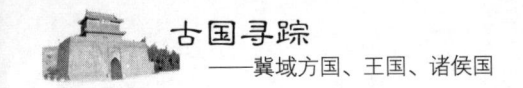

卢寺壁画,空来河北走一场。

3. 古国一瞥

滹沱河流域,自西周至东汉近1500年间,存在十几个古国。其中列入史籍记载的为数不多,主要靠出土文物及其他相关古国的资料提供证明。

軧国,地处于古泜水(今称槐水)之滨,国名因泜水而来,都城故址在今元氏县西张村附近。軧国的族源可能是黄帝后裔,夏商时期已经建国。西周灭商之后,軧国与许多夏商旧国一起臣服于周。軧国紧靠与周王廷关系密切又比较强大的邢国,軧人有的在邢国为官,应是受邢国保护的小国。1978年,滹沱河支流槐河岸边发现西周遗址和墓葬,西张村遗址因此而名扬国内外考古界。遗址总面积2.88万平方米,采集到西周时代的石斧、陶片,东周时的筒瓦、卷云纹半瓦当、碗状豆,还采集到有切锯痕的三件鹿角。说明遗址年代为西周晚期,东周时代曾经继续使用过。在遗址内还发现一座西周墓葬,出土34件铜器,多数有铭文。1982年又发现一座西周时期墓葬,出土铜器、玉器、贝币等53件。其中最重要的器铭在《臣谏簋》和《叔趯父卣》上。《臣谏簋》铭文大意说,戎人大举进攻軧地,邢侯出兵,命臣谏率领一支队伍驻扎于軧;臣谏向邢侯报告亲生子已亡无法继位,愿将胞弟长子托付邢侯让他入朝承续自己的官职。谏与叔趯父同为一人。《叔趯父卣》铭文大意是告诫其弟攸谨饬自身,并为他制作酒器,以宴飨君上軧侯,招待使臣。据所刻铭文分析,两座西周墓主人应为谏与其弟攸。青铜器上铭文,证明了周初始封邢侯之国地域,揭示出周初軧国的地理位置。軧国应当是公元前7世纪中叶亡于山戎,因为此时邢国势弱避戎患迁都夷仪,已经无力保护邶国。

邶国是西周初年封国最短命的王国,仅历一代就宣告终结。周武王为安置殷商遗民,将商王畿之地分为邶、鄘、卫三地,封商纣王之子武庚于殷地,称邶国。邶国始封地在今河南北部、河北南部一带,详地无考。后因武庚串通鄘地管叔、卫地蔡叔叛周被杀。周王室又封康叔于卫,领"以殷余民"。邶国之地连同其子民一并转属卫国所有。

房国,西周封国。其族源可能出自黄帝时代方雷氏,活动地区应在今高邑、临城一带。夏商时以房国延续,周灭商归于周统,沿用国名。房国地望,据战国时房子邑所在方位且始属中山,后为赵所有,应该在今高邑县境内。故房子城遗址仍在,存战国至北朝时期残缺城址,位于高邑县富村乡古城村西一公里处。城址东、南部城垣不在,西部城垣长280米,北部城垣长320米,城墙残高3~6米,宽10~28米。城址内遍布碎瓦、陶片等物,采集物可见铜镞、陶罐、壶、瓮等。现为省级重点文物保护单位。

肥国、鼓国、鲜虞国,春秋时期活动在今石家庄市滹沱河两岸地区。肥国,都城昔阳在今藁城市西南。《汉书·地理志下》真定国肥累县条注:故肥子国族源,有史料称"白狄别种",应是狄族南来中原建立的族群部落,生活在晋、齐夹缝中。公元前530年肥为晋所灭,肥君绵皋成为晋军的俘虏,他也是目前唯一见于史籍的肥国之君。鼓国,都城鼓聚在今晋州市西。《中国古今地名大辞典》记其族姓,"春秋时夷国,祁姓,子爵,白狄之别种。"鼓国也是狄族在中原建立的部落国家,与肥国同为鲜虞中山盟国。它前后两次遭灭国之难。一次是公元前527年,"晋荀吴帅师伐鲜虞,围鼓。"被晋军包围

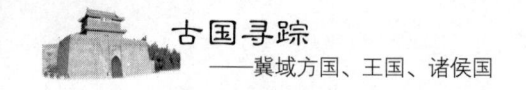

之后，鼓人请降被晋帅拒绝，直至鼓国"食尽力竭"，轻取拿下。鼓国之君为晋军所俘。为了安抚鼓之遗民，使其不会逃归鲜虞，便让鼓人各归其所，不久又释放鼓君回国。二次是公元前521年，鼓君又率鼓人叛晋复附鲜虞。晋帅荀吴命士兵乔扮贩粮商人，在鼓都城下歇息，乘守城人不备，一举攻下城池，再俘鼓君。随后鼓国地纳入晋国的版图。

鲜虞国是狄族民族部落联盟的中坚力量，给"春秋五霸"之一的晋国带来严重威胁，是晋军打击的主要目标。鲜虞的名称使用很早，至迟在公元前774年已见于史籍记载。这时的狄族联盟已经成为周王室北部诸封国和诸侯中的一个，已经登上了当时的社会政治舞台。白狄鲜虞最初的活动地域在今陕西、山西中部黄河沿岸。随着秦、晋两国的崛起和打压，他们向东迁徙，活动在五台山一带，因这里有鲜虞水（清水河）源自五台山流注滹沱河，故得国名鲜虞。也许因为我国的历代史籍对少数民族记载偏少之故，也许因为鲜虞大的活动偏少或其他因由，此后的240年间不见鲜虞于史载。直到公元前530年方见晋师"假道鲜虞，遂入昔阳"灭肥记载。此时鲜虞早已活动在今石家庄一带的滹沱河流域。据这一带考古出土文物分析，鲜虞到达这里的时间应是西周时期或春秋早期，也许有一个鲜虞部落已经在更早些到达这里。

今正定县东北的新城铺，"其地有鲜虞亭"，是鲜虞迁至滹沱河流域最早的落脚点，也是最早的都城和聚居地。鲜虞在春秋后期，与邻近的部族肥国和鼓国组成了以鲜虞人为主的部落联盟，活动于当时的政治舞台。中原大国晋视鲜虞联盟为眼中钉，先吃掉肥国，又悉心准备中人（今河北省唐县北）之战，乘鲜虞"不警边且不修备"之机，"驱冲车与狄争逐",使鲜虞遭受惨败。其后再次出兵灭掉鼓国,瓦解了鲜虞部落联盟。中人之战后,晋因忙于参加平定周王室之乱和对付楚国,双方息战20余年。鲜虞乘机在平中(属晋地)发起进攻,俘获侍勇大意的晋将,招致晋国报复。晋军用晋、卫联军讨伐包围鲜虞,鲜虞以城下之盟告终。从此,鲜虞国结束了它的历史之旅。

战国中山国是在鲜虞国的基础上发展的。鲜虞表面上臣服于晋,意在积蓄力量、等待时机。当然,晋也不会允许它反叛,另起炉灶。公元前506年,一个叫中山的国号出现,意味着白狄人不甘忍受屈辱,他要东山再起。这个早于春秋与战国历史分界30年的国号,应该视为战国中山前期阶段。中山在春秋末叶为削弱晋实力介入晋卿内斗,与齐、鲁、卫联盟保持同一立场,出兵南下,"伐晋,取棘蒲(今河北省赵县)",还接应晋卿范氏、荀氏进入中山城池柏人(今河北省隆尧县西)避难。公元前489年,晋将赵鞅率师伐中山;晋卿智氏发兵灭掉中山同族属国仇由,随后又取中山穷鱼之丘(今河北省易县地)。晋国的报复性征伐,引发了中山国内的社会危机,造成国弱民散、政风败坏、政治黑暗、官吏结党,大大削弱了中山的国力,也招致了更严重的外患。公元前457~453年间,赵襄子讨伐中山取其属邑中人、左人(均在今河北省唐县西北),使中山国遭到空前打击。此后的近40年,中山暂时退出了同邻国的角逐。这也可看作中山第一次灭国。

公元前414年,中山武公抛弃了被破坏的都城,聚拢人心,重新收拾旧河山,将都城迁至顾城(今河北省定州市域)。对这一段历史,《史记·赵世家》也只记"武公初立",是中山灵寿城的出土铜器刻铭还原了历史。王错方壶

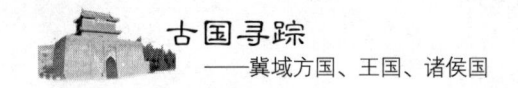

铭文写明战国中山世系,"皇祖文武、桓祖成考",在武公之前还有文公。他于公元前432年左右就任中山的国君,经过近20年艰苦努力,奋发图强,为中山复国打好了基础,因病早逝,由继位武公宣告复国。武公之后的桓公是中山第二次被灭国的亲历者,也是成就第二次复国的君王。桓公初继位治国不力,沉醉于安乐,缺乏忧患意识,被强大的魏国所灭。后来桓公在困境中猛醒,经近30年努力终于使中山再次站起来,一步步走向辉煌。中山鼎盛时期在成公和王错。他们以"方五百里"之疆,纵横驰骋,竟能促成"五国相王",与魏、韩、赵、燕四个"万乘之国"平起平坐,互相承认,同时称王。如果从公元前506年算起,到公元前296年被吞并,战国中山在大国夹缝里争斗生存210余年。最后因末代君王"不能用人又不能自用"和腐败成风,导致"农夫惰于田、战士息于军阵",为夙敌赵国所灭。

战国中山是以少数民族为主建立的国家,从西北部一路拼杀到中原腹地。它注重学习吸收中原文化,促使多元文化交融,敢于开放图变,创造了灿烂的中山文明。立国地属殷商遗民故地,它破除种族歧见,大胆起用前朝工匠,将中原修造工艺与游牧民族工艺结合,生产出千年流芳的精品。黑陶鸟柱盘就讲述商祖吞食玄鸟蛋生契的故事。中山还使用商代纪年法称年为"祀"。夏用"岁"、周用"年"、商时才用"祀",说明它并不排斥商文化,展示出开放的胸襟。中山王陵错墓出土文物中不乏国内独一无二的铜器和错金银佳作。四龙四凤四鹿方案,错金银做工精细,连细如发丝的金线条也能制作出来;(图3-2-8,彩图7)错金虎噬鹿屏风座,抓住猛虎弱肉强食转身的瞬间做成屏风弯角,既刻画虎的凶猛、又展

图3-2-8 错金虎噬鹿屏风座

现鹿的哀鸣神态；错金银兆域图铜板，是我国最早的建筑平面设计图，修复师精湛的技艺将扭结的原物归于真实，清楚标明建筑物之间的距离；（图3-2-9）十五连盏灯，把15盏灯化为艺术的树木造型，树下抛桃人与枝上单臂倒挂接果的乖猴，相映成趣。

两汉时期，滹沱河流域除本书"访城篇"提到的西汉广川、常山、河间三个诸侯国外，还有四个诸侯国：西汉真定国、信都国，东汉时期安平国与常山国。真定

图3-2-9 战国中山十五连盏灯

古国寻踪
——冀域方国、王国、诸侯国

国,西汉武帝元鼎三年(公元前114年)以常山郡治真定附近数县三万户置真定国,封常山宪王子刘平为真定王,都真定(今河北省石家庄市郊东古城)。刘平在位25年死,谥号顷王。子烈王刘偃嗣,在位18年。孙孝王刘申继位,历23年。曾孙刘雍继位16年后死,谥曰安王。玄孙共王刘普在位15年后死。其后是西汉成帝时继位的刘扬,至公元9年被王莽废。前后算起来,刘平的真定国传六世,共历123年。

信都国,西汉元帝建昭二年(公元前37年),元帝刘奭改信都郡为信都国,封其子刘兴为信都王,都信都。刘兴生母为元帝宠妃,因生龙子被封昭仪。元帝死后,冯昭仪称信都太后。实际上,刘兴随其母常住长安储元宫,并未赴任信都,十年后才就国。西汉成帝阳朔二年(公元前23年),刘兴徙封中山王,信都除国为郡。从初封算起前后14年。西汉哀帝建平二年,复以信都郡置国,徙定陶王刘景为信都王。在位13年后刘景被王莽贬废。

安平国,东汉安帝延光元年(122年)改乐成为安平,封河间孝王子刘得为安平王,都今冀州市,领13县。刘得在位30年死,其子刘续继位。到东汉灵帝中平年间,爆发黄巾起义,刘续曾为农民起义军劫为人质,囚禁于广宗,后将他放回,复归其国。

常山国,东汉明帝永平十五年(72年)置,封皇子刘炳为常山王,都元氏。章帝建初四年(79年)徙封刘炳为淮阳王,常山国除国为郡。汉和帝永元二年(90年)复置常山国,以故常山王子刘侧为常山王,仍以元氏为都。12年后刘侧死,无子嗣位。和帝遂立刘侧兄防子侯刘章为常山王。章在位25年,死后谥号靖王。到刘章曾孙在位时,正值黄巾起义,他弃国出走，自愿除国。

滹沱河中南流域自商周至两汉，先后大致有方国、王国、诸侯国凡14个。

三、京杭运河在河北

运河，人工开凿用于沟通水域间或地区间水运的通道。其用途一是行驶船舶、运输货物，二是调节水利、灌溉农田。自有文明史以来，人类为了生产、流通、运输、军事等诸多需要，世界各国均注重运河的开凿和拓展。据不完全统计，到20世纪末叶亚洲有运河7条；欧洲有运河9条；非洲有运河1条；美洲有运河3条。在世界各国已经开凿的运河中，最著名的有三条：中国的京杭运河、非洲的苏伊士运河、美洲的巴拿马运河。

巴拿马运河全长81.3公里，位于北美洲南端的巴拿马中部，是沟通太平洋和大西洋的重要航运通道。这条运河于1904年动工建设，历时10载1914年建成，次年正式通航。1920年向国际开放。在整个开凿过程中，动用了来自世界各地的数十万劳工，其中包括许多中国人，他们之中几千人长眠在了运河工地。

苏伊士运河全长193.2公里，位于非洲埃及的东北部。它打通红海和地中海，联结大西洋与印度洋，贯通欧、亚、非三块大陆，大大缩短了东西方航程。苏伊士运河开凿起自1859年，与巴拿马运河一样耗时10年竣工。它是全球最繁忙的航

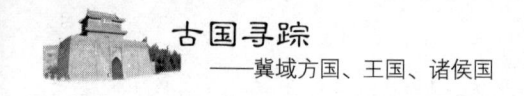

道，每年7.5%的海上运输要经过这里。各国船只的过往通行费是埃及外汇收入的四大支柱之一。

1. 京杭运河史话

中国的京杭大运河，是世界上开挖最早、规模最大、里程最长的运河。如果从有史记载的公元前486年吴国开邗沟（今里运河前身）算起，到隋代基本成型，至元代1293年全线通航，前后建设周期持续了1779年。其实我国的运河建设，远在春秋早期就拉开了序幕。楚国于公元前7世纪初叶至公元前5世纪末叶，就开挖了江汉运河；吴国在公元前6世纪初至前5世纪末，在开挖邗沟前，曾开挖过古江南河（今江南运河前身）与深沟（荷水）。在这期间，还有一种情况，就是开挖了运河，没有被以后的大运河连接，或者其作用没能得到充分发挥。比如，战国时魏国于公元前361年开挖的运河，联结大河水、济水、濮水、泗水、荷水、汝水等数条河道，而形成的鸿沟水系，只是部分为大运河采用。再如，曹操从建安七年（202年）起，陆续在华北平原开凿的6条运河，现代人生疏了其中的一半。我们比较熟悉204年在今临漳、馆陶境改造白沟（又名宿胥渎），用以遏止淇水东入，打通运军粮水道；206年在今青县境开平虏渠，打通漳河、滹沱河与泒河、潞河之间的水运联系，使之南接滹沱水、北通泒水入于潞河，以便运军粮供北征乌桓之需；213年，为解决邺都的漕粮和交通，又开利漕渠引漳水入白沟，自今曲周县南至邺城南，使运粮船可溯漳水直驶抵邺都城下。而其他三条运河如何应用的情况，一般人则知之甚少变得生疏起来。

京杭大运河，北起北京，南到杭州，途经北京、天津、河北、山东、江苏、浙江六省市，沟通海河、黄河、淮河、长江、钱塘江五大水系，全长1747公里。全线通航的大运河分八段：第一，通惠河段，从北京东城到通州；第二，北运河段，自通州至天津，利用永定河河道；第三，南运河（卫运河）段，由天津到山东临清，利用原有的卫河加以疏通而成，自南而北的水流在天津汇入海河流进渤海；第四，山东北运河段，自临清到黄河北岸；第五，山东南运河段，从黄河南岸到台儿庄（山东北、南段运河贯穿山东西部，又称鲁运河也叫会通河）；第六，中运河段，自台儿庄到清江浦（淮安）的黄、淮、运三水交汇处（中运河原为发源于山东的泗水下游故河道，后为黄河所夺，又为南北漕运所经，成为大运河的一部分）；第七，里运河段，是大运河最早开凿的河段，起自清江浦南到瓜洲古渡口六圩（明清时正处三水交汇处的淮安，不仅设有专管漕务总督，还设官员负责江苏安徽两省河道，来自徽州和山西的贩盐富商更居聚扬州及淮安河畔，争相建造精巧雅致的私家园林）；第八，江南运河段，自镇江到杭州，贯通长江和钱塘江两大水系（江南运河流经太湖流域水网地带，沿线多名城重镇，苏杭二州繁华富庶甲天下，河运繁忙，两岸人家尽枕河，座座拱桥跨水上，极富江南水乡特色）。

京杭大运河的河北段运河，由于行政区划变更，今北运河段起自河北省廊坊市香河县与北京通州交界的杨洼闸，然后流经天津境；南运河则出天津境南向流经沧州市属之青县、沧县、南皮、泊头、东光、吴桥，衡水市属阜城、景县、故城，邢台市属清河、临西等12县和沧州市区的运河。大运河河北段，最早开凿的工程始于东汉末年，是曹操主持开挖的平虏渠和改造的白沟。这两条运河后来成为永济渠的组成部分。隋

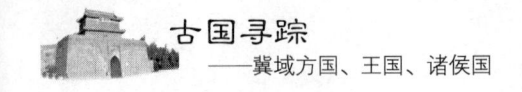

代开凿了永济渠。元代虽然对大运河线路作了调整,但河北境内工程基本沿袭永济渠故道,而明清时的大运河又是大体沿用元代线路。

2. 冀域运河遗存

河北行政区域内的大运河,总长435公里,沟通海河和黄河两大水系。由于运河沿线沧州、衡水、邢台诸市县,经济发展速度相对慢一点,没有对运河进行太多不适当的开发,加之沿岸各级政府重视遗址保护、采取了有效措施,人民群众对这条母亲河感情深厚,勇于同违法者作斗争。尽管这些年运河水不再常年流淌,但运河河床及两岸堤防基本上保持了古代京杭大运河的历史风貌。河北段运河,具有作为历史文化遗产所应有的原生态、原真性,亦即世界遗产必须的真实性和完整性的特点。

运河文物资源调查收获颇丰。从2006年初到年底,河北省文物局在全国第一个启动了大运河文物资源调查工程。由省文物局统一组织,配备足够的人力、物力,对运河全线进行拉网式排查。在这次调查中,发现属于运河两岸的各类文化遗存309处。其中与运河有直接关系的文化遗存120处,间接关系的34处,分布运河两岸的其他文化遗存155处,包括遗址、城址、码头、渡口、沉船点、石刻、闸坝以及炮台、寺庙、钱庄、会馆等,充分体现了大运河文化的复杂性和多样性。这次调查在河道中发现56处沉船点,在沿岸发现22处码头遗址,年代跨度从元至清代,证明元代以后河北段运河河道基本没有大的摆动。

捷地闸所与碑林,在全省有较高的知名度。捷地,位于南运河沧州市南五公里处,地处运河南来之水东流入海转弯处。这里地势低洼，流经水量大时决堤成家常便饭。当地口音"决堤"与"捷地"相似，百姓为平安吉利遂称为捷地。明孝宗弘治三年（1490年），在此开分流河道叫捷地减河，同时在减河与南运河交汇处建闸所。清代乾隆年间，高宗弘历路过此地题诗一首，刻碑留文，使捷地声名远扬。

作为捷地减河渠首工程的闸所，是南运河六闸中最壮观的一个。明清皆有修缮、换置闸门。民国时期的1933年，改用德国进口启闭机，水利部门注重机械保养，至今仍能灵活运转。（图3-3-1）

图3-3-1 捷地分洪闸启闭机（德国1933年造）

清同治11年（1872年）刻制的"宪示碑"，是官府为保护闸所晓谕告示民众、河防官员必须遵循的约法，规定十分具

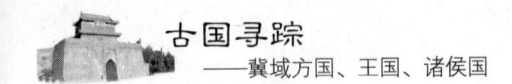

体。现立于减河、运河两水道之间的碑园内。碑旁有大柳树一棵，看树龄应在百年以上。传说当年乾隆下江南过此地上岸，遂手将一柳枝倒插土中，长成二人合抱之树。（图3-3-2）

图3-3-2 捷地宪示碑

2006年，沧州市文联与河北省南运河河务管理处，通力建设了"大运河碑廊"。碑廊整体造型似船，远看碑廊像一艘航行在运河水面的宝船。船中心设双层脊亭，船帆为碑墙，正反两面是沧州籍书法名家题写的"大运河碑廊"和"济沧海"。而"大运河碑廊记"则由重四吨的巨石雕成，白底红字，揽人目光，由原沧州地区行署专员、省文化厅厅长郑熙亭撰文并亲书。全文800余字，以王体行书一气呵成，字里行间显现文字功底和书法功力。（图3-3-3）

沧州自古出名人、大家，运河水养育了一代又一代的作家、书法家。诗人们歌颂大运河的风土人情、名胜古迹，现代作家书文题诗咏颂故乡的河，镌刻在碑廊中的有铁凝、王蒙、蒋子龙等百余人的作品。这些作品风格各异、形式多

图3-3-3 捷地运河文化碑廊

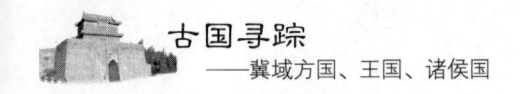

样，有父子、夫妇同书刻石，也有篆刻、楹联、条幅等。

大运河碑廊已经成为南运河的文化景观，吸引着南来北往的游人。建设碑廊时为全国同类文化景区第一家，而今依然占据首位。令人略感不足的是，一直酝酿建设的大运河博物馆，因故未能付诸实施，而其他运河城市已抢先一步，占得先机。如果，大运河博物馆哪一天能矗立在捷地或南运河的其他地方，那将是一件令河北文化人十分欣喜的事情。因为沧州有这个文化底蕴，有建名馆的本钱，因为南运河的子孙有这个期盼。

周官屯穿运闸展现两河立交穿越功能，气势宏伟。南运河献县段与子牙河交汇处自古水流急，为防决堤曾开子牙减河。1963年河北一场百年不遇的大水，海河流域险情连连，天津告急，献县48村水漫屋顶，给人民生命财产造成重大损失。毛主席发出"一定要根治海河"的伟大号召。数万民工、水利工程技术人员开往治河前线，其重要工程之一即是开挖子牙新河。设计人员在子牙河东流入海与运河交汇处规划了别具一格的穿运渡槽。渡槽是两条水道立体交叉，恰似一座规模宏大的立交桥。下面是滚滚子牙新河水自西向东，其上是南运河水由南向北顺畅流过，设有闸门调节水量、水速。建设者们将毛主席的题词放大书写在闸首上方。"一定要根治海河"至今仍在向后人讲述着当年那段气壮山河的历史。（图3-3-4）

曾经是海河文艺宣传队员，今天的沧州市文物局长王玉芳，讲起穿运渡槽的辉煌如数家珍。这里曾经接待过阿尔巴尼亚贵宾，接待过中央新闻记录电影制片厂的摄制组，接待过中央文艺团体的采风者、创作者。站在穿运闸上，南望运河两岸堤防，北眺东西堤上杨柳，改变的只是运河水流大小、原野耕

走河篇

图3-3-4 周官屯泄洪闸

种的人群及器械。近几年,天津缺水调黄河水济津。运河水道还是干净的,符合饮用水过往洁净标准的。今年,沧州市政府为配合大运河申报世界遗产,要求沿线严格整治运河环境。王玉芳每到一处都要认真检查整治情况,穿运渡槽无疑是重点地段。

香河段仍有水波粼粼的运河。香河的一段运河,河岸杨柳依依、河中水波粼粼。虽不见漕运船队艘艘相接的壮观,虽不见两岸码头装卸货物的繁忙,仍可见水深一二米河槽、30余米的宽阔河道,仍可见渔家张网捕到十几厘米鲫鱼的喜人场面。诚然,水源不再长期来自条条江河,大部出自城市经过处理的中水,但鱼类漫游、河中嬉戏,既成美化环境、调节气候的风景带,又是梦里运河、市民休闲的好去处,足以令人欣慰。

古国寻踪
——冀域方国、王国、诸侯国

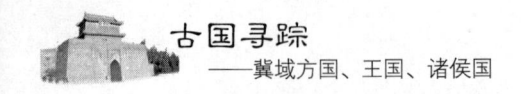

在香河安平镇王指挥庄的西北，有一座始建于明代的宝庆寺，虽几乎坍塌却记载了运河的兴衰。这里的村民多为王姓，辈辈相传是明初王指挥的后人。原籍湖南的王云寺，当年随燕王朱棣率兵北上屡立战功，明成祖迁都北京后他解甲落户通县旧城。随着运河的繁荣、漕运船只往来频仍，两岸绿树成荫，昔日"白沙平铺，一望无际，旷野无草，五谷不生，人烟稀少"的通县乡间日渐富庶。王云寺的后代由县城迁居此地，为感念缅怀先祖，遂将住所命名王指挥庄，并在村北运河南岸建宝庆寺。宝庆寺是香河县为数不多的古建筑之一，其历史价值独特。它的兴建、兴衰历史，直接见证了王指挥庄因运河而诞生、因运河而兴盛至破落的历程。

金门闸向我们讲述曾经的水史。流经涿州的永定河上有座金门闸，为15孔石闸，有乾隆题诗碑。历代皆有修缮，保存至今。2004年定为全国重点文物保护单位。香河也有一座金门闸，位于青龙湾减河土门楼，又称王家务大闸。该闸始建于清乾隆37年（1772年），乾隆到此观看赐名金门闸并题诗刻碑一通。碑文："金门一尺落低均，疏浚引河宣涨沦。通策略同捷地闸，大都去害贵抽薪。"

香河金门闸仅存遗址，实物存留较少。南北两侧闸台座犹在，可见闸槽。当年的闸门处如今已长满绿树，闸旁水流回旋造成的深坑，变为闸所的养鱼池。北侧闸台保存较完整。平面略呈梯形，外壁为条石砌就，内填夯土，南北长约30米、东西宽26米、高4.4米。闸台院现为廊坊市水利局土门楼闸所。北闸台闸所东院，有一通清代无字碑。现存碑首、碑身、碑座，碑首呈方形，阳面浮雕二龙戏珠纹，长白形天宫磨光无篆额。分析应为半成品，其原因不详。

走河篇

乾隆碑原立于南侧闸台，碑亭已经拆毁多年，碑身大部被人砸坏，用作民房建筑石料。去年碑座还在，因运输车辆问题未及时运往市文管处保管，今年去取时闸所负责人已经卖给了文物贩子。南侧闸台闸槽东面条石砌就的墙壁弹痕累累，那是备战年代民兵打靶场留下的印记。

金门闸同捷地闸的功能相似，一是确保漕运顺畅，发挥调节运河水量、水流的作用，二是防洪排涝、釜底抽薪，确保京都不受水患，这是乾隆感兴趣的主要原因。北运河系天然河道，众多支流入河，既要利用水又要降伏水。枯水期要设法引水济运、补水保运输，免于水浅搁船；洪水期入河水足甚至超限，要设法减水、平衡水量，以免决口致灾。闸门和减河是世人称道的创造发明。

金门闸原貌难再现，但它让我们重温曾经的运河水史。据村民介绍，在金门闸以下北运河与青龙湾减河交汇处地段，河道内曾发现高一米多的铁船锚，在河床边发现夹砂红陶、泥质灰陶器物碎片、白瓷碗口沿碎片、青花瓷片，时代应属元、明时期。这让我们想到香河段运河的水深尺度，看到漕运船工的生活和忙碌景象。北运河与南运河，是历代漕运、货运的主干地段，又是京、津达官贵人出入的要害地带。运河承载的不仅是运输功能，它所流经的京畿之地更是承载着安全防护的首要。金门闸及香河段运河，带给我们对当年黄金水道的无穷遐想。

香河，旧城东有小河，栽植芰荷，莲红叶绿，夏秋之时，荷香沁人心脾，因称香河。香河段运河沿岸一些村落从明代早期开始，兴起于运河、服务于运河、得益于运河、发展于运河。村落名称体现当时的功能特长和人群姓氏，反映运河区

古国寻踪
——冀域方国、王国、诸侯国

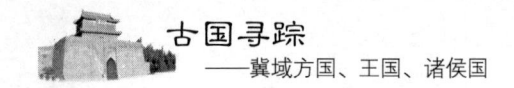

段及从事专务位置所在。随着时间推移，有些沿袭旧称，有些做了改动，但仍然可以追根溯源，为运河河道历史沿革提供佐证。比如，鲁家坞今称鲁家务，王家摆渡今称王家摆，还能够明白当年在运河所处地理位置；今骡村清代称骡子店，今钳屯旧称钳家屯，今孙家务旧称纸务屯，很容易理解当年从事的专业；还有张家庄、叶家屯、池家屯等，可能就是某个姓氏占多数的聚居地。

水史、河史、居民史，反映出香河民族史、民俗史。金门闸，反映出古代水利设施工程做法、设计理念，反映了青龙减河故道的位置，这是具有重要科学价值的信息。

谢家坝就像一段完好的防洪堤。（图3-3-5）在东光县与景县交界处。南运河上的一座桥连接着两个连镇，东边属沧州

图3-3-5　运河谢家坝

市，西岸则归衡水市管辖。桥南运河东堤有一段抵御河水冲刷的坝，远看像一道混凝土墙，这就是谢家坝。紧邻坝外的庄子叫谢家坝村。

南运河流经此处有个转弯，汹涌的河水斜冲堤坝，再坚固的土堤也耐不住运河水的昼夜冲击、浪头拍打，堤决水没村庄是这里经历过不止一次的灾难。特别是每年的洪水季节，运河水位高，决口、财亡、人逃的噩耗随时可能降临。由谢家大户出钱请人设计、众乡谊出工出力的大坝终于开始修建。趁着枯水季节，将东堤傍村段掘开，以石灰、黏土拌匀加糯米浆，三种材料组合为传统"混凝土"，用木板夹挡逐层夯实。采取战国筑长城的工艺，不同的是加入糯米浆比长城更坚更硬。就这样，一层层相叠一条条相接，所筑堤坝宽度达到100余米、长度近500米，给河水迎头冲刷地段拦上了一道坚固屏障。

这条坝自河床底部到坝顶高15米，可以想象当年此段运河水深大概不会低于五米。近几年这段运河刮起一股淘宝热，不知哪里来的一群群人蜂拥而至，手持铁锹在河底挖坑不止。你驱赶一帮，晚上或清晨又来几帮。村民说，他们确实挖出了金银首饰、瓷器、铜质水烟袋、茶具等物，在市场卖了好价钱。果若有宝可淘，既说明这里水流急船不稳，也说明运河航行的不止漕运工船还有游船客船，应是乘船人不小心将各种器件、器物滑落河中。

谢家坝村民这些年胆子大了，因为运河不常有深水，民房盖到了堤坝几米远处。还有的面河开小院，饭后茶余临河而坐，树下纳凉好不惬意。看到督查清理运河垃圾人员，农家大嫂问刨掉她家树给不给补偿，抱怨树生长慢，15年不到碗口

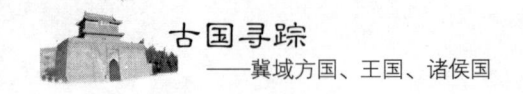

粗。谢家坝一米多土层上种树，根难下扎当然生长缓慢。然而，堤坝至今坚硬如初，不正是筑坝人所希望的吗？

3. 运河流域古国

大运河这条母亲河，曾经以她丰沛的乳汁无私地抚育滋润了两岸城乡村镇，曾以她宽广的胸怀吸纳了南来北往的客商，给运河流域带来了繁华与富足。京杭运河北段，藉于此而文化底蕴深厚、文化遗存丰富。城池众多、古国比比皆是，虽历代名称有所改变但文化内涵韵味常美常在。这些古国大多起于京杭运河尚未全线开通的年代。古韵流传、历代继承弘扬，因运河文化而变得丰富多彩，独具特色。

据《汉书·王子侯表》、《汉书·外戚恩泽侯表》记载，大运河河北段今沧州市域，就有诸侯国和列侯国28个。汉代、魏晋、隋唐基本沿袭汉初分封规制，皇子封诸侯王改郡为国；军功诸臣、外戚恩泽封列侯，汉武"推恩制"后，诸侯王子孙也仿列侯，封地大至一县小到一亭，以所封食邑户岁收折算俸银数目，不要求本人必须到封地居住。诸侯、列侯皆可世袭，犯罪服法者免除封爵，但可择兄弟子孙优者再封赏。所以不少世代为王，封地延续多年。沧州域内，除间献王为诸侯王外，其余多属列侯，封地一县一城，面积与户数有所差异，有的仅为一乡一亭（村）。

浮阳侯国，西汉高祖五年（公元前202年）置县，因浮阳水在其南部流过而得县名，东汉封侯国。浮阳，夏商时属兖州，位在州境内北部；西周属幽州，在州境内南部；春秋战国时列齐国版图。秦始皇划全国为36郡，浮阳一带划进上谷郡。西汉初建县后属勃海郡（东汉时改渤海），浮阳县治同时为勃海郡鄃治所,故址在今沧县东南。东汉光武帝建武年间,以军功封刘歆为浮阳侯,歆卒由其子承袭。东汉顺帝永建初年,以谋国有功封安帝时宦官孙程为浮阳侯,又因故改封宜城侯,不久孙程即返京城奉朝。顺帝阳嘉元年(132年)应孙程临终请求,将浮阳侯国分半,封孙程养子孙寿为浮阳侯。20世纪50年代,河北文物工作者在望都县发现孙程墓的大型壁画。

隋开皇十八年(598年)浮阳县改称清池县。到唐代武德元年(618年),撤渤海郡设沧州,州治所由饶安迁至清池。明代成祖永乐年间,沧州治所由清池移驻长芦即今沧州市东南旧城。这里就是《水浒传》中"林教头刺配沧州"之所。传说南北两校场分别在今排水河南侧与北侧,草料场在沧州古城东关,古城内西南部还有林冲庙。城内外的遗迹和遗址有:汉原建、唐增筑、宋重修的古城墙,今存12段4000余米;城墙四门及烽火台遗址;佛教建筑开元寺、道教建筑真武庙等。地上遗物最知名的当属:昂首怒吼、急奔骤停的铁狮子。它重约50吨,铸造于五代后周,国家文物鉴定委员会副主任史树青先生评价,"沧州铁狮在我国冶铸史上,前与商代司母戊鼎,后与北京永乐大钟,鼎足而三。其造型生动,如闻吼声,中华崛起之象也。"从地面曾采集到唐宋时期瓷玩具及汉代夹砂陶灶支脚、汉云纹瓦当、隋青瓷唐绞釉瓷残件、唐玉璧瓷器,还有宋代定窑、龙泉窑、耀州窑、钧窑及磁州窑完整器件。这里历代对外交流程度,可见一斑。

合骑侯国,封地在伏漪城。故城址位于今黄骅市北四公里处,尚存方形土筑城墙,周长约2000余米、残高5米上下,曾发现战国铜箭镞、汉及北朝陶瓷残片,现为省重点文物保护单位。《史记》和《汉书》均有记载,汉景帝时护军都尉公孙敖，因三次随大将军卫青击匈奴有功，被封为合骑侯，食邑9500户。后因公孙敖获罪当斩，赎为平民，国除。

章武侯国，封地在章武县，故址在今黄骅市故县村北。汉文帝后元七年（公元前157年），封文帝窦皇后之弟窦广国为章武侯，传至孙。武帝元狩元年（公元前122年），其孙因蓄意杀人未遂，免爵废国。章武县城建于西汉，呈长方形，有大小二城。大城居北仅存残厚4.5米墙基，小城存北墙近50米。

柳侯国，秦时置柳县，属巨鹿郡；西汉承秦制，属幽州勃海郡。汉武帝元朔四年（公元前125年），封齐孝王刘将闾之子刘阳为柳侯。故址在今黄骅市海丰镇东南。据相关史料记，其时柳县为"河、海交通之大埠"，"南北方浮海者必以此为市舶要冲"。现存北城墙近500米，厚7米，残高一米左右。东汉时并入章武县。最近几年，文物工作者在这里进行了三次考古勘探和发掘工作，分别是2000年朔黄铁路建设、2003年该铁路复线建设、2005年石黄高速建设中的文物勘探发掘。在海丰镇遗址出土了一大批完整的或可复原的器物，尤以瓷器数量最多。发现了金代码头，出土井陉窑、磁州窑、定窑、钧窑、耀州窑、龙泉窑、景德镇瓷器数千件。有的整捆存在库房，名窑名品汇集，各具特色。还在疑似"海员俱乐部"的房址发现围棋子、骨牌、象棋子、骰子、圆球、骨簪、铜镜、钗、钱、玻璃胭脂瓶、女人用品、烟斗等。（图3-3-6）海丰镇春秋时即"煮海为盐"，因盐业而兴盛发展。它在滹沱河穿运河、柳河过运河东流入海处，南来、西来磁器等要经此码头出海，西去南销盐要经此外运，也应有外来货物经此销往内地，不仅有中国船工也应有外国船员停留。海丰镇，该是国际交流港口。它的兴盛年代似应追溯得更早些。

高城侯国,西汉高祖五年(公元前202年)置县,东汉时封侯国。故址在今盐山县东南故城赵村东北。高城,北魏属浮阳郡;北齐天保七年(556年)移县城至今黄骅旧城镇;隋开皇十八年(598年)改高城县为盐山县;唐置东盐州,后废州改属河北道沧州;五代、宋、金皆属河北东路沧州。高城县城,时代约当西汉,东、南、西城墙残存高1.5米,基厚46米,曾有五铢钱、半两钱、铜箭镞、陶纺轮出现。东盐州城,时代为北齐、唐、宋,位于黄骅旧城,存城墙残高1—3米,基厚约15米,四面城墙各有城门缺口。前些年曾在城东北角出土窖藏北朝石造像54躯。

图3-3-6 黄骅海丰镇出土彩绘瓷塑、绞胎瓷

平津侯国,西汉武帝元朔三年(公元前126年),刘彻封公孙弘为平津侯,子继因罪免爵。故址在今盐山县县城西北。这位公孙弘,在汉武帝继位之初诏求治国贤良时,年逾花甲被推选为文学博士;公元前130年70岁时二度入朝,先任

古国寻踪
——冀域方国、王国、诸侯国

御史大夫后任承相并封侯,80岁卒于相位。他多谋巧语,以荐适任胶西王相位之名,将刚被任命中大夫的董仲舒排挤出朝廷。《史记·平津侯主父列传》中有专段记述。

宛乡侯国,西汉置县,西汉平帝元始元年(公元1年)封刘隆为宛乡侯,故城址在今孟村回族自治县境。这个刘隆,后来倾力协助刘秀匡复汉室,成为光武中兴名将。

千钟侯国,汉高祖五年改秦置千童城为千钟城。武帝元朔四年(公元前125年),封河间献王刘德之子刘阴为千钟侯,侯国仅存5年即废。故址在今盐山县西南旧县城。千童城,传为秦始皇派徐福带五百童男、五百童女入海求仙药,出海前暂住之城。当地至今仍存信子节,人坐高杆东望大海。徐福研究会还与日本合作,找到不少关于徐福东渡的资料,盐山遂成"中国第一侨乡"。日本前首相羽田孜曾欲盐山寻宗,说"羽田"即中文"秦",他的先祖始于千童城。

重合侯国,汉武帝征和二年(公元前91年),封莽通为重合侯。故址原属河北今属山东乐陵县。莽通,以侍郎将兵四万出酒泉千余里,攻匈奴、击反者有功,侯4870户。后因谋反连坐,被诛除国。

高乐侯国,西汉置县,故址在今南皮县董村。汉成帝刘骜于永始元年(公元前16年),封宣帝长子东平思王刘宇之孙刘修为高乐侯,历八年免爵,东汉撤县。

章乡侯国,故址在今沧县旧城西南。西汉置章乡县,属幽州勃海郡。汉成帝永始四年(公元前13年)封钟祖为章乡侯,续爵至子。王莽时败绝,东汉撤县。

中邑侯国,故址在今沧州市东。西汉置县。公元前184年吕后封朱进为中邑侯。汉文帝后元二年(公元前162年)朱进死，其子朱悼继位。景帝后元三年（公元前141年）因罪免爵，除国将其地并入浮阳。

临乐侯国，其地战国属赵，西汉置县，故址在今南皮县境。汉武帝元朔四年（公元前125年）封中山靖王刘胜之子刘光为临乐侯，传至玄孙，至王莽时绝。

南皮侯国，春秋时期为齐地，并建南皮城邑。公元前664年，齐桓公救燕伐山戎，至今南皮地。因缮修皮革而筑城，时章武县有北皮亭，遂谓之南皮。秦置南皮县。西汉文帝后元七年（公元前157年），封窦彭祖为南皮侯，传至孙。武帝元鼎五年（公元前112年），因罪免爵除国。东汉至北魏为渤海郡治。公元458年，南皮县移至今县城。隋先改属冀州，又改属沧州；唐五代属景州又还沧州；宋、金属河北东路沧州景城郡；元代归中书省河间路沧州；明、清均属河间府沧州所辖。雍正九年（1731年），与沧州及盐山、庆云一起改属直隶省天津府。秦代故址在今南皮城北。今方形城墙残存约2000米，残高3~5米，基厚30~40米，夯层厚约20厘米。地面密布绳纹、素面、方格纹灰色和红色陶片，间有黄绿釉陶、青釉瓷片等，也曾出土绳纹圆底罐、三彩盒、三彩盘等。南皮近年多有窖藏文物面世。2002年村民发现一窖藏瓷器，内有定白瓷数件、元青花数件，令人惋惜的是藏瓷大瓶，在百姓争抢时被打碎。

条侯国，西汉置县，属勃海郡。故城在今衡水市景县境。汉文帝后元二年（公元前162年），封周亚夫为条侯，以续其父绛侯周勃爵位。景帝中元三年（前147年），周亚夫死后除国。汉宣帝本始四年（公元前70年），又封清河刚王子刘寅为条侯，三年后顷侯千秋继位，传至曾孙。

古国寻踪
——冀域方国、王国、诸侯国

弓高侯国，西汉置县，文帝前元十六年（公元前164年），封韩王子为弓高侯，传至孙，无子，于武帝元朔五年除国。晋代撤县，隋又复置，五代时再次撤裁。故址在今衡水市阜城县境。弓高县西汉属河间国管辖。

蒲领侯国，西汉置蒲领县，昭帝始元六年（公元前81年），封清河刚王子刘禄为蒲领炀侯，子哀侯继位，无后除国。故城在今阜城县东北部。

乐成侯国、河间国，西汉初年置乐成县。汉高祖六年（公元前201年），以参加楚汉战争中潍水之战军功，封丁礼为乐成侯，食邑千户，在位16年去世。其子夷侯丁马继位18年，其孙式侯丁吾客嗣位43年，其曾孙丁义在位三年因罪被斩除国。三国时，魏明帝曹睿封曹操堂弟曹洪为乐城侯，食千户。曹洪早年随曹操南征北战、战功卓著，《三国志·曹洪传》记载了他危急时刻，奋力救主的功业。太和六年（232年）曹洪死后葬于今献县淮镇丁庄一带，谥号"恭"，世称乐城恭候。

高祖刘邦曾在公元前201年置河间郡，因郡域在滹沱河、唐河之间，故名河间。辖今献县、东光、武强、阜城四县地。汉文帝前元二年（公元前178年），改河间郡为河间国，都乐成，封高祖子赵幽王之后刘辟疆为河间王，传至其子哀王刘福，无后废国改郡。汉景帝前元二年（公元前155年），封皇子刘德于河间国，即汉书谓"景十三王"之一。刘德谥号献王，其后代袭位封爵60余人，至王莽时绝。东汉光武帝建武七年（公元31年），刘秀因其祖父刘发与刘德兄弟故，复置河间国，封献王孙刘劭为河间王，历时六年。东汉明帝永平十五年（公元72年），刘庄分河间一部置乐成国，封其子刘党为乐成王。和帝永元二年（公元90年），刘肇又分乐成、勃海、涿郡各一部置河间国,以其弟刘恭为河间王。所辖地界在今雄县及大清河以南、南运河以西、高阳及肃宁以东、泊头及阜城以北。刘恭在位32年,谥号孝王,传国五代共110年。东汉献帝之前的桓帝为孝王孙、灵帝为孝王曾孙,桓帝追尊祖父为孝穆王,以其邑奉山陵,改乐成县为乐陵县。故治在今献县乐寿镇东、河城街村南。

阿武侯国,西汉置县,武帝太初三年(公元前102年),封河间献王之子刘豫为阿武侯,传至玄孙后失载。故城在今献县乐寿镇西北南皇亲庄附近,西汉时属幽州涿郡。

成平侯国,西汉初置县,武帝元朔三年(公元前126年),封河间献王次子刘礼为成平侯。六年后,刘礼因诈取人鸡,被判买鸡偿还并免爵除国为县。北魏时移县治于今景城故城。隋开皇十八年(公元598年),改成平为景城县。故址在今沧县景城南。成平县西汉属幽州勃海郡。

景成侯国,西汉初年置县,宣帝地节二年(公元前68年),封河间献王子刘雍为景成侯,传至曾孙免爵复县。宋时并入乐寿县。景成侯国故址在今沧州市西景城,西汉属幽州勃海郡。

中水侯国,西汉初置县,以地处古滱水、沙河两水之中而得名。汉高祖七年(公元前200年),封灭楚功臣吕马童为中水侯,食邑1500户,在位30年,谥号"严",世称中水严侯。传五代89年至玄孙获罪免爵除国为县。东汉建武二年(公元26年),刘秀封光武中兴功臣李忠为中水侯,17年之后终于京师洛阳任上。其子李威继位,至孙李纯受其母杀人牵连废侯除国。北齐天保七年(556年)中水并入乐寿县。故址在今献县商林乡南皇亲庄村北。自西汉至北齐,这里一直是中水侯

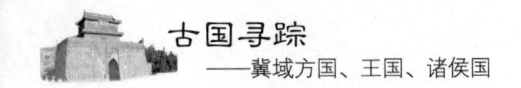

国、中水县治所。中水城尚存南墙100米、西城墙50米，基厚20米，残高近2米。偶见民用灰陶、夹砂红陶残器碎件。今献县陌南乡窦三疃的五王山汉墓，即是吕马童及子孙墓葬，为全国重点文物保护单位。中水县西汉属幽州涿郡。

州乡侯国，西汉初置县。武帝元朔三年（公元前126年），封河间献王子刘禁为州乡侯，传至玄孙。故址在今河间市嬴州镇东北石相。州乡侯国西汉属幽州涿郡。

高郭侯国，西汉置县。宣帝地节二年（公元前68年），封河间献王子刘盖为高郭侯，传至玄孙。到东汉时并入鄚县。故址在今任丘市西北。高郭县城墙筑于战国、重修于唐，今存西、北部残墙高近2米。上世纪70年代墙内外发现夹砂陶器、东汉石磨盘、隋代瓷豆等遗物。高郭侯国西汉属幽州涿郡。

鄚侯国，鄚为古国名，战国属赵，西汉置县。成帝元延元年（公元前12年），封高郭侯刘盖玄孙之弟为鄚侯，王莽时绝。唐代景云年间置鄚州，改鄚为莫。宋代熙宁六年（1073年）并入任丘县。金贞祐二年（1214年）改置莫亭县，后并入河间县。明洪武七年（1374年）将莫亭再并入任丘县，故城址在今任丘市鄚州镇。鄚州城，时代为汉、唐，呈长方形，北城墙保存较好，残高6米左右，基厚25米，夯层5—11厘米。地面检到过夹砂红陶片、陶豆盘、玉璧底足碗、陶礴等物。鄚县西汉属幽州涿郡。

阿陵侯国，西汉置县。东汉建武中元二年（公元57年），刘秀封光武中兴名将任光为阿陵侯。北魏时撤并入鄚县。故城址在今任丘市东北陵城，遗址尚存一段土城墙。阿陵侯国西汉属幽州涿郡。

参户侯国，西汉置县。武帝元朔三年（公元前126年），封河间献王子刘免为参户侯,历46年去世。其子刘严于昭帝元凤元年(公元前80年)继位,是为敬侯。又传孙顷侯刘元、曾孙孝侯刘亲,玄孙刘度,后失载。概王莽时绝,废县为亭。故址在今青县木门店村。参户侯国西汉属幽州勃海郡。

四、大清河流域寻古

大清河是海河水系的五大支流之一,又叫上西河。长448公里,流域面积39600平方公里。

1. 远眺大清河

大清河位于河北省中部,分南支拒马河系、北支赵王河系。南支拒马河发源于涞源县的涞山,从山谷中向东北流,经紫荆关向北,到涞水县转向东流。在北京市大兴区张坊镇化为两个分支:其一称北拒马河,向东流接纳琉璃河、小清河后流经东茨村到白沟镇;其二称南拒马河,经定兴在北河店接纳易水后,向东南流至白沟镇。两分支在白沟合二为一始称大清河。大清河北支赵王河系,是指唐河、潴龙河入白洋淀东出的水道。唐河(滱水)源出山西浑源县恒山东南麓,经灵丘入河北省,过唐县进入平原,在定州市以北穿京广铁路折向东北,流入白洋淀。潴龙河的上源叫大沙河,源出山西灵丘太白山南麓,向南流经阜平、曲阳、新乐,在安国南面的伍仁桥与磁河汇合后称潴龙河,东北向流入白洋淀。此外在白洋淀的西北部,还有源于太行山独流入淀的漕河(永定河古称)、府河

古国寻踪
—— 冀域方国、王国、诸侯国

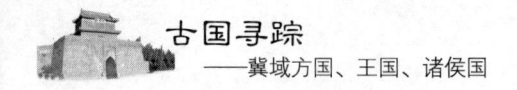

等。大清河的中、下游有一系列的洼淀，主要是兰沟淀、白洋淀、文安洼、东淀等。大清河流过东淀，在天津西郊汇入子牙河后同进海河，入渤海。

2. 近探遗存点

南庄头遗址，位于徐水县南庄头村北两公里处。地处太行山东麓前沿，华北冲积平原的西部边缘，是华北地区旧石器晚期、新石器早期的人类活动遗址。1986年，保定文物工作者在黑色淤积土下发现了文化层堆积，出土兽骨、木炭和石器，发现有人工切割痕迹的鹿角。1987年，北京大学等单位发掘部分遗址，发现遗址共分六层，对地面采集木头、木炭样品进行碳-14检测，分别为距今9875和9690年左右；对出土木头、木炭、泥炭等样品测定结果表明，下文化层的年代为距今9700～10500年左右。（图3-4-1）

1997年，河北省文物局组织文物工作者，对大清河流域徐水南庄头和易县北福地、曲阳钓鱼台、安新留村、容城东牛村等新石器时代遗址，进行大规模调查发掘。考古人员在南庄头遗址一条东南、西北走向自然深沟里，发现古人用火痕迹，发现陶片40余块，出土较多的兽

图3-4-1　南庄头出土骨锥、陶片

骨、禽骨、鹿角、蚌、螺壳、木炭、植物种子和鹿角器、石器等。出土陶器碎片的陶质均为夹砂陶，颜色不纯，呈灰色或褐色，质地疏松，火候较低。器表除素面外，还有绳纹、附加堆纹和刻划纹等装饰。可辨器形有平底直口或微折沿的罐类。石器主要有磨盘、磨棒。骨器以磨制精细的骨锥为代表。动物骨骼多为肢骨碎片，推测应是人类食肉后的抛弃物。李伯谦教授、原思训教授认为，南庄头遗址是我国北方地区第一次发现地层清楚、年代最早的有陶新石器时代遗址，填补了我国北方磁山、裴李岗新石器文化至旧石器晚期文化的空白。它为我们研究我国北方全新世气候环境变迁，提供了珍贵的地层剖面，也为我们研究新石器早期人类的生存方式、研究陶器与农业的起源、研究家畜饲养业的起源等，提供了极为重要的历史文化信息。

易县北福地遗址，位于中易水北岸台地之上。发现距今7000~8000年前古人类居住房址、祭祀场及成堆陶质玉质祭器、刻陶面具（彩图2）。其中，民居不远处有一近20平方米大房址，屋内出土陶鬲、陶鬶、陶豆和玉环，分析为聚落祭祀场；刻陶面具发现十几套，多将动物猫、狗、猴等头像刻于不规则夹砂红陶片之上，保存最好的一幅面具两眼与嘴镂空。因面具分散各家，应属参加祭祀或化妆集会后，又将面具带回，以备下次使用。

留村遗址，位于安新县西留村村北300米处，南距白洋淀北大堤1.5公里，属新石器时代仰韶文化遗址。面积5万平方米，地势高于四周，当地人称"圪塔顶"。早在上世纪50年代，人们就在遗址北部断崖暴露有1.5米的灰土层中，发现陶片、鹿角、兽骨、蚌等遗物。陶片以泥质红陶为主，次为夹砂红褐陶和灰陶。1986年文物工作者对该遗址进行首次发掘。遗址分两层：第一层为灰黄土，出土陶片可辨器形有折沿罐、敛口罐、红顶钵、壶、盘、钵、陶匕、陶支脚和鼎足等；第二层为深灰色土，出土陶片可辨器形基本与第一层相同。两层陶器中以红顶钵最多。陶器纹饰有线纹、划纹、弦纹、指剔纹等。在遗址中还见少量饰有蓝纹的陶片。根据出土遗物特征分析，留村遗址属于新石器时代中晚期遗存。

定窑遗址，位于曲阳县北部灵山镇涧磁村、野北、燕川一带，面积约12平方公里。遗址发现于20世纪30年代，此后历经过多次调查予以认定。1985年，文物工作者组织发掘，出土窑炉、作坊等遗存，发现盘、盆、壶、杯、碟、盏、缸、罐、洗、盆、炉、枕等。纹饰有刻花、划花和印花等装饰手法，印花线条精细，含蓄有力；划花自由奔放；刻花则刚劲有力，线条流畅，出神入化，气势磅礴。

定窑创烧于唐代，宋时以瓷质精良、纹饰秀美被宫廷选用，一度成为烧造贡瓷的官窑，至元代定窑衰败。定窑烧造的白瓷胎薄，釉色乳白，造型精美。其先进的工艺和精美的装饰代表了当时我国白瓷烧造的最高水平。为此，与官、哥、汝、钧并称宋代我国"五大名窑"。1988年，国务院将"涧磁村定窑遗址"公布为第三批全国重点文物保护单位。以陈文增为代表的工艺大师，继承和弘扬了定瓷设计烧造工艺，其产品畅销国内外。

阁院寺，位于涞源县城内，俗称西大寺。始建于东汉，唐时重修，兴盛于辽代，元、明、清多次修缮。现存主要建筑文殊殿建于辽应历十六年（966年）。文殊殿为寺内主殿，居于天王殿和藏经楼之间，面阔16米、进深15.7米，平面近方形,歇山琉璃瓦顶。殿内斗拱用材相当于宋《营造法式》中的二等材,总高为柱高的十分之六,突出了斗拱在结构中的重要作用。文殊殿的彩画和壁画有很高的艺术研究价值,画面色彩淡雅,笔法遒劲流畅。文殊殿从建筑造型、结构处及细部做法上,都不失为辽代建筑艺术的典型范例。

阁院寺建筑除文殊殿外还有天王殿、藏经楼、禅房等,占地6900平方米。天王殿大木构架保持了宋辽时期的建筑风格。藏经楼又称后楼,建于清代。寺内还保存辽代经幢一通,明清碑刻三通,辽代天庆四年铁钟一口,距今约900年。

安国药王庙位于安国市内,是国内目前保存完整、规模最大的药王庙。建筑坐东面西,共有三进院落,占地3200平方米,中轴线上列有牌楼、马殿、垂花门、墓亭、大殿与后殿,两侧列有钟鼓楼及名医殿、碑房等建筑。现存建筑分别为明永乐和清嘉庆年间建造。(图3-4-2)

药王庙,始于东汉光武帝建武六年(30年),为纪念表彰大将邳彤医术高超、救军士济民众之功,将邳彤遗体葬于安国南门外。人们追思缅怀纷纷前往拜祭。到明永乐年间,在这里仿原临安药王庙,以邳彤墓为中心,建成今存的安国药王庙,清代又有增修。大殿内彩塑11躯,主像药王,两厢列文武。后殿为药王寝殿,内塑药王及夫人、侍童等,两山上方保存有明代壁画。南北名医殿,分别供有扁鹊、张仲景、孙思邈、徐文败、皇甫谧、华佗、张介宾、刘河间、孙琳、张子和等十大名医。由药王庙而兴起的药材市场,使安国成为我国著名的药材集散地。药王庙为全国重点文物保护单位。

紫荆关,位于易县城西40公里的紫荆山上,属太行八陉之一。汉代名五院关,《水经注》称庄关,后以山多紫荆树改

古国寻踪
——冀域方国、王国、诸侯国

图3-4-2 安国药王庙及匾额

名紫荆关。元兵"攻金居庸不能入，乃取紫荆拔涿易二州，遣别将自南口反攻居庸破之"。明洪武六年（1373年），大将军徐达守备山西、北平边时于紫荆设千户所，筑关城。因规模较小，又于正统初改筑。正统十四年（1449年），土木之变明英宗被俘，瓦剌部落首领也先帖睦尔拥英宗由紫荆关攻入，直捣北平，为明守京名将于谦击败，复由紫荆关退出。土木之变后，设重兵守防，景泰三年修城池，分东西两部。弘治四年采高铨言于城侧拒马河北三里铺处增筑城堡，设重兵屯戍。紫荆关是长城内三关之一，同时也是中国明长城上九大名关之一。（图3-4-3）

走河篇

图3-4-3 易县紫荆关

紫荆岭上有东西两城连接而成关城。东城设有文武衙门，西城为驻兵之地。拒马河北岸原有小新城，与西关城隔水相望，是关城前哨。关城北墙下是拒马河，形势险要。城设四门，其中北、东、南三门在东城。东西二门不通关外，只通外城，南北二门为交通要道。北门设瓮城，因墙外为拒马河，故外门东开，门上题"河山带砺"，下题"紫荆关"，落款为"万历丁亥夏聊城傅光宅书"。瓮城内复有二门，西门通西城，南门通东城，此三门并称"北三门"。南门还叫南天门，是盘山道进关的首要门户，门内又有二重门、三层门。三层门上有"紫塞金城"匾额。关城两侧有翼墙左右延展，与西来涞源浮图峪长城相连，向东延伸20余公里，再与奇峰堡等关堡相连。

北岳庙，位于曲阳县城内，为历代帝王遥祭北岳的地

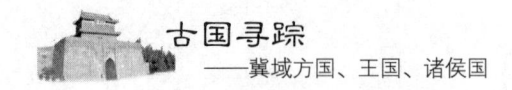

方。北岳庙始建于北魏宣武年间（500~515年），唐开元二十三年（735年）扩建。宋淳化元年（990年）契丹入侵纵火焚庙。次年，宋太宗诏旨重修。元代初年辟为道教活动场所。明嘉靖年间北岳庙规模达到顶峰。清顺治十七年（1660年），改祀北岳庙于山西浑源。（图3-4-4，彩图19）

北岳庙南北长542米，东西宽321米，占地17.3万平方米。最南为神门，往北依次是：石桥、牌坊、朝岳门、御香亭、凌霄门、三山门、钟楼、鼓楼、飞石殿、德宁之殿、后宅门等。御香亭坐落1.5米高的台基上，平面八角三滴水攒尖顶，布瓦花脊，内外檐各用柱八根，顶中心线悬垂柱一根，四正面设门。凌霄殿为面阔三间的硬山布瓦顶小式建筑，两侧有八字照壁。三门殿面阔五间，悬山布瓦顶小式建筑。

主体建筑德宁之殿，建于元代至元七年（1270年），位

图3-4-4　曲阳北岳庙正门

于中轴线后部，为我国现存最大的元代木构建筑。大殿重檐庑殿顶，殿周有台基，台基四周汉白玉栏杆望柱。殿身平面布局与宋《营造法式》相吻合，面阔七间、进深四间，金箱斗底槽，付阶周匝，上层檐用单抄双下昂六铺作斗拱，下层檐为双抄五铺作斗拱。德宁之殿的结构用材既接近于宋式，又在结构方面趋于装饰性，反映明代建筑过渡时期的典型特点。殿内两山及扇面墙后存有大面积元代壁画珍品。内容分别为道教题材的《五岳出行》和《启壁图》，风格承袭了唐代大画家吴道子的画风。

最近有消息说，曲阳县政府将与山西浑源一起努力，加入"中国五岳"申报世界遗产名录的队伍，这是件令人高兴的事。

先有北岳庙后有曲阳城。这些年政府下决心整治北岳庙周边环境，让庙前东西泉眼喷清水、扮靓庙前一条街、修缮文昌塔和修德寺塔、治理遍布全城的水网。百姓高兴，历史文化遗产本体几近达于原生态。

定州贡院，位于定州市中山东路草场胡同。（图3-4-5）建于清乾隆三年（1738年），道光十三年重修，到清王朝灭亡前，一直是考取贡生和秀才的场所，故称考棚。它是我国北方地区唯一保存下来的贡院。原有建筑包括影壁、大门、二门、魁阁号舍、大堂、二堂、后楼、演武厅等，占地2700余平方米。现存演武厅、二门以外的五座建筑。魁阁号为主体建筑，外观结构独特别致，建筑坐北朝南，面阔七间，进深十间，正面外观以明间为最高，左右次间、梢间、进间依次递减，如牌坊状。此结构只限于前廊，称"魁阁"，是过去供奉魁星的阁楼。"魁阁"以里九间称"号舍"，内用柱网和墙体

古国寻踪
——冀域方国、王国、诸侯国

图3-4-5 定州贡院

隔成一个个单间,是考生参加考试的地方。"号舍"进深各间分别用4椽、4椽、3椽、5椽、3椽、4椽、4椽,计用檩28根,顶部四重顶相叠,形成巨大的房顶与魁阁相接。大堂面阔三间,进深三间,顶为勾连塔式,前部为硬山卷棚顶,后部为起脊硬山顶。大堂是开取试卷和官员办公的地方。后楼为二层硬山顶建筑,面阔五间,左右耳房。后楼是考官批阅试卷和储存考卷处。

1926年,世界知名的平民教育家晏阳初就在考棚开展活动。他的"平教会"总部也设在这里。直到日寇大举入侵活动不得不停止,前后11年。

3. 流域数古国

大清河流域体现了商代承认方、邦存在但未实行大规模分封的特点。一种情况是,商王将个别王子、军功名将直接封为外服官员,这里的某些地方成了邦、伯的封地。另一种情况是,商王凭武力征服这里的方、邦,迫使他们接受封号,形成不太牢固的臣服和纳贡关系。这里多是实行这种松散邦联式，具有一定地方行政区划性质的方国制度。第三种情况是，还留有少数初始国家形态、小国寡民式的邦国，因为地临北方边地，黄帝时代的部族依然存在。到西周、春秋时期，诸侯群起，征伐不休，小国纷纷依附大国保护。这里亦是硝烟不断，弱者依附强者得以生存。战国时期，群雄争霸、各展风姿，昭王大略强燕留美谈。两汉时代，大清河流域的诸侯国、列侯国、皇戚皇恩封国数目，是其他地域难以类比的。它们或多或少留下活动遗迹，成为大清河流域的历史文化遗产，见证着曾经的岁月。

商代方国与邦国，易水流域见于甲骨文记载的有：唐国、锸方、逆方，省、吽二邦族，整个大清河流域还有方国、北方、又国等。唐国，卜辞中记有"唐人惟侯唐"、"唐不为侯唐"，可知商代唐国首领称侯。这个人还可能在商王室为官，卜辞尊称其为"亚唐"。唐国人称其嗣君为唐子，武丁时期的卜辞多见"侑于唐子"、"唐子伐"、"唐子、祖乙"爵字样。商王室与唐侯保持着良好的关系。商王常到唐地巡察、狩猎、派使节赴唐。卜辞有"今春于唐"、"王狩唐"、"使人往于唐"。唐地出现灾害，商王室还帮助其修建城邑，可见卜辞有"作大邑于唐"。唐国的地望在今唐县北古唐城。锸方国，甲骨卜辞中记载有锸方、锸人等字样，专家判断其地望在今房山、涿州之间的桃水流域。逆方国，也称逆小方，有传世铜器《逆鼎》发现。商早期卜辞记有"逆方"、"逆小方"，其首领称作"逆子"。甲骨卜辞还记有"令逆典正执"，说明逆方首领或要人还在商王室担任司法方面官员职务。其地望在今顺平县西南。省伯，是商代早期方

古国寻踪
——冀域方国、王国、诸侯国

邦之一,地小人少,向商王进贡,受商王保护,其所在地望在今晋州市东北。䜣伯,也是商方邦之一,地在今保定南部。据专家考证,居住在这里的方国邦族都是黄帝天鼋族后裔。他们和桑干河流域、燕山北部的天鼋氏族裔方国,共同形成了商王朝在北方的重要屏障。

方(方侯之国),甲骨文卜辞中有不少记载。一是方国征伐其他小国部族的情况,诸如"方弗截伓人"、"方征于寻"、"方征于吕微"、"方其征于门"等。二是受商王节制,奉王命行事,如"方其大出,七月;勿令方归,八月;己卯卜贞:令归"等。三是记载方国与商王室的冲突,如"今春王征方"、"王惟伐方"、"王循伐方"等。以上卜辞记载可见方国与商王室若即若离的关系,也可见一斑而窥全貌,证实商王室与其他方国关系所处的状态。方故城在今固安县东南。

北方,武丁时期商朝属国。北方应是商王室纳粮交贡大户,武丁特别关注北方农业状况,所占卜文"北方受禾"、"呼㸚于北,受年"等,说明他在贞卜北方收成好坏。到武乙、文丁时期,商王室实力衰微,众方国纷纷叛离。甲骨文出现"呼田北来"、"北方其出"、"众不出"词句,显示商王关注北方动态、惧怕北方,北方成为商王室北部边患。商时北方首领称"伯"。涞水县张家湾清光绪年间曾出土几件青铜器,一鼎一卣铭文与燕下都出土"北"、"北邑"币文相近,是北方后人在周初称"伯"于故土的佐证。它与周时北伯同为一国一地,后归燕国。其地望在今涞水县一带。

又国,商时"又"族封地,商王畿北面的一个方国。1991年,河北文物工作者在定州北庄子商墓群发现274件青铜器。铜器鼎、觥、爵、戈上多铸有族徽或方国名称,形如双目中间一只手持利器，大同小异。

西周韩国，遗址在今固安县东南。周宣王时始封韩国。《今本竹书纪年》记："周成王十二年，王师、燕师城韩，王锡韩侯命"；《潜夫论》直称："周宣王时有韩侯。"《诗经·韩奕》中的"奕奕梁山"，即指燕地梁山。诗中还记述了韩侯首封朝觐周王时受到丰厚赏赐的情况。周天子对韩侯寄予重托，要他"无废朕命"，"以佐戎辟"。韩国境内川泽众多，鱼类资源丰富，森林茂密，虎熊动物出没其间。韩国与东胡关系融洽，与燕国关系密切，都邑为燕师所筑。

西周至战国时期的燕国。《史记·燕召公世家》记载："周武王之灭纣，封召公于北燕"。《史记·周本纪》则明确说，武王伐纣之后"封召公奭于燕"。燕国因燕山而得名。最初的都城在房山琉璃河董家林古城一带，始封就位的是召公长子燕侯克，这里至今保存西周初期所建都城遗址。城内发现房基遗存，出土石、陶、铜、玉、骨、蚌等生产工具、生活用具，以及装饰品、卜骨等器物。西周春秋时期，燕国的疆域主要包括冀北、今北京地区和今辽西大凌河流域。这个时期，史书记载燕国共有11代燕侯王，有过兼并蓟侯、韩侯的战争，有过向冀北、辽西的领土扩张。公元前7世纪末为避山戎侵扰，燕桓侯从今琉璃河董家林古城一带迁都至临易（今河北容城县境）。此后260余年，这里一直是燕国的重要城邑。容城南阳遗址现为省重点文物保护单位，曾出土刻有铭文"西宫"的铜器，写有"易市"字样的陶器物，说明这里应为燕都宫殿地址所在。燕庄公时期为重新发展，又从临易迁都蓟城（今北京市宣武门至和平门一带）。战国时期，燕国先后历经13世。燕昭王在位期间是燕国的鼎盛时期，大规模兴建下都武阳城，使之

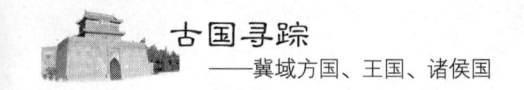

成为燕国政治经济中心和军备要地；从燕惠王时燕国逐步走向衰败，到燕王喜时为秦所灭。

燕国，东临渤海湾有渔盐之利，北部千里草原，牛马羊成群，南部以农业生产和种桑养蚕业为主，西部山地有铜铁矿冶，经济呈多样性。战国时期，燕国已普遍使用铁制农具，促进了农业经济发展。境内多条河流，如今之潮白河、永定河、拒马河、易水、北滦河等，为兴修水利和漕运提供了条件。下都武阳城的运粮河连接易水、濡水，兼具灌溉、运输、防卫功能。著名的富庶地督亢，位在今涿州、定兴、高碑店一带，荆轲以献地图之名刺秦王，所以为秦王心动就是因为欲献出督亢。昭王时，燕国形成"三都"体制，蓟城（在今北京市境）、中都（在今河北涿州市境）、下都（在今河北易县境）并存。燕国域内城市空前繁荣，数量增多，仅今河北境内可考城邑就达27个。

西汉燕国几经变迁。楚汉相争时的公元前206年，项羽封燕将臧荼为燕王，都蓟。汉高祖初，仍以臧荼为燕王，封域大致与战国时燕国地相当。公元前202年，臧荼举兵谋反被虏，前后历四年余。此后，刘邦又在臧荼域封同乡同学、太尉卢绾为燕王。公元前195年，卢绾亦反汉，兵败退居塞北后亡入匈奴，忧郁而死，历时七年。紧接着，高祖又在平定卢绾后立皇子刘建为燕灵王，属地增加了高阳以南数县。前181年，刘建在位15年死，无后除国。前180年，吕后令其兄子吕通遥领燕王，不足一年被杀国除。前179年，文帝复置燕国，徙高祖弟琅耶王刘泽为燕王，仍都蓟城，封域如燕灵王。刘泽之燕国，共传三世，前后53年。公元前117年，汉武帝在广阳郡涿县东北置燕国，封其子刘旦为燕刺王。至元凤元年（公元前80

年），刘旦因觊觎太子位不得起反心，事败自杀遭除国。此后西汉之世再未复置燕国。

西汉中山国。公元前154年汉景帝析常山郡东部地置中山国，封皇子刘胜为中山国第一位诸侯王，都卢奴（今河北省定州市）。刘胜在位42年，死后葬于满城陵山，凿崖为穴，夫妻同墓地不同墓穴。1968年一个偶然机遇促成重大发现，使考古学家寻觅多年的刘胜墓得见天日。刘胜葬处不见史料记载，当地有守灵村，历代相传村民皆为先辈守陵人，但不知墓在何处，更不知墓主姓名。刘胜夫妇墓穴历经2000余年未被盗掘，出土各种文物10520件。两人下葬所著的金缕玉衣保存完好，是我国迄今为止所发现最完整、织造工艺最好的。鎏金常信宫灯，不仅工艺精细，而且设计匠心独具，体现了很好的环保意识。灯火燃烧，烟雾通过侍女造型的长臂排入灯底。美国前国务卿基辛格观看时不禁发出感叹：想不到，中国人在两千多年前，就如此注重环境保护！（图3-4-6）

刘胜之后传子刘昌，昌传子刘昆侈，侈传子刘辅，辅传子刘福，福传子刘循无后除国归郡，前后六世，历100年。

西汉元帝永光元年（公元前43年），徙清河王刘竟为中山王，仍都卢奴，封域如故，历八年亡，无后国

图3-4-6 中山靖王墓出土长信宫灯

古国寻踪
——冀域方国、王国、诸侯国

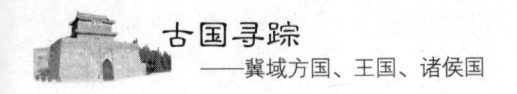

除。汉成帝阳朔二年（公元前23年），复置中山国，封元帝之子刘兴为中山王。15年后又为其扩大封域，传两世23年。汉平帝元始元年（公元1年），立宣帝子东平思王刘宇之孙刘成都为末代中山王。王莽时被贬为公，西汉中山国世系中止。

西汉时期幽州涿郡属地还有几个列侯国，辖一城一县，约当今一个乡镇建制。他们是：广望侯国，故治在今清苑县御城村。安平国，治今安平县安平镇。樊舆侯国，故治在今徐水县安肃镇南。临乡侯国，故治在今固安县固安镇西南。益昌侯国，故治在今霸州市霸州镇东北。阳乡侯国，故治在今涿州市东北与固安县交界处长安城。新昌侯国，故治在今高碑店市高碑店镇东南。西乡侯国，西汉时西乡顷侯刘容封地。《汉书·地理志上》记："西乡，侯国，莽曰移风"。《日下旧闻考》说："西乡废县在州西20里长沟村北，有土城遗址。"从上世纪50年代到2005年，在与北京房山区长沟镇相邻的涿州东仙坡镇上坡村西北，文物工作者前后五次探寻、发掘西乡故城，取得重大成果。出土战国刀币、汉代铁器、生活用陶器、生产用具、建筑瓦当等，还搞清了故城城墙位址、地层堆压情况、故城自然环境。可以证明，西乡故城出现于战国晚期，其繁荣阶段在西汉早、中期，到晚期衰落废弃。《汉书·王子侯表》记："西乡顷侯容，广阳顷王子，元帝初元五年六月封。侯景嗣，免。"刘容是汉武帝曾孙，于公元前44年被封西乡侯，传子刘景时除国城弃。

东汉中山国。建武元年（公元25年）刘秀始封诸侯王，以宗室刘茂为中山王，历13年迁升稂侯。建武十七年复置中山国，封皇子刘辅为中山王，都卢奴，并食常山郡，三年后升封沛王。建武三十年（公元54年），再置中山国，封子刘焉为中山王,依旧定都卢奴。刘焉死于和帝永元二年(公元90年),谥号中山简王。传位于子刘宪、孙刘弘、曾孙刘畅(谥号穆王),无子除国。刘焉以下四代中山王历时120年。20世纪末期,简王、穆王殓服玉衣先后出土。

东汉涿郡辖两个侯国:逎国,原为西汉县,王莽改名逎屏,东汉改置为侯国,治今涞水县北庄。范阳国,王莽将西汉县改名顺阴。东汉复西汉旧名,改置范阳侯国,治今定兴县西南固城镇。

曹魏时期中山国。魏明帝曹叡太和六年(232年)置,将濮阳王曹衮改封中山王。三年后,衮卒子曹孚继位,国都卢奴,领10县及安国侯国。安国,魏改汉县置国,青龙三年(235年)、正元元年(254年)先后封毛嘉、高柔于此。260年高柔死后由孙高浑嗣。治今安国市祁州镇。

魏时范阳郡辖方城侯国和容城侯国。明帝景初二年(238年),置方城侯国,封刘放为方城侯。咸熙元年(264年)降为子相。治今固安县固安镇西南方城。容城侯国,魏正元二年(255年),高贵乡公曹髦封卢毓为容城侯。治在今容城县容城镇西北城子村。

魏时燕国属幽州。黄初二年,弘农侯曹干晋爵封燕公,改故广阳郡为燕国,一年后曹干又改封河间。明帝太和六年(232年),下邳王曹宇封此,复改燕国。正元、景元年间增燕国邑。燕国治蓟,领5县。

西晋武帝司马炎登上皇位,随即着手地方政治的构建,他吸取曹魏诸王无力捍卫皇室的教训,大肆分封同姓诸侯王,以郡为国、郡国并行,让宗王出镇地方。邑两万户为大国,万户为次国,五千户为小国。今保定市域内封国有:高

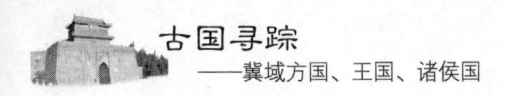

阳国，晋武帝泰始元年（265年）析涿郡置国，治博路，故址在今里县南，领4县。博陵国，东汉桓帝曾置博陵郡，晋改为国领4县，都安平，故址在今安平县安平镇。中山国，晋沿袭三国时魏置，都卢奴，领8县，故址在今定州市。范阳国，汉时涿郡，魏文帝更名范阳郡，晋武帝置国。封司马绥为范阳王，都涿领8县，故址在今涿州市域。司马绥之后范阳王司马虓，卷入"八王之乱"，起兵反长沙王，后救邺有功任司空、镇守都城。光熙元年（306年）10月卒。

大清河流域，从商周、春秋战国、秦与两汉，到魏晋年间，先后约有30个方国、王国、诸侯国存在。它们规模大小不一、立国时间长短不等。有的随朝代更替，"城头变换大王旗"，国名还在使用；有的几年间完成历史使命，只在史书中记载；有的在兼并中扩张、有的被兼并灭亡；有的融入其他部族，但民族文化还在传承。总的看，历史公正地记录了曾经的历程和人物。人类社会在一步步走向文明进步。是非曲直的评判标准，可以因时代不同有所差异，但不可否认，古国在它们的时代存在的价值。正像大清河之水在奔流域内滋润了万物生灵一样，中华各民族从初始阶段就把根扎在了这片土地深处。

五、巡天遥看话永定

1. 千里舞巨龙

永定河是海河水系的五大支流之一。其上游是桑干河，在怀来接纳洋河，出官厅水库后始名永定河。

桑干河上游有源子河、恢河两条河流。主流恢河发源于山西省宁武县境，源子河源于左云县境，两河在朔州境会合称桑干河。此后流经朔州市、大同市，出阳高县进入河北省，过张家口市阳原、蔚县、涿鹿、怀来等地，沿途接纳壶流河、洋河诸支流。桑干河河水滋润了两岸肥沃的土地，也培育了这里悠久的文化传统。当年作家丁玲的《太阳照在桑干河上》，描写了1946年桑干河边暖水屯的土地改革，给读者绘出了各个阶级不同的精神状态，刻画出有血有肉的鲜活人物，引起了全国读者对桑干河的向往。

永定河古称澡水，隋代称桑干河，金代称卢沟。每年汛期，河水自燕山峡谷急泻，河水挟带大量泥沙，造成河水浑浊泛滥，元明时有小黄河别称。由于河道迁徙无常，俗称"无定河"，历史上曾留下多条故道。直到清康熙三十七年（1698年），进一步疏浚河道，加固堤防，才将史称无定河改名永定河。它流经内蒙古、山西、河北、北京、天津等两省、两直辖市、一自治区，共43个县市，流域面积4.7万平方公里。在北京市流经门头沟、石景山、丰台，再穿河北涿州、廊坊市固安、安次、永清、霸州到天津入海河，汇进渤海中。永定河全长747公里。

2. 桑干缀珠玉

作为永定河上游的桑干河畔，留下了人类千百万年进步的印痕，也记载了人类学家探寻的脚步。在这块神奇的土地上，埋藏着许多与中华民族生存发展有关的史前信息。

泥河湾遗址，位于阳原县阳原盆地。南北以群山山前为界，宽约15公里；东至宣化县界，西至山西省界，长约70

公里。这里是泥河湾层系国际标定第四纪地层代表地点分布区。在这一范围内，分布旧石器时代遗址及化石点70余处。其中，马圈沟等遗址为国内外学术界所关注。

泥河湾遗址为旧石器时代遗址。它的年代最早可达早更新世或晚更新世，最晚到距今7530年左右。其中马圈沟遗址下层人类活动年代，可上推至距今约200万年。考古学先辈贾兰坡先生认为：周口店的北京人，在体质和石器制作上有许多进步，又具有使用和管理火的能力，因而不代表最古老的人类和最原始的文化。在中国属于早更新世的泥河湾地层，才是最早人类的脚踏地。

整个泥河湾遗址可分为早、中、晚三期。遗址内含有丰富的哺乳动物化石，为研究古人类学、旧石器时代考古学、古生物学、第四纪地质学、古地理学、古气候学和年代测定学提供了丰富的资料。目前，在全国已发现的25处100万年前早更新世石器时代考古遗址中，仅阳原泥河湾就占了20处。所有分布于这一区域的旧石器遗址，以"泥河湾遗址群"的名义，2001年6月被国务院公布为全国重点文物保护单位。

小长梁遗址，古地磁测定遗址年代距今约100万年，考古学年代为旧石器时代早期，是遗址群中年代晚于马圈沟但年代较早的旧石器文化遗存。1978年开始调查发掘。出土遗物以石器为主，包括石核、石片等，以刮削器为主，还有骨片。出土哺乳动物化石有猎狗、三趾马、三门马、腔齿犀、古菱齿象、铃羊等。1992年，由考古学家谢飞率领的河北考古队，在相当于小长梁遗址文化层下部20多米深的地层中，发现了另一个旧石器早期遗址马圈沟遗址，惊奇地发现了古人类分食猎物的场景。（图3-5-1）这一发现不仅将泥河湾出现古人类的时间向前推进到200万年的远中时期，而且对"人类起源非洲唯一论"提出了挑战，向世界昭示：人类可能从东非的奥杜维峡谷走出来，但不是唯一的源头；东方人类发源地之一，有可能就是泥河湾。

东谷坨遗址位于桑干河的南岸，面积8400平方米。1981年调查并试掘，出土石器1183件，还出土许多哺乳动物牙齿化石。石器有刮削器、砍砸器等，还有石核、

图3-5-1　泥河湾马圈沟发现古人类活动场面

石片。哺乳动物牙齿化石有中华鼢鼠、狼、熊、披毛犀、野牛等。遗址年代与小长梁相似。

侯家窑遗址，位于泥河湾盆地西缘该村一条沟的断崖上，西临山西省阳高县许家窑村。遗址规模宏大，出土的石器和动物化石极其丰富。石器类型复杂，有刮削器、尖状器、雕刻器、石钻和数量较多的石球。石器中的许多类型在周口店北京猿人遗址中可以见到。动物化石有鸵鸟、鼠兔、虎、野马、野驴、赤鹿、河套大角鹿、扭角羊、野猪等。其中以野马、披毛犀和羚羊化石数量最多。

侯家窑遗址最为重要的是，发现了距今10万年前的人骨化石，包括顶骨、枕骨、臼齿和上颌骨，至少代表十几个男女的个体。侯家窑人顶骨化石脑壳很厚，可达1厘米以上，牙齿粗大，冠状沟纹和北京人具有相似之处，但头骨较进步，属北

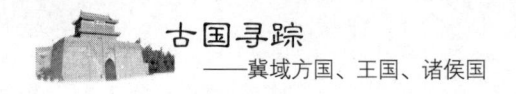

京人后裔。

虎头梁遗址，位于桑干河流域虎头梁村二级台地上。其年代为旧石器时代晚期，距今约1.05万年。自1965年开始，先后三次发掘，出土盘状石核、石叶、柱状石核、尖状器、刮削器等。这里的遗址属泥河湾遗址群中典型的旧石器晚期遗址。又因发现早、影响大，成为研究旧石器向新石器过渡期的教材，成为研究陶器和农业起源的重要史料。

桑干河流域的人类活动遗址，除早更新世或晚更新世及旧石器时代外，还有许多新石器到战国时期的遗址。比如：蔚县小五台西麓山坡上的东坡遗址和蔚县三关河东岸断崖处的三关遗址。遗址表面暴露有灰坑，遗物有陶片和石器两种，其文化内涵都是相当于庙底沟文化的新石器时代遗址。位于怀来县的马站遗址与怀安县洋河北岸台地上的西大崖遗址、怀安水沟口遗址，遗物以泥质灰陶为主，加砂灰陶次之，有少量的磨光黑陶和夹砂褐陶。器表纹饰以蓝纹为主，次为绳纹和素面。可辨器形有鬲、罐、盆、盘等。根据出土陶器器形分析，都属龙山文化遗存。而涿鹿下沙河遗址，文化层厚1.5~2.5米，1985年文物普查时发现地表暴露有大量陶片。采集到的遗物有陶器和石器两类。从遗物分析，夹砂灰陶的斝、蓝纹陶片属于龙山时代；细绳纹罐、瓮应属于商代早期；粗绳纹鬲等属商代晚期，部分遗物可能晚至春秋战国时期。下沙河遗址涵盖新石器、商、战国多个时期的文化遗存，内容丰富，对研究冀北地区的史前文化有着较为重要的意义。

桑干河同其他大河一样，是孕育人类文明的摇篮。随着人类文明的发展，地理条件的变化，桑干河畔的古人类活动范围不断扩大，逐渐从上游往下游延伸，到达涿鹿一带。涿鹿故

走河篇

城位于今涿鹿县三堡村。《史记·五帝本纪》载"黄帝乃征师诸侯，与蚩尤战涿鹿之野"。涿鹿县的炎黄文化研究人员提出：黄、炎、蚩尤在这里征战过，融合过，并在20世纪80年代修建了"中华三祖堂"，确认中华人文始祖黄帝、炎帝、蚩尤是我们民族共同敬仰的祖先。

桑干河流域的蔚县堪称"古建筑博物馆"。蔚县城内的南安寺塔建于北魏时期，应在蔚州建城之前。（图3-5-2）南安寺砖塔为八角十三级密檐，高32.1米。石条叠砌的塔基高2.5米，塔座四正面中间各饰一砖雕兽头，四侧面正中各饰置一雕花砖，上有砖檐，再上围莲瓣一遭，塔身置于莲座中，十分美观。首层塔身较高，各角浮雕塔柱，四正面置拱形假隔扇门，另四面饰花棂盲窗。塔身上置横额，上置四铺作仿木斗拱，斗拱以上出仿木橡飞及瓦檐。以上各层为叠色出檐、布瓦收顶，每层正面中部均置铜镜一枚，各角悬风铎。塔刹用一仰莲乘托覆钵、相轮和圆光宝珠。该塔体比例匀称，挺拔壮观，是典型的辽塔风格。

明代建筑蔚州常平仓，旧称"半豫仓"。原有仓房11座55间，清咸丰时存谷14453石1升9合2勺。现存仓房四座，南北各两座相对，均为单檐硬山布瓦顶，砖木结构，面

图3-5-2 蔚县南安寺塔

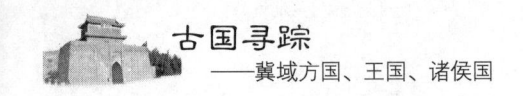

阔五间、进深二间，前出廊。两仓中间建有神庙一座，庙前连接戏楼，坐落在同一砌台基上成为一体。常平仓为古代建筑遗存中较为稀有的品种。

释迦寺，因后殿原有释迦牟尼涅槃像而得名，是蔚县古城内现存众多寺庙里时代最早的寺庙之一。现存天王殿、大雄宝殿、卧佛殿及东西禅房，占地4950平方米。大雄宝殿为寺中现存最重要的建筑，面阔三间，进深两间，单檐歇山布瓦顶。建在0.9米的高台基上，前施月台，檐下施四铺作单抄斗拱。梁架进深六椽，乳栿、搭牵相对用四柱，四椽栿、平梁均作月梁形。梁架结点用斗拱连接，脊梁下施斗拱与驼峰置于平梁上，不用蜀柱。歇山大木为二根丁栿承托，未用抹角梁，具有明显的元代建筑特征。藻井分布于明、次间中部，虽与主体建筑非同时所造，但制作精美，井壁及天花布满彩绘。天花板绘流云、红底折枝牡丹花、金龙、凤等图案。井壁斗拱彩绘为青绿相间，斗子各面饰金，明间中央藻井上段各跳拱之下皮皆以金饰，十分华丽。这些独特之处，为研究元代木结构建筑的演变提供了重要资料。蔚州关帝庙，始建于元代至元五年（1339年），明、清重修。现占地1600平方米，自南向北有戏楼、前殿、中殿、后殿。整组建筑布局富于变化，处理手法具有明显的地方风格。蔚州真武庙，位于蔚县城内西北城墙脚下，坐北朝南，建在三米高的砖砌台基上，占地2944平方米。平面布局呈四合院式，前殿、正殿及钟鼓楼建筑，保持了金、元时期的建筑风格。

重泰寺，是一座保存完好的民间寺院建筑，相传建于宋辽时期，明清改扩建。占地13100平方米，坐北朝南，分中院及东西角院。中院是寺的主体，中轴线上依次排列着戏楼、山门、弥勒殿、地藏殿、观音殿、千佛殿、释迦殿、三教楼、后禅房，两侧建有钟鼓楼、二郎庙等。中院以围墙、便门隔成三进院落。共有殿阁门舍等近40座，寺内殿中有保存完整的壁画。

玉皇阁，位于蔚县城内。该建筑将城防和道教功能合为一体，气势宏伟，构造讲究。明洪武七年（1374年）设蔚州卫，洪武十年（1377年）卫指挥使将蔚州土城改建为砖城，辟东、西、南三门，建玉皇阁于城墙上，与三门遥相对峙。玉皇阁又称靖边楼，坐北朝南，由前后两院组成。前院为天王殿、东西禅房、东西厢房，均为面阔三间的硬山布瓦顶。北端的玉皇阁和东西相对的钟鼓二楼组成后院。主体建筑玉皇阁，三檐两层楼阁式，歇山琉璃顶。底层内壁保存有道教题材的壁画，绘有玉皇大帝、西王母、五岳大帝、三十六雷公。

蔚州灵严寺，位于蔚县城内，原寺毁于元末。明朝正统年间，"土木之变"祸首大太监王振奏请英宗敕赐重建。现存天王殿、大雄宝殿，占地6682平方米。天王殿面阔进深各三间，单檐歇山顶，檐下施五踩单昂斗拱。斗拱用材较大，布局疏朗，做工精细，尚存较早手法，梁架进深六椽。歇山大木作用抹角梁及扒梁承托，脊檩两侧施有叉手。大雄宝殿面阔五间，进深四间，单檐庑殿顶，檐下施七踩双昂斗拱，一跳极短。正中只为一"替木"，外拽拱两端均抹出一角，屋顶坡度平缓，出檐深远。风格古朴，殿内藻井制作精美，明代天花彩绘以八宝和篆寿字为主题，并有牡丹、仙鹤、祥云等，是重要的彩绘资料。灵严寺建筑规制较高，用材考究，做工精细，不同于一般寺院。

天齐庙，位于蔚县城东关外，始建于明万历二十七年（1599年），清嘉庆十五年（1810年）重修。原有排字戏楼、

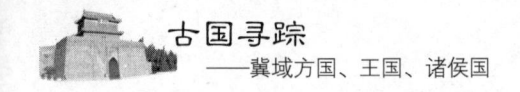

天齐坊、东西厢房、后殿，现仅存供厅和大殿。大殿为单檐庑殿黄琉璃瓦顶，上饰琉璃花脊、盘龙、牡丹、蕃草等。面阔五间，进深四间，建筑面积225.38平方米，通高7米，用七架梁。檐下置五踩镏金斗拱，昂嘴扁平，角科昂为异形昂。额、枋施和玺彩绘，拱眼壁为琉璃黄龙图案。明、次间置直棂窗。整座建筑苍劲古朴，在蔚县众多的古建筑中极为罕见。

单侯村关帝庙石旗杆，造型优美，是河北现存唯一的古代石旗杆。关帝庙建于明正德年间，嘉靖二十四年（1545年）重建。旗杆置于关帝庙前，原为木制，后折断。光绪二十九年（1903年）改立石杆。石旗杆通高10米，叉杆石高1.7米，边长0.7米，上刻覆莲式柱础承扶旗杆。杆体由两硕大石斗隔为三段，下部杆体北面刻七字楹联，中部浮雕蟠龙盘绕，上部旗杆为素面圆柱，顶端作宝珠状。

蔚县暖泉镇西古堡，建于明代，清代重修。呈长方形，南北360米，东西240米，夯土筑堡墙。南北堡墙东面设一座砖包砌的小瓮城。北瓮城为方形，边长30米。南瓮城南北长30米，东西宽50米，瓮城内有戏楼、观音庙等建筑。西部又突起一砖筑小城台。西古堡结构完整，布局富于变化，是一座典型村寨围堡。近几年有多部电影选择这里作为外景拍摄地。蔚县的古戏楼全国知名，各种形式的戏楼都有。县文化部门已选择360个拍摄出版专辑。

2009年6月第三次全国文物普查中，蔚县又在小五台南台山顶，发现一处明代的寺院南台弥勒院，并在南台主峰顶海拔2737米处发现一无梁阁建筑。这是目前河北省发现的海拔最高的明代寺院。

蔚县还有一通著名的杨赟碑，即"蔚县杨氏先茔碑铭"，是元代晋宁路治中杨赟为葬其三世祖于故里，请当时的大画家、大书法家赵孟頫撰文并书丹篆额。该碑由碑首、碑身、碑座三部分组成，均系青石质，通高3.3米，宽1.2米。一块青石雕刻成碑首和碑体，拱形碑首高1.1米，浮雕二盘龙。龙头向下置于碑首下端两侧，龙身盘绕碑首顶部，中抱圭形碑额，额题篆字两竖行"蔚州扬氏先茔碑铭"。碑身为长方形，高2.2米，宽1.2米，厚0.32米，竖刻行书23行，满行38字，共计700字。碑座高出地表0.3米，天然似"龟趺"，无人工雕刻痕迹。篆额、撰文、书丹均充分显现赵孟頫风格。碑文记载墓主人的功德、政绩，被收录在《松雪斋文集》中。《蔚州志·金石》记：该碑"碑石甚奇，又得赵文与书，故州人多传拓者，旧志载入艺文"。

桑干河流域的古建筑比比皆是。文昌阁，位于张家口市桥西区堡子里旧城中轴线上，是堡子里的中心建筑，始建于明万历四十六年（1618年）。文昌阁建于长、宽各14.5米、高7.2米的高大砖台上，高台下开十字券洞，四面通衢，又称四门洞。高台上建有钟楼和鼓楼，现仅存基础。文昌阁楼体为单檐布瓦歇山顶，琉璃瓦正垂脊饰，建筑通高7.5米，面阔三间，进深两间，前出抱厦三间。主要梁架用五架梁。柱头施七踩单翘重昂斜拱，耍头与撑木均作成蚂蚱头式。外檐斗拱及挑檐檩施旋子彩画，室内遍施朱漆，拱眼壁为水墨山水画。

宣化古城，位于张家口市宣化区。历史上唐代为武州文德县治，五代、辽、金时期均为州、府、县治地，元为宣德府城，明洪武十七年（1384年）扩建，周长24里，开7门，东曰安定门，西名泰西门，南为昌平（拱极）门、宣德门、承安门，北为广灵门和高元门。明永乐年间将宣德、承安、高远三门并室，四面各留一门，建城楼、角楼各四座。宣化城明清

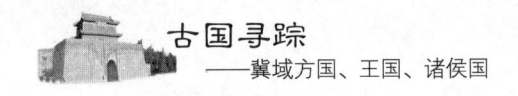

两代修缮达11次，现北城墙、西城墙保存较完整。城内、城上现存有镇朔楼、清远楼、拱极楼、弥陀寺五龙壁、时恩寺大殿、立化寺砖塔等建筑。宣化还有一座国内外知名的辽代壁画墓。墓中满饰彩绘壁画，包括星象图、出行图、散乐图、备茶图、对弈图等。其中的备茶图，为研究辽代茶道生活提供了珍贵的资料。（彩图17）

清远楼，又称钟楼，位于宣化古城南北轴线上。始建于明成化十八年（1482年），主要用于司晨晓、报更时。明、清两代一直沿用。清远楼建在7.5米高的砖砌高台之上，下有十字形过洞，以通车马。楼体平面呈亚子形，面阔、进深各三间，周围有回廊，前后两面皆出抱厦一间，抱厦均通至顶层。楼高17米，外显三层，一二层为布瓦顶，三层为琉璃瓦十字歇山顶。一二两层施三踩单翘斗拱，三层用九踩斗拱，三层檐下四面各悬一匾额，南曰"清远楼"，北曰"声通天籁"，西为"震靖边氛"，东为"耸峙严疆"。楼内显两层，设一层楼板，外出平座。楼上悬挂明嘉靖都御史郭登庸铸铜钟一口，高2.5米，直径0.7米，重万余斤，钟声宏亮，声震方圆40里。承钟四根木柱上下贯通楼底。清远楼造型奇特，雄伟壮观，是明代官式建筑中的杰出作品。

镇朔楼，也在宣化旧城南北中轴线上，又称鼓楼，始建于明正统五年（1440年）。楼上原有漏刻、鼓角，明、清两代一直沿用，清乾隆、同治年间多次修缮。镇朔楼为高台楼阁式建筑，通高25米，占地1052平方米。楼建在高8米的砖砌墩台上，台正中有拱形门廊，南北相通。楼体为二层，重檐布瓦绿琉璃瓦剪边歇山顶，面阔五间，进深三间。底层四周加建围廊，四面砖墙包砌，二层设平座，四面隔扇装修。上、下层分

图3-5-3 宣化镇朔楼

别施七踩、三踩斗拱各一遭。楼内置有一面高2.2米、直径1.5米大鼓。上层檐下悬巨匾两块，南曰"镇朔楼"，为清乾隆六年（1741年）制；北曰"神京屏翰"，同为乾隆御笔。镇朔楼建筑用材规整讲究、做工细致，较典型地体现了官式手法，也是目前河北境内保存最完好、规模最大的鼓楼。（图3-5-3）

时恩寺大殿，位于宣化区，创建于明代初期，是时恩寺的正殿，为宣化现存年代最早的木结构建筑。大殿为庑殿顶，面阔五间，进深三间，高10米，檐下施单翘单昂五踩斗拱，前出歇山卷棚顶抱厦五间，建筑面积350平方米。

柏林寺，又称石佛寺，位于宣化县北35公里的柏林寺村。该寺始建于唐，明代隆庆元年（1567年）修缮，由西佛洞、千佛阁、东佛阁、多宝佛塔、大雄宝殿及三官圣境殿、东西禅房等组成。其中，三官圣境殿居全寺中心，是一座砖木结构、分上下两层的硬山顶式建筑。上层为大雄宝殿，下层因门楣刻有"三官圣境"石匾而得名。柏林寺主要建筑是位于北山坡上的三座石窟和一座多宝佛塔。石窟均凿于天然巨石之上，

古国寻踪
——冀域方国、王国、诸侯国

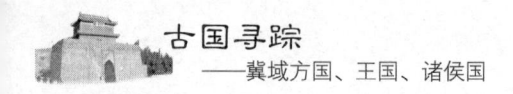

窟内存有大小石佛像300余尊,其造型工艺精湛,栩栩如生。多宝佛塔高约12米,耸立于东佛洞之巅。该塔为实心塔,共计五层八面,每层每面线刻浮雕佛像三尊,从塔基至第四层系一块山石凿筑而成。第五层用本色石八块磨对砌筑,塔顶为另筑后置于塔巅,宝塔造型独特,古朴典雅,为柏林寺一大胜景。

昭化寺,位于怀安县怀安镇西大街上,初名永庆禅寺,始建于明洪武二十五年(1392年)。(图3-5-4)原寺毁,明正统元年(1436年),在旧址开始修复,历八年完工。明英宗赐名"昭化寺",以后各代屡有维修。现存主要建筑均为明代所修。昭化寺坐北朝南,占地3600平方米,由天门、天王殿、大雄宝殿、后殿及东西配殿组成,是按标准的汉式寺庙"伽蓝七堂"式建造。山门面阔三间,进深一间,单檐庑殿顶;天王殿面阔三间,进深一间,单檐歇山顶;后殿,又称三大士殿,面阔三间,进深一间,布瓦悬山顶;大雄宝殿,居三殿之中,面阔五间,进深三间,单檐歇山琉璃瓦顶,为寺内主要建筑。平面上并用减柱造、移柱造,纵向构架采用大额式,横向

图3-5-4 怀安昭化寺

架梁为平梁对前后乳栿。檐部用五踩斗拱。殿内东西两壁绘有水陆画，内容涉及佛、道、儒三教诸神，及人间帝、后、百官、三教九流等，画面共47组，面积93平方米，壁画上存有作者楷书题记。该壁画比例匀称，条线流畅秀丽，虚实有度，是河北明代壁画中的珍品。昭化寺的建筑具有明显的明代建筑特征，各建筑在采用官式做法的同时，也兼容了地方手法。它为研究古代建筑结构、明代官式作法的演变提供了重要的实例。

万全卫城，位于万全县万全镇。土城始建于明洪武二十六年（1393年），正统三年（1438年）用砖包砌，万历三十年（1602年）重修。卫城南北1830米，东西1747米，平面呈长方形。现存南北城门及部分城墙，城墙外部为砖砌，内部为夯筑，夯层厚25厘米，墙基为石砌，底部宽3~4米，高8~10米。

怀来鸡鸣驿城，是我国保存较为完整，规模最大的古代驿站，因位处鸡鸣山下而得名。鸡鸣驿是宣化府进京的第一驿站，元代起就曾在这里设驿站。明永乐十八年（1420年）为传递西北军情信息，特别是明朝廷对蒙古作战需要，在此建驿、筑堡，成化十八年（1482年）建土垣，隆庆四年（1570年）外做包砖。明代时，城内设有防守指挥署，属万全都指挥司。清代以后，鸡鸣驿结束了军驿性质，改隶宣化县，单设驿承署，并一直沿用到清光绪二十八年（1902年）。（图3-5-5）

鸡鸣驿城墙高8~12米，底宽8~11米，上宽3~5米，顶部设垛口、女墙及排水设施。全城周长1891米，城内总面积约22万平方米。城设东西两门，上设门楼，门外各设挡水墙。四面城墙上分布有4座角台、26个墩台。古驿道由南城墙外径行，沿古驿道分布有多处传递军情的烟墩。城墙上分布有玉皇阁、寿星庙、奎星楼等建筑遗址。城内靠城墙有5米宽的换乘道路和

古国寻踪
——冀域方国、王国、诸侯国

图3-5-5 怀来鸡鸣驿

5处登城马道。城内有原南北走向的街道2条、东西走向街道3条。城内还分布有驿馆、驿学、驿仓、杠房、驿丞署、商铺及关帝庙、财神庙、城隍庙、龙神庙、普渡寺、白衣观音殿、文昌宫、泰山庙等多处古建筑。它们均为硬山布瓦顶的小式，多数寺庙建筑内保存有壁画和碑刻。

国家和地方投资两亿元，鸡鸣驿历史上最大的一次维修保护工程，2008年底已经正式启动。

怀来镇边城，位于军都山脉的一山谷中，距内三关城墙不足10公里。该城海拔840米，除东城墙较为平直外，其余三面城墙依西山地形呈不规则状。西城墙上原置北、中、南3个角楼，并置有铁炮数座。城东、南、北开三座门，其中南北城门各连瓮城一座。南门外有一座牌坊及树龄超过500年的古松古槐。城内钟鼓楼与连通城门的3条大街衔接，俗称"三街六巷七十二胡同"。城里分布着众多的庙宇、戏台和深达120米的古井，生活着300多户明初移民的后裔。

代国，是春秋时期桑干河流域古国，都城在今蔚县境内。《水经注》在记述今蔚县一带水道时，至少提及三座与代有关的旧城遗址，今存代王城遗址只是其中的一座。春秋时期的代国都城，有可能是代王城之外的其他遗址。关于代国的族姓，《后汉书·西羌传》认为源出北戎，春秋时期"赵亦灭代戎，即北戎也。"《史记·赵世家》记有赵简子梦游天廷的故事，称"翟（狄）犬者，代之先也"。北狄、西戎有时混称，狄、戎都是游牧民族所建的族群部落。代国地处幽州、冀州和并州交汇之处，地理环境决定其经济结构只能是牧猎与农业兼有。从社会状况看，代国可能刚脱离原始社会、进入阶级社会不久，尚处在阶级社会的初级阶段。

春秋末年，经过赵简子、赵襄子父子两代精心策划与努力，将代地纳入自己的版图，使赵氏北部边疆从此扩大到今桑干河与洋河一线。

战国时期，赵武灵王灭中山，进军林胡和楼烦。赵孝成王时期破东胡、降林胡，都是以代地作为前进基地的。以至公元前228年，赵都邯郸为秦军攻陷，公子嘉自立代王又在代地坚持六年之久。

秦置代郡，西汉沿置。汉文帝刘恒八岁被立为代王，安于边地诸侯王十几年，躲过了宫廷残酷的权力之争，后来登上皇帝宝座。同年，又立皇子刘武为代王，后徙封梁孝王。代地复为郡治，治今蔚县东北代王城。西汉末，领18县，其中7县在今河北境：代县、桑干县（治今河北省蔚县东北）、当城县（治今河北省蔚县西合营）、广昌县（治今河北省涞源县涞源镇北）、阳原县（治今河北省阳原西城镇西南）、东南阳县（治今河北省阳原揣骨疃镇）、马城县（治今河北省怀安柴沟堡西

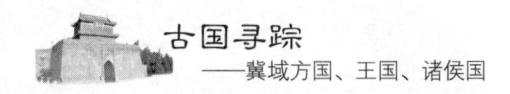

北)。东汉代郡属幽州，郡治今蔚县东北，领11县，其中5县在今河北境内。西汉时的7县中，阳原裁省、析广昌入中山国。

桑干河流域是商属北土，夏商时分布着众多的氏族部落。中原华夏民族与北方游牧民族，在这里交叉错落居住，部落方国成分复杂，与商王廷的关系有属有离。甲骨文和传世文献记载，桑干河流域还建立过黄帝子宗姬姓的黾族、启侯、异族、马方和黄帝子宗祁姓的祁侯等五个方国部族。冀是这几个方国新立的共同族名。此外，史籍还记载过一些小封国或方国，如范阳的"范国"、燕之西境的"徐卢国"。还有"国在巨燕之南，倭之北，属燕"的登北国。

3. 永定载遗存

永定河出怀来官厅山过北京市域，到河北涿州市北蔡村，有一座金门闸。（图3-5-6）金门闸位于永定河南岸，始

图3-5-6 涿州金门闸

建于清康熙四十年（1701年），原为草坝，用以引牤牛河水入永定河借清刷浑。后因永定河河底淤滞，高于牤牛河，其作用遂废。乾隆三年（1738年），移建减水坝于此地，仍沿用旧名称。永定河水流湍急又挟沙而行，沙淤河高，河高坝下，必数年一小修，三十年一次大修。其中乾隆三十八年（1773年）、道光四年（1824年）、同治十一年（1872年）均为大修。至宣统元年（1909年）废草坝建石坝，170年后又复还其闸，并保存至今。1773年永定河大修后，乾隆曾作"题金门闸堤柳诗"两首，刻于同一石碑上。今存金门闸南闸台上。（彩图23）

涿州辽代双塔，位于涿州城内，南塔称智度寺塔，北塔称云居寺塔（彩图18）。两塔南北相对峙立城中，皆因寺得名。寺院早年已毁，各仅存佛塔一座，均为八角形仿木结构楼阁式砖塔。智度寺塔五级，通高44米，始建于辽太平十一年（1031年）。须弥座式塔座，束腰处砖雕间柱壶门，壶门内嵌乐伎、瑞兽等砖雕。束腰上置塔身五层，五层塔身的外部形制、式样相同。东、南、西、北四面，每面均以八角形间柱分割为三间，当心间辟券门，次间砖饰障水板及腰串。四隅面当心间做破棱盲窗。塔的各层柱头贯以栏额、普柏枋。一层檐斗拱为双抄计心造五铺做带斜栱，上四层檐均为双抄计心造五铺做斗拱。塔檐均为布瓦出檐，用柏木角梁，梁头存有悬挂风铃的铁环。

智度寺塔内为回廊式结构，有阶梯在塔心柱中穿折而上直达顶层。塔心柱东西南北四面辟佛龛，龛顶、回廊顶均用条砖叠涩砌筑。塔一层、五层设穹隆顶塔心室。塔内壁画大部分已残缺。残存处可见上下叠压的痕迹，应为两次修缮所致。由于人为和自然破坏，加之年久失修，致使该塔外部也严重残损。民国十六年晋奉军阀大战，战火殃及涿州，此塔遭炮击造

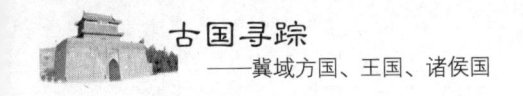

成东侧墙体部分塌毁。2003年修缮时还在墙体中起出一枚未炸响的炮弹，在城外河滩引爆。

云居寺塔与智度寺塔形制、风格基本相同。须弥座上为六层塔身，仿木构券门、盲窗、额柱。一至四层内部结构相同，五层取消了中心柱形成叠涩砌顶的塔心室，六层只存有外回廊一周。云居寺保存基本完好，但因年久失修塔基座砖雕酥碱严重，并有部分残缺。斗拱、椽飞局部缺损，内部踏垛残毁，塔体出现裂缝。全面修缮工作已于2009年完工。

永定河东流至今廊坊市安次区，有一幢建于唐代垂拱四年（688年）的长明灯楼，原为唐隆福寺供具。灯楼为青石质，现存部分高3.5米。方形基石上雕覆莲座，座上立八棱柱身，柱上施仰莲托盘。柱身正面篆书"大唐幽州安次县隆福寺长明灯楼之颂"，柱身所刻内容除颂文和建造年代外，还刻有"般若波罗蜜多心经"及建造人姓名。柱上部各面刻尖拱龛，内雕坐佛。它是国内现存最早的"灯幢合体"实例。

前南庄陀罗尼经幢，也在安次区域内，建于辽大康七年（1081年），金皇统九年（1149年）重立，存高3.14米。幢身为小八角形两层，下施仰覆莲座。首层幢身分别以楷书刻幢名、陀罗尼经文及建幢经过、年代、建造人姓名等。上节幢身于四大面凿尖拱龛，内各雕坐佛一尊，四小面刻刊佛名，两节幢身以宝盖相隔，盖为八角形，上雕御环兽头、幔帐等。幢顶为八角攒尖式，上刻瓦陇，檐下刻斗拱。

龙泉寺大殿，位于霸州市信安镇，始建于金大定三年（1163年），原称龙禅寺。明天顺四年（1460年）重修后，因寺内有一口井水质甘甜，改称龙泉寺。明万历十二年（1584年）、崇祯十三年（1640年）都有重修。大殿坐北朝南，面阔三间，单檐庑殿绿琉璃瓦剪边顶，建筑面积149平方米。通高11.2米，檐下施五踩双昂斗拱，梁架进深六椽，山面以扒梁乘托。清代乾隆三十八年（1773年）重修后已经破损。文物部门1993年实施落架重修。

回龙亭碑，位于廊坊市安次区朱官屯村东。乾隆亲题碑文由满、汉两种文字刻就。碑文记载了疏浚永定河的情况，以及从康熙二十七年（1688年）至乾隆三十八年（1773年），永定河八十余年六次改道的情景。残碑现存安次区史家务乡文化站。

宋辽边关地道，位于永清县与雄县交界处，地下四米有一古地道建筑群。当地县志记载：这里是宋初名将杨延昭镇守边关、与辽对峙的地方。用于防守的地下通道，是战时军事指挥机关和交通枢纽。地道内有隐蔽室、秘堡、兵器室、掩体和防范对方进攻而设立的陷阱、翻板；有与对方周旋的迂回洞；有监听地面对方活动的窃听设备；还有通气孔、放灯龛等。地道上面还有点将台，台上点将，地下议军机大事。点将台集防、打、藏、行为一体。宋辽边关地道现为全国重点文物保护单位。

北燕国，是京南冀中永定河流域重要古国。北燕属商代方国，地望与其后的周初召公受封之地有联系。《左传·昭公九年》记："及武王克商……肃慎、燕、亳，吾北土也。"北燕即《左传》所记"燕"，亳是商汤时的国都。今房山琉璃河遗址出土文物显示，这里以西周文化为典型，同时包括商周两代文化，它应该是北燕国都城所在地。琉璃河遗址出土文物的文化内涵复杂，有当地几个族群的文化遗存，是商文化又不完全是商文化。北燕与商王朝联系密切，甲骨文中的契刻内容有燕朝拜商王、燕女嫁于商王室、燕以所产白马向商王廷进贡

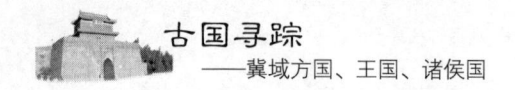

的记载。1977年，平谷刘家河发现一商代墓葬，出土金、铜、玉、陶随葬品40余件，器物具有明显的商代特征。专家推测，墓葬文化年代约当殷商前期，应当是燕、亳或其附近方国的文化遗存。

西周初武王封召公奭于燕，始封地在琉璃河董家林古城一带，至今可见西周初期所建都城遗址。像武王封周公于齐到位的是其长子一样，燕国实际就封的也是昭公长子燕侯克。春秋时期的公元前7世纪末，燕桓侯为躲避山戎侵扰，曾将都城从琉璃河迁至临易（今河北容城县境南阳遗址）。此后的260余年，临易一直作为燕国的重要城邑使用。燕庄公以后，鉴于齐桓公和晋献公帮助燕国摆脱了戎狄东西夹击的困境，为燕国创造了重新发展的机遇，将都城从临易迁回蓟城。燕国在这里一方面可以凭山据险，抵御北方游牧民族的入侵；另一方面可以奠定再度拓展冀北和辽西的基础。燕地处华北农耕与游牧区过渡地带、处于华北与东北连接地带，便于发展农牧经济和实施北进蒙古草原、东拓东北疆域的战略方针。战国时期的燕昭王招贤纳士、组织反齐联盟、结好秦昭王、兴建下都武阳城，形成蓟城、中都（在今河北省涿州境）、下都"三都并存体制"，使国家实力达于鼎盛时期。此后的燕惠王昏庸无能，将兴燕功业毁于一旦。

六、青山着意秀滦河

滦河，河北省的内河。发源于河北境内，在河北境内入海，流经区域绝大部分属河北。1983年的"引滦入津"工程，让天津人民喝上了清澈的滦河水，多少人沏一壶滦水热茶与朋友同饮。引滦入津渠长234公里，在目前全国已经建成的引水工程中属线路最长者，平均每年向天津市输水8.1亿立方米。滦河流域植被覆盖较好，山青青，水潺潺，河流含沙量低。水润万物生，青山秀滦河，给冀北紫塞明珠和冀东渤海金湾中添了多少春光秋色、夏风冬景。

1. 滦河源流

滦河发源于丰宁满族自治县西北的巴颜图尔古山北麓，流入内蒙古自治区称闪电河，上都河在多伦附近注入后，称大滦河。经两度曲折转弯回到河北省，在隆化郭家屯接纳小滦河后始称滦河。滦河干流总体呈东南向，横穿燕山山地和冀东平原，流经承德市属丰宁、隆化、围场、滦平、宽城、承德县和承德市区，流经唐山市属滦县、滦南、迁安、迁西、乐亭，流经秦皇岛市属青龙、卢龙、昌黎县，从喜峰口淌过长城，在昌黎与乐亭间分成几条细流，流过滦河三角洲注入渤海。全长833公里，流域面积4.49万平方公里。滦河水系发育较好，常年有水的支流有500多条。主要支流有：兴州河（在河北省滦平境汇入滦河）、蚂蚁吐河（在河北省隆化境汇入伊逊河）、伊逊河（在河北省承德市区入滦河）、武烈河（在河北省承德市区入滦河）、鹦鹉河（热河上游，在承德市区入武烈河）、柳河（在河北省兴隆与宽城交界处大丈子入滦河）、老牛河（在承德县入滦河）、瀑河（在宽城入滦河）、青龙河（发源于燕山山脉平泉县七老图山支脉南侧的台头山，流经辽宁凌源和河北平泉、宽城、青龙、卢龙，在滦县石梯子汇入滦河）。

古国寻踪
——冀域方国、王国、诸侯国

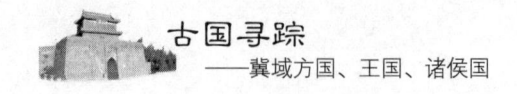

围场坝上草原的滦河，河床宽浅，水流迂回舒缓，沿河有许多沼泽，既可作短距离漂流，也适于消暑嬉戏。

隆化郭家屯的大小滦河，两岸风光秀美。当年山上长满山杏树，春日花香扑鼻，夏季红杏满枝。山下白杨高耸，乔木与灌木丛遮人目光。已走近河道，还只闻水流声响，不见滦河踪影。作为滦河支流的伊逊河、伊马吐河，常年水流不断，雨季水深没腰。20世纪八九十年代，过路人消暑还可以下河清凉一番，种田人劳作辛苦也可以下河洗澡解热。

作为滦河主要支流的青龙河，其源头平泉多山，多水、多林，县名即平地涌泉之意。山上山麓茂密的松柏、白桦间，泉水或隐或现丁咚作响，一条条波光粼粼的涓涓细流，化作清澈的条条小溪，再汇成奔流的青龙河。这里的历史曾经写就过如诗如画的长卷：山坳里、大树下平常人家毡庐旁，无不停放长辕高轮粗辐的奚车；左右河畔宽阔地带，有序的扎满契丹宫廷达官富人、护卫军士的四时"捺钵"（行宫、营盘）；和着阵阵悠扬悦耳的奚琴和马头琴声，轻盈的女子舞蹈加上壮汉摔跤的扭结角抵，变成了柔美与刚健和谐的艺术欣赏。青龙河源头的人们，就是这样欢送他们的"青龙"游进滦河，投入大海的怀抱。

支流武烈河是避暑山庄的主要水源，河水绕庄成湖，与游人为伴。当年皇家园林里，滦河水映衬着一座座江南名楼、名塔、名殿，不是江南、胜似江南。今天武烈河水不仅进山庄，还化作12道橡胶坝的梯次湖水，点缀着美丽的承德市区。

史籍记载，承德以下滦河，夏季可通行小船，是旧时军事给养运往承德的唯一水路，也是河北各地到长城外地区的贸易路线。实际的滦河航道可能不止通行小船,还有大船航行。上世纪末,承德市文管处从滦河故道挖沙现场征集到一柄船用铁锚。交叉锚尖间距145厘米、相邻间距115厘米,通高2.4米,推测为货船轶失河中或沉船之锚。这么高的船锚,若为货运船只所用,应是大型货船。由此可见,当时滦河水深应该不会低于10米。

滦河上游流经草原,中游穿行山地,下游淌过平原,屡有支流补水汇流。滦河中流,谷深坡陡,落差较大,水利资源丰富。潘家口水库建在瀑河汇滦处,库容29.3亿立方米,将一段长城湮没于库中,形成独特的水下长城奇观。

2. 文脉掠影

滦河流域是河北史前人类文化生息繁衍的重要地区。这一流域所经过的燕山山地,多为侵蚀、剥蚀地区,很适于远古人类的栖息。在这里发现的承德四方洞洞穴、昌黎亭泗涧遗址,加上20世纪唐山地区发现的旧石器文化遗址,都属于旧石器晚期或偏晚阶段。遗址分布于滦河及其支流阶地、山间盆地和洞穴堆积中,其中发现大量第四纪哺乳动物化石和石器。新石器早期偏晚阶段,滦河流域的东寨、上宅等遗址,属距今7500~6800年之间的兴隆洼文化类型。到夏商周时期,夏家店下层文化在滦河流域有广泛的分布,近几年出土文物不断对这一阶段历史作出新的印证。至春秋战国及秦汉,现有文献和文物便能比较系统地勾画出滦河流域文化脉络。

四方洞遗址,位于承德市营首营子矿区。(图3-6-1)洞穴遗存分上下两层,上层厚0.1~0.5米,文化层出土部分石制品和动物化石、烧骨等;下层厚0.3~0.6米,文化层出土人工

图3-6-1 承德四方洞旧石器遗址

打碎的石块、动物牙齿和骨髓。石制品有刮削器、尖状器、端刃器等。根据遗物分析，该遗址当属旧石器时代晚期。爪村遗址，同属旧石器时代晚期，位于迁安市爪村东滦河南岸，遗址面积约40余万平方米。1958年首次发现，此后历经四次发掘，出土大批哺乳动物化石及人工打制石器与骨器。其中哺乳动物有披毛犀、野猪、赤鹿、转角羊、牛等；石器有砍砸器、刮削器、石核、石片等；骨器有骨针、骨锥等。爪村遗址距今年代为4.2万年。孟家泉遗址，位于玉田县石庄村的荣河东岸。1986年发现后经两次试掘，出土动物化石包括3纲、7目、14科、23个属种，以象、野马、和鹿类为多。发现旧石器时代晚期智人化石及石锤、石帖、石核、刮削器、尖状器等。经碳14-测定，该遗址年代距今1.7万年左右。

在考古研究上，填补河北滦河流域新石器时代考古空白的是西寨遗址和安新庄遗址、后台子遗址以及岔沟门与北梁遗址。迁西县的西寨遗址，文化内涵与辽宁西北部、内蒙古南部同时期的文化遗存既有同时代的共性，又有地域的差别。表明早在6000多年前，滦河流域就有了人类活动，而且已经创造出了较为发达的文明。西寨遗址分布于海拔100~200米的缓坡上。地形北高南低，滦河由西向东从遗址南侧流过，面积约90000平方米。1985年，为做好大秦铁路建设中的文物保护工作，文物工作者在铁路路基地段发现这一重要遗址，并于1988~1994年进行大规模发掘，发现祭祀场所、房址、器物堆积群等重要遗迹。一址文化层达3米，出土完整器物约5000余件。西寨遗址出土文物，按照考古学分期，可分为两期：第一期文化遗存的陶器，以夹砂粗陶为主，陶器颜色多不纯正，泥质陶很少，器型以筒形罐、钵、碗为主；第二期文化遗存，陶器仍以夹砂陶为主，但泥质陶明显增多，陶器种类排列以夹砂红褐陶为主，次为夹砂黄褐陶，其后是夹砂灰褐陶和泥质陶。石器除磨光的石斧、石铲、网坠外，还出现了小型的石雕像等，显示出当时人们思想观念和审美观念的进步。

位于迁安市扣庄乡的安新庄遗址，根据出土器物分析遗址年代也是新石器时代。该遗址面积约11万平方米，1976年发现，于1978年试掘，发现古人类居住址和灰坑等遗迹。遗物有陶器、石器、骨器等。陶器以夹砂陶为主，泥质陶较少，纹饰有篦纹、菱形纹、之字纹、几何纹等。器形有筒形罐、碗、钵、盆、盂等。石器主要有斧、锛、凿等，细石器有石核、石叶、石镞等；骨器有针、锥、匕等。

位于燕山中麓的后台子遗址，处在滦平县金沟屯镇滦河北崖台地上，地势北高南低，南北长180米，东西宽100米。

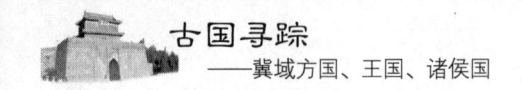

1983年发现并发掘，遗址分上下两层。下层文化堆积层较厚，出土遗物有之字纹筒形罐、敛口碗及女性石雕像、石磨盘、磨棒等，属新石器时代赵宝沟文化。上层出土遗物有绳纹鬲、罐、穿孔石斧、石刀等，属夏家店下层文化遗存。上下两层文化遗存虽同属新石器时代，但相差2000多年。

岔沟门遗址位于承德县，地处山腰的黄土台地之上，整个遗址面积约1万余平方米。从出土文物判断，遗址年代为距今约7000年前的新石器时代，文化内涵相当于赵宝沟文化。位于围场县电园子村伊玛河以西台地上的北梁遗址，面积约2万平方米，文化层厚约1.2米。遗址暴露，遗物有刮削器、石斧、石镞及陶器残片。陶片以泥质红陶居多，纹饰有弦纹等。此前这里出土过玉器，属新石器时代的红山文化遗址，距今约五六千年。

遗址年代为新石器至夏、商、周时期的，还有白河南、栲栳山、贺家山、封山寺遗址。白河南遗址，位于承德县白河南村，滦河、白河汇合处的台地之上，面积约5万平方米。遗址地表采集到的遗物有用自然石加工而成的石器。器型有斧、铲、杵、磨盘、磨棒、网坠等，石斧多通体磨光；采集到的陶器多为夹砂灰褐陶，手制，纹饰有绳纹、附加堆纹，器形有平底罐等。遗址年代为新石器至商、周时代。

栲栳山遗址，位于隆化县城北36公里处伊逊河东岸的唐三营镇哈上村，东西走向山脉的主峰上，俗称"大罗圈子"。遗址四面悬崖峭壁，仅在山峰西侧稍北，有一条曲折盘旋于绝壁间的小路，可通山顶。顶平而广阔，面积约4万平方米。整个遗址表面散布加砂红褐陶片，最早相当于夏家店上层文化。另外，遗址地表还发现了北宋淳化、天圣、熙宁、元祐铜钱。传说当时奚人在此筑城，后被金人所灭。栲栳山遗址地势险要，易守难攻，应当是历代少数民族的固守之地，为研究曾在当地活动过的山戎、乌桓、鲜卑、奚等民族史提供了参考资料。

贺家山遗址，位于迁西县东北30公里的长岭峰村贺家山上，南望滦河，东临清河，北靠蚂蚁河。遗址东西长70米，南北宽90米，面积约6300平方米，文化层厚0.4~1.1米。发现大批陶鬲口沿、陶足残片。陶质以夹砂红褐陶为主，纹饰以绳纹为主。陶鬲具有夏家店下层文化特征，贺家山遗址是研究这一地区夏、商时期文化的重要实物资料。

封山寺遗址，位于迁安市前窝子村，处在沙河东侧，面积约15000平方米，文化层厚约1~2.5米。断崖处暴露有灰坑及文化层，并有许多陶片。陶片中以夹砂褐陶居多，其次为夹砂灰陶、泥质灰陶、磨光灰陶等。纹饰有绳纹、附加堆纹、划纹等。器形有筒形鬲、花边鬲、罐、盂、盆及陶塑动物等。出土石器有斧、镰、刀等。从陶器形制及纹饰判断，封山寺遗址的年代为夏商时期。

战国至汉代，滦河流域文化遗址很多。滦平虎什哈镇炮台山遗址，北靠潮河，南临虎什哈铁路大桥。遗址文化内涵与南侧发现的山戎墓地相同，推测为战国时期遗址。围场城子古城遗址，呈正方形，边长200米，残存城墙基宽20~28米，残高3~10米，门址位于南城墙中部。根据遗址内采集的遗物分析，该古城始建年代为战国时期。围场县境属战国时遗址还有岱尹城址，东西长220米、南北宽200米，残存城墙基20~25米，残高3~10米。城址内文化内涵丰富，文化层厚约1~2米。半截塔村古城，东西长500米，南北宽350米。城墙仅存东北角二段，总长50米，墙基宽15~20米，残高1.5~2.5米。城

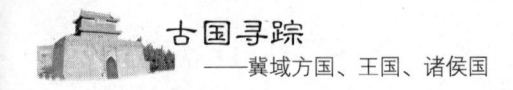

址地表散存大量春秋战国时期陶片。滦平县小城子城址，从中采集到的遗物有铁镢、陶豆、罐、盆及秦半两钱、汉五铢钱、燕明刀币等，其年代为战国至汉代。寿王坟铜冶遗址，位于承德市寿王坟铜矿北山坡上。1953年调查时发现矿井、矿坑、选矿场、搬运矿石道路、冶炼场及居住址等遗存。矿井深约百米，四处冶炼场。在此发现铁饼七块，上有"东六十"、"东五十八"、"东五四"、"西三五"、"西五三"等字样。在柳河南岸发现铁锤、铁刀、钎子、陶罐、豆、瓦等遗物。据遗物分析该遗址为汉代冶铜遗址。

到辽宋金元及明代，滦河流域一些古遗址呈现比较明显的北方民族特色。承德市域现存三处城址，为研究北方民族建城特色提供了宝贵史料。隆化土城子，始建于北魏，（图3-6-2）公元468年改称"安州"，隋唐时期一度被废，辽时在此建"北安州"，金代改称"兴州"，元代沿袭。明初废兴州，列这里为军事禁区，后成蒙古游牧之地。现存长方形城址，东、南、北三面保留夯土城墙，残高2~3米，南、西门外侧有瓮城。城址内散布大量残砖瓦和残陶瓷片，并出土陶器、瓷器、铜器、铁器等文物，城墙边缘发现金元时期的瓷窑址。

图3-6-2　隆化土城子遗址出土74万户之印、白釉双系文字罐

走河篇

丰宁四角城址，属金代金界壕的附属城堡，占地38000多平方米，以古城四角各设一个角楼被当地群众称为"四角城"。四面城墙中间各有一个马面，南部和西部开有方形瓮城城门，边长5米。四角城西北角有一2500平方米的小城，当为主城附属建筑。

滦平金元时期的兴州古城，城墙夯筑呈长方形，北墙保存较好，残高2～5米。城内遗物可见建筑构件、铁器、瓷片、瓦当等。《金史》载："兴州，宁朔军节度使。本辽北安州兴化军，皇统三年（1143年）降军置兴化县，承安五年（1200年）升为兴州，置节度，军名宁朔，……泰和四年（1204年）废。"

唐山市域迁西大岭寨明长城灰窑群和砖窑群、三屯营城址，为研究长城修建和戍边提供了难得的实物资料：灰窑群位于长城脚下清河东侧的黄土台地上，南北长150米、东西宽40米。1997年发现5座灰窑，窑形呈馒头状，直径2米，深1.5米。这里西靠清河，东临长城，所需石灰石和燃料就地取材，方便运输和烧制。大岭寨灰窑群是我省目前发现保存最好的明长城灰窑群。砖窑群坐落在迁西长城脚下西侧大岭寨村北，与灰窑东西相对。1985年发现。1993年在此探出九座窑炉。清理出两座砖窑，其中一座保存完整，窑体多处戳印"左三"字样。窑坐西向东，有前室、风道、火膛、窑床和烟道。火膛与窑床被窑墙围成椭圆形，窑室东西长3.76米，南北宽3.18米，窑床上摆放七层烧好的城砖。砖长41、宽20、厚10厘米，与明代长城砖规格完全一致。窑壁墙体有"明万历十五年长城春防刻石"字样，为研究明代长城砖烧造工艺和历史提供了难得的实物资料。三屯营城址，位于迁西三屯营镇。三屯，因明初有300屯田军户居住而得名，初称"三屯忠卫"。

古国寻踪
——冀域方国、王国、诸侯国

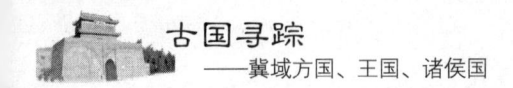

这里地势平坦,土地广阔,东临滦河,水路北至潘家口、喜峰口、龙井关,直达勃海。陆路北去内蒙古,东达山海关,西通北京,南到天津,是"内护京师,外控夷寡"的交通枢纽。明天顺二年(1458年),蓟镇治所迁至此地,辟建城池。万历二年至五年(1574~1577年),总兵戚继光大规模扩建,重修镇府,使三屯营城周长七里,城高三丈,设三门,建五楼,九敌台,两水关,十分壮观。城内钟鼓二楼屹立,官府民房参差错落,通衢小巷综横交织。这位民族英雄在这里抵御寇虏,苦心经营十六年,立下了汗马功劳。现城内街道布局基本保留了明代风格,镇府基址、地道、部分城墙仍在。大批"万历三年左营造"、"万历三年右营造"等铭文城砖、石材以及戚继光、杨兆等撰文的刻石、雕石等文物,为研究明代九边之首蓟镇镇史、蓟镇军事史,提供了宝贵资料。

滦河流域的古建筑当以金山岭长城、避暑山庄及周围寺庙为代表。在万里长城中,最精彩的地段应是居庸关至金山岭。(图3-6-3,彩图20、21)金山岭基本保持原生态环境,

图3-6-3 金山岭长城雪景

很少人工干预痕迹，是构筑最复杂、楼台最密集的一段长城。50公里共有敌楼、敌台158座，建筑形式各具特色。敌楼有砖木结构的，也有砖石结构的。建筑形式因山而异，一楼多式。楼敦有方形、圆形、扁形，楼顶有船篷形、穹隆形、四角形、八角攒尖顶等。另外，还有女将军楼、戚继光巡防办公楼，还有多眼瞭望楼和库房楼等，是其他地段少见的建筑。"望京楼"矗立山脊最高处，海拔800多米，可以俯视长城和群峦。这些楼台高低错落，突兀参差，构成完整的防御体系。

金山岭长城以城砖和条石砌筑，在主城墙外40米处用山石垒砌外墙一道，称为挡马墙，是长城的第一道防线。金山岭长城上还有一段200米长的文字砖墙，城砖上刻有烧制年代和出产地。其中以隆庆二年至万历六年的砖居多。

金山岭的朝阳、落日、雾海、雪景都很美，一年四季游人不断。

避暑山庄沿承德市武烈河西岸建设，隔河可见群山间高耸的磬锤峰和端坐的罗汉山。山庄始建于康熙四十二年（1703年），竣工于乾隆五十五年（1790年），历时87年。避暑山庄占地564公顷，合8460亩；按平方米计算为564万平方米。以其自然地形和环境，划分为宫殿区、湖区、平原区、山峦区。其中山峦区420万平方米、平原陆地区110万平方米、湖区30余万平方米。整个山庄共有48组庭院、73座亭榭、23座桥梁、19通碑刻。这些景观中，康熙以四字命名和乾隆以三字命名的景点各36处。山庄四面宫墙为虎皮石墙，全长20华里，九座宫门分布其间。（图3-6-4）丽正门是避暑山庄正门，门匾由汉、满、蒙、回、藏五种文字书写而成。

宫殿区位于山庄南部，包括正宫、松鹤斋、万壑松风、

古国寻踪
——冀域方国、王国、诸侯国

图3-6-4 避暑山庄丽正门匾

东宫四组建筑群,构成九重院落,是皇帝处理朝政和居住之所。这些青砖灰瓦的建筑掩映在参天古柏的松涛林海中,清幽深邃,别具情趣。正宫内的淡泊敬诚殿是重大典礼时皇帝接见少数民族王公贵族和外国来宾的地方。殿内原藏《古今图书集成》万卷,东西两墙悬挂清绘《皇舆全图》,真实记载了清代统治疆域。因整座大殿用楠木建成,每当夏季,香气浓郁。紧邻的烟波致爽殿是清帝的寝宫。康熙曾盛赞此殿"四围秀岭,十里平湖,致有爽气",遂得烟波致爽殿名。嘉庆、咸丰相继病逝在此殿。

湖区、平原区、山区三部分合称苑景区,是帝后游乐观赏的场所。湖区在宫殿区北。热河源头由这里涌出,与诸泉河溪流汇集成湖,水波浩淼,洲岛错落,亭榭奇巧,花木葱茏。湖周围古建筑多仿自江南名胜,一派北国江南景色。"自有山川开北极,天然风景胜西湖",康熙的诗句应是真实写照。平原区位于湖区北侧。这里各种树木生长茂盛,绿草如茵,又称万树苑。当年麋鹿成群,是皇帝与王公贵族骑射、野宴的地方。西部的文津阁是著名的内廷四阁之一,与北京的文渊阁、圆明园的文源阁、沈阳故宫的文溯阁齐名，并称"北四阁"。山区在山庄西北部。诸山之巅原建有各种亭阁，现仅存"南山积雪"一亭。登山远眺，山庄景色及四周奇峰怪石、外八庙寺宇，尽收眼中。

避暑山庄的寺庙群，以众星捧月之势，分列在山庄北部和东部，建筑面积达6万平方米。是一组凝聚汉、蒙、藏等多民族建筑风格与建筑艺术精华的庞大皇家寺庙群。它们包括：溥仁寺（建于1713年）、普宁寺（建于1755年）、普佑寺（建于1760年）、安远庙（建于1764年）、普乐寺（建于1766年）、普陀宗乘之庙（建于1767~1771年）、殊像寺（建于1774年）、须弥福寿之庙（建于1779年）。（图3-6-5，彩图24）、（图3-6-6）

避暑山庄及周围寺庙，1994年12月列入《世界遗产名录》。

图3-6-5 普陀宗乘之庙

古国寻踪
——冀域方国、王国、诸侯国

图3-6-6 须弥福寿之庙

3. 古国风情

滦河流域有广阔的草地、肥美的牧场、充沛的水源、翠绿的山脉，自古以来就有多个兄弟民族在这里繁衍、生息、发展。有的自西东来、有的南而北奔、有的从东西迁。初为游牧生活，逐渐定居兼为农耕，慢慢转为农耕为主兼司畜牧。在这里建功立业、建都称王的多是少数民族为主体的部族，一度金戈铁马、驰骋千里，凶猛慓悍、一往无前，豪情万丈、气壮山河。他们都是中华民族的优秀儿女，把千万年的中华民族优秀文化装扮得五彩斑斓，把中华民族的北国风情表现得淋漓尽致。

山戎，应该是西戎的支属或者说是在冀北发展起来的戎族一脉。他们的祖居地在夏时九州之一的雍州，即今黄河中游以西至甘肃张掖一带。夏商之际，今甘肃、陕西、宁夏、青海以至山西、内蒙、河北北部，有西戎、北狄的许多氏族部落，还有同为西戎集团成员的不少同盟部落。戎、狄有时分称，有时混称。华夏王朝西周时才将四方民族叫做"东夷、南蛮、西戎、北狄"，但仍然偶有混用。那个时候，戎族诸部落

走河篇

在西部、西北部占据着广大的地区。从商武丁开始，一直到周文、武、成、康年间，华夏王朝从未停息讨伐西戎，一步步、一块块侵吞着西戎的土地。后来成为"战国七雄"霸主的秦国，就是靠蚕食、吞并西戎疆土起家逐步发展壮大的。

在华夏王朝的连续进攻打击下，加上不可抗拒的自然灾害及部落内部矛盾引发的残杀等原因，西戎集团的部分部族开始逃离遭到极大破坏的生存环境，走上了艰难的迁徙路。

这些西戎人由西或西北往东转移的时间，应该不晚于公元前12~10世纪。他们到达冀北山区的时间大约在公元前10世纪左右。在相对集中的迁徙之外，还会有零星的迁徙者。其迁徙路线大概是：陇西—陕北—晋北、蒙北—冀北。自古以来，这里就有一条需要艰苦跋涉的通道。东迁者先在今张家口和承德地区的赤城、延庆、丰宁、滦平、隆化、宽城、平泉一带的滦河流域及燕山、都军山、七老图山区扎根，然后扩展至唐山、秦皇岛的滦河流域一线。

从当时的背景条件分析，西戎人东迁应该属明智的选择。因为东南部是强大的华夏王朝，北部转移会面对荒漠一片，唯有并不遥远的东北方有自己的兄弟族群。应该说，这些先民是北戎、后称山戎居地的最早踏足者和创业者。

来到冀北的戎人，大约经过近一个多世纪的适应、生息、繁衍、发展，壮大成一支强悍的军事力量，春秋时期达于鼎盛。演绎出伐郑、伐卫、伐燕、伐齐、迫邢迁国，使得一些华夏国家也来结盟借力的壮举。最后，在公元前五世纪中叶退出历史舞台。

作为一个统一的族称，山戎消失了。他们中有些人融入赵、燕、齐、秦，有的投入东胡、匈奴。零星的山戎部族活动

· 395 ·

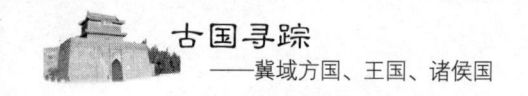

在冀北山区，难于再结成举足轻重的力量。

孤竹国，是山戎的盟国或属国。他与山戎荣辱与共、唇齿相依。孤竹世代居地在滦河入海处小盆地及附近区域，包括今卢龙、抚宁、迁西、迁安、滦县等。商时为商王廷封国，其管辖地域还包括今辽西一些县市，在当时应该属不大不小的一个方国。

孤竹与商关系密切。它为商王把守东北通往中原的交通要地。东北各族群，入商地贸易必须走辽西穿卢龙塞，然后才能进入华北平原。兵戎相见、挥动刀戈时也必须经过这条线路。卢龙塞处在孤竹境内，扼要塞屏卫商王朝边境安全，就成了孤竹的一项重要职责。作为回报和犒赏，孤竹国在有商一代的11世国君，多人兼为商廷高官。记入史籍的有：孤竹第九世君侯竹离大，曾居主管占卜和祭祀的职位。这在颇重视占卜祭祀的商朝属重要官员，必须由朝廷信得过的人来担任。孤竹第11世君侯，在商朝官位至卿，与部长相当。孤竹与商王廷还有姻亲关系，孤竹女子嫁给商王公贵族。甲骨文中可见"妇竹"、"妻竹"、"竹妾"字样，说明商王室子孙中有了孤竹的血统。

孤竹国知名度大的人物，不是历代君侯而是伯夷和叔齐。伯夷，孤竹第十代国君长子，名允，字公信；叔齐，伯夷二弟，名致，字公达。其父欲立叔齐为接班人，未立而早亡。叔齐以"长幼有序"不肯就位，伯夷以"父命难违"拒不接受。此后，兄弟两人一起逃跑，西去投奔他们仰慕已久的周文王。没想到两人到达西周时，正逢文王去世，而周武王正准备以哀兵之师讨伐无道商纣王。伯夷、叔齐"扣马力谏"，以"孝、仁、义"力阻武王伐纣。周武王毅然挥师东进，灭商成就周天下。两人懊悔没能见到心目中的周王，遂到首阳山采薇度日。最后"义不食周粟"，绝食魂断首阳山。历代名人对伯夷、叔齐多有赞扬，也有些人持不同意见。孔子、司马迁肯定两人为"贤人"，孟子看作"圣人"与"百世之师"，韩愈作《伯夷颂》赞其"特立独行"的品格，乾隆也两次拜谒夷齐庙并题诗赞颂。而庄子贬损夷齐形象，王安石和黄宗羲持否定态度，鲁迅先生把夷齐作为道家形象进行讽刺。更多的人认为，应该用历史的眼光看待历史人物，肯定他们的为人品格、爱国精神。

孤竹是文化底蕴丰厚悠长的民族。地处北方游牧民族文化与南方农耕民族文化的交汇地带。他们比较早的接受中原殷商文化，使这里形成了以中原文化为主导的多元文化区。伯夷、叔齐是他们之中的文化代表，展现出崇礼、守廉、尚德、求仁、重义精神，体现了"不降其志、不辱其身"的节操。近些年在这里出土的多种陶器形制和纹饰，与当时的中原地区相比没有大的差别；出土青铜器及金器，制作精细且具民族艺术特色，其材料质量和图案设计像商时器具又不完全等同，能够说明孤竹的冶炼与制作技术达到的高度。

孤竹是富于创造精神的民族。聚居地在滦河入海处小盆地。这里常年气候温和湿润，地势比较平坦，适宜农耕种植。他们居住简陋、衣食粗贫，在生活条件艰苦的情况下奋力垦殖土地，依靠一双眼和一双手观察、比较、筛选，把野生植物改造成农作物，培育出"布之天下"的冬葱和大豆，是山戎族群的创造也是孤竹人的智慧结晶。

孤竹灭于齐。公元前664年，山戎趁燕庄公治国无能、国力衰微之际，直捣燕都城下。惊慌的燕王求救于齐。齐桓公救

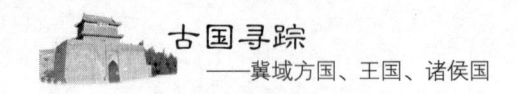

燕伐山戎，孤竹出兵助戎抗齐。虽因寡众差距过大，遭灭顶之灾，但孤竹人设迷阵困齐军、断水源困齐师的故事流传后世。

无终和令支，与孤竹一样都是山戎族群的属国。无终被称作"山戎之别"，亦称无终子国。活动中心地在今玉田县，境内仍存无终故城和无终山。其建国地在玉田、蓟县一带。史籍记载：西汉无终人徐无上书武帝，提出"天下之患，不在土崩，而在瓦解"之说，遂成"土崩瓦解"成语。令支，也作"离支"，活动地区在今滦县、迁安间。公元前664年，齐桓公伐山戎时一并扫平了这两个被山戎控制的小国。今河北境内还有一个无终国，在张家口及内蒙古南部，也属山戎族群。西周时归附周朝，春秋时被晋国大夫中行穆子击败，灭于晋。

奚国和奚族，前者是青龙河畔开放不满春夏秋三季的鲜花一朵，后者是滦河流域生长繁茂千年的青藤一簇。辽天祚帝耶律延禧保大三年（1123年），奚族首领回离保率部在今秦皇岛市青龙满族自治县的祖山建立奚国，自称奚帝，国号天复。奚国王廷健全国家政权，设立奚、汉、渤海三枢密院，将原东西节度使改为东西二王，分司建官。同时，改制官属，励精图治，整军备战，征集渤海、奚、汉人充实军队。依据有关史料记载和学者考证，奚国的地域范围，大致在今冀东辽西地区和承德市辖一些地域。国都建在青龙祖山，皇宫就是今存遗址的铁瓦乌龙殿。应该说，回离保是有雄才大略的。他选择自己熟悉的地势险要、易守难攻的祖山为根据地，想乘辽、金、宋相互争战之际，寻找三方的薄弱环节，扩大地盘，谋求奚人发展壮大的新天地。选中祖山还有另一层考虑，这就是进退自如、胜败有路：胜可借此出辽西走廊再图更大发展，败则可进入深山与敌人周旋，伺机反攻。实际情况确如所料，回离保建国事毕，旋即兵出卢龙。也曾一度攻破景州（今河北省遵化市），继而夺取蓟州。奚军前锋直逼燕城，取得了辉煌战绩，令金朝上下震惊。奚国的发展形势虽一片大好，也潜藏危机。

由于史料记载过于简略，我们无从了解内在的真实原因。也许是回离保还没有来得急做好自己内部的工作，寻求各方利益的平衡；也许是金军收买拉拢奚国上层不坚定分子，许以诱人的名利；也许回离保战术有误或同时兼有上述两项原因；奚国首领回离保没有战死疆场，令人遗憾的是被部将杀害，奚国随之灭亡。

奚国这个北方少数民族建立的政权，仅在历史上活跃了八个月就消失了。它吮吸母亲河青龙河的乳汁，呼吸母亲山祖山的清新空气，未满周岁就过早夭折。这朵不太鲜艳却耀眼亮丽的小花，春季含苞欲放，夏季挺立盛开，秋季仍在绽放中便突然凋谢，给后世留下许多不解之谜。

奚国退出了历史的政治舞台，它那历经千百年熔炼的民族却从未倒下过。《金史·回离保传》记载："奚，与契丹俱起，在元魏时号库莫奚，历宇文周、隋、唐，皆号兵强。其后契丹破走奚，奚西保冷国，其留者臣服于契丹，号东、西奚。"奚族是一个历史悠久的古老民族，又是一个英勇不屈的民族。殷墟出土甲骨文中就有涉及奚人的卜辞，记录奚与商朝的友好往来。那个时候，奚族与商王朝的东北部屏障孤竹关系密切。随着历史的变迁，奚族的名称也发生了变化。奚与契丹同属东胡系统，北魏时被称作库莫奚。道武帝拓跋珪在登国三年（388年）出兵伐库莫奚，获其四部落及牲畜十万余，沉重打击了奚人的有生力量。经过十多年休养生息，库莫奚才得以

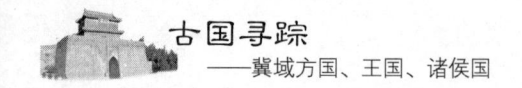

恢复元气。为了民族的未来它改变策略，转而与东北其他民族一样朝贡北魏，先后30余次派使臣到北魏都城大同、洛阳进献名马、文皮。北齐时期，库莫奚也曾五次遣使到邺都，并与安州（今河北省隆化）、营州（今辽宁省朝阳）一带边民友好往来。隋文帝统一南北，奚族又曾对突厥称臣，得以发展自己的力量。及至唐朝，奚族发展得比较强盛，但仍采取听命唐皇的策略。唐太宗东征高丽，奚派兵从征，其首领大酋苏支以军功得封赏。几年后，大酋之子归附大唐。唐皇为他专设饶乐都督府（在今内蒙古自治区赤峰市），拜为使持节六州诸军事、饶乐都督，并封为楼烦县公，赐姓李。唐武则天执政时，契丹反唐，奚与突厥相为表里，时而附唐，时而附突厥。唐为稳定东北边陲，对奚采取安抚政策。到唐玄宗开元二年（714年），时任奚王宣布归降。唐皇封其为饶乐郡王、左金吾卫大将军、饶乐都督，并将宗室公主嫁与他。此后的一段时间，饶乐地区出现政治稳定、经济繁荣的局面。奚族的土特产品进入当时最大的国际商贸市场长安西市上。这时期，奚人的西界与突厥为邻，达到今丰宁县西境；南境在今青龙县与辽宁建昌交界地；北界到大兴安岭南端的群山之中。所在区域包括今承德市大部分县（除兴隆外），内蒙古昭乌盟大部及辽西的建昌、凌源、建平、喀尔沁右旗蒙族自治县和河北青龙满族自治县。

唐玄宗天宝元年（742年），饶乐都督府改由唐平卢节度使直管。时任范阳节度使的安禄山，多次假借奚人谋反，对奚人进行镇压，再以"战功"上报朝廷，用鄙贱手段取得了平卢等三大节镇的重权。之后又以他的少数民族身份煽动民族情绪、挑起民族矛盾，征收数万奚人壮丁编入其军并成为他的主力。安史之乱荼毒大半个中国，重创唐王朝元气，也使奚人遭到了巨大损失,从此一蹶不振。"安史之乱"平息后,奚族仍与唐王朝保持附属关系,唐以范阳节度使为"押契丹、奚两蕃使"。

契丹与奚族原同属东胡系统,本是祖居地相近、语言习俗相同的兄弟民族。仅看面庞与服饰,很难分辨出对方的族属,两族的差异只是奚族编发而契丹披发。他们理应团结相处、共度安危、共同发展,而且确曾有过友好联盟的历史,有过安危与共的友谊。随着契丹的逐步壮大,奚人的屡遭不幸,友谊和联盟被征服取代。唐末僖宗年间,契丹打败奚王。9~10世纪期间,强盛起来的契丹首领耶律阿保机对奚族交替使用战争和诱降手段,终于征服奚族,许以担当保护国的责任,将奚族五部纳入自己的统治地盘。耶律阿保机在建契丹国前后,连年征战需要大量的兵力支撑。奚人既从属便全力以赴,青壮年编入契丹军,征战守边伤亡很大,仅契丹与后唐的一次战斗,奚军万余骑就死伤殆尽。更不能容忍的是奚人贵族首领被契丹虐待。于是奚族酋长去诸带部分奚人逃奔妫州北山,依附幽州节度使刘守光父子。以去诸为王的这支奚人被称西部奚,与后唐关系日益密切,不断朝贡往来。后唐庄宗李存勖还赐第二任西部奚王姓李,赐名绍威。后唐末帝李从珂清泰三年(936年),石敬瑭认契丹王为父当上后晋儿皇帝,与之联合灭掉后唐,出卖包括西奚驻地在内的燕云十六州,西奚大部又被辽强迁回本土。以契丹族为主体的辽朝,对奚族采取既使奚能够就范又听命于辽的策略,保证奚人贵族的特殊地位,使之率众充当忠实可靠的助手。

金朝统治者在回离保的短命奚国失败后,竭力笼络奚族上层,将其所属诸部分散。把具有代表性的奚族上层人物纳入金朝统治集团,委以各种官位甚至重要职位。奚人各部,有的

古国寻踪
——冀域方国、王国、诸侯国

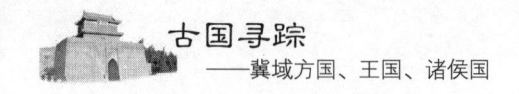

西徙数千里,有的北走东三省,有的南迁中原地,留下的少数,担负沉重兵役。被拆散的奚人,逐渐与当地民族融合。元代之后,就很难辨认出谁是纯粹的奚族人了。

奚人虽然被拆散安置,但依然保持着民族的固有品格,敢于拼争,无所畏惧。他们依然保留着对朋友曾经的美好记忆,不计恩怨,关键时刻勇于为朋友两肋插刀。12世纪60年代契丹人窝斡,自称都元帅的反金大起义,不少奚人部族都积极支持起而抗金,作出了巨大的民族牺牲,演出了一幕幕惨烈的壮歌。

承德市隆化县地,唐时属奚人饶乐都督府,契丹建国后归奚西部节度使管辖。窝斡在今吉林、辽宁诸地屡战不利,未见大胜,乃转入今承德市域越过隆化东北的茅荆坝进驻陷泉(今河北省隆化县七家、二道河子一带),被金军追及。金军在茅荆沟河东岸占据高地,组成南北近十里的弧形防线,摆开决战阵势。当时,起义军主力在茅荆沟河西侧,其辎重及老弱也在附近。恰逢天降大雾,敌情不明,窝斡为保护老弱和辎重,不得已采取以攻为守的战术。待雾过天晴时才见金军左翼早占领有利地形,遂命义军渡河进击金军右翼。金兵各路联合反击,义军急忙退兵河西,无奈泥泞难行,造成人马相互践踏,死尸盖满沟河。金军乘胜追击,斩杀俘获义军过万,仅有窝斡率少数人逃脱。起义军损伤十分惨重,辎重尽失,老弱及兵士五万余人被俘,牲畜头数难以计算。

窝斡惨败后收集余部万人,又得当地奚人倾力相助,补充兵员,进驻今滦平县境,据险扎寨,再遭金军偷袭,只好转入奚人聚居地,在今围场东北境、古北口、隆化间活动。奚人各部族与起义军共同抗金,遭到金军残酷镇压、屠杀。

隆化奚人在今县城北唐三营栳栳山大罗圈子据险自保、

顽强抗敌。因敌我力量悬殊，山寨最后被金军攻破。金军将奚人男子全部杀光，把财物和妇女儿童作为他们的战利品。如今，在栲栳山海拔1237米、面积达四万平方米的"大罗圈子"，地表还存有一组石砌基址。正中一座长9.3米、宽4.5米、墙体厚1米、存高0.8米的建筑遗址。它的两侧还有面积为27平方米的基址六座，排列整齐对称。在其西南约30米处，还有9平方米的基址三组。山顶北侧现仍存古井一口，地表可见大量辽金时期常见的陶瓷器物碎片，锈蚀的铁块中可辨出镞、甲片残体。文物工作者初步判断，阳坡遗址当属帐篷、毡房之类的基础，为军队依建制构筑的临时营地。阴坡设帐幕，当为暑夏交战时奚族的老弱妇孺居所。

栲栳山的大罗圈子，是奚人协助契丹抗金的遗址，体现了奚族不屈不挠、不怕牺牲的精神，展示出奚人危难之际不计前嫌的品格。栲栳山还在讲述曾经的奚族兄弟，虽然他们早已融入了中华民族发展的历史长河里。

奚人还是富于创造精神的民族。奚琴就是他们的独创发明，奚车是借鉴中原汉车的形制、结合草原的地理特点、糅进民族的艺术内涵，进行点石成金的改造成果。虽然琴和车都已几经更新换代，但最初的或再创造的知识产权总归是奚人所有。

契丹国，耶律阿保机统一各部于公元907年建辽称帝、公元916年建立的一个地方民族政权。契丹与奚族在《北史·契丹传》中被称作"异种同类"。他们都是鲜卑宇文氏的一支。十六国时期，在公元345年被前燕慕容氏打败，共同逃往漠北，寻求发展以图再起。南北朝时期，契丹被北魏拓跋氏压挤到平泉老哈河以北，按聚族分部过着游牧渔猎生活。隋、唐时期，顽强的契丹人经过几代人艰苦努力，在辽河与青龙河流域获

古国寻踪
——冀域方国、王国、诸侯国

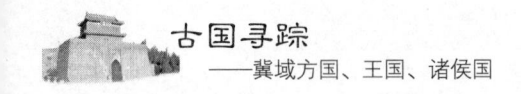

得了进一步发展。到耶律阿保机时,终于在唐末中原战乱无暇北顾之机称帝建国,成为与五代、北宋王朝并立的一个边疆王朝。其统治地域,南至今保定市属白沟与北宋接壤;西过山西北部到陕西与西夏相连;东至鸭绿江以东和高丽友好200多年;东北越外兴安岭直通海洋;北边包括今我国北部边境线以外很大一块土地。契丹的雄风,在我国历史上持续了二百余年。

滦河、青龙河流域一直是契丹人活动的腹心地域。契丹属传统的游牧民族,多年习惯游牧生活。开始接触农耕,只是春天播种完便游走他方,实施不管理的粗放经营,到秋季只管收割。后来逐渐学会春种、夏管、秋收整套技术。畜牧为主,农业为辅。契丹人并不死搬其他地区的经济模式,而是灵活运用、因地制宜。他们根据所辖区域的具体情况,划分畜牧业区、农业区、半农半牧区,同时发展传统手工业作坊,请汉民教种桑麻、习纺织,生产布帛锦缎,生产马具、弓箭、皮革,开展冶铜煅铁。契丹辽朝王廷,采取"因俗而治"、"各得其宜"的政策,妥善处理民族关系,注重发展生产力,收到了很好的效果。辖区各民族友好相处,开展多种经营,形成各具民族特色的社会经济结构。国力、军力增强,达到民族史上的鼎盛时期,统治区域面积超过两个北宋。正是以实力为基础,景德元年(1004年),铁马红颜萧太后率军直逼开封,驻扎于濮阳西南的澶渊。在战局并不有利的情况下,逼迫宋真宗赵恒签订"澶渊之盟"。从这一年起,宋、辽持续了120余年的和平交往。往来聘使的两条驿道皆经过平泉,使者下榻在县内的六处驿馆中。

平泉是西辽河、青龙河的发源地,也是契丹人的发祥地,位处辽第三个陪都中京畿辅。元朝脱脱撰写的《辽史》，讲述了契丹族起源的一个美丽传说：契丹始祖乘白马，自马盂山驰进老哈河，浮而东去，巧遇驾青牛泛黄河而下的仙女，两人一见钟情，遂喜结连理。之后，所生八子渐成契丹八部，分别居住在广阔的辽河流域。这一故事千百年世代流传，成为与商祖吞食玄鸟蛋生契并存的神话。马盂山、老哈河就在今平泉，不管其他地方有无争议，青龙河与滦河流域认可契丹的祖居地在平泉。近些年，在平泉发现的契丹时期众多文物、碑刻铭文，也能够佐证这里确实是契丹的重要活动地域。已知的13处辽贵族墓，特别是大长公主墓，石棺上的"四神"浮雕生动形象，线条流畅，是典型的辽代风格。秦晋国大长公主墓志铭，翔实记载了墓主人的生平故事。辽墓出土二龙戏珠银凤冠、白釉执壶、青白瓷执壶、鸡冠壶、青瓷碗等，都是墓主人贵族身份的见证。在平泉县已经公布的500余处文物保护单位中，辽代文物占一半。相信正在进行的第三批文物普查结束后会有更多的辽代文物面世。

　　契丹的原意是"东方太阳神"。太阳出自东方，照亮大地，滋养万物生灵，太阳神在世代子民的心中。契丹出自平泉，长在滦河流域，生息、发展，拼争千余年，屹立中国北方，威武雄壮200余载，在地平线上留下了不灭的光焰。

七、黄河下游古河道

1. 几则与黄河关联的历史信息（图3-7-1）

　　第一，"河"曾经是黄河的专称。黄河，在中华民族历

古国寻踪
——冀域方国、王国、诸侯国

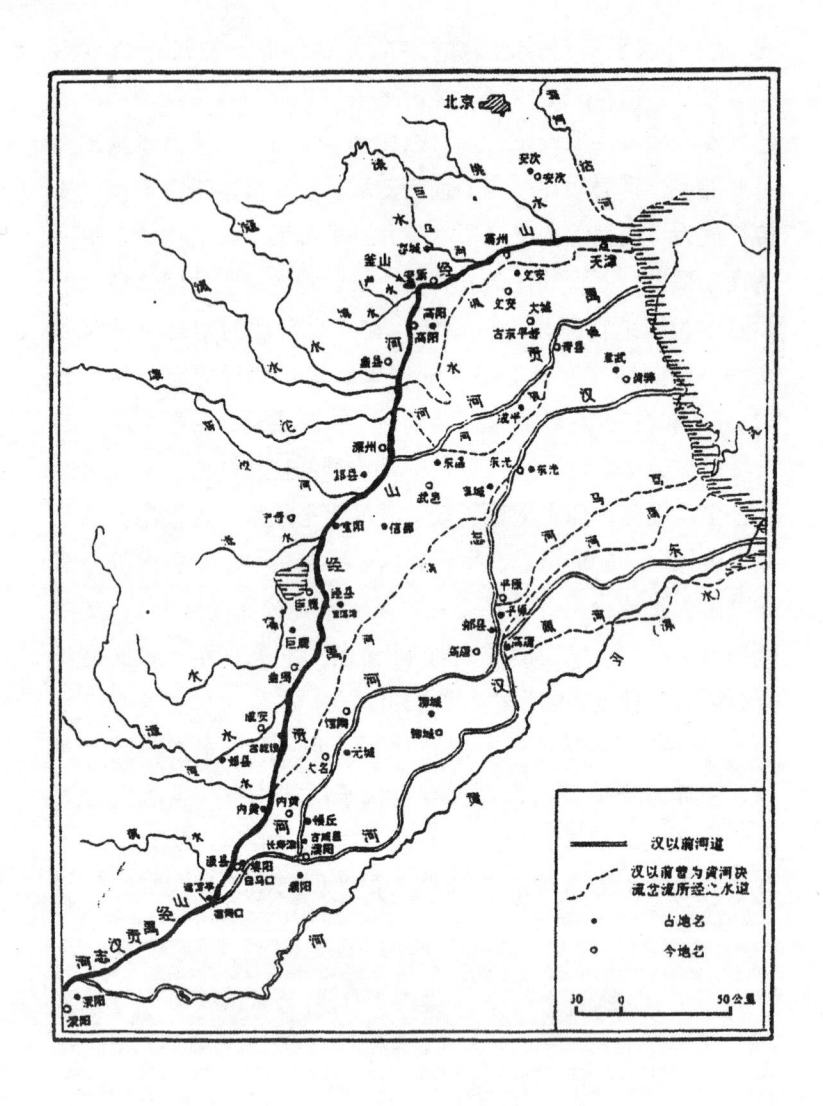

图3-7-1 先秦至东汉黄河下游河道变迁图（本图选自《黄河下游河道变迁及其影响概述》，见邹逸麟：《椿庐史地论稿》。）

史的漫长岁月里，唐宋之前一直叫大河。翻开《中国历史地图集》，不论那个历史阶段全是标志大河。河，唐宋前是黄河的专称、正称；唐宋之后，"黄河"成为这条水道的专称，其他的一些水道、特别是北方的一些水道，才开始称河。这主要是因为：北方的水道，比如漳水、泜水、滹沱水、拒马水、滱水等，它们的下游全部或部分曾经是黄河下游古河道及其岔流的组成，因而也被称作"河"或"某某河"。后来黄河改道离开了这些水，河的称呼却被沿用下来。

第二，黄河入海口在河北逾万年。黄河，应当是从新石器时代直到西汉时期、前后万余年间其下游河道一直在河北，流经河北平原汇入渤海。西汉末年的王莽期间，黄河下游在河南、河北、山东决堤千余里，水患延续60年，直到东汉明帝永平12年（公元69年），在我国历史上著名水利工程专家王景主持下，数十万民工大规模修治一年，才使黄河安流入海。从此之后，黄河转从河南流抵山东入海。在两晋南北朝、隋唐、宋元明清历代，尽管黄河还有数次改道北流，诸如北宋庆历八年（1048年）、元丰四年（1081年）和元符二年（1099年），三次改道两次决口于濮阳、一次决口于内黄，决口时间总计63年。黄水泛滥淹没河北的大片土地，造成田园荒芜、人民流离失所、城镇被掩埋地下，但其他年份黄河下游入海口绝大部分仍在山东境内。

我们今天看到黄河入海口在山东，也不要忘记一千九百四十年前、上溯万年黄河入海口在河北平原。她是中华民族的母亲河，也是在河北平原留下灿烂文化、悠久文明的摇篮。

第三，黄河下游有三条古河道。在我国古代、近代、现代、当代历史地理学的典籍中，黄河下游古河道有三条，它们是：

汉志河，即《汉书·地理志》里著录的大河古河道。我们称之为"班河"，以说明是班固、班昭兄妹整理与记述的河道。

禹贡河，即《尚书·禹贡》记载的河道，我们称之为"禹河"。传说是根据夏禹治水上奏文整理的河道，也可以说为了纪念大禹命名的河道。

山经河，即《山海经·五藏山经》里记载却历代未被发现、被标明的一条古河道，我们称之为"谭河"。因为这条古河道的首位发现人是中国历史地理学奠基人和开拓者谭其骧院士。

第四，古河道流经时间与著录年代有别。历史上某个时代著录的河道，未必就是那个时代的经流河道。河道的形成时代，一般要比它见于史籍著录的时代早若干时间。著录者要整理、记载许多相关历史资料，根据本人的主导思想进行筛选、取舍。河道应当是若干年前就已形成、运行，有的当时还在使用，有的已经有所改变。所以，不能以文献著录早晚判定河道经流的早晚，也不能认为什么时期著录的河道，全部都是那个时期的运行河道。比如，汉志河在上述三条河道中见于著录最晚，但它在历史记载中却出现最早。它至迟应在春秋前期就已经形成，并且是这个时期长期存在的河道。它的一些情况始见于公元前七世纪中叶，却在东汉的《汉书·地理志》中才作出专门记载。再如，春秋时期黄河下游的正流、干流，战国筑修河堤前常走汉志河，有时也走禹贡河、山经河。自今深县以下，有时走禹贡河、有时走山经河，也有同时流过的时候。筑修河堤后专走汉志河，一直沿袭到班固作志的时代。

第五，河北平原海河水系是东汉末年才形成的。东汉中叶之前，河北平原水系的几条主要河流，自西向东、自西南向东北、自西北向东南流向渤海前，未曾汇合为一河，而是各自分流入海。它们的入海口或在今天津市南端北大港一带、或在今黄骅市境内，均不汇合于今天津市的海河入海。东汉建安年间，曹操经略河北，治理河道兴修水利。为漕运在今临漳、馆陶县境改造了白沟河以遏淇水入沟；为军事和漕运在今青县境开凿了平虏渠，遂使得河北平原上的大部分水道会于今天津市区，然后东流入渤海。形成海河水系的时间是东汉建安十一年即公元206年前后。今海河水系主要包括五大支流：子牙河、大清河、永定河、南运河、北运河。

大河东流，奔腾不息，象征我们国家、我们民族的恢弘形象。它承载着曾经的时代与历史变迁、文化形态、人文地理状况。它记录了太多的地方兴衰、民俗风情、区域特色。它简直就是一部研究中华民族史、研究地域优秀传统文化、汲取营养以期实现新腾飞的宝典，一笔精神食粮、宝贵财富。黄河文化的种子，播撒在中华大地、播撒在河北平原，也播撒在黄河干流、支流两岸城市村镇乡间。这里的山有文化、水有文化、地有文化，有的已被发现、破译，有的仍在深藏、亟待开拓、急需保护。呵护好这些文化遗址和载体，搞明白、弄清楚它们的文化内涵，还原它们本来历史的真实面貌，是我们这一代人的责任和义务。

2. 汉志河在河北平原流经路线

《汉书·地理志上》记载："尧遭洪水，怀山襄陵，天下分绝，为十二州，使禹治之。"《沟洫志》记载："然河灾之羡溢，害中国也尤甚。唯是为务，故道河自积石，历龙门，南到华阴，东下底柱，及盟津、雒内，至于大伾。于是禹以为河所从来者高，水湍悍，难以行平地，数为败，乃酾二渠以引其河，北载之高地，过洚水，至于大陆，播为九河。同为迎河，入于渤海。九川既疏，九泽既陂，诸夏又安，功施乎三代。"

夏禹时，黄河不断泛滥成灾，一次甚于一次地造成重大危害，大禹便把治理黄河作为当务之急。他遍访黄河上、中、下游，摸清楚沿途地理状况，选择黄土高原与青藏高原交汇地带的甘肃积石县，开积石山导引黄河。接着凿通晋陕大峡谷最窄处壶口的龙门，使河水顺利流抵陕西华阴县境的华山北麓。黄河从这里折而东向砥柱山（三门峡），到达中下游分界地段的孟津和洛汭（洛水入河口），完成大河上游及中游的疏导。此后，河水进入华北平原，转而东北流至今河南荥阳广武山北麓，经过武陟、淇县境，到今浚县大伾山古宿胥口，开始下游奔流里程。由宿胥口到今濮阳县西南长寿津，折而北流到河北馆陶东北，再东经山东高唐县南往北走，至沧州东光县西，会合漳水，东北流经汉代章武县（故治今黄骅市伏漪城）南下，在今黄骅市境内注入渤海。

汉志河的上述具体经流路线，见于《汉书·地理志》，也见于《汉书·沟洫志》，又见于《水经·河水注》。它是见于史籍记载最早的一条黄河下游河道。可以看出，汉志河下游河道不经河北平原中部，它自豫东北经鲁西南、冀东南入海。

3. 禹贡河在河北平原流经路线

禹贡河的入海途径，其上游与中游如《汉书·沟洫志》所记。到达浚县大邳山之后，夏禹看到地形变化落差太大，认为黄河水从地势高的地方流来，水流势急，在高低相差百数十丈的平原地带流行，极容易遭成水患灾害。于是在大伾山附近分黄河水为两支，用以减轻水势。向南流的一支，在荥阳引黄河水东南流，修成了鸿沟，以沟通宋、郑、陈、蔡、曹、卫等地区，与济水、汝水、淮河、泗水相会合。向北流的一支垫高河床，把黄河引到较高地带，经过漳水，到达大陆泽。此后又重新疏通已被海水浸侵或已被淤塞的下游九条河道，将大河之水"播为九河"，与数条支流会合，顶逆海水潮汐倒灌，以迎河形象流入渤海。

《汉书》中所记的九河，在《尔雅》、《释水》里指徒骇、太史、马颊、覆釜、胡苏、简、絜、钩盘、鬲津。西汉时，人们还能指出河口处三条河的位置，即：九河最北的徒骇河，汉代在勃海郡成平县境（今河北省泊头市交河镇）；胡苏河，汉代在东光县境（今河北省东光县）；九河最南的鬲津河，汉时流经今河北吴桥、南皮、盐山及山东鬲县（今山东德州东南）。鬲津河的位置，在今河北沧州市、山东德州市之间，是两省的界河。其他六条，也能依据史料指出大概方位：太史、马颊、覆釜三河，应在徒骇河南、胡苏河北；简、絜、钩盘三河，应在胡苏河南、鬲津河北。还有一种说法，所谓九河，不一定就是准确数字，有可能是表示多条的量词。它们未必同时形成，也未必同时有水，很可能因大陆泽以下黄河水在一段时期内来回摆动而先后形成。

禹贡河下游河道大体可划分为四段：第一段，"东过洛汭，至于大伾"。大河之水东过洛汭后从荥阳广武山北麓起东北流，至浚县大伾山宿胥口，走的是汉志河、《水经注》中的故道。其间，在内黄北、邺县东有源自林县的洹水（安阳河）注入。第二段，"北过降水，至于大陆"。从宿胥口北流

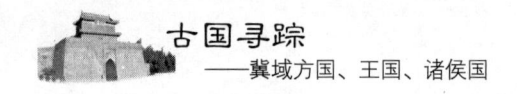

到曲周,在曲周南会合自西东来的漳水,进入一片广阔的大陆;继续北流,在平乡、广宗界合洧水(上游即今沙河),在广宗、巨鹿界合西来注之的汤水(即蓼水,今已堙淤),从巨鹿东北到堂阳(今新河)和宁晋泽。走的是《水经注》中的"宿胥故渎"和一段白沟及《汉志》"故大河"河道。第三段,"播为九河"。北来大河在大陆泽和宁晋泽分为多条汊流,干流从宁晋泽东到深县南会卫水,走《汉志》浸水水道。深县是禹贡河、山经河分手告别的地方。山经河自此继续北流,禹贡河则折东过武邑、经青县到故章武。禹贡河仍走《汉志》浸水、虖池(今滹沱河)与虖池别河河道。其间,在乐成(今河北省献县)会恒水,流经成平(治今河北省泊头市交河镇)、参户(今河北省青县)、东平舒(今河北省大城)到章武(治在黄骅故县北)。第四段,"同为迎河,入于渤海"。大河在青县、黄骅流向天津段,汇合多条支流从今天津市南端北大港一带入渤海。走的是禹贡河的干流河道,即"九河"中的最北一支徙骇河河道。

禹贡河,是夏禹治理洪水、导引大河的成果。他历十余年艰辛,三过家门而不入,留下了流传几千年的佳话。夏禹从山川、地势、河流的实际出发,变围堵为顺势导引,着力于黄河中游整治导流,着力于下游水道疏浚、吸纳多条发自太行山的水流,将黄河水安全、平顺的送入渤海。夏禹主持确立的禹贡河道,创建了延续夏、商、周三代的功德,使大河沿途人民得以千余年免受大的水患之灾,得于安家乐业。

4. 山经河故道流经区域

山经河,在《山海经》的《山经》部分已有很丰富的具体资料，但这些资料长时期不被人重视。古今研究黄河史的所有学者，几乎全部认为《尚书·禹贡》中记载的河水，是最早的大河故道。从司马迁开始，一直到清代胡渭研究黄河的名著《禹贡锥指》、现代研究黄河学者岑仲勉的巨著《黄河变迁史》，讲黄河历史都是从《禹贡》说起。

中国历史地理学家谭其骧教授，继承和发展了传统的文献研究方法，结合现代科学理论和研究手段，开辟了历史地理研究的新途径，也取得了黄河下游古河道研究的新成果。他把《五藏山经·北山经》中注入黄河下游的支流，一条一条摸清，逐条加以排比，再用《汉志》、《水经》、《水经注》时代的大河水道予以印证，从而相当具体的把这条见于记载的、最古老黄河故道找了出来，并且明确具体的标示在他编绘的《中国历史地图集》中。

谭其骧教授一生鸿篇巨著颇多，而对于脱稿于1977年、发表于1978年的《山经河水下游及其支流考》一文，谭先生似乎情有独钟。他自己有这样的评价："这是我的一篇得意之作。古今学者讲到汉以前古黄河全都知道有一条见于《禹贡》的河道，谁也不知道还有其他记载。如今被我从《山经》中找出这么一条经流凿凿可考，远比《禹贡》河水详确得多的大河故道来，怎不令人得意！"谭先生的话，让我们感受到山经河对于研究黄河史、特别是研究黄河下游历史的重要性；也让我们领略山经河故道对于研究河北古代史、研究黄河文化、研究黄帝时期历史的极端重要作用。山经河故道是历史真实，是文化载体，值得后人认真研究、挖掘。

山经河，在大河上游、中游河段与汉志河、禹贡河同。其下游流径，自今河南荥阳广武山至今河北深县分为四段：

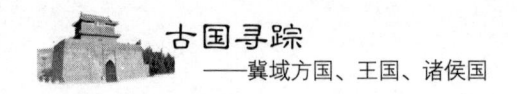

第一段，从广武山北麓起东北流，至今浚县西南宿胥口，走《汉志》、《水经》、《水经注》里的大河故道。其间在武陟县东、淇县东南分别接纳了北来的沁水（今沁河）与淇水（今淇河）。

第二段，从宿胥口北流至今河北曲周县东南会合西来漳水（上游即今漳河），走《汉志》河故道。其间，洹水入河口以南内黄县境内一段，走的是《汉志》的清河水道。西来的洹水（今安阳河）在内黄县西注入大河。

第三段，曲周会漳后走《汉志》里的漳水河道。其间，曲周东北的海泽湖水注入，平乡广宗界上有洧水（上游即今沙河）、广宗巨鹿界上有汤水（《汉志》蓼水）西来注入。在今巨鹿东北与折而东去的《汉志》漳水别，继续北流，有泰陆水即《汉志》及后世称大陆泽的水来会。

第四段，自此以下，走《汉志》信都"故章河"即浸水下游河道。北流至今宁晋县东南有泜泽（旧宁晋泊西南部）水泄出注入，至宁晋县东有皋泽（旧宁晋泊西北部）水泄出注入，又东北流至今深县南。

山经河自深县以下的流向也分为四段：

第一段，在深县南与东去的《汉志》浸水、《水经》漳水别，北流至今里县南会西北来的滱水（上游即唐河）。其间在今安平县东有虖沱水（今滹沱河）、滋水（上游即今滋河）、濩濩水（即泒水，上游为今沙河）西来注之。

第二段，合滱之后又北流，走《汉志》《水经》的滱水河道，至安新东南有燕水（《汉志》、《水经》的易水，今暴河）西来注之。中间在清苑高阳界，有姜水（今已断流），在安新西有般水（今望都河）西来注入。

第三段，合燕以下仍东北向流《汉志》滱水河道，至容城县东南有伦水（即《汉志》的涞水，今拒马河）自西北来注之，东北流至今霸县附近。

第四段，自霸县东至安次县南合西北来绳水（上游即今房山县大石河或小清河），走《水经》巨马河道至天津北入海。

山经河和禹贡河同为大河故道。从西汉人还能指出禹贡河入海口段九条叉流中三条的所在位置看，估计它应当距汉代比较近。而山经河较远，因为它已不为汉人所道及，且汉后历代考论古地理的学者，谁也不知道在禹贡河之外还有一条山经大河。

在中国历史上，谭其骧是第一次找到山经河并作出详细标识的人。对于山经河、禹贡河、汉志河三条大河故道的关系，谭先生在1980年6月10日完成的《西汉以前的黄河下游河道》一文中作出结论：

《禹贡》、《山经》河见于历史记载较晚于《汉志》河，也比较不常见。有可能先有《汉志》河，某年从宿胥口北决而形成《禹贡》、《山经》河。

《禹贡》河与《山经》河孰先孰后，现尚无法作出判断。

春秋战国时代，黄河下游以走《汉志》河为常，也曾不止一次走《禹贡》、《山经》河；也有可能东（汉志河）、西（禹贡、山经河）两股曾长期同时存在，东西股迭为干流，而以东股为常。此外，汉代的笃马河、沠河、沽河、清河、商河等，也应曾为黄河决流所走过。

战国筑堤以前，黄河下游曾多次改道，先后走过上述这些河道，但黄河流经每一条河道的确年已不可考。

约在公元前四世纪40年代左右，齐与赵、魏在当时的河道即《汉志》河的东西两岸修筑了绵亘数百里的堤防，此后《禹

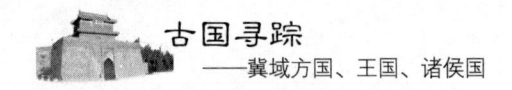

贡》、《山经》河即断流,专走《汉志》河,一直沿袭到汉代。

5. 山经大河与徐水釜山

研究大河的流经路线,综观人类的发展史,让我们明白一个简单而又复杂的道理:水是万物生灵生存之本,水是人类生命之源,水是人类活动的基本条件。

黄河像一条蜿蜒曲折的中华民族生存发展纽带,过千山、纳百川、奔流咆哮多少年,养育了大河流域的子民,开启了这块土地的古代文明和特色文化形态,把气象万千的天地人文信息尽揽入怀中。而古代的先民们为了生存繁衍发展,就要学会在享受水利的同时躲避水患。他们选择远水高地居住,在邻近河汊捕鱼,在近河丛林草场狩猎,在沿河两岸平原耕种收获。

山经河这条大河故道,流经今清苑、安新间在徐水拐了一个近乎九十度的弯。转弯处有一个文化底蕴十分深厚的地方,这就是釜山。以釜山为中心的古文化区,仰韶文化中后期,黄帝、炎帝、蚩尤曾经在这片土地留下了活动足迹。

俯视黄河上、中、下游,全流域遍布人类活动遗迹,留下了众多的物质和非物质文化遗产。今天我国的文物富庶省、市如山西、河南、河北、陕西以及北京、甘肃、内蒙古等,无不出自黄河流域,这不是偶然,是因为有共同的黄河文化底蕴。旧石器时代早期的蓝田猿人及其文化、北京猿人及其文化出现在这里;中期晚期的丁村人、河套人及其文化也出现在这里。新石器时代早期的磁山文化,出在黄河下游;中期的仰韶文化、马家窑文化出在黄河上游和中游,大汶口文化出现在下游;晚期的半山马厂文化、齐家文化、四坝文化出现在上游,龙山文化则出现在中、下游。再看距今一万至七千年的细石器文化遗址、七千至三千年的新石器文化遗址、三千七百至两千七百年的青铜文化遗址、公元前770年前出现的铁器文化遗址，分布遍及整个黄河流域。这个流域从中石器时代开始，成了我国远古文化发展的中心。伏羲、神农、燧人创造了远古文明，其后的轩辕黄帝则融合华夏诸部族、合符釜山，共推龙图腾，与炎帝、蚩尤同成中华民族三祖。

釜山在山经大河西岸，海拔290米，因山形似一口反扣的大锅而得名。（图3-7-2）山场面积约2平方公里，满山绿草密布，阳坡高处尚存登顶石台阶，山顶有祭祀黄帝的古庙遗址，尚存多年风化不辨字迹的古碑，山阳半腰有传说的会盟合符台及常年水流不断的黄帝泉。山下平川一片，近山分布东、西、南、北四个釜山村。村民自古相传黄帝战蚩尤、会盟釜山，共画草龙为统一图腾的佳话。

釜山南有唐河、漕河、瀑河，北有易水河、南拒马河、北

图3-7-2 徐水釜山远景

拒马河。河北文物工作者在易水台地发现距今8000~7000年的刻陶面具、祭祀场、房址；在釜山北的北福地发现先民用火遗迹、夹砂陶器、石磨棒磨盘和磨制精细的骨锥，测定年代距今10500~9700年。近几年，南水北调工程经由釜山西侧，考古勘探发现众多先商时代陶器、玉器、青铜器。最近，考古人员又在山顶发现先商时代的绳纹陶片，发现应不晚于宋辽时期的残碑，尚存字迹"黄帝时诸侯合符即……最著龙之先"。再据《史记·五帝本纪》"合符釜山，而邑于涿鹿之阿"，釜山不远处今涿州，古时有称涿鹿之说；据黄帝"娶西陵之女，是为嫘祖"，今釜山西五公里狼牙山古称西陵山，那里有西陵王的二女名嫘祖发明养蚕，嫁于黄帝为正妃之说；据釜山周边的文村、金家坟、遂城、瀑河等发现仰韶、龙山文化遗址及相应时期出土文物；还有清代徐水县志、《资治通鉴》及《通鉴纂要》注释、《辞海》釜山条解，以及其他史籍记述釜山历代为交通要道、繁华富庶之地的情况判断，釜山应当就是黄帝时代众部族会盟合符之地。

生于明末终于清康熙年间的顾祖禹，以毕生精力写就《读史方舆纪要》，其"北直三·保定府安肃县"条目中写道："釜山，县西45里，以形似山得名。西接黑山，东临峭壁，中有谷甚宏敞，出入口曰釜阳口，内有釜山村，泉甘土肥，物产鲜美。黄帝朝诸侯，合符釜山，或以为此山也。"这本书还在《历代州域形势一》中记述，"黄帝邑于涿鹿之阿。涿鹿，地理总要云：即今涿州。……涿州，今北直隶顺天府属州。"顾祖禹治学非常严谨，表述用语十分讲究。他的书被后人称赞可作军事地理阅读，可信度应该是比较高的。作者对徐水釜山环境和人文地理的记述，与我们今天现场所见完全吻合。釜山周边易县、顺平、高阳、涞水、涿州、望都、新乐

走河篇

等地方，都有黄帝及其前后人类活动遗迹存在。那一块块陶片、一通通碑刻、一件件文物、一个个传说故事，都在向我们讲述这里曾经发生过的历史事件。（图3-7-3）

石龙身下东山洞：

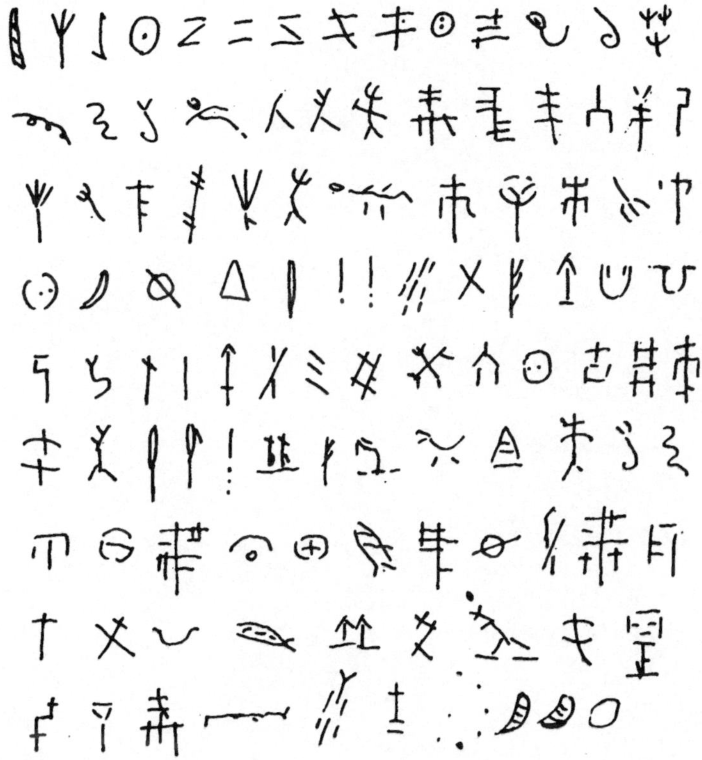

图3-7-3　釜山崖刻临摹

古国寻踪
——冀域方国、王国、诸侯国

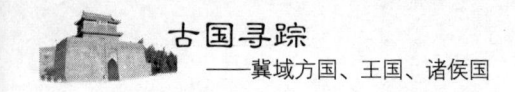

釜山合符,应该是一种黄河文化现象。我们的先祖曾经在大河下游山经河岸边的河北徐水,开创了中华民族五千年文明的新纪元。

参考典籍目录

1.〔西汉〕司马迁撰：《史记》，中华书局，1982年版。

2.〔东汉〕班固撰：《汉书》，中华书局，1982年版。

3.〔唐〕房玄龄、褚遂良等撰：《晋书》，中华书局，1974年11月版。

4.〔晋〕杜预撰：《春秋左传集解》，上海人民出版社，1977年版。

5.〔宋〕司马光撰：《资治通鉴》，中华书局，1986年4月版。

6.《诸子集成》一、三、七、八，河北人民出版社，1986年4月版。

7.〔明〕宋濂等撰：《元史》，中华书局，1976年4月版。

8.〔唐〕李延寿撰：《南史》，中华书局，1975年6月版。

9.〔唐〕李延寿撰：《北史》，中华书局，1974年10月版。

10.〔唐〕李百药撰：《北齐书》，中华书局，1972年11月版。

11.〔南朝·梁〕萧子显撰：《南齐书》，中华书局，1972年1月版。

参考图书目录

1. 范文澜著:《中国通史》,人民出版社,1978年版。
2. 翦伯赞主编:《中国史纲要》,人民出版社,1979年版。
3. 夏曾佑著:《中国古代史》,河北教育出版社,2000年版。
4. 侯外庐著:《中国古代社会史论》,河北教育出版社,2000年版。
5. 谭其骧著:《长水粹编》,河北教育出版社,2000年版。
6. 天津师范学院历史系编写组:《中国简史》,人民教育出版社,1981年版。
7. 全国干部学习读本:《从文明起源到现代化——中国历史25讲》,人民出版社,2002年版。
8. 孟昭华、王涵:《中国历代国家机构和行政区划》,中国社会出版社,2003年版。
9. 沈长云等著:《赵国史稿》,中华书局,2000年版。
10. 闫兰绅主编:《河北简史》,河北人民出版社,2000年版。
11.《青年知识手册》,河北人民出版社,1982年版。
12.《可爱的河北》,河北人民出版社,1984年版。
13. 段连勤著:《北狄族与中山国》,广西师大出版社,2007年版。
14. 田继周著:《先秦民族史》,四川民族出版社,

1996年版。

15.《中国历史要籍介绍及选读》上下，黑龙江人民出版社，1982年版。

16. 杨宽著：《中国陵寝制度史研究》，上海人民出版社，2003年版。

17.《中国历代官制》编委会：《中国历代官制》，齐鲁书社，2007年版。

18.《东北古文化》，春风文艺出版社，1992年版。

19. 河北省文物研究所：《战国中山灵寿城——1975至1993年考古发掘报告》，文物出版社，2005年版。

20.《三代文明研究（一）——1998年河北邢台中国商周文明国际学术研讨会论文集》，科学出版社，1999年版。

21. 河北省文物研究所编：《河北省考古文集（2）》，北京燕山出版社，2001年版。

22. 河北省文物研究所编：《河北省考古文集（3）》，科学出版社，2007年版。

23. 王敏之著：《狮城探秘》，光明日报出版社，2008年版。

24. 臧励酥等编：《中国古今地名大辞典》，商务印书馆香港分馆，1931年5月版。

25.《中国古代史常识—先秦部分》，中国青年出版社，1981年版。

26.《中国古代史常识—秦汉魏晋南北朝部分》，中国青年出版社，1983年版。

27. 牛鸿恩、邱少华、孙悦春选注：《战国策选注》，天津古籍出版社，1984年版。

28. 马王堆三号汉墓帛书:《战国纵横家书》,文物出版社,1976年版。

29. 光绪元年本:《正定县志》,河北人民出版社,2008年版。

30. 《河北省文物保护单位通览》,科学出版社,2003年版。

31. 范祥雍编:《古本竹书纪年辑校订补》,上海人民出版社,1962年版。

32. 王伯祥选注:《春秋左传读本》,中华书局,1957年版。

鸣　谢

在《古国寻踪》成书过程中，承蒙30余年来一直关心并辅导我读书学习的白玉民老师，劳神校阅全部文稿并提出修改意见；承蒙河北省博物馆摄影师张惠同志提供照片98幅；承蒙河北文物系统的朋友谢飞、韩立森、段宏振、张晓沧、王法岗、王玉芳、沈朝阳、郝良珍、李恩玮、沈军山、李新威、张惠东、王丽敏、姜振利、石寒、相振稳等同志提供照片支持。

一并表示深深的谢意。

张立柱

责任编辑　贾东营
责任印制　张道奇

图书在版编目（CIP）数据

古国寻踪：冀域方国、王国、诸侯国/张立柱著.—北京：文物出版社，2010.12

ISBN 978 – 7 – 5010 – 3102 – 3

Ⅰ.①古…　Ⅱ.①张…　Ⅲ.①历史地理 – 河北省　Ⅳ.①K928.6

中国版本图书馆 CIP 数据核字（2010）第 228914 号

古国寻踪
——冀域方国、王国、诸侯国

张立柱　著

文 物 出 版 社 出 版 发 行
北京市东直门内北小街2号楼
http：//www.wenwu.com
E-mail：web@wenwu.com
北京君升印刷有限公司印刷
新 华 书 店 经 销
850×1168　1/32　印张：14
2010年12月第1版　2010年12月第1次印刷
ISBN 978 – 7 – 5010 – 3102 – 3　定价：42.00元